데탕트와 남북관계

대탕트와 남북관계

초판 1쇄 발행 2008년 8월 30일

저　자　김지형
펴낸이　윤관백
편　집　이경남·장인자·김민희
교정교열　김은혜·이수정
표　지　김지학·정안태
영　업　장형순
펴낸곳　선인

등록　제5-77호(1998.11.4)
주소　서울시 마포구 마포동 324-1 곳마루빌딩 1층
전화　02)718-6252 / 6257
팩스　02)718-6253
E-mail　sunin72@chol.com

정가·25,000원
ISBN 978-89-5933-137-6　93900

·저자와 협의에 의해 인지 생략.
·잘못된 책은 바꿔 드립니다.

데탕트와 남북관계

김지형 지음

선인

책을 내면서

이 책의 교정 작업을 시작할 때쯤 한 학술발표회에서 독일현대사 연구자로부터 "통독 이후 독일 역사학계는 과거 분단 시기를 동서독 '관계사' 차원에서 연구 중"이라는 말을 듣고 큰 시사점을 얻었던 기억이 있다. 우리의 현대사 역시 지금은 비록 한국사, 북한사로 나뉘어져 있지만 분단을 극복한 미래에는 통일 코리아를 당위(當爲)와 영속(永續)으로 놓고 분단시기 남과 북의 현대사를 한국사도 북한사도 아닌 '남북관계사'로 서술하는 때가 오지 않을까. 그런 점에서 남북관계사 차원의 현대사 이해는 미래 지향적이며 진보적이라고 할 수 있을지 모른다.

'진보(進步)'라는 의미가 어떠한 목적과 방향을 향해 움직이는 것이라고 할 때, 필자의 한국현대사 이해도 '진보적'이라고 해야 할 것 같다. 필자는 우리의 현대사가 어떤 방향으로 나아가고 있다고 믿는다. 역사의 전개가 아무런 방향 없이 그저 떠도는 것이라고 생각지 않는다. 해방과 동시에 찾아온 분단을 극복하고자 하는 움직임이 한국현대사, 나아가 민족현대사의 흐름과 동선(動線)이라고 생각한다. 따라서 필자가 추구하는 남북관계사라는 접근 방식은 목적의식적 역사 이해를 전제로 하는 것일 수 있다.

한국현대사를 넘어서 민족현대사로서 접근하려는 태도는 남과 북의 역사를 함께 시야에 넣으려는 관점으로 이어지며, 그것은 남북 간의 '관계'에 주목하는 연구를 낳곤 한다. 필자가 남북관계사에 대해서 관심을 두게 된 지도 꽤 된 듯싶다. 분단 극복의 통일운동사와 사회운동사를 연구하면서 자연스레 남과 북의 통일 의지와 방식 등을 연구 주제로 삼게 되었다. 통일을 추구하는 움직임이 남쪽에도 있고 북쪽에도 있다고 할 때—물론 그 가치와 의미부여는 다를 수 있지만—여기에 남북의 차이점 또한 있음을 발견한다. 남쪽의 통일 노력에는 정부 당국과 민간의 움직임으로 뚜렷이 양분되지만, 북쪽의 그것에는 정부와 민간의 구분이 실로 어렵다는 특징이 있다. 따라서 민간의 통일운동사로서 접근할 때 남쪽은 그저 민간의 양상만을 다루면 되지만 북쪽은 당국의 양상이 자연히 포함되게 마련이다. 그러므로 북한 정치권력의 대남정책과 통일정책은 마땅히 연구 대상으로 떠오르지만 남쪽 정치권력의 대북정책과 통일정책은 실종되고 마는 문제가 발생해왔다. 그래서 언제부터인가 남쪽 정부 당국의 통일 노력에 대해서도 연구를 하고픈 생각이 있어 왔다. 남북의 통일 노력은 정부와 민간이 모두 추구하는 것이지만, 실제로 통일을 이루어 나가는 중심축은 마땅히 양측 정부 권력이니만큼, 당국 간의 통일문제 이해와 노력이 제대로 연구되고 이해되어져야 할 것이다.

  본 연구는 위와 같은 목적에서 비롯되었고 수행된 것이라고 할 수 있다. 당국 간의 접촉과 대화가 처음으로 시작된 1970년대 초 데탕트 시기가 필자의 남북관계사 연구의 첫 주제로 떠오른 것도 이 때문이다. 당국 간 남북관계의 원형이랄까 첫 단추를 꿴 데탕트 시기의 남북대화는 흥미로운 것이었다. 남북 당국 간 대화의 첫 사례이자 남북관계의 이정표가 되어 온 이 시기 남북대화의 양상과 실제가 이 책의 주된 관심사이다. "데탕트와 남북관계"라는 책의 제목은 남북관계의 외적인 조건과 상황을 남북관계 그 자체만큼이나 대등한 주제로 보이게 하지만, 실상 '데탕트'는 이 책에서 남북관계의 외적 배경으로서 탐구해 본 것에 불과하다. 데탕트가 당시 남북관계에 어떤 영향력을 주었느냐 하는 문제의식 또한 이 책의 주요한 주제 중 하나이지만, 필자로서는 무엇보다 당시 남북관계의 실상을 드러내려는 의도가 더 컸다. 당국 간 최초의 대화가 이루어진 시기의 남북관계를 보다 더 잘 드러내기 위하여 데탕트라는 국제정세에 주목하지 않으면 안되었던 것이다.

  또한 이 시기 남북대화는 불멸의 7·4공동성명을 낳았다는 점에서 남북관계사에서 그 가치가 마르지 않는다. 남과 북, 어떤 정권이건 7·4공동성명을 칭송하였으며, 어떤 시기이건 민족통일의 대헌장으로서 받들어졌다.

이 점이 참으로 중요하다. 즉, 공동성명 발표 이후 36년 동안 민족 구성원 모두가 7·4공동성명을 통일의 원칙으로 삼은 것이다. 7·4공동성명은 당시 남북 쌍방이 대화를 거듭한 끝에 낳은 것이다. '낳다'는 의미는 '창조'가 아니다. 당시 남과 북 양 당국의 세계정세에 대한 이해, 남북관계에 대한 입장, 통일에 대한 의지 등이 반영된 산출물이다. 남북이 무(無)에서 유(有)를, 또는 근거 없는 엉뚱한 합의를 지어낸 것이 아니었다. 따라서 당대의 시대정신이 그대로 반영된 역사적 유산으로서의 7·4공동성명을 통해 당시 남북관계의 실상을 이해하고자 시도한 것이다.

남북관계의 현실은 암담하다. 어떤 사람들은 지금과 같은 남북관계의 경색에 만족감을 느낄지도 모르지만 대립과 갈등이 우리 민족사의 방향과 목적이라고 이해하긴 어렵다. 데탕트가 남북관계의 물꼬를 튼 것처럼 꽉 막힌 남북관계에도 불구하고 북미관계를 비롯한 6자회담이 움직인다면 남북관계는 재생될 수 있을 것이다. 게다가 우리는 이미 7·4공동성명 이래 짜릿하고 감격적인 남북관계의 진전을 경험해왔다. 특히 6·15공동선언 이후 남북교류협력의 역사를 축적해왔다. 물이 너무 귀한 나머지 상대방에게 침을 뱉는 것이 최대의 축복이라는 비문명권 오지(奧地)의 사람들이 도시의 콸콸 쏟아지는 수도꼭지를 경험하고 나면 다시는 자기 마을로 돌아가지 않으려 한다지 않는가. 우리 민족 역시 남북 대결의 시대로 돌아가길 원하지 않을 것이다. 1970년대 초 데탕트 시기부터 우리가 경험한 남북대화와 남북 간의 각종 교류·협력을 통한 역사적 경험은 남북대결과 갈등, 저주와 증오에 가득 찼던 야만성을 밀어내고 통일지향성을 진작시키는 원동력이 될 것이라 믿는다. 그런 점에서 민족 갈등을 치유하고 통일을 추구해온 남북관계의 역사는 강조될 필요가 있으며, 실제적인 성찰을 통해 오늘과 내일의 반면교사(反面敎師)로 삼을 필요가 있다. 이 책도 그러한 노정(路程)의 작은 디딤돌이 되었으면 하는 바람이다.

이 책은 필자의 박사학위논문(「1970년대 초 남북대화와 7·4공동성명」, 2006년 8월, 한양대 사학과)을 손본 것이다. 학위논문을 쓰고 책을 출간하기까지 가르치고 격려해 주신 교수님들과 여러 선후배, 동료 및 벗들에게 거듭 감사의 인사를 드리고 싶다. 무엇보다 부모님과 사랑하는 가족에게 이 책을 바친다는 마음이다. 변변찮은 원고를 선뜻 받아준 선인출판사 사장님과 정성껏 교정해준 편집부에게도 고마운 마음을 전하고자 한다.

2008년 8월, 일교차(日較差)가 심한 어느 날
김지형 씀

차례

책을 내면서 …………………………………………………………………… 4

서론 냉전기 남북대화의 이해 ………………………………………………… 11
    1. 남북대화의 내외적 요인 13
    2. 연구 내용과 참고자료 20

제1부 1970년대 초 국제정세와 남북대화의 배경 ……………………… 25
   제1장. 동아시아 데탕트와 미국의 대한반도정책 27
      1. 닉슨독트린과 미중관계 개선 27
      2. 미국의 주한미군 감축과 남북대화 권유 43
   제2장. 박정희 정권의 통일·대북정책과 데탕트 인식 및 대응 55
      1. 박정희 정권의 통일·대북정책(1960~1971) 55
      2. 1970년 8·15선언과 대북정책 구상 64
      3. 안보위기의 강조와 활용 72
   제3장. 북한의 통일·대남정책과 동아시아데탕트 인식 및 대응 87
      1. 북한의 통일·대남정책(1960~1971) 87
      2. 동아시아데탕트 인식과 북중관계의 강화 95
      3. 1971년 평화통일 8개항 선언과 8·6선언 109

제2부 남북적십자회담과 당국 간 대화의 모색 ……………………… 115
   제1장. 남북적십자회담의 전개 117
      1. 남북적십자회담의 합의와 예비회담 117
      2. 남북적십자 본회담의 진행과 쟁점 138
   제2장. 남북 당국 간 실무자급 비공개 접촉과 상호방문 156
      1. 남북 당국 간 실무자급 비공개 접촉 156

차례

    2. 정홍진-김덕현의 비공개 남북 상호방문 168
  제3장. 남북 당국 간 책임자급 비공개 상호방문과 회담 172
    1. 이후락의 비공개 평양방문 및 회담 172
    2. 박성철의 비공개 서울방문 및 회담 186

제3부 7·4남북공동성명 발표와 남북조절위원회 ·················· 193
  제1장. 7·4남북공동성명의 발표와 의의 195
    1. 7·4남북공동성명의 합의 195
    2. 7·4남북공동성명의 발표와 반응 203
  제2장. 남북조절위원회 구성과 회담의 전개 221
    1. 남북조절위원회 공동위원장 회의 221
    2. 남북조절위원회 본회담의 전개와 쟁점 240
  제3장. 남북대화 중단과 이후 남북접촉 251
    1. 북한의 1973년 8·28대화중단성명 발표 251
    2. 박정희 정권의 대응과 태도 261
    3. 대화중단 이후 남북 간 접촉 265
  제4장. 7·4남북공동성명의 영향과 의의 279
    1. 유신체제의 형성과 국가주석제의 확립 279
    2. 7·4남북공동성명의 의의 288

결론 남북관계 생성-진화-단절의 전형 ························· 293

참고문헌 ··· 301

찾아보기 ··· 325

서론

냉전기 남북대화의 이해

1. 남북대화의 내외적 요인

　국제적 냉전이 일시적 데탕트(Detente) 국면에 접어들었던 1970년대 초의 남북대화[1]는 분단 이후 남북관계사에서 정부 당국 간 대화의 원형(原型)이라 할 만하다.
　1971년 8월, 남과 북은 남북적십자회담 개최에 전격적으로 합의하고, 접촉을 시작하였다. 남과 북에 흩어진 가족들의 생사여부와 상봉을 위한 남북적십자회담은 분단과 전쟁으로 고통받던 민족의 상처를 스스로 치유하기 위한 몸부림이었다. 인도주의적 사업으로 시작된 남북적십자회담과는 별개로 남북 당국은 남북조절위원회라는 정치적 대화도 시도하였다. 이 과정에서 1972년 7월 4일 남북은 통일의 3대 원칙으로서 '자주, 평화, 민족대단결'에 합의하고 이를 공동성명으로 발표하였다. 그러나 남북의 대화는 불과 2년 만에 다시 중단되고 말았다.
　본 연구는 이 시기 남북대화가 어떤 이유에서 생성되었으며, 어떻게 전개되었는지 그리고 왜 2년 만에 중단되고만 것인지, 그 역사적 실상을 이해하기 위한 목적에서 시도되었다. 이 시기를 둘러싼 기존 연구들은 대체로 동아시아 데탕트 속에서 긴장과 갈등을 드러냈던 한미관계에 집중하고 있다. 1960년대 말 미국의 대외정책은 베트남전쟁의 패배와 국내적 위기의 여파로 변화를 추구할 수밖에 없었고, 신임 닉슨 행정부는 새로운 아시아정

---

[1] '남북대화'는 공개, 비공개 등의 형식을 포함한 남과 북 당국 간 대표자 및 실무자들의 접촉, 회담 및 상호방문 등의 의미로 사용하고자 한다.

책 즉, 닉슨독트린에 따라 미중관계의 개선과 화해를 이루었으며, 연이어 동아시아 정세는 미소, 중일 간의 관계개선으로 나아갔다. 이 과정에서 미국은 한국에 배치한 주한미군의 일부를 철수시켰고, 그러자 한미군사동맹 체제하에서 안보를 유지해나가던 박정희 정권은 불안을 느끼기 시작하였다. 박정희의 안보불안 의식은 미국에 대한 의구심으로 표출돼 주한미군철수에 반발하면서도, 한편으로는 그를 기화로 한국군의 현대화를 통한 '자주국방'으로 나타났는데, 이는 국내 권력 강화를 추구하는 '안보 이데올로기'라는 방편과 논리로 활용되었다. 따라서 1970년대 초 데탕트 시기의 박 정권은 북한과의 대화를 추구해나가면서도 이를 뒷받침할 튼튼한 체제를 구축해야 한다는 논리로 자신의 권력 강화에 나서는 특이한 모습을 띠게 되었다. 즉, 데탕트기를 맞이해 불안 속 안정을 추구해나간 한미관계와 박 정권의 권력 강화과정에 대한 연구들에 관심이 집중된 것으로 볼 수 있다.[2]

그 같은 연구경향은 최근 1970년대 초 미국 측 자료를 바탕으로 하여 진행됨으로써 이 시기 연구 내용을 풍부하게 해주고 있다. 특히 신욱희·김영호의 연구,[3] 박건영·박선원·우승지의 연구[4]와 홍석률의 연구들[5]과 김현

---

[2] 신욱희·김영호, 「전환기의 동맹: 데탕트 시기의 한미안보관계」, 『박정희정권과 동맹체제』, 한국정치학회·고려대 평화연구소 주최 학술토론회 발표집, 2000 ; 조철호, 「박정희 핵외교와 한미관계 변화」, 고려대 정외과 박사논문, 2000 ; 정용수, 「한국의 베트남전 파병과 한미동맹체제의 변화」, 고려대 정외과 박사논문, 2001 ; 홍석률, 「1970년대 전반 동북아 데탕트와 한국통일문제 — 미중간의 한국문제에 대한 비밀협상을 중심으로—」, 『역사와 현실』 제42호, 한국역사연구회, 2001 ; 조진구, 「존슨 정권 후반기의 한미관계: 북한의 대남도발에 대한 한미간의 인식 차이를 중심으로」, 『한국과 국제정치』 제19권 3호, 경남대 극동문제연구소, 2003 ; 홍석률, 「1970년대 전반 북미관계: 남북대화, 미중관계 개선과의 관련 하에서」, 『국제정치논총』 제44집 2호, 한국국제정치학회, 2004 ; 강석률, 「닉슨독트린과 데탕트 그리고 한미동맹: 억제의 추구와 동맹국간의 갈등」, 서울대 외교학석사논문, 2005 등.
[3] 신욱희·김영호, 「전환기의 동맹: 데탕트 시기의 한미안보관계」.
[4] 박건영·박선원·우승지, 「제3공화국 시기 국제정치와 남북관계: 7·4공동성명과 미국의 역할을 중심으로」, 『국가전략』 9권 4호, 2003 ; 우승지, 「남북화해와 한미동맹관계의 이해, 1969~1973」, 『한국정치외교사논총』 제26집 1호, 한국정치외교사학회, 2004.
[5] 홍석률, 「1970년대 전반 동북아 데탕트와 한국 통일문제—미·중간의 한국문제에 대한 비밀협상을 중심으로」 ; 「1970년대 전반 북미관계: 남북대화, 미중관계 개선과의

철의 연구6) 등이 그러하다. 또한 마상윤, 조진구, 강석률 등의 연구도 미국 측 문서를 적극 활용한 연구성과들로 평가된다. 이들의 연구로 인해 1970년대 초반 국제적 탈냉전 분위기를 주도하던 당시 닉슨 행정부의 대한반도 인식과 대한정책의 구체적인 내용 및 방식이 대부분 드러났다. 그러나 이들 연구들 간의 차이점 또한 발견된다. 먼저 신욱희·김영호는 데탕트 시기 미국과 한국의 안보 위기의식의 차이를 중심으로 접근하면서 당시 박 정권이 느꼈던 안보 인식의 실체가 무엇인지 추구해나갔다. 반면, 박건영 등은 남북대화 과정에서 미국이 적극적 역할을 취했으며 박정희는 초기에 북한과 대화에 회의적이었으나 차츰 남북대화의 정치적 효용성에 주목하고 이를 자신의 권력 강화에 활용한 것으로 파악하였다. 무엇보다 1970년대 초의 남북 화해국면은 박정희 정권이 주체적으로 추진한 것이라기보다는 미국의 직접적 압력과 요구에 수세적으로 대응한 측면이 강했다는 점을 강조하고 있다. 이에 비해 홍석률과 김현철 등은 당시 한미관계의 밀접성을 강조하면서도 남북대화의 추진은 데탕트시기에 한국 정부가 능동적으로 대응한 측면이 있다고 보고 이에 주목하였다. 박정희 정권이 남북대화를 추진한 이유는 단지 수동적인 차원, 즉 미국의 압력에 굴복하고 미국의 정책에 협조한다는 차원에 머무르지 않았다는 것이다.

2000년 남북정상회담 이후에는 데탕트 시기 한미관계와 박 정권의 권력 강화 문제를 다루면서도 남북관계에 대해 좀 더 주목하는 연구가 진작되고 있다.7) 그러나 국제정치학적 관점 속에서 데탕트의 여파로써 남북 간의 긴

관련 하에서」;「1970년대 전반 한미관계와 남북대화」,『역사학논총』제5호, 동선사학회, 2004.

6) 김현철,「1970년대 초 박정희의 한반도 평화구상과 자주 통일외교의 모색」,『통일정책연구』제13권 제1호, 통일연구원, 2004.

7) 신종대,「한국정치의 북한요인 연구-1961~72년을 중심으로-」, 서강대 정치학박사 논문, 2002 ; 김연철,「냉전과 탈냉전기 남북 대화전략의 비교: 7.4, 기본합의서, 6.15를 중심으로」,『남북관계의 현황과 전망』, 연세대 국제학대학원 현대한국학연구소 주최 심포지엄 자료집, 2003 ; 박جننننن영·박선원·우승지,「제3공화국 시기 국제정치와 남북관계: 7·4공동성명과 미국의 역할을 중심으로」; 우승지,「남북화해와 한미동맹관계의 이해, 1969~1973」; 김현철,「1970년대 초 박정희의 한반도 평화구상과 자주 통

장완화 곧, 동아시아 데탕트와 미국의 남북화해 요구가 어떻게 분단의 현상유지에 기여했는가 하는 점에 초점을 맞추는 경향이 크다.

물론 과거에도 남북관계를 중심으로 이 시기에 접근한 연구는 적지 않다. 그러나 대부분이 남북 간 협상의 행태와 전략 등에 관한 연구를 수행하기 위한 목적에서 시도되었다. 주로 북한의 협상전략과 방식을 이해하고 분석하여 대응전략을 짜기 위한 접근으로 볼 수 있다.[8] 다분히 실용주의적 연구경향이라고 할 만하다.[9] 이러한 연구 경향은 북한 협상행태의 고정화된 패턴을 파악하는 시도로써 그 같은 패턴이 북한 내부구조에서 기인한 것으로 설명하려는 경향을 띠게 되는데 남북관계와 남북대화에 관한 분석이 자칫 쌍방의 문제가 아닌 북한 요인을 과도하게 해석하는 성향을 드러낸다는 점에서 긍·부정적 측면을 동시에 안고 있다고 할 수 있다.

본고는 위와 같은 연구성과들을 바탕으로 하면서도 국제적 긴장완화라는 추세 속에서 이 시기 남북대화가 가능했던 이유가 무엇보다 남과 북의 당국자들의 정세인식과 판단이 작용한 것이라는 문제의식에 기초하고 있

일외교의 모색」; 홍석률, 「1970년대 전반 한미관계와 남북대화」; 강인덕·송종환, 「7.4남북공동성명과 남북조절위원회 회의」, 『남북회담: 7.4에서 6.15까지』, 극동문제연구소, 2004 등.
이 주제에 관한 2000년 이전 주요 논문으로는 다음이 참고된다. 정대화, 「7.4공동성명의 태동과 유산-10년 후에 본 7.4성명의 역사적 재조명-」, 『사회과학논총』, 부산대 사회과학대학, 1982 ; 정해구, 「남북대화의 가능조건과 제약조건 분석: 7.4남북공동성명과 남북기본합의서의 사례를 중심으로」, 『통일문제연구』 30, 평화문제연구소, 1998 ; 배긍찬, 「1970년대 전반기의 국제환경 변화와 남북관계」, 『1970년대 전반기의 정치사회 변동』, 백산서당, 1999 등.

[8] 박봉식, 「북한의 대남 협상전략: 남북관계-협상대비 연구」, 국토통일원, 1977 ; 양영식, 「북한의 협상전술: 남북대화 20년사를 중심으로」, 국토통일원 통일연수원, 1990 ; 김도태·차재훈, 「북한의 협상전술 특성연구: 남북대화 사례를 중심으로」, 민족통일연구원, 1995 ; 김용호, 「북한의 대외협상 행태 분석」, 『국제정치논총』 제40집 4호, 한국국제정치학회, 2000 ; 송종환, 「북한의 협상행태에 관한 연구-남북한 당국간 대화를 중심으로-」, 한양대 정치학박사논문, 2002 ; 양무진, 「남북한 협상형태」, 『남북한 관계론』, 한울아카데미, 2005 등.

[9] 북한의 협상전략을 이해하려는 가장 중요한 이유는 궁극적으로 향후 남북한 협상을 위해서 필요하기 때문이라는 것이다. 곽태환, 「북한의 협상전략-쟁점과 분석방향」, 『북한의 협상전략과 남북한관계』, 경남대 극동문제연구소, 1997, 10쪽.

다. 따라서 기존 연구들이 1970년대 초 남북대화의 원인과 관련하여 국제정세의 영향이 크다는 점을 강조해왔지만, 내적 요인에 대한 충분한 검토가 고려되지 못한 점을 지적하고자 하는 것이다.

물론 1970년대 초 남북대화가 가능했던 이유는 데탕트라는 국제적 정세가 외부적 요인으로써 작용한 것이 사실이었다. 그러나 이 같은 외적 요인의 파악이 남북 양측의 내적 요인에 대한 검토 없이 강조될 때 당시 남북대화의 원인을 온전히 이해하기 어렵게 한다는 점에서, 본고는 외적 요인에 대한 검토와 함께 내적 요인이 있었는지, 있었다면 그 실체와 성격은 무엇인지 파악하고자 한다. 여기서 내적 요인이란, 한반도문제의 당사자인 남과 북의 상호관계라는 의미와 남과 북 각각의 내적 요인을 의미한다. 이 점에서 1970년대 초 남과 북의 데탕트에 대한 인식과 남북 상호인식 및 정책을 다룰 필요가 있다. 이 같은 문제의식에 따라 국제적 환경과 조건을 남북대화의 하나의 배경으로 놓고 접근하고자 한다.

1970년대 남북대화의 일선에서 활동했던 당사자들의 연구들[10]도 간과하기 어렵다. 이들은 대체로 당시 남북대화를 주도해나갔던 인사들이며, 각자의 경험을 바탕으로 한 연구라는 점에서 주목된다. 그러나 당시 남북대화의 당사자들이었기 때문에 연구의 객관성을 유지하기 어려운 한계가 있다. 무엇보다 이후 남북대화에도 지속적으로 관여했다는 점에서 관변적 성격을 온전히 벗어나기 힘든 측면이 있을 수 있다.

이 밖에 남북대화 그 자체에 관한 직접적인 연구라기보다는 박 정권의 정치체제와 남북관계의 연관성에 주목하는 연구경향도 있어 왔다.[11] 유신

---

10) 이동복, 「남북조절위원회의 현황」, 『통일정책』 1권 1호, 평화통일연구소, 1975 ; 김달술, 「남북대화의 평가와 남북관계의 재정립」, 『통일연구논총』 84, 국토통일원, 1988 ; 정홍진, 「7.4공동성명의 성립과정과 역사적 의미」, 『남북한 관계의 회고와 전망』(2002년 한국정치학회 하계학술대회 7.25~26 자료집), 2002 ; 강인덕·송종환 외, 『남북회담: 7.4에서 6.15까지』, 극동문제연구소, 2004 등.

11) 김동성, 「박정희와 통일정책」, 『현대사를 어떻게 볼 것인가』 4, 동아일보사, 1990 ; 강정구, 「박정희 정권의 대북정책과 통일정책」, 『역사비평』 가을호, 1997 ; 마상윤, 「안보와 민주주의, 그리고 박정희의 길: 유신체제 수립원인 재고」, 『국제정치논총』 제43집 4호, 한국국제정치학회, 2003 ; 신종대, 「남북한 관계와 남한의 국내정치」, 『남북한

체제 형성의 외적 배경과 근거로써 동아시아 데탕트로 인한 주한미군 철수와 안보위기 의식이 어떤 영향을 미쳤으며, 또 남북대화가 유신체제 형성에 어떤 역할로 작용했는지 등에 관한 상호 관련성에 주목하는 연구들이다. 이와 관련, 냉전기 남북대화의 본질적 특성으로 '적대적 의존관계'라는 접근방식에 의한 연구 경향이 있다. 남북한 양 체제의 냉전세력들이 분단을 통해, 자기정당성을 확인하고 자신의 권력 안정을 위해 대립과 대결을 유도하는 관계라는 것이다.[12]

이 같은 연구경향들은 남북대화의 실제 내용에 관한 분석이 부족했다는 점을 지적하지 않을 수 없다. 남북적십자회담과 남북조절위원회회담의 개최 과정과 양측의 주장 및 논점 등에 관한 세밀한 분석에 기초하지 못했다. 그 이유는 1970년대 초 남북대화를 주제로 한 기존의 연구 가운데 상당수가 관변적, 냉전적 경향을 띤 것이었다는 사정과 관련된다. 이러한 연구들의 경우, 북한의 대남 협상전략 자체를 정치적 선전차원에서 이해하기 때문에 북한의 주장과 근거에 대해서 진지하게 평가하기보다는 선험적으로 규정하고 재단하려는 입장에서 실체적 사실에 대한 분석이 소홀했던 것으로 볼 수 있다. 비관변적 연구 또한 당시 자료에 대한 접근의 한계로 인해 실체적 사실 확인조차 어려웠던 측면도 있다. 따라서 본 연구에서는 적십자회담과 조절위원회회담[13] 그리고 이 과정에서 파생된 다양한 남북 간의 접촉 및 대화의 전개과정과 그 속에서 형성된 양측의 상호인식과 정책, 논리와 근

관계론』, 한울아카데미, 2005 ; 이종석, 「유신체제의 형성과 분단구조—적대적 의존관계와 거울영상효과—」, 『개발독재와 박정희시대: 우리시대의 정치경제적 기원』, 창작과비평, 2003 ; 박영자, 「남북 1인 지배체제: 유신체제와 유일체제」, 『유신과 반유신』, 민주화운동기념사업회, 2005 ; 홍석률, 「유신체제의 형성」, 『유신과 반유신』, 민주화운동기념사업회, 2005 등.

12) 이와 관련한 연구로는 박명림, 「분단질서의 구조와 변화: 적대적 의존의 대쌍관계 동학 1945~1995」, 『국가전략』 여름호, 세종연구소, 1997 ; 이종석, 『새로 쓴 현대북한의 이해』, 역사비평사, 2000, 31~32쪽 등이 있다. 거울영상(mirror image) 현상이 남북 적대감의 원인이라는 관점도 참고된다. 박광주, 「남북대화의 새로운 모색: 상대방 인식과 대화」, 『전환기의 통일문제』, 대왕사, 1990, 339쪽 및 위 이종석 책 참조.

13) 이하 '남북조절위원회'를 '남북조절위' 또는 '조절위'로 약칭.

거 등에 대해서 자세히 다루고자 한다. 아울러 그 같은 상호 인식이 7·4남북공동성명의 합의와 발표과정과 어떻게 투영되었는지 살펴보려고 한다.

남북대화의 실제적인 과정을 따라가는 방식으로 접근할 때, 당시 남북 간의 대화는 남측의 공개적인 남북적십자회담 제의에 북측이 호응하면서 시작되었는데, 남북적십자회담 과정에서 상호 간에 정치적 접촉의 필요성을 느껴 당국 간의 정치적 대화가 모색되어가는 과정을 밟아나갔다. 남과 북 최고위층의 지시를 받는 실무자급 대표들이 비밀리에 남북을 오가기 시작해서, 각각의 책임자급 인사들인 이후락 중앙정보부장과 박성철 제2부수상의 비밀 상호방문으로 이어졌다. 이 같은 양측의 접근방식과 논의과정을 통해 이 시기 남북대화의 특징을 규명해 보고자 한다. 그 같은 과정을 밟아나간 결과, 남북은 7·4공동성명을 채택하였다. 그러나 남북이 합의한 통일 3원칙에 대한 평가와 해석은 같지 않았는데, 그 근거와 이유는 무엇인지에 관해서도 다루고자 한다.

7·4남북공동성명의 발표 직후부터 남북은 적십자회담과 별개로 남북조절위원회를 구성하기로 합의하고, 이후락-박성철을 중심으로 한 당국 간 책임자급의 대화를 이어나갔다. 그러나 남북조절위원회의 논의는 원활치 못했다. 남북의 화해와 교류, 통일문제를 바라보는 관점과 그 해결방법에 대한 차이가 워낙 컸기 때문이다. 따라서 본 연구는 남북적십자회담과 남북조절위원회에서 벌어진 양측의 쟁점을 자세히 분석하여 차이를 부각시키고자 한다. 이를 통해 1970년대 초 남북 각각의 상호인식과 정세인식 및 접근방식의 특징이 드러날 것이다.

남북적십자회담과 남북조절위원회라는 두 개의 대화 방식을 추구하던 1970년대 초 남북의 대화는 1973년 8월 28일 북한의 대화중단 성명으로 파행을 겪게 되었다. 그 후로 간헐적인 대화가 이어졌지만 1970년대 초와 같은 남북대화는 중단되고 '남북 간 접촉'의 수준으로 떨어지고 말았다. 남북대화가 중단된 이유와 근거가 무엇인지 파악하는 과정은 곧 박정희 정권의 대북정책의 변화에 관한 분석과 밀접한 연관성을 띤 것으로서 박 정권의 '분단 고착화'와 '현상유지'라는 정책에 대한 고찰이 될 것이다. 아울러 북한의 대남정책의 변화와 특징 또한 살펴보고자 한다.

결국 기존 연구들은 1970년대 초 남북대화를 생성, 진화, 단절이라는 전체적인 구도 속에서 다루려는 시도가 부족했던 것으로 보인다. 이 같은 관점에서 보면 기존 연구는 남북대화의 생성 부분에 지나친 관심을 두고 시도해간 경향이 크다고 할 수 있다. 본고는 이러한 점을 감안하여 남북대화의 시작과 진행과정, 종결이라는 흐름을 염두에 놓고 접근하고자 한다. 그 같은 과정을 통해 1970년대 남북대화의 역사적 성격과 특징을 종합적으로 파악하고자 하는 것이 이 연구의 목표이다.

2. 연구 내용과 참고자료

위와 같은 기존의 연구동향을 바탕으로 하여 본고는 우선 제1부에서 당시 국제적인 데탕트를 남북대화의 배경으로 삼으면서 국제정세와 남북대화의 관계에 대해서 집중적으로 해명하고자 한다.

1970년대 초반 국제정세의 특징이었던 데탕트의 흐름은 닉슨독트린으로 나타났으며, 이는 동아시아에서 미중 간의 화해와 긴장완화로 이어졌다. 그러나 동아시아의 데탕트는 남북의 분단문제 해소를 위해 기여할 수 있는 기회이기도 하였으나 동시에 현상유지를 위한 압력으로 작용할 가능성 또한 큰 것이었다. 이러한 측면에서 남북대화의 배경이 되는 당시의 국제정세는 기회와 위기가 공존하는 조건이었다.

미국은 그 과정에서 주한미군의 부분 철수를 단행하였으며, 이는 박정희 정권으로 하여금 '안보위기'를 느끼게 하였는데, 한미 간 안보 인식의 차이가 박 정권에게 어떤 영향을 미쳤는가 하는 점에 주목하였다. 특히 한미 간의 갈등으로 비춰지는 그 같은 양상 속에서 양측은 남북화해와 대화의 추구를 통해 상호 협조하는 모습을 띠어나갔는데, 그것은 미국의 남북대화 권유과정을 구체적으로 살펴볼 때 확인된다는 점을 강조하고자 한다.

또한 남한과 북한이 1960년대부터 1970년대 초에 이르기까지 각각 어떤 대북, 대남정책에 근거해서 대화를 시도했는지 검토함으로써 양측의 내적 논리와 근거를 추적하려고 하였다. 그리고 이 점을 바탕으로 하여 양측의 데탕트 인식과 대응방식을 드러내고자 한다.

제2부에서는 남북적십자회담의 성사와 진행과정을 분석하면서, 그 과정에서 드러난 특징들과 쟁점을 통해 남과 북의 분단인식과 통일문제에 관한 이해를 파악하는 데 중점을 두려고 한다.

1971년 9월 시작된 남북적십자회담의 과정을 예비회담과 본회담으로 나누어 접근하였는데, 남북은 회담과정에서 각각의 정세인식과 통일정책에 따라 대응한 흔적이 뚜렷하였다. '단계론'에 입각한 남측의 경우, 적십자회담에서는 인도주의적 측면을 강조하였다. 반면 북측은 적십자회담을 계기로 남북관계의 획기적 변화를 추구하면서 남한의 조건과 환경을 바꾸기 위한 공세적 태도로 일관했다는 점에 주목하고자 하였다.

또한 남북적십자회담 과정에서 양측은 정치적 문제를 논의하기 위해 비밀리에 쌍방 고위급 인사들의 남북 상호 교환방문을 실현하였는데, 이들 간의 논의를 통해 남북 간의 상호 인식을 검토하고자 한다.

제3부에서는 1970년대 초 남북대화의 상징인 7·4공동성명이 어떤 과정과 논의를 통해 합의, 발표되었는지 분석할 것이다. 또한 남과 북은 7·4공동성명을 어떻게 이해하였으며, 특히 통일 3원칙에 대한 양측의 해석이 어떻게 같고 다르며, 차이점이 있다면 그 근거와 논리는 무엇인지 파악하고자 한다. 이러한 과정을 통해 당시 남과 북이 데탕트 속에서 남북대화를 통해 무엇을, 어떻게 추구하려고 했는지가 드러날 것이다.

남북조절위원회 회담과정에서 나타난 쟁점들을 분석해 보면, 양측이 이 회담을 어떤 목적으로 수행하였는지 파악할 수 있다. 조절위원회회담을 통해 남측은 북한에 대한 탐색이라는 목적을 비교적 뚜렷이 한 것으로 보인다. 반면 북측은 조절위원회회담을 남북정상회담으로 나아가기 위한 발판으로 사고하였으며, 궁극적으로 남북 간의 정치군사적인 문제를 해결하려는 자세로 일관했는데 이 같은 양측의 목적의식을 비교하여 드러내려고 한다. 또한 1973년 박 정권의 '6·23선언'과 같은 날, 북한의 '조국통일 5대 강령'의 충돌로 인한 대화의 파탄과정과 그 이유, 그리고 이후 변형된 형태로

나마 이어진 남북대화의 흐름도 분석 대상에 넣었다.

본 연구는 이와 같은 목표점들을 달성하기 위해 관련 자료 및 연구성과들을 참조하여 당시 실상을 밝히기 위한 실증적 접근방식으로 접근하고자 한다. 특히 이 시기 남북대화에 관한 구체적 실상은 기존의 연구성과들이 많이 담아내지 못한 감이 적지 않다. 당시 비공개적으로 진행되었던 남북 간의 접촉과 논의내용 등에 대하여 접근할 수 없었기 때문이기도 하지만 구체적인 실상을 드러내기보다는 성격 규정과 의미 부여에 더 치중한 때문이기도 하다. 따라서 가능한 1970년대 초 남북대화의 논의를 드러내기 위한 노력에 치중할 것이다.

그러한 목적을 위하여 다음과 같은 자료 및 연구성과들을 참조하였다. 우선 1970년대 초 남북대화에 관한 가장 많은 자료를 생산해 낸 국토통일원의 공간(公刊) 자료들을 활용하였다. 이 시기 남북대화가 당국 간 대화라는 점에서 정부 측 자료들이 1차 자료가 된다는 특성을 감안하였다. 특히 『남북대화백서』의 이름으로 정부 기관들에 의해서 출간된 간행물들과 국토통일원에서 펴낸 『남북대화사료집』은 가장 중요한 자료들이 되었다. 특히 『남북대화사료집』의 경우, 기존 연구성과들에서 전혀 인용되지 않았으나 이 시기 남북대화 연구의 가장 핵심이 되는 자료이다. 무엇보다 남북 간 비공개 접촉과정과 양측의 대화내용, 즉 이후락-박성철의 상호 비밀방문과 대화내용, 김일성-이후락, 박정희-박성철의 대화내용, 7·4공동성명 채택과정에서 오고 간 양측의 대화내용, 남북조절위원회 회담내용 등이 그대로 게재돼 있는 1차 자료이다. 따라서 이 자료에 결정적인 도움을 받았음을 밝혀둔다. 또한 『70년대 남북대화 성립 비사(Ⅰ)』(1989)도 요긴한 자료라고 할 수 있다. 당시 남북대화에 깊숙이 관여한 중앙정보부 관계자들의 기록들이 포함돼 있기 때문이다. 이 밖에 『남북적십자회담자료집』(1972), 『남북접촉관계자료집』(1972) 등 당시에 생산된 자료와 『남북적십자 본회담 예비회담 회의록』(1987), 『1970년대 남북적십자본회담에서의 문제별 내용발췌』(1985) 등 이후에 나온 자료들도 참고가 되었다. 또한 당시 박정희의 사고와 인식을 살피기 위해 『박정희대통령연설문집』(1969~1973)도 적절한 도움이 되었다. 정부기관 간행물들의 경우, 사실 인식과 확인을 위하여 우선 검토하였으나 그 평가와 의미 규정 등은 냉전적인 목적성에서 벗어나지 못하였다는 점을 십분 감안하면서 활용하려고 하였다.

공개된 미국 측 자료도 1차 자료로서 일부 활용하였다. 미 국립문서보관소(National Archive, College Park, Maryland)에 보관돼 있는 미 국무성 일반문서철인 RG59 관련문서들 가운데 국내(국회도서관 해외소재한국관련자료 등)에 입수된 문서들이다. 이 가운데 1970~1973년까지 주로 주한미대사관에서 생산된 보고문들과 미 국무성에서 작성한 전문들을 활용하였다.

국내 문서로는 지난 2003년 공개된 외교통상부의 1970년대 문서들 가운데 관련문서 일부를 검토하였다. 현재 1970년대 초 외교부 문서들(외교안보연구원 소장)은 문서 공개 당시 총 8만 2천 쪽에 달하는 방대한 분량이지만 이 가운데 실제로 남북대화와 관련된 문서는 빈약한 편이다. 대부분 일상적인 업무관련 문서들이 주를 이루고 있으며, 그나마 데탕트에 관한 정보보고와 한국 외교당국의 대응 등에 관한 문서 등이다. 그렇지만 7·4남북공동성명과 남북적십자회담에 관련된 일부 문서들은 한국 정부의 인식을 어느 정도 드러내주고 있어 도움이 되었다.

남북대화의 실상을 드러내기 위해서는 무엇보다 북한 측 자료 활용의 필요성이 제기된다. 당시 남북대화와 관련된 북한 측 자료 활용에서 가장 난점은 내밀한 내용이 담긴 자료를 확인할 수 없다는 점이다. 그 같은 한계 속에서 조선로동당 기관지 『로동신문』과 『근로자』를 중심으로 하면서 『김일성저작집』 25~28권을 활용하였으며, 조선로동당대회 관련 자료들과 최고인민회의 관련 자료들을 참조하였다. 『남북대화사료집』에 실린 북측 방송 녹취문들도 적절한 참고가 되었다.

당시 박 정권의 남북대화 관련자들이 남긴 증언과 회고는 단행본, 잡지, 신문, 방송 등에 흩어져 있지만 『남북회담: 7.4에서 6.15까지』(2004) 부록에 총 21명의 「남북회담 관련 인사 인터뷰」가 실려 있어 적지 않은 도움이 되었다. 또한 당시 관료들의 회고록(김정렴, 김용식, 김동조, 김성진 등)들도 검토할 만한 가치가 있었다.

연표류의 경우, 『북한연표(1962~1979)』(국토통일원, 1980), 『남북한 통일·대화 제의비교』(국토통일원, 1986), 『연표-남북한 통일정책과 통일운동 50년』(노중선 편, 1996) 등을 참고하였다. 그 밖에 당시의 국내 각종 신문들과 연감류, 북한인명사전 등에서 도움을 받았다.

특히 당시와 이후 각종 잡지에 실린 수많은 글들을 폭넓게 취합하여 활용하고자 하였다. 여기에는 당시 데탕트와 그로 인한 동아시아의 변화에 대한 당대 지식인들의 시각과 고민이 담겨 있으며, 남북대화와 7·4공동성명에 대한 관점과 평가들이 잘 나타나 있다는 점에서 훌륭한 참고자료가 되었다. 또한 당시 통일, 안보문제를 다룬 여러 학술잡지들도 이 같은 차원에서 이용하였다.

제1부

1970년대 초 국제정세와 남북대화의 배경

제1장. 동아시아 데탕트와 미국의 대한반도정책

1. 닉슨독트린과 미중관계 개선

　제2차 세계대전 이후 미국과 소련을 중심으로 하는 국제적 냉전구조는 자체 내의 모순에 의하여 변하지 않을 수 없었는데, 이는 제3세계의 비동맹 국가들의 출현으로 시작되었다. 1955년 반둥회의에서 시작한 비동맹운동은 비록 군사, 경제적으로 강대국의 영향권을 벗어나지 못했으나, 국제정치 무대에서 이미 하나의 정치세력으로 성장하였다. 1960년대에 본격적으로 전개되었던 신식민주의가 제3세계의 민족적 민주혁명의 전반적인 정체 또는 후퇴를 가져왔지만, 아시아에서의 민족주의 경향과 중동지역 팔레스타인들의 반시오니스트(anti-zionist)운동 등이 일종의 민족자결권 실현을 위한 투쟁으로 주목받게 된 것이다. 이는 1960년대 말 신식민주의 위기의 맹아적 형태로 이어졌으며, 1970년대에 들어서 위기의 심화 및 확대의 과정을 거치면서 전반적인 비동맹운동의 고양으로 나타났다.[1]

　냉전체제 변화의 또 다른 요인은 미소 간의 군사적 대결에서 비롯되었다. 1957년 소련이 대륙간탄도탄(ICBM, Intercontinental Ballistic Missile)을 보유하게 됨으로써 미 본토가 소련의 핵공격 범주에 놓이게 되었다. 이러한 양상은 1950년대 후반 특히 1962년 쿠바사태 이후 미소 간의 긴장완화와 평

---

[1] 하경근, 「세3세계와 세계정치」, 『제3세계의 이해』, 형성사, 1979, 12~15쪽 참조.

화공존으로 이어졌으며, 핵 확산의 제한과 무역 및 문화교류 등 제한적인 영역에서 양국관계가 개선되는 효과를 가져왔다. 즉, 미국과 소련의 핵 균형은 '양국 간 군사적 대결의 가능성을 제한하는 것이 서로에게 이익이 될 것'이라는 인식으로 이어졌다.[2]

1966년 3월 서독의 평화제안(Peace Note)은 분단 독일의 긴장완화와 현안의 평화적 해결을 추구하였다. 같은 해 10월 미 존슨(Lyndon B. Johnson) 대통령이 동서 유럽의 평화적 공존과 새로운 관계설정을 위해 대외정책의 방향을 제시해나가자 서방에서는 이를 긴장완화정책, 즉 데탕트(Detente)라고 부르게 되었다.[3]

이 같은 국제환경 변화의 배경 속에서 1960년대 말 냉전적 국제 질서의 새로운 변화는 미국 내부로부터 시작되었다. 미국의 경제적 위기는 베트남 전쟁에 쏟은 과다한 출혈로 인한 미국 달러의 가치 하락으로 나타났으며, 1960년대 후반부터 미국 경제는 장기적인 경기과열과 만성적인 국제수지 적자에 시달리고 있었다. 또한 일본과 서구의 경제적 성장과 더불어 국제경제체제는 새로운 차원의 경쟁상태에 돌입하게 되었다. 이때 미국은 역사상 처음으로 계속적인 무역적자를 보게 되면서 인플레로 인한 경제적 어려움을 겪었다.[4]

1960년대 말 미국은 군사적으로도 한계에 봉착해 있었다. 1969년 1월 닉슨(Richard M. Nixon) 행정부의 출범 당시 베트남에 주둔하고 있던 미군은 약 50여 만 명이었는데 1969년 회계연도 당시 베트남 전비는 300억 달러에 달했으며, 미군의 사상자 수는 1968년 하반기 매주 평균 200명에 달했고, 그 해 14,592명이 죽었다. 1961년 이래 1968년 7월 20일까지 미군의 사상자 수는 31,000명이 넘었다.[5] 이처럼 미국의 막대한 군사비와 경제원조비 지출

---

[2] 아모스 A. 조오단·윌리엄 J. 테일러, 『미국의 안보정책 결정과정』, (한국)국방대학원 안보문제연구소(Amos A. Jordan·William J. Taylor, Jr. *American National Security Police and Process*, The Johns Hopkins University Press, 1981), 1984, 121~122쪽.

[3] 김영태, 「미·중공, 미·소 접근과 긴장완화 정책」, 『국토통일』 제3권 6호, 국토통일원, 1972, 46쪽.

[4] 리차드 W. 스티븐슨 저, 이우형·김준형 역, 『미·소 데탕트론』, 창문각, 1988, 246쪽.

은 자국의 만성적인 재정적자와 인플레를 촉발시키는 등 미국 경제를 곤경 속으로 빠뜨렸다.[6] 또 미국의 베트남전 개입에 대한 국제여론의 비난과 미국 내의 정치적, 사회적 국론 분열은 미국 정부를 곤경에 몰아넣었다.

이러한 상황은 미국의 동아시아정책의 수정을 요구하였다. 1968년 3월 31일 존슨 대통령은 그해 대통령 선거전에서 정식으로 사퇴하고, 월맹에 대한 북폭을 중지하며, 베트남문제 해결을 위해 월맹과 평화회담을 개최하겠다고 선언하였다. 이 연설 이후 미국은 월맹과의 평화협상을 본격적으로 진행시키면서 평화협정 체결 후 베트남에서의 완전한 철수라는 정책목표를 추구해나갔다. 미국의 새로운 외교정책과 방향은 국제관계의 안정화를 바라던 닉슨이 대통령에 당선됨으로서 현실화되었다.[7]

베트남전 반대 여론이 확산되는 가운데 1969년 1월 취임한 닉슨은 6월 8일 베트남 티우(Nguyen Van Thieu) 대통령과 회담을 열고 '월남전의 비(非)미국화'를 선언, 7월 8일부터 미군을 철수하기 시작하였다.[8] 그는 같은 해 7월 25일 아시아 5개국 및 루마니아 방문을 시작하면서 괌에 기착한 후 가진 비공식 기자회견을 통해 미국 새 행정부의 '아시아 기본정책(Guam Doctrine)'을 언급하였다.

괌 발언의 핵심은 '재래식 무기에 의한 공격 또는 국내 반란의 경우는 아시아 각국이 스스로 자주적인 방위력을 강화해서 대처해 나가야 한다'는 것

---

5) Henry Kissinger, *White House Years* (Boston: Little, Brown & Co., 1979), 235쪽.
1971년 7월 11일자 미 상원 외교위원회 촉탁에 의한 미 의회도서관 부속 연구실에서 발간한 베트남전쟁으로 인한 미국의 부담에 관한 보고서에 따르면, 1965~1971년 6월까지 약 1,200억 달러의 전비, 1971년 3월 현재 미군 사상자 수 약 35만 명, 미 항공기의 피해는 7,602대로써 57억 달러에 해당하며 항공기에서 투하된 폭탄이 제2차대전기 사용된 양의 2배에 달한다는 것이었다. 조재근, 「미국의 아시아정책과 남북한관계의 전망」, 『70년대의 남북한관계』, 국토통일원, 1972, 2~13쪽.

6) 荒川弘 저, 윤영자 역, 『국제관계와 세계경제질서』, 인간사랑, 1989, 66쪽.

7) 닉슨의 대외정책은 그의 국가안보담당특별보좌관 헨리 키신저(Henry Kissinger)와의 긴밀한 협의 속에서 나왔다. 키신저는 미국적인 경험주의가 아니라 독일적인 사고, 즉 선험적 구도에 따라 보편타당한 세계질서라는 틀을 실현하고자 하였다. 김영희, 「미국의 제2인자 키신저」, 『월간중앙』 9월호, 1971, 148쪽.

8) 『합동연감』, 합동통신사, 1970, 326쪽.

이었다. 물론 미국은 이미 체결한 조약상의 모든 의무를 준수하며, 핵병기에 의한 위협에 대해서는 미국이 직접 방어조치를 취할 것이라고 밝혔지만, 닉슨의 이 발언은 국지적 분쟁에 미국이 더 이상 개입하지 않겠다는 의사표명으로 해석되었다. 또한 닉슨은 향후 15~20년 동안 아시아가 위험지역으로 남을 가능성이 있다고 전제한 후, 미국의 군사적 개입이나 군사원조 계획은 점차 축소될 것이라는 입장을 명확히 드러냈다.[9] 괌 발언은 같은 해 11월 3일 닉슨의 연설에서 '베트남전쟁의 베트남화(Vietnamization of the Vietnam War)'[10]로 공식 정리됨으로써, 만일 아시아 각국 사이에 전쟁이 일어날 경우, 미국은 조약체결국에 대해 "원조는 하지만 그들을 대신하여 싸우지는 않는다"는 대원칙을 제시하였다. 이 발언은 1947년 3월 이래 세계의 경찰역을 자임한 트루먼독트린(Truman Doctrine)과의 결별을 의미하는 것이었다. 그러나 그의 발언은 일반적으로 알려진 불개입(disengagement) 정책, 즉 미국이 아시아에서 물러나기 위한 의사 표명이라기보다, 오히려 아시아에 머무르기 위한 의도가 반영된 것이었다. 비공산국가들과 중립국들 그리고 아시아의 동맹국들이 각자 자신의 독립을 수호할 수 있도록 도와주려는 목적을 지닌 채, 미국이 책임 있는 역할을 계속하기 위해 단단한 기초를 제공하려는 의도가 반영되었기 때문이다.[11]

1970년 1월 22일 미 상하 양원 합동회의에서 닉슨은 연두일반교서를 통해 괌에서 천명한 독트린을 재확인하면서 향후 미국은 '대결이 아닌 평화' 정책을 추구할 것이며, 월남 평화정책, 대소 대중국 협상정책의 방향을 확인하고 우방이나 후진국들과의 관계에 있어서는 지도적 위치가 아닌 협조

---

[9] ed. by Se-Jin Kim, American Police in the Pacific(Nixon Doctrine): Informal Remarks of President Nixon with Newsmen at Guam, *Document on Korean-American Relations 1943~1976* (Seoul: Research Center for Peace and Unification, 1976), 358~360쪽 ; 『동아일보』 1969년 7월 26일자.

[10] '베트남전의 베트남화'는 베트남으로부터 미 지상군을 철수시키는 동시에 남베트남의 국방력을 강화시킨다는 개념이지만 여기에는 '미 지상군의 철수'가 일차적인 요인이라고 할 수 있다.

[11] Richard M. Nixon, *The Memoirs of Richad Nixon* (grosset & dunlap, 1978), 394~395쪽.

자의 자세를 취하겠다고 말했다.12) 닉슨은 2월 18일 의회에 보낸 장문의 외교보고, 「70년대의 미국 외교정책: 평화의 구축」에서 괌 독트린의 기조에 반영되었던 국제관계의 새로운 현실을 상세히 분석하고, 자신이 발표한 아시아정책을 전 세계에 확대시킨 외교특별교서를 발표하였다. 향후 '닉슨독트린(Nixon Doctrine)'으로 불리게 된 이 보고의 내용은 기존 공약에 대한 우선 순위의 설정과 선택적 개입, 단 아시아 우방들이 강대국이나 핵보유국의 침공을 받을 경우, 미국은 개입하겠다는 것과 비미국화에 따르는 자주국방과 지역적 집단안보에 대한 기대감이 반영돼 있다. 또한 지역협력에 대한 측면 지원, 일본의 독특하고 필수적인 역할 강조, 대결 아닌 협상으로 미중관계의 개선 도모, 다각적 세력균형 추구 등이었다.13)

닉슨독트린은 동맹국들에 대한 미국의 공약 의무와 신뢰성을 유지하고, 국방비 삭감 및 미 대외정책에 대한 의회와 국민들의 반대를 줄이기 위한 목적이 강했다.14) 세계 곳곳에 개입하고 있는 미국의 군사적 힘을 철수함으로써 위기구조를 해소하고 데탕트를 이루려는 것으로서, 비록 이념과 체제가 다르다 하더라도 차이를 인정하면서 긴장완화와 평화공존을 추구하여 종국적으로 전쟁을 회피하려는 의도가 반영된 것이었다. 또한 다원화되는 국제정치에 현실적으로 대처하고 중소대립이라는 사회주의 진영의 분열을 배경으로 하여 이를 효과적으로 이용하려는 미국의 새로운 아시아전략의 반영이기도 하다.

요컨대 닉슨독트린의 논리는 앞으로 미국의 동맹국들이 자신의 안보에 대해서 스스로 책임질 것을 강조한 것이고, 미국이 1차적이 아닌 2차적 책임을 지겠다는 의미였다. 그것은 아시아가 어느 한 국가 또는 하나의 국가군에 의해 지배되어서는 안된다는 것을 뜻하기도 한다. 미국이 추구하는

---

12) Richard M. Nixon, 「President's State of The Union Message」, 『정세와 평론』 제1호, 외무부 외교연구원, 1970, 7~8쪽 참조.

13) 전문 232쪽에 달하는 보고 가운데 아태지역에 대한 부분은 다음의 글에 번역 소개돼 있다. 조세형, 「닉슨 미국 대통령의 외교교서」, 『국토통일』 통권35호, 국토통일원, 1973.

14) Henry Kissinger, *White House Years* (Boston: Little, Brown & Co., 1979), 222~225쪽.

평화적 공존은 어떠한 국가도 전 세계에 걸쳐서 혹은 지역적인 면에서 우위를 차지하려는 시도에 반대한다는 것이다.[15] 그런 점에서 닉슨의 새 아시아정책은 미국의 대아시아 기본 목적을 변경하거나 포기하는 것을 의미하지 않는 것이라고 할 수 있다.[16]

닉슨 행정부는 미국과 소련은 물론 중국, 일본, 서유럽국가도 중요 행위자가 되는 국가체제를 그리고 있었다.[17] 그것은 아시아에서 곧 미국, 소련, 중국을 포함하는 정치전략적인 삼각관계의 형성을 의미하는 것이다. 따라서 1960년대까지 지속되던 동아시아의 냉전구조는 닉슨독트린과 미중관계 개선을 통하여 급속히 해체되어 나가기 시작하였다. 1970년대에 들어서 동아시아의 냉전체제를 무너뜨린 결정적인 힘은 미중관계 개선이었으며, 이는 1972년 2월 양국 국가원수들이 발표한 상하이 공동코뮤니케를 통해 극대화되었다.

미국이 중국과 관계개선을 추구한 이유는 우선 베트남에서의 패배가 현실로 다가온 상황에서 동아시아정책 전반을 수정해야 하는 미국으로서 언제까지나 중국을 부인할 수 없었기 때문이다. 따라서 중국을 국제사회에 포함시켜 국제사회의 책임 있는 일원으로 행동하게 하는 것이 세계평화와 안전에 이바지하는 길이라는 판단 때문이었다. 나아가 중국으로 하여금 소련을 견제할 수 있을 것이라는 판단도 작용하였다. 중소분쟁이라는 상황을 십분 활용하여 중국과 손을 잡음으로써 소련을 봉쇄하려는 의도 또한 있었다.[18]

미국의 대중국 관계개선은 여러 가지 전략적 고려가 깔려 있었다. 미국의 인도차이나반도 개입의 논리였던 '중국 봉쇄'의 자동 폐기는 베트남전에

---

[15] 헨리 A. 키신저·여영무 역, 『데탕트의 허실-미국의 외교전략-』, 금란출판사, 1976, 293쪽.

[16] 조재근, 앞의 글, 2~7쪽.

[17] 제임스 E. 도거티·로버트 L. 팔츠그라프, 『미국외교정책사-루스벨트에서 레이건까지-』, 한울아카데미, 1997, 354~355쪽.

[18] 배긍찬, 「1970년대 전반기의 국제환경변화와 남북관계」, 『1970년대 전반기의 정치사회변동』, 백산서당, 1999, 14~15쪽.

서 발을 뺄 수 있는 명분을 마련해주는 것이었다. 또한 아시아 동맹국에 대한 안보공약을 외면하지 않으면서 아시아로부터 미 지상군을 철수하려는 닉슨독트린을 구체화시킬 수 있게 되었다. 나아가 이를 계기로 소련과 전략무기제한협정(ABM)에 응하도록 유도하면서 소련의 과도한 세력 팽창을 견제하고 동서 긴장완화의 기반을 조성할 수 있었다. 그러나 무엇보다도 중국의 핵 무장 앞에서 미국은 '공포의 균형'을 추구할 수밖에 없었던 군사적 측면에 대한 고려가 일차적이었다.[19]

중국 또한 소련으로부터 안전을 위협받고 있는 군사적 상황에서 미국과 소련 두 강대국에 대해 더 이상 적대정책을 취할 수 없다는 점, 모스크바의 경쟁자인 미국과의 화해와 관계개선이 요청된 점, 닉슨독트린에 따라 아시아 전역에서 미군 병력이 감축될 것이 확실해졌다는 사실, 미일동맹을 약화시켜 대만을 장악할 기회를 추구하려는 구상 등에 따라 미국과 화해를 추구해나갔다.[20] 즉, 중국은 미국을 자기편에 끌어들임으로써 자신에 대한 소련의 전략적인 우위를 상쇄시키고자 했으며, 아시아에서의 미국의 퇴조가 곧 일본의 재무장을 촉진시키는 방향으로 나아가는 위험을 사전에 봉쇄하며, 자신의 외교적 고립에서 벗어나고 역으로 대만의 외교적, 군사적 지위를 약화시키기 위해 대미관계 개선을 시도한 것이다.[21]

미중관계 개선의 한 내적 계기가 된 중소분쟁은 1950년대 중반부터 시작되었다. 1956년 소련공산당 제20차 대회에서 소련이 평화공존과 전쟁가피론(戰爭可避論)[22]을 내세우자, 중국공산당은 이를 수정주의라고 비난하면서 국제공산주의운동의 분열을 드러냈다. 그 후 쿠에모이해협 위기(1958

---

[19] 고청,「미·중공접근의 한계와 전망」,『국토통일』5월호, 국토통일원, 1971, 135쪽. 1969년 9월 29일 미 원자력위원회는 중국이 대기권에서 핵실험을 했다고 발표함으로써 중국의 핵개발에 민감한 반응을 보였다.
[20] 양호민,「남북대화의 원점과 원형」,『평화통일을 위한 남북대결』, 소화, 1996, 242쪽.
[21] 이 같은 중국의 현실적 대미 관계개선의 필요성은 중국 외교정책의 총체적인 목표, 즉 자국의 안전과 통일의 달성 그리고 독립의 확보라는 구도 속에서 추진되었다. 조재근,「중공외교정책의 기조」,『국제정치논총』제12집, 한국국제정치학회, 1972, 59쪽.
[22] 김병린,「소련의 데탕트 개념」,『통일정책』제2권 제2호, 국토통일원, 1976, 151쪽.

년), 중국·인도 국경분쟁(1959, 1962년), 중국에 파견한 소련 기술자의 소환(1960년), 쿠바위기(1962년) 및 부분 핵실험 금지조약(1963년) 등을 둘러싸고 양국은 지속적인 갈등 양상을 보였다. 이 과정에서 소련이 보인 태도는 자국의 이익을 위해서는 동맹국인 중국의 이익을 희생시킬 수 있을 뿐만 아니라 적대국인 미국과의 충돌을 회피하고 나아가 중국에 대한 지배권을 확보하려는 것처럼 보였다.[23] 이 같은 양국의 대립은 1960년대 중반 이후 국경분쟁으로 이어졌으며, 특히 1969년에는 국경지대인 우수리강을 따라 양국이 군사적인 충돌을 일으키는 사태로까지 발전하였다.[24] 이 같은 중소 갈등이 미중관계 개선을 재촉한 것이다.

한편 미중관계의 개선은 소련으로 하여금 더 이상 중국에 대해 군사적, 정치적 압력만을 가할 수 없는 처지에 놓이게 하였으며, 소련과 중국의 관계정상화를 추구하게 하였고, 그에 따라 1969년 10월 양국은 국경회담을 개시하였으며 이듬해 11월에는 상호 간에 대사관계를 수립하는 상황으로까지 호전되었다.

미국과 중국 간의 최초의 접촉은 1955년으로 거슬러 올라간다. 대만해협에서의 긴장완화 문제를 논의하기 위한 양국의 협상이 1970년에 재개될 때까지 136회나 지속되었지만[25] 워싱턴 측이 베이징 정부를 인정하지 않은 탓에 실질적인 대화는 진행될 수 없었다. 그 후 1968년 11월 28일, 중국에 대한 군사적 포위 정책의 종식, 두 개의 중국 정책 포기, 오키나와 핵기지 철폐 등을 내용으로 한 '라이샤워(Reischauer) 보고서'가 공개되면서 미국 내부에서는 중국에 대한 현실주의적 입장을 띤 견해들이 제시되기 시작하였다.[26] 이틀 전 중국에 의한 미중 간 바르샤바회담 재개안이 나온 직후의 일

---

[23] 김낙년, 「동북아정세와 남북대화」, 『해방 40년의 재인식 II』, 돌베개, 1986, 129쪽.

[24] 1969년 3월에 중·소 국경분쟁사건인 珍寶島('다만스키'섬)사건이 두 차례나 발생하여 양측 군인들 수십 명의 사상자가 발생하였다. 여타 국경지역에서도 5월과 8월에 소규모 또는 대규모의 군사적 충돌이 벌어져 양국의 감정은 격화되었다. 당시 중소 국경분쟁 상황과 역사적 배경에 대해서는 박봉식, 「중소대립관계의 전개와 그것이 한국통일에 미치는 영향」, 『국제정치논총』 제11집, 한국국제정치학회, 1971, 12~16쪽 참조.

[25] Henry Kissinger, *White House Years* (Boston: Little, Brown & Co., 1979), 749쪽.

이었다. 그러나 헤이그에서 중국 외교관의 미국 망명사건 발생으로 중국의 제안은 취소되었다.

1970년 1월 20일 다시 바르샤바에서 재개된 양국 회담은 전해인 1969년 7월 21일 닉슨의 중국 여행 및 통상금지령의 폐지선언과 25일 괌독트린에 의해 추동되었다. 그해 11월 미국은 제7함대에 의한 대만해협의 순찰을 중지한다고 발표하였으며, 12월 15일에는 중국에 대한 핵 억지력 차원에서 배치되었던 오키나와의 핵무기들을 연말 안에 철수할 것이라고 선언하였다. 바르샤바회담 이틀 전 닉슨은 의회에서 미국이 중국과의 관계개선을 위해 필요한 조치를 취하는 것은 미국의 이익에 부합된다고 선언하였고, 이어 6월에는 의회에 제출한 연두교서에서 중국을 '중화인민공화국'이라고 공식 호칭하였다.[27]

중국도 1969년 7월 10일 간첩죄로 20년형을 선고받고 복역 중이던 제임스 월시(James Walsh) 목사를 석방한다고 발표하였다. 이러한 분위기 속에서 1971년 4월, 이른바 '핑퐁외교'[28]로 시작된 미국과 중국의 관계개선은 급속한 양상으로 전개되었다. 닉슨 행정부는 중국에 대해 상당한 부분의 전략물자에 대한 금수조치를 해제한다고 발표하였다. 7월 9일부터 11일까지 파키스탄을 경유한 미 키신저 안보보좌관의 베이징 비밀방문 후, 7월 15일 중국은 닉슨을 초청하였으며, 7월 16일 닉슨은 1972년 5월 이전 적당한 시일에 중국을 방문하겠다는 발표를 하여 전 세계를 놀라게 하였다. 10월 26일 중국의 유엔가입과 대만의 축출을 내용으로 하는 알바니아안이 통과됨으로써 중국의 유엔 가입이 성사되었다.[29]

---

[26] 최영진, 『동아시아국제관계사 – 제2차 세계대전 이후 미중관계를 중심으로 – 』, 지식산업사, 1996, 195쪽.

[27] 이익성, 「미국의 대중공 정책의 변천과정」, 『국토통일』 제2권 제11호, 국토통일원, 1971, 36~37쪽 참조.

[28] 1971년 3월 28일부터 일본 나고야에서 열리고 있던 제31회 세계탁구선수권대회에 참석 중이던 중국 대표팀의 초청에 따라 미국 탁구 선수단 15명은 4월 10일 베이징에 도착하여 우호적인 분위기 속에서 친선탁구경기를 개최함으로써 미·중 관계를 크게 호전시키는 역할을 하였다. 송영우·소치형, 『중국의 외교정책과 외교』, 건국대 중국문제연구소, 1992, 98쪽.

이어 1972년 2월 21~28일 베이징에서 닉슨과 마오쩌둥(毛澤東)의 미중 정상회담이 열렸다. 두 사람은 정상회담 후 공동성명을 발표하고, 양국 간의 이데올로기적 대립을 넘어서 상호 불간섭과 평화공존 원칙에 입각하여 두 나라 간의 협력관계를 발전시켜나가기로 합의하였다.30) 이와 함께 동아시아에서의 반패권주의, 인도·파키스탄분쟁에 대한 유엔결의안 지지 등에 두 나라는 일치된 입장을 보였다. 그러나 이 상하이공동성명에는 양국의 의견 불일치도 제시돼 있었다. 대만문제와 한반도문제, 월남문제 등이다.

한반도문제에 대해서 양국은 각각 한국 지지와 북한 지지 입장이 맞서 합의하지 못하였다. 상하이공동성명에서 미국은 "한반도에서의 긴장완화와 대화증진을 모색하려는 대한민국의 노력"을 지지하였으며, 중국도 "조선민주주의인민공화국이 1971년 4월 12일 제시한 한국의 평화적 통일에 관한 8개항의 제안과 유엔한국통일부흥위원단(UNCURK)의 해체 요구"를 지지한다고 밝혔다.31) 미국의 대중국 접근정책은 한국이나 대만을 포기하고 중국을 승인하여 보다 우호적인 관계를 맺으려는 것보다는 당장 아시아 전 지역에서 중국과의 직접적인 충돌을 피하고 자국의 권익을 옹호하고 방위하려는 데에 더 큰 의의가 있었기 때문이다.32)

1972년 2월 닉슨의 중국 방문으로 구체화된 미중 외교의 전개는 미국의 기존 대한반도 정책에 일대 전환을 가져왔다. 즉, 1970년대를 통해 일관되게 지속되는 미국의 대한반도정책으로서의 '두 개의 한국정책(Two Korea)'이

---

29) 『합동연감』, 합동통신사, 1972, 375쪽.
30) 양국은 영토의 보존과 주권의 상호존중, 상호불가침, 내정불간섭, 평등 호혜, 평화공존 등 '평화 5원칙'에 입각해 관계 재정립을 추구하였다. 이영희, 「중공 평화오원칙 외교의 양면」, 『정경연구』 7월호, 1972, 43쪽.
31) 이때 중국이 유엔사령부의 해체를 요구하지 않았다는 점에서 중국이 내심 현 단계에서 주한미군의 철수를 원하지 않았다는 분석이 있다. 당시 시점에서 주한미군의 철수는 한반도의 힘의 공백을 불러와 그 공백이 소련이나 일본에 의해 채워질 것을 두려워했기 때문이라는 것이다. 최영진, 앞의 책, 201쪽.
32) 그런 점에서 미국의 대아시아정책은 현상유지적인 측면이 강한 반면 중국의 경우는 현상타파적인 성격을 띠었다고 할 수 있다. 이영희, 「닉슨=周의 아·태 질서 구상」, 『정경연구』 3월호, 1972, 4~5쪽 참조.

가동되기 시작한 것이다. 이는 미국의 아시아전략이 미중접근을 하나의 중요한 축으로 하여 전개됨에 따라 그 종속변수로서의 한반도정책을 전환하지 않을 수 없게 된 것을 의미한다. 이 정책은 1975년 9월 키신저 미 국무장관이 제30회 유엔총회 연설에서 한반도 긴장완화의 구체적 방안으로 남북교차승인 방식을 제시하기까지 지속된다.[33]

동아시아의 데탕트는 미국과 소련의 긴장완화를 또 하나의 축으로 하여 전개되었다. 미소의 관계개선은 궁극적으로 핵 교착이라는 현실의 타개를 추구하였다. 1969년 11월 17일 핀란드 헬싱키에서 미국과 소련은 2년 반 만의 산고 끝에 전략핵무기제한회담을 열었으며, 1968년 7월 1일에 체결된 핵확산금지조약(NPT)이 미국과 소련에 의해 11월 24일 정식 비준되었다.[34]

1970년 10월 닉슨은 유엔총회에서 미소 협조가 세계문제 해결의 선결조건이라고 연설하면서 그러한 협조체제 구축을 위한 자신의 열정을 표시하였다. 브레즈네프(Leon'd Brezhnev) 역시 1971년 3월 제24차 소련공산당대회에서 평화공존 원칙을 실천적으로 보완하고 상호 군사력 감축회담에의 열망을 고취시키고자 한다는 의사를 드러내었다.[35] 그 결과, 닉슨은 중국 방문 직후인 1972년 5월 모스크바를 방문, 소련 측과 전략핵무기제한협정(SALT)을 체결할 수 있었고,[36] 그 후 1973년 6월 브레즈네프 서기장이 미국을 방문하여 핵전쟁 방지협약에 서명하면서 평화공존체제는 좀 더 진전을 보게 되었다.

1972년 5월 미소 공동코뮤니케에서 한반도 정세와 관련해서는 일언반구

---

[33] 외무부, 『한국외교 30년: 1948~1978』, 대한민국 외무부, 1979, 94쪽 ; 『동아일보』, 1975년 9월 23일자. 남북한의 유엔동시가입, 한반도 휴전 당사국(한국 포함) 회의 개최, 이후 보다 대규모의 국제회의(4개국 외 일본, 소련 포함) 개최 등의 내용을 포함한다. 다른 측면에서 보면, 이는 1974년 3월 이래 북한이 끊임없이 제기해온 북미 직접협상 개최에 대한 반응이라고도 할 수 있다.

[34] 『합동연감』, 합동통신사, 1970, 323쪽.

[35] 리차드 W. 스티븐슨 저, 앞의 책, 214~215쪽.

[36] 김순규, 「미·소간 전략무기제한교섭에 관한 분석적 연구」, 경희대 정치학박사논문, 1980, 제3~4장 참조.

도 없었으며, 정상회담에서 한반도문제가 화제로 올랐는지는 알 수 없다.37) 다만 닉슨-브레즈네프는 정상회담을 통해 유럽의 현상동결을 약속하였다. 이것은 동·서독의 분단 동결을 기초로 한 평화공존을 의미하는 것으로서, 이러한 흐름에서 장차 남북 간에도 평화공존의 방향으로 미국과 소련이 암묵적인 합의를 이룬 것이라는 분석이 제기되었다.38) 그러나 미소의 평화공존정책이 한반도에 적용되기 위해서는 미소, 미중, 중소에 각각 평화공존관계가 수립되어야 하며, 이 3대 평화공존이 서로를 배척하지 않는 관계에 놓여야만 하는 것이었다.39)

미국과 중국 및 소련과의 관계개선은 동북아시아 역학관계의 변화로 이어졌다. 특히 일본의 역할문제가 새롭게 제기되기 시작하였다. 미국의 새로운 동아시아정책에는 일본의 역할 증대가 필수적이었으나, 중국으로서는 일본에 대한 견제심리가 작용할 수밖에 없었다.40)

아시아에서 일본과 중국의 힘이 경합을 하면서 자라난 1960년대는 적어도 한반도문제에 있어서 미국 못지않게 일본과 그리고 소련보다는 중국이 한층 더 심각한 관련을 갖던 시기였다는 점에서, 1970년대 초 데탕트 시기 중일관계가 주목된다. 그것은 또한 제2차 세계대전의 소산인 이른바 '얄타체제'의 변모 과정을 의미하기도 한다.41)

중국은 공산주의의 초대국 소련에 도전하여 자웅(雌雄)을 겨룰 만한 세력이 되었고, 일본은 동아시아의 새로운 지도력으로서 2차 대전 후 동아시아에서 줄곧 미국이 독자적으로 부담해온 평화와 안보의 책임을 분담할 움직임을 보여 왔던 것이다. 이러한 흐름이 데탕트 시기에 와서는 동아시아

---

37) 공식 발표된 미소 공동성명에서는 핵전쟁의 방지, 이념과 사회제도가 다른 국가 간의 평화공존, 미소 간의 협력과 유대관계의 증진 등을 강조했다. 합동통신사, 『합동연감』, 1973, 359쪽.
38) 신상초·함석헌, 「민족통일을 위한 대담」, 『씨올의 소리』 9월호, 1972, 35쪽.
39) 신상초, 「닉슨과 브레즈네프의 대좌」, 『월간중앙』 7월호, 1972, 184쪽.
40) 이승헌, 「미·중공 정상회담의 소산과 그 후의 아시아·태평양정세」, 『국토통일』 통권 제22호 국토통일원, 1972, 83쪽 참조.
41) 민병기, 「타협과 거부의 다원화세계」, 『월간중앙』 12월호, 1969, 77~78쪽.

에 있어서 미, 소, 중, 일 사이의 정치적 다극성으로 나타났는데, 이것이 결국 미국과 소련 사이, 미국과 중국 사이의 군사적 양극성의 강도를 어느 정도 완화시키는 역할까지 하게 되었다.42)

1970년 3월 주은래(周恩來) 수상은 베이징을 방문한 일본 사회당 사절단에게 일본과 불가침조약을 체결할 용의가 있음을 천명함으로써 양국 간의 관계 개선을 위한 접촉이 전개되었으며, 결국 1972년 9월 25일 일본 다나카(田中角榮) 총리가 중국을 방문하여 30일까지 베이징에 머물면서 모택동, 주은래 등과 회담하고, 29일 중일 공동성명을 발표했다.43) 공동성명에서 일본은 과거 전쟁을 통해 중국인들에게 끼친 손실을 반성하고 평화우호관계를 수립해 양국의 이익뿐만 아니라 아시아 긴장완화와 세계평화에도 기여할 것이라고 선언하였다.44) 동아시아 전체가 데탕트 속으로 빠져 들어가는 형국이었다.

1973년 미 국무성은 "일본과 중국의 관계정상화는 또 하나의 주요한 사태 발전"이라고 규정하였으며, "이 지역에서 보이고 있는 전반적 해빙 추세를 뒷받침하여 양국 간의 외교관계가 확립된 것이며 이와 같은 양국 간의 관계개선이 양국과 이 지역 내에 있는 타국들에게 유익할 것이라고 확신한다"45)고 한 것으로 볼 때 일중관계는 미국의 전략적 이해와 일치하는 것이

---

42) 국토통일원, 「70년대 미국의 대한 외교정책의 검토 및 대비책」, 1970, 10쪽.
43) 9개항의 본문에서는 양국 간 비정상적 사태의 종결, 중국의 유일합법성 인정, 중국의 대만 영유권 주장에 대한 일본의 이해와 존중 표명, 외교관계 수립과 빠른 시일 내의 대사교환, 중국의 대일 배상요구 포기, 평화 5원칙 존중과 무력 불사용 원칙 확인, 양국관계 정상화가 제3국의 이익에 반대되지 않고 두 나라가 아태지역에서 주도권 추구를 하지 않으며 다른 나라의 그 같은 노력에도 반대하고 평화우호조약 체결을 위한 교섭에 합의하였으며, 정부 또는 민간 차원의 각 분야에 걸친 협정체결을 위한 협의 개시 합의 등을 담았다. 『합동연감』, 합동통신사, 1973, 361~362쪽.
44) 그러나 표면적인 논리와는 달리 중국의 경우, 소련과의 관계 악화와 중국 국경지대에 있어서의 소련의 군사적 압력에 제동을 걸기 위한 전술로서 대일접근을 기도한 것이라는 평가도 고려할 필요가 있다. 김광원, 「일·중공 수교 이후의 동북아」, 『신동아』 11월호, 1972, 156쪽.
45) *A YEAR OF EXTRAORDINARY PROGRESS*, The Section on East Asia and the Pacific from a Forign Police Report by U.S. Secretary of State WILLIAM P. ROGERS, April 17, 1973(최

었다. 다나카 수상의 중국 방문 직전인 1972년 9월 1일에 열린 닉슨-다나카 정상회담에서 확인한 "다나카의 중국 방문이 아시아의 긴장완화 경향을 더욱 조장하게 되기를 바란다"라는 공동성명문 3항 또한 이와 관련된다.[46]

중국으로서는 동아시아에서 미국의 군사적 '계약해지' 상태가 초래함에 따라 일본의 군사적 역할이 증대할 것이라는 측면에 경계심을 가졌으며 바로 이 점이 중국의 동아시아정책의 가장 큰 유인이었다.[47] 모택동-닉슨 상하이공동성명에서 중국 측이 일본군국주의의 부흥과 외향적 팽창에 단호한 반대를 표명하면서, 동시에 일본이 독자적, 민주적, 평화적 중립 일본으로 되어야 할 것이라는 희망을 강력하게 표출한 것도 이 때문이다. 중국은 미국이 중국을 정식 외교상대로 대하는 속뜻은 직접적인 봉쇄정책을 버림으로써 주변국가에 대한 군사원조를 대폭 줄이고, 중국을 소련에 대한 견제세력으로 적극화시키는 한편 일본의 잠재능력을 이용하여 중국세력의 팽창을 간접적으로 막기 위한 것이라고 판단하였다.[48]

미국은 상대적으로 약화된 힘의 보완장치로서 아시아에서 미국 스스로의 주도하에 일본과의 동맹체제 노선을 강화하였다. 닉슨은 아시아 나라들의 성장과 발전에 따라 이들의 책임과 부담을 늘리고 이들 나라의 서열이 달라질 것이라는 입장을 명확히 하였다.[49] 그것은 곧 아시아에서 일본의 역할 강화를 의미하는 것이었다. 이런 점에서 닉슨독트린은 핵무기를 현실적 억지력으로 삼아 강력한 태평양 국가로서의 자신의 지위를 계속 유지하면서 아시아동맹국에게 보다 큰 역할을 요구하여 아시아 현지군을 강화하는 것, 즉 일본의 경제적·정치적 잠재력을 동원하여 아시아에서 일본의 역할을 증대시키려는 것이었다.[50] 이는 1969년 11월 21일 닉슨-사토(佐藤榮

병보 역, 「대발전의 해-로저스 미국무장관의 외교정책 보고서-」, 『국토통일』 통권 35호, 국토통일원, 1973, 167쪽).
[46] 「자료: 닉슨 다나카 공동성명문」, 『국제문제』 제3권 제10호, 극동문제연구소, 1972, 48쪽.
[47] 김덕, 「중공의 대한한도 정책과 전망」, 『신동아』 2월호, 1973, 99쪽.
[48] 노재봉, 「동아시아의 신질서」, 『월간중앙』 11월호, 1972, 136쪽.
[49] 『동아일보』, 1970년 2월 19일자.

作)성명에서의 "한국의 안전은 일본의 안보에 긴요(essential)하다"는 한일운명공동체적 입장의 표명과 궤를 같이 한다.51) 특히 사토 수상의 연설에서는 이 점을 한층 더 강조하여 "한국에 대한 무력공격은 일본의 안전에 중대한 영향을 미친다. 한국에 대한 무력공격에 대처하기 위하여 미군이 일본 기지를 전투작전행동의 발진기지로서 사용하지 않으면 안 될 경우 일본 정부는 사전협의에 대하여 전진적 자세에서 신속히 태도를 결정할 방침"이라고 언명함으로써 한국에 관한 안보문제에 미일 양국이 협력체제를 강화할 뜻을 분명히 했다.52) 또한 1970년 6월 23일 미일 안보조약의 자동연장에 따라 미일 협조체제와 일본의 역할 증대는 더욱 고착되어 갔다.53) 이는 이후 1975년 포드(Gerald Rudolph Ford)-미키(三木武夫) 회담에서의 "한반도의 평화는 일본을 비롯한 동아시아에 있어서의 평화와 안전에 필요하다"고 하면서 일본의 방위역할을 한반도 및 동아시아 지역으로 확대하고자 하는 의도를 드러낸 것과 연결된다. 미국은 동아시아문제가 곧 '중국문제'라고 생각했지만, 사실은 일중, 미일관계였음을 새삼 깨닫게 된 것이다.54) 동시에 일본은 동아시아데탕트 속에서 아시아 패권국가의 지위를 추구해나갔다.

한편 일본과 소련과의 관계개선 움직임도 주목된다. 일본은 미국의 반대

---

50) 1971년 8월 5일 주은래를 인터뷰한 『뉴욕타임즈』의 제임스 레스턴 부사장에 의하면 주은래는 닉슨독트린이 일본 내의 군국주의자들을 고무시켰다고 생각하고 있었다. 제임스 레스턴, 「중공 수상 주은래 회견기」, 『신동아』 10월호, 1971, 216쪽.
51) 『동아일보』, 1969년 11월 22일자 ; 『합동연감』, 합동통신사, 1971, 42쪽.
52) 이에 대한 박 정권의 입장은 긍정적이었는데, 이듬해 7월 주한미군 감축 발표 직후 열린 제4차 한일정기각료회의에서는 '미국의 방기'에 대한 양 정부의 '적극적인 협력'의 중요성이 강조되었다. 이 시기 한국과 일본의 안보교류는 정치적, 경제적 교류협력으로 이어졌다. 빅터 D. 차 저, 김일영·문순보 역, 『적대적 제휴: 한국·미국·일본의 삼각관계』, 문학과지성사, 2004, 제3장 참조.
"일본의 역할이 아시아지역에 있어서의 집단안보의 일환으로서 제기되는 문제라 할 것 같으면 우리로서는 굳이 반대할 이유는 없다"는 게 박정희의 사고였다. 『박정희대통령연설문집』 제8집(1971.1~12), 대통령비서실, 1972, 49쪽.
53) 신상초, 「미일안보조약 자동연장과 동아시아의 안보」, 『시사』 8월호, 내외문제연구소, 1970, 26쪽.
54) 라이샤워, 「삼극체제의 운명과 아시아」, 『월간중앙』 2월호, 1972, 83쪽.

를 무릅쓰고 월맹에 1972년 2월 8~11일간 사절을 보냈으며, 2월 23일부터 열린 일소 공동경제위원회에서 시베리아 개발을 위한 15억 달러의 상업차관을 소련에 제공하는 데 합의하였다. 이것은 소련의 미중 접근에 대한 대책인 반면 일본 독자외교의 몸부림이라고 할 수 있다.[55] 소련 역시 아시아 지역 집단안보체제 구상을 통해 국제분쟁의 해결에 있어서 무력의 불행사, 평화공존의 추진 및 상이한 사회체제를 가진 국가들 사이의 상호협조를 원칙으로 내세우고 있었다.[56] 소련의 집단안보체제 구상은 이미 1969년 6월 모스크바에서 열린 세계공산당대회 당시 브레즈네프의 연설을 통해 유럽 집단안전보장체제와 같은 체제를 아시아에서도 구축할 단계에 이르렀음 시사한 것으로부터 시작되었다. 아랍 제국, 인도, 그리고 군국주의를 배제한 일본을 세 기둥으로 삼고 중국을 제외한 모든 아시아를 대상으로 한 지역전략으로서의 집단안보체제구상이라는 아시아 외교전략의 흐름 속에서 일본과 소련의 전략적 탐색이 추구된 것으로 볼 수 있다.[57]

요컨대 미중의 접근 결과 발표된 상하이공동성명으로 양국은 패권정치가 없는 공존의 원리를 확인하였으며, 이는 적어도 동아시아에서 현상을 유지하고 긴장을 완화한다는 일반적인 원칙에 합의한 것으로 볼 수 있다. 이러한 정세가 장차 남북관계의 새로운 변화를 위한 밑바탕을 이루게 된 것이다. 그러나 한반도를 둘러싼 4강의 세력균형과 중국의 대외정책은 남북관계의 현상타파보다는 현상안정화를 위한 압력으로 작용할 가능성이 큰 것이었다.[58] 이 같은 동아시아의 정세변화는 남북관계에서 긴장완화와 교류증대를 가능케 하는 조건인 동시에 '두 개의 한국'이라는 분단관리 국면의 위험성을 동시에 야기하는 요인으로 작용하였다.

미국과 중국은 상하이공동성명에서 각기 자국의 동맹국가인 한국과 북한의 입장을 지지하고 기존의 동맹관계를 견지할 것을 분명히 선언했지만,

---

[55] 박봉식, 앞의 글, 20쪽.
[56] 小谷秀二郎, 「아시아 안보와 소련의 전략」, 『정경연구』 9월호, 1973, 159쪽.
[57] 한기식, 「전환하는 소련의 아시아전략」, 『월간중앙』 3월호, 1973, 98~99쪽.
[58] 김덕, 앞의 글, 102쪽.

미중의 화해는 남북한에게 모두 기회와 위기를 제공하는 것이었다.[59] 특히 베트남과 대만에서 미국의 후퇴가 분명해지면서 북한은 한반도문제를 민족대단결과 자주의 원칙에 입각해서 평화적으로 해결할 수 있는 유리한 기회가 성숙되고 있다고 판단했고, 반면 남한은 미국과 중국 간의 화해로 조성된 새로운 국제환경의 위기에 적극적으로 대응하기 위해서 남북 간의 대화와 협력을 모색하지 않을 수 없었다.

2. 미국의 주한미군 감축과 남북대화 권유

1969년 1월 출범한 닉슨 행정부는 베트남전장에서의 미군철수 정책과 함께 주한미군의 철수를 위한 계획을 세우기 시작하였다.[60] 미국의 베트남전쟁에 대한 정책변경은 필연적으로 주한미군의 변화를 초래하였다.[61] 거꾸로 보면 미국이 베트남전쟁에 대한 기존의 정책을 유지하는 한 주한미군의 감축문제는 더 이상 제기될 수 없었던 것이다. 1960년대 전반에 걸쳐서 지속적으로 전개되었던 주한미군 감축논의가 무기한 연기된 데에는 한국군의 베트남파병이 중요한 요인으로 작용했기 때문이다.[62] 따라서 1968년을 기점으로 베트남정책을 변화시킨 미국으로서는 무기한 연기되었던 주한미

---

[59] 서진영, 「부강한 중국의 등장과 중국위협론, 그리고 한반도」, 『한국과 국제정치』 제18권 제2호, 경남대 극동문제연구소, 2002, 18쪽.

[60] 1970년대 초 닉슨 행정부의 주한미군 철군정책이 1960년대 초 미국에 의한 주한미군 철군계획과 연계된다는 관점의 연구로는 마상윤의 논문(「미완의 계획: 1960년대 전반기 미 행정부의 주한미군철수 논의」, 『한국과 국제정치』 제19권 2호, 경남대 극동문제연구소, 2003)과 박태균의 논문(「1950·60년대 미국의 한국군 감축론과 한국정부의 대응」, 『국제·지역연구』 9권 3호, 서울대 국제지역원, 2000)이 있다.

[61] 물론 데탕트 시기 해외주둔 미군의 철수는 한국을 비롯해 베트남, 일본, 태국, 필리핀 등 아시아 전체에서 나타난 현상이었다. 빅터 D. 차, 앞의 책, 110쪽, 〈표 1〉 참조.

[62] 마상윤, 앞의 논문, 27~28쪽.
이와 관련, 박정희는 1967년 대통령선거 유세에서 한국군 파병으로 말미암아 주한미군 2개 사단이 월남으로 파병되는 것을 막을 수 있었다고 언급했다. 대통령비서실 편, 『박정희대통령연설문집』 제4집, 1967.

군의 철수계획을 다시 검토하게 된 것이었다.[63]

1969년 2월에 작성된 미국의 '국가안보연구 비망록(NSSM27)'은 주한 미 지상군 2개 사단을 모두 철수하는 안, 1개 사단을 철수시키는 안, 몇 개 여단을 남기는 안 등 세 가지를 구체적 정책 대안들로 제시하고 있었다.[64] 같은 해 6월 3일 레어드(Laird) 미 국방장관이 하원 청문회에 출석하여 주한미군 철수를 검토하고 있다고 증언하였다.[65] 이러한 흐름 속에서 닉슨의 7월 25일 괌 독트린 발언이 이어졌다.

1969년 8월 21~23일 박정희와 닉슨은 미 샌프란시스코에서 이뤄진 두 차례의 정상회담을 통해 괌독트린에도 불구하고 양국의 우의를 재차 확인하면서 한미상호방위조약에 의거해 '북괴 도발'에 대해 양국이 공동으로 대처한다는 굳은 결의를 표명하였지만, 닉슨은 이 회담 1시간 전에 이미 포터(William J. Porter) 주한 미 대사에게 의회의 압력이 있으므로 주한미군 철수 약속을 반드시 이행해야 한다고 말했다.[66] 닉슨독트린에 따른 미 행정부의 주한미군 감축정책은 확고한 것이었다.

한미정상회담에 관한 공식적인 발표와는 달리 박 정권의 국내 발표 요점은 주한미군의 계속주둔을 확인했다는 것이었다.[67] 그러나 이때 박정희는 주한미군 감축에 관한 미국의 확고한 입장을 내심 확인한 것으로 보인다.

---

[63] 주한미군 감축론은 1968년 초부터 미 정가에서 형성되기 시작하였는데, 닉슨독트린 이후 더욱 적극적으로 제기되었다. 미 의회 감축론자들의 논지는 첫째, 닉슨독트린을 빠른 시일 내에 시행하자는 것, 둘째, 아시아 특히 한국에서 시작되어야 한다는 것, 셋째, 감축대상의 병력은 전방사단으로서 미국의 자동개입의 위험을 축소시키자는 것 등이었다. 구영록, 「안보외교의 반성」, 『신동아』 9월호, 1970, 85쪽.

[64] 이 같은 결정은 1970년 3월 20일 '국가안보결정 비망록(NSDM48)'으로 공식화되었다. 편집부 편, 「미 의회 보고서, 박대통령의 아킬레스건」, 『정경문화』 2월호, 1986, 392쪽.

[65] 이때 레어드는 '한국화(Koreanization)'라는 용어를 처음 사용하였다. 이는 '한국안보의 한국화(Koreanization of Korea security)'를 의미하는 것으로서 '베트남 안보의 베트남화'와 동일한 논리였다. 강석률, 「닉슨독트린과 데탕트 그리고 한미동맹: 억제의 추구와 동맹국간의 갈등」, 서울대 외교학석사논문, 2005, 33쪽.

[66] 신욱희·김영호, 「전환기의 동맹: 데탕트 시기의 한미안보관계」, 『박정희정권과 동맹체제』, 한국정치학회·고려대 평화연구소 주최 학술토론회 발표집, 2000, 4쪽.

[67] 『동아일보』, 1969년 8월 23일자.

1969년 국군의 날(10월 1일) 무렵 박정희는 포터 주한 미 대사에게 "미군이 한국에 영원히 머물지 않을 것이라는 것을 알고 있다"고 말하면서, 다만 "이것이(주한미군 철수가) 너무 대폭적으로 그리고 너무 급속히 이루어져서는 안된다"는 것과, "한국군을 실제로 현대화하려 하지 않고 수행되어서는 안된다"는 점을 강조하기까지 했다.[68] 베트남전쟁의 명예로운 종결과 탈냉전 전략을 추진하지 않으면 안 될 닉슨 행정부의 등장은 박정희로 하여금 주한미군 철수를 예정된 사실로 받아들이게끔 한 것이다.

1970년 3월 20일 닉슨은 국가안보결정문 48호(National Security Decision Memorandum 48)를 통해 주한미군 2개 사단 중 하나를 철수하라고 지시하였다.[69] 3월 27일 미국은 이 사실을 박정희에게 전달하였는데, 이미 3월 23일자 전문을 통해 미 국무성이 주한 미 대사관에 주한미군 2만 명의 감축을 통보하면서 박정희 대통령과 철군의 시기와 조건에 관해 상의할 것을 지시한 데 따른 것이다.[70]

백악관의 결정은 5월 19일 애그뉴(Spiro T. Agnew) 미 부통령의 TV 발언을 통해 공언되기 시작하였으며, 6월 12일 『뉴욕타임즈(The New York Times)』가 '닉슨 행정부가 닉슨독트린의 실천에 따라 주한미군 64,000명 가운데 상당수를 감축할 것이며 한국 정부와의 협의를 위해 수주일 내에 서울에서 협상을 가질 것'이라고 보도함으로써 이미 알려진 상태였다.[71] 이어서 미국은 1970년 7월 5일 사이공에서 열린 월남 참전국 외상회의에 참석 중이던 최규하 외무장관에게 로저스(William P. Rogers) 국무장관을 통하여 주한미군 6만 4,000명 중 2만 명을 1971년 6월까지 감축한다는 미국의 결정

---

[68] 『전후 미국의 대한정책－사이밍턴위원회 청문록－』(입법참고자료 제140호), 국회도서관 입법조사국, 1972, 195쪽.
[69] 청와대 공보비서관이었던 김성진에 의하면, 닉슨은 이 결정에 대해 어디까지나 한국측의 이니셔티브에 의한 것으로 발표하도록 스스로 정해 놓고 있었다. 김성진, 『한국정치 100년을 말한다』, 두산동아, 1999, 298쪽.
[70] 우승지, 「남북화해와 한미동맹관계의 이해, 1969~1973」, 『한국정치외교사논총』 제26집 1호, 한국정치외교사학회, 2004, 98쪽.
[71] 『합동연감』 합동통신사, 1971, 42쪽.

을 일방적으로 통보하였다. 이는 이튿날인 7월 6일 포터 주한 미 대사를 통하여 주한미군 병력 6만 3,000명[72]의 약 3분의 1에 해당하는 2만 명을 1971년 6월 30일까지 철수할 것임을 당시 정일권 국무총리에게 공식 통보하는 과정으로 확정되었다.[73] 괌독트린 직후인 1969년 8월에 열린 한미 정상회담에서 발표된 '주한미군 계속 주둔' 원칙이 1년 만에 뒤집어진 것이다.

한편 박 정권은 미국의 주한미군 철수 움직임에 대해 나름대로 대응책을 세워나갔다. 그것은 주한미군 감축을 기정사실로 보고 이를 '한국군 강화'로 활용하려는 구상이었다. 이미 1969년 12월 말경 미국 정부는 김동조 주미대사에게 미국의 단계적 철군계획을 유출함으로써 미국의 정책변화를 가시화하였는데,[74] 박정희 정부는 이때 미국의 주한미군 철수정책에 관한 정보를 입수해 실무적 차원에서 이 문제를 본격적으로 논의하기 시작하였다. 1970년 2월부터 정일권 국무총리를 위원장으로 특별위원회를 구성하여 정기적인 대책회의를 한 것이다. 특별위원회의 대책은, 한편으로는 주한미군 철수에 대해 강력 반발하면서, 다른 한편으로는 이 문제와 한국군 현대화 및 미국의 대한 군비지원을 연계시켜야 한다는 것이었다.[75] 이 같은 결정이 주한미군 철수에 대한 한국 정부의 대응책이었던 셈이다.

실제로 박정희는 자신의 승낙 없이는 한 명의 미군도 한국에서 내보낼 수 없다고 완강히 버틴 것으로 알려졌다.[76] 주한미군 감축을 통보하기 위해 8월 4일, 윌리암 포터가 마이클리스(Michaelis) 미 8군 사령관과 함께 청와대를 방문했을 때, 박정희는 "한국군 현대화와 관련해 쌍방이 받아들일 만한 결론이 없는 한 한국 정부는 대화에 응할 수 없다"[77]고 맞섰다. 박정

---

[72] 주한미군의 수는 1965년부터 1969년 사이 52,000명에서 61,000명 사이로 유지되었으며, 1968년에 67,000명으로 가장 많았다. 박태균, 앞의 논문, 50쪽.
[73] 국토통일원 남북대화사무국, 『70년대 남북대화 성립 비사(Ⅰ)』, 1989, 11쪽.
[74] 김동조 대사가 한국군 현대화 지원 요구 차 레어드 미 국방장관과의 면담 시에, 주한미군 2개 사단 중 1개 사단을 철수할 계획임을 최초로 확인하게 되었다. 김동조, 『냉전시대의 우리외교』, 문화일보사, 2000, 241~242쪽 참조.
[75] 당시 고위관료의 익명 증언(신욱희·김영호, 앞의 글, 5쪽).
[76] 박실, 『박정희 대통령과 미국대사관』, 백양출판사, 1993, 175쪽.

희는 주한미군철수에 관해 미국 측과 협조하지 않으려 했는데, 이는 명백히 한국군 현대화를 위한 군사장비 지원을 최대한 보장받기 위해서였다.

포터 주한 미 대사의 공식 통보 이틀 후인 1970년 7월 8일 박정희 정부는 긴급 관계각료회의78)를 개최하였다. 이 자리에서는 "한국의 안전을 도외시하고 미국 정부가 국내 사정을 이유로 일부 병력을 철수시키는 것은 한국뿐만 아니라 자유우방에 대한 배신행위"라며 강력히 저항하였다. 7월 16일, 국회에서는 대미 메시지를 채택하고, "긴장상태에 있는 한반도에서, 무력침공에 대한 남침야욕을 유발하게 될 여하한 명분의 주한미군의 감축도 이를 반대한다"고 공식 천명하였다. 또한 결의문은 베트남에 대한 국군 전투병력 증파(1966년)를 계기로 미국이 거듭 공약해온 "국군 장비의 쇄신 강화와 군수산업 육성의 지원이 미군의 감군계획 논의에 앞서 선행, 구체화되어야 한다"79)고 주장하였지만, 미국은 그런 요구에 응하지 않고 예정대로 감축계획을 추진하였다.

주한미군 철수문제에 관한 최종적인 합의의 틀은 1970년 8월 25일 애그뉴 부통령의 방한 시에 마련되었다. 이 회담에서 애그뉴 부통령은 박 대통령과 두 차례에 걸친 장시간의 회담을 갖고 주한미군 철수와 한국군 현대화를 위한 군사원조 문제를 마무리 지었다.80) 미국 측의 '철군 강행'과 한국 측의 '안보 불안'이라는 대립 끝에 나온 타협의 결과는 1971년 2월 6일 발표

---

77) 이흥환 편저, 『KINSON REPORT 2, 미국 비밀문서로 본 한국현대사 35장면』, 삼인, 2002, 143~150쪽 참조.

78) 이때부터 시작된 관계각료회의는 안보관계장관회의를 의미한다. 지주선 당시 중앙정보부 국제국 과장에 따르면, 보통 1주일에 한 번 정도로 회의를 열었다. 회의 참석자는 관계 장관을 비롯하여 중앙정보부장, 대통령특별보좌관(외교, 국방 등 각 부문) 등이었으며, 회의 시작 전에 중앙정보부 국장이나 과장이 북한 동향과 국제정세 중 특정문제를 골라 이들에게 브리핑하는 경우가 종종 있었다. 국토통일원 남북대화사무국, 『70년대 남북대화 성립 비사(Ⅰ)』, 1989, 27쪽.

79) 『동아일보』, 1970년 7월 16일자.

80) 1970년 8월 26일 애그뉴는 박정희와의 회담을 마치고 돌아가면서 "5년 안에 한국군 현대화계획이 완료될지 모르지만 한국군 현대화가 완료되면 주한미군을 모두 철수시킬 것"이라고 했다. 『동아일보』, 1970년 8월 28일자 ; 『합동연감』, 합동통신사, 1971, 71쪽.

된 한미공동성명으로 나타났다. 미국은 주한미군 2만 명을 감축하는 대신 한국군의 현대화계획을 위하여 장기적인 군사원조를 약속하였고, 그 제1차 연도분으로 미 의회는 1억 5,000만 달러를 승인하였다.81) 아울러 주한미군의 감축은 한미상호방위조약에 의거, 한국에 대한 무력공격에 대처한다는 미국 정부의 결의에는 "추호도 영향을 미치지 않는다"는 것을 확인했다.82)

결국, 1971년 3월 27일 6만 6,000여 주한미군 가운데 7사단 2만 2,000여 명의 주한미군 감축이 실현되었고, 한국군의 10만 내지 20만 감군문제도 논의되었다. 주한미군의 철수는 휴전선의 방위를 직접 분담한 제7사단을 철수시키고, 제2사단을 후방으로 재배치하는 방식으로 이루어졌다. 즉, 미국이 휴전선으로부터 후방지역으로 이동하고 판문점 지역만 담당하며, 국군이 전면에 나서 휴전선 155마일의 기본적인 방위책임을 떠맡게 된 것이었다. 이는 박정희의 1971년 2월 8일 '휴전선 방위 국군전담 특별담화'를 통해 공표되었는데, '주한미군의 감축'은 '국군현대화 및 국군 재배치 계획의 일환'이라는 개념으로 설명되었다.83)

미국은 이 같은 방침을 '한국문제의 한국화(Koreanization)정책'으로 표현하였다. 미국은 휴전체제 및 작전지휘권 문제를 비롯한 한미군사동맹 관계의 기본 틀은 그대로 유지하는 '현상유지 속 안정화'를 바탕으로 한 '한국화'정책을 추진하였다.84) 1971년 7월 3일 군사정전위원회 유엔군 측 수석대표

---

81) Richard Nixon, A report to the Congress: *U.S. Foreign Police for the 1970's SHAPING A DURABLE PEACE* (The White House, May 3, 1973), 59쪽 ; 『박정희대통령연설문집』 제8집(1971.1~12), 대통령비서실, 100쪽.
1968~1970년 3년 동안 미국의 주한미군 작전 및 유지비용은 20억 달러 정도였다(『합동연감』, 합동통신사, 1971, 43쪽). 따라서 미국으로서는 대한 군사원조를 충당하더라도 비용면에서는 절감효과가 뚜렷했다고 할 수 있다.
82) 그에 따라 같은 해 7월 제1차 한미안보협의회가 개최되어 '한국군 현대화 계획'에 대하여 논의하기 시작했다. 이듬해 7·4공동성명 발표 직전인 1972년 6월 27~28일 제5차 연례 한미안보협의회에서는 한국군의 공군력 증강과 대 간첩용 PGM 고속정 세 척의 도입을 위해 1,600만 달러의 방위차관 제공을 내용으로 하는 양해각서가 체결되었다. 『동아일보』, 1971년 2월 7일자 ; 『서울신문』, 1972년 6월 28일자 등.
83) 『동아일보』, 1971년 2월 9일자.
84) 당시 미국 관리들은 '가까운 장래에 한반도가 통일될 가능성은 없다'고 보았다. "Telegram

로저스(Felix M. Rogers) 장군은 AP 기자에게 사견을 전제로 "한국군 장성도 유엔군 측 수석대표가 될 수 있다"[85]고 이야기한 바가 있다. 이는 군사정전위원회의 수석대표에 한국군 장성을 임명함으로써 한국인을 전면에 내세운다는 한국화 정책의 일환이라고 할 수 있다.[86] 따라서 주한미군 감축 조처는 미국 내적으로 보면, 로저스 미 국무장관이 1971년도 미 외교정책에 관한 보고서 중 한국관련 부분에서 밝힌 것처럼 마땅히 '닉슨독트린의 취지에 따라 한국이 자체 방위의 보다 큰 몫을 맡기 위해 중요한 조치를 취한 것'일 뿐이었다.[87] 닉슨 행정부가 자신들의 새로운 대외전략에 따라 '미국의 안보공약 약화를 우려하던 한국'에 '한국군 현대화'라는 보상을 통해 철군조치를 밟아나간 것이 이 시기 주한미군 철수를 둘러싼 한미관계의 요체였다.[88]

이런 점에서 1970년대 초 주한미군의 감축과 그로 인해 조성된 한미관계는 '긴장'과 '협조'라는 두 가지 측면을 동시에 드러내고 있다.[89] 안보불안 논리를 통해 미군의 철군을 막아내며 한국군의 현대화 계획을 요구했던 박정권과, 이 문제로 줄다리기를 벌이던 미국과의 이 시기 한미관계는 분명 긴장의 연속이었다. 그러나 이 시기에 한국과 미국은 상호협조의 단서 또

---

from the Embassy in Korea to the Department of State", June 11, 1970, Pol 32-4 Kor/Un, Subject-Numeric Files 1970-73, RG 59, National Archive, College Park, Maryland(이하 'Subject-Numeric Files 1970-73, RG 59, National Archive, College Park, Maryland'를 'Subject -Numeric Files'로 줄임).

85) 『동아일보』, 1971년 7월 5일자.

86) 이런 언급은 개인적으로 나온 것이 아니라 당시 주한 미국 대사를 비롯한 일부 미국 관리들이 내부적으로 건의한 바 있는 것이었다. "Telegram from the Embassy in Korea to the Department of State", July 6, 1971, Pol 27-14 Kor/UN, Subject-Numeric Files.

87) 「Press Release 미국 시사통보」, 1972.3.8, 주한미국공보원.

88) 1971~1977년 한국군 현대화를 위한 미국의 원조금액은 약 18억 5,000만 달러에 달했다는 통계가 있다. 신정현, 「미국과 남북한관계」, 『한국과 국제정치』 5, 경남대 극동문제연구소, 1987, 280쪽.

89) 이 시기 한국과 미국의 위협인식의 차이에 기초한 한미공조와 한계에 관한 분석으로는 다음의 글 참조. 신욱희, 「데탕트 시기의 한미갈등: 정향적 요인으로서의 위협인식」, 『박정희시대 연구의 쟁점과 과제』, 선인, 2005.

한 찾아나갔는데, 그것은 바로 '남북대화'의 추구였다.

동아시아에서의 세력균형과 데탕트를 위해 남북한 간의 타협을 증진시켜야 할 과제를 안고 있던 닉슨 행정부는 지속적으로 한국 정부에 보다 유연한 대 공산권 외교와 남북관계의 개선을 촉구하였다. 1969년 3월, 포터 주한 미 대사는 한국 외무부 실무자에게 대만이 소련과 비밀리에 접촉한 사실을 언급하면서 한국도 이러한 조치를 취하는 것이 가능한지 탐문하였다.[90] 그 후 1969년 7월 닉슨의 괌 발언 직후인 8월 21~22일 열린 박정희와 닉슨의 샌프란시스코 한미정상회담에서 두 사람은 닉슨독트린과 한반도의 관계에 대해서 의견을 나누었는데, 양 정상은 공동성명 제5항에서 "양 대통령은 앞으로 한반도 긴장의 완화를 위한 장기적 노력이 필수적이라는 사실을 인정했다"[91]고 발표하였다. 이는 향후 미국의 대한반도 정책이 긴장완화로 나아간다는 것을 의미하는 것이었고, 한반도 주변 열강들의 상호관계가 장기적인 재조절 또는 화해 노력을 띠게 된다는 것을 의미했다. 닉슨 행정부의 이런 방침이 한반도에서 남과 북의 화해를 추구하는 전제가 되었다.

1970년 2월 미 상원 외교위원회 한국문제청문회(일명 '사이밍턴 청문회')에서 포터 주한대사와 브라운(Winthrop G. Brown) 국무부 동아태 부차관보(전 주한대사)는 북한의 대남전술 변화 및 남북대화에 관해 한국의 지도부와 협의해왔다고 증언하였다. 포터는 "1967년부터 1968년까지 간첩, 게릴라의 남파에 의한 도발적 전술이 주한미군 증강과 대한 군사원조의 증가를 초래했다는 결론에 이른 결과 북한은 대남 도발을 최소한으로 줄임으로써 닉슨독트린의 적용을 방해받지 않기로 결정한 것으로 보인다"고 말하였다.

---

[90] "Telegram from the Embassy in Korea to the Department of State", Mar. 11, 1969, Pol 17 Kor S-USSR, Subject-Numeric Files.
이후 닉슨의 대 아시아정책과 닉슨-사토 공동성명이 발표된 직후인 1969년 12월 19일 포터 주한 미 대사는 김형욱 전 중앙정보부장을 만나 '안정된 정부, UN의 지지, 미군의 주둔, 북한보다 압도적으로 많은 인구, 북한보다 우위에 선 군사 및 산업능력 등을 고려할 때 한국의 우방국들은 왜 한국이 북한의 선전공세에 더 적극적으로 대응하지 않는지 의아해 한다'고 말하였다. "Memorandum of Conversation: Porter and Kim, Hyung-uk", Dec. 29, 1969, Pol Kor S-US, Subject-Numeric Files.

[91] 『합동연감』, 합동통신사, 1971, 42쪽.

또 "한국이 모종의 행동을 취해야 할 시기가 급속히 가까워지고 있다"고 진단하였다.92)

또한 이 청문회에서 포터 대사는 "한국문제에 관해 고정된 입장을 견지하기보다는 하나의 원칙문제로써 미국은 대화(남북대화)에 관심을 갖고" 있으며, "얼마 전 나는 남북한의 대화가 이뤄질 수 있는 영역을 찾아본다는 견지에서 북한 쪽에 눈을 돌리는 게 좋지 않겠느냐는 우리의 견해를 한국과 토의할 권한을 요청해서 승인받았다"고 밝혔다. 그는 계속해서 "이 구상은 따뜻하게 받아들여지지 않았다. 왜냐하면 북한 측이 퍼붓는 계속적인 위협을 듣고 한국 대통령 암살 미수를 포함한 수많은 각종 사건들을 본다면 한국으로 봐서 이 같은 교류를 계획한다는 것은 좀 곤란하기 때문이다. 그러나 우리는 이 같은 방향으로 눈을 돌리는 가능성에 대해서는 한국 측과 조용히 토의를 계속해왔다"고 언급함으로써 남북대화를 주제로 미국 측과 한국 측이 꾸준히 논의하고 있음을 드러냈다.93)

당시 미 국무부 한국 전문가들의 사고는 남북관계에서의 주도권문제에 관심을 기울이고 있었다. 포터 대사는 청문회에서 "우리는 우편교환, 문화 및 경제교류 같은 문제에서 북한 쪽만이 그 열렬한 제창자의 입장에 서게 버려두는 것이 좋은 일이 아니라는 사실을 그들도 차차 이해하기 시작한 징조를 발견했다"고 말했다. 그리고 남한이 "어떤 행동을 취하거나 적어도 어떤 행동을 보여야 할 때가 급속히 다가오고 있다"고 지적하였다. 무엇보다 "통일문제와 관련해서 대화를 거부하는 자세를 고집하고 있기보다는 대화의 길을 트는 것이 바람직스런 일이라는 우리의 생각"이라며 미국의 남북대화 권유 의지를 분명히 하였다.94)

미국은 정계의 야당 인사에게도 남북접촉 의지를 탐문하였다. 1970년 3

---

92) 박건영·박선원·우승지, 「제3공화국 시기 국제정치와 남북관계: 7.4공동성명과 미국의 역할을 중심으로」, 『국가전략』 9권 4호, 세종연구소, 2003, 73쪽.
93) 『전후 미국의 대한정책－사이밍턴위원회 청문록－』(입법참고자료 제140호), 국회도서관 입법조사국, 1972, 266쪽.
94) 『합동연감』, 합동통신사, 1971, 68쪽.

월, 브라운 국무부 부차관보는 신민당의 김대중 의원을 만나 한국이 북한처럼 통일에 대해 주도적인 자세를 취해 줄 수 있는지 물었다. 김대중은 이미 자신이 1967년에 북한과의 기자, 서신교환, 이산가족 상봉문제를 이야기했음을 들어 긍정적으로 답변하였다.95)

이후 김대중은 1970년 9월 신민당의 대통령 후보로 지명되었고, 10월에는 북한과의 신문기자, 스포츠, 서신 교류 등을 비롯하여 미·소·중·일이 한반도에서 전쟁을 방지하겠다는 공동보장을 해주어야 한다고 주장하였다. 미국의 남북대화 의지 탐문에 고무된 측면이 다분하다. 이듬해 대통령 선거전에서 그는 이러한 내용의 선거 공약을 제시해 파란을 일으켰다. 이런 흐름은 주한 미 대사 포터가 1970년 6월 국무장관에게 보내는 전문에서 한국 정부에 이산가족 방문 및 서신교환 등 제한적인 차원의 남북교류문제를 놓고 북한과 직접 접촉해보라고 격려하는 것은 "우리 정책에 포함되어 있다"96)라고 한 사실과 연결된다.

미국의 남북대화에 관한 적극적인 입장과 의도는 포터 미 대사가 1971년 2월 18일 워싱턴에 보낸 전문에서도 확인된다. 그는 한국 정부가 남북대화에 나서도록 강력히 촉구해야 한다며 다음과 같이 보고하였다. "이미 나는 이 문제(대북접촉)를 한국 관리들과 논의할 수 있는 권한을 부여받았다. 처음부터 우리의 관점을 한국 정부가 고려할 수 있도록 하기 위해 조용한 설득보다는 좀 더 적극적인 방식이 자주 필요하며, 직접 접촉을 통한 긴장완화의 사고방식이 전달될 수 있게 하기 위해 아마도 좀 더 강력한 수단(a little more leverage)도 요구될 것이다."97)

포터 대사는 남북의 긴장 완화가 미국과 직접적인 이해관계를 갖는 문제라고 보고 있었다. 그는 위 전문에서 1971년 4월 27일 예정된 제7대 한국 대

---

95) "Memorandum of Conversation: Winthrop Brown and Kim, Dae-jung", Feb. 27 & Mar. 3, 1970, Pol Kor S, Subject-Numeric Files.
96) "Telegram from the Embassy in Korea to the Department of State", June, 6, 1970, Pol 32-4 Kor/Un, Subject-Numeric Files.
97) 우승지, 앞의 글, 100쪽.

통령선거가 끝나면 새로 등장할 정부가 남북대화에 나서도록 미국이 한국 정부에 적극적인 자세를 취해야 한다는 주장도 덧붙였다. 대통령선거에서 "여당 후보(박정희)가 당선되든 야당 후보(김대중)가 당선되든 새로운 정부가 수립되면 이산가족문제부터 시작하여 문화교류와 무역 등 북한과 실질적인 노력을 해야 한다"는 게 포터의 생각이었다. '이산가족문제부터 시작하여 경제, 문화교류로 나가야 한다'는 그의 주장은 이후 남측이 추구한 기능주의론 및 단계론[98]에 입각한 남북관계 추진방식과 일치하는 점도 주목된다.

또한 미 대사관 측은 "만약 한국 정부가 충분한 반응이 없다면 …… 우리의 조치는 북한 측과 비공식 대화를 위한 채널을 찾아 나설 것이라는 점을 암시해야 한다"고 판단하고 있었다.[99] 한국 정부가 가장 두려워하는 '북-미 직접대화' 암시를 통해 남북대화를 압박해 나갈 필요가 있다는 방법까지 설정한 것이다. 이와 관련, 대통령선거가 끝나고, 닉슨의 중국 방문에 관한 공식 발표(1971년 7월 15일)를 앞둔 7월 4일 이임한 정전회담 유엔 측 수석대표 로저스 미군 소장은 AP통신과의 인터뷰에서 "판문점에서 한국인끼리 대화를 나누는 것도 분단국 두 정부 간의 소통의 길을 터기 위해서는 현명한 처사일지 모른다"[100]고 말한 사실도 주목된다.

이후 남북대화가 본격적으로 열리게 된 상황에서 미 국무부는 이후 지속적인 남북대화가 가능할지 예의 주시하였다. 8월 20일 남북 적십자 간 첫 파견원 접촉 이후 다섯 차례에 걸친 파견원 간의 접촉을 거쳐 9월 20일 제1

---

[98] 기능주의론(Functionalism)과 단계론에 대해서는 김학준, 「1970년대 통일논의」, 『민족통일론의 전개』, 형성사, 1986, 362~364쪽 참조.
1972년 12월 15일자 국토통일원의 보고서에서는 기능주의를 다음과 같이 정의하고 있다. "기능주의는 국가간에 일어나는 분쟁을 비군사적이고 비정치적인 방법으로 해결해야 한다고 주장하며 이런 점에서 전쟁을 배격하는 평화위주의 사상의 표현이다." 「남북한 협상전략」, 국토통일원, 1972, 38쪽.

[99] "Telegram from the Embassy in Korea to the Department of State: increased display of U.S. interest in dialogue between ROK and North Korea", Feb. 18, 1971, Pol Kor N-Kor S, Subject-Numeric Files.

[100] 『북한연표(1962~1979)』, 국토통일원, 1980, 877쪽.

차 예비회담이 열리기 직전이던 9월 10일, 미 국무부는 '남북적십자 예비회담 과정에서 한국 정부가 북한과의 협상을 심각하게 진행하기보다는 이 회담을 질질 끌면서 2년 동안 정도 지체시키려 한다는 정보를 얻었다'며 주한 미 대사관에 '한국 정부의 의도를 평가하라'는 지시를 내렸다.[101] 미 국무부는 한국 정부의 진정한 대화 의욕에 대하여 의심의 눈길을 보내고 있었던 것이다. 미국 내부에서는 동아시아 미－중－소라는 3극체제의 형성과 이들의 상호작용으로 인한 데탕트 속에서도 남한과 북한이 모두 고도의 군비와 비교적 강력한 병력을 가지고 심각한 반목상태를 유지하고 있는 위험한 한반도의 상황이 향후에도 거의 변함없이 지속될 것[102]이라는 견해도 제시되고 있었다. 남북 간의 대화는 시도되었지만 남과 북 통합으로 귀결될지에 대한 미국의 전망은 여전히 회의적이었다.

그러나 1971년 11월 19일 중앙정보부 간부이자 남측 적십자 회담대표인 정홍진이 북측 적십자사의 김덕현 회담 대표에게 별도의 비밀접촉을 제의하면서 남북 간의 비밀 정치접촉 창구가 개설되자, 미국 측은 이러한 흐름에 대해서 환영하는 입장을 보였다. 당시 닉슨은 11월 29일자 박정희 대통령에게 보내는 서신(답장)을 통해 '3개월 전 1971년 8월 12일 남북적십자 회담 제의는 긴장완화를 위한 대한민국의 이니셔티브'라고 추켜세우면서 '북측과 대화와 교류를 더욱 발전시켜 나가기를 희망한다'고 하였다. 또한 그는 "아시아의 평화라는 목적을 실현하는 과정에서 동맹국들과 우방국들의 이익을 저버리는 일은 없을 것"[103]이며, "대한민국과의 강력한 연대를 재확인하면서 아시아에서 이탈할 의사가 없음"은 물론, "한미상호방위조약은 아시아의 평화와 안정을 위해 그 어떠한 의무보다도 더 중요하다"고 밝힘으

---

[101] "Telegram from the Department of State to the Embassy in Korea", Sep. 10, 1971, Pol Kor N-Kor S, Subject-Numeric Files.

[102] 라이샤워, 앞의 글, 88쪽.

[103] 1972년 1월 11일 연두기자회견에서 박정희는 닉슨의 친서를 언급하며 닉슨이 "미 중국 정상회담에 있어서 한국문제를 거론할 계획이 없다"고 했으며 "만일 이야기를 걸어온다면 한국에 불리한 영향을 줄 어떤 약속도 하지 않겠다"고 했다는 것을 밝혔다. 『박정희대통령연설문집』 제8집(1972.1~12), 대통령비서실, 40쪽.

로써 안보 불안감에 휩싸여 있던 박정희를 안심시켰다. 그리고 한국이 가장 중시하는 "주한미군의 추가 감축계획은 없다"고 강조하였다. 또 박정희의 "방위력 분담을 위한 자구 노력은 한국경제의 성숙도와 국민적 자부심을 보여준 것으로 미국과 전 세계의 존경을 받게 될 것"이라고 격려하였다.[104]

결국 한미관계라는 측면에서 1970년대 초 남북대화의 원인을 살펴볼 때, 미국의 대화 종용이 남북대화의 계기로 작용한 것은 사실로 볼 수 있다. 미국은 미중관계 개선과 밀접히 연결되어 있던 한반도의 긴장완화를 위해 남북대화를 필요로 했으며, 박정희 정부에 대해 북한과 대화를 시작하라는 직간접적 압력을 행사하였던 것이다. 당시의 한미관계로 볼 때, 박 정권으로서는 북한과의 관계개선이 미국 측의 남북대화 요구에 따른 수세적 대북전술변화의 일환으로 볼 수도 있다. 데탕트라는 국제변화 속에서 미국의 한반도의 화해 종용으로 말미암아 이에 호응하는 성격을 띠지 않을 수 없었던 것이다.

제2장. 박정희 정권의 통일·대북정책과 데탕트 인식 및 대응

1. 박정희 정권의 통일·대북정책(1960~1971)

박정희는 5·16군사쿠데타 당시 혁명공약 제1항에서 "반공을 국시의 제일의로 삼고, 지금까지 형식적으로 구호에만 그친 반공태세를 재정비 강화한다"고 표명하였다. 박정희 전 집권과정을 통해 볼 때 그가 스스로 제시한 목표 가운데 거의 유일하게 도달한 과제가 바로 '반공'이라고 할 정도로 그는 반공에 집착하였다. 1961년 반공법을 제정하고 이를 법적 바탕으로 하여

---

[104] "Telegram from the Department of State to the Embassy in Korea", Nov. 13, 1971, Pol Kor S-US, Subject-Numeric Files.

반공 규율사회를 정착시켜 나갔고 반공의식을 국가의 핵심 이념으로 활용하였다.

  1960년대 박정희 정권의 대 북한 통일정책은 승공통일을 이루기 위한 '실력배양'이며 '선건설 후통일'105)이었는데, 이 두 가지는 상호 연결되는 선후 맥락의 논리구조를 띠고 있었다. 집권 후 오로지 개발주의적인 사고방식으로 경제건설과 반공정책에 매달린 박정희는 이 두 개의 목표점을 그대로 대북 정책에 적용하였다. 즉, 승공통일을 위해서는 경제건설을 통해 실력을 배양해야만 가능하다는 논리였던 것이다. 박 정권에게 '통일'은 "조건이 성숙할 때까지 남북한이 서로 싸우지 않고 공존하는 것"을 의미하였다.

  박정희는 집권기간 동안 '3단계 통일정책'을 추구하였는데, 1단계는 한반도의 평화정착 단계, 2단계는 민족의 동질성을 회복하는 단계, 3단계는 남북총선거로 통일정부를 수립하는 단계로 상정하였다.106) 박정희는 대통령선거의 해였던 1967년 연두교서를 통해 "통일의 길은 경제건설과 민주역량의 배양"이라고 하면서 "우리의 경제, 우리의 자유, 우리의 민주주의가 북한으로 넘쳐흐를 때 그것이 곧 통일의 길"이라는 입장을 고수했다.107) 박정희는 같은 해 4월 18일 전주에서의 대선 유세를 통해 "오늘의 단계에 있어서 통일의 길은 곧 경제건설의 길이며 민족역량의 배양에 있다"면서 통일을 경제건설의 목표 속에서 해소시켜 버렸다. 또한 "통일문제는 70년대 후반에 가서나 본격적으로 논의될 수 있을 것"이라고 하면서 사실상 통일에 대한 논의를 회피하였다.108)

  박정희 정권은 1960년대 내내 민간차원의 통일논의를 억압하였다. 특히 1964년 11월 『세대』지 통일론 필화사건, 1965년 서민호 의원 구속사건 등을

---

105) '선건설 후통일론'은 이미 4·19 직후 등장한 민주당 정권 및 보수세력의 논리였는데, 이들이 추구한 통일의 기본 방향은 반공통일, 즉 자유민주주의 체제하의 통일이다. 홍석률, 「1953~61 통일논의의 전개와 성격」, 서울대 박사논문, 1997, 193쪽.

106) 「정부의 3단계 통일접근 추진방안」, 국토통일원, 1972 참조.

107) 『동아일보』, 1967년 1월 17일자.

108) 1976년 4월 18일 전주 선거유세. 『박정희대통령연설문집』 제13집, 대통령비서실, 1977.

통해 보여준 박 정권의 모습은 '정권에 의한 통일론의 독점'이었다. 『세대』지 필화사건은, 1964년 11월호에 '강력한 통일정부에의 의지'라는 글을 쓴 당시 문화방송 사장 황용주 씨가 구속당한 사건이었다.[109] 그는 "국민대중의 민족주체의식의 성숙 아래 강대한 민족주의적 정권을 수립하는 것만이 유일한 통일정부수립의 돌파구가 될 것"이라고 전제하고 남북 간 적대관계 해소를 위한 군비축소, 유엔의 남북동시가입, 유엔 경찰 감시하 남북 총선거와 연방제 등을 주장하였는데, 박 정권은 그를 반공법 위반혐의로 구속하였다.[110] 1967년 6월 민주사회당의 창당 과정에서 서민호 대표는 자주적인 통일을 위하여 우선 남북 간의 접촉 및 교류를 주장하였고, 나아가 자신이 집권한다면 김일성과 직접 면담할 용의가 있다고 천명하였다. 이 같은 제의는 몇 년 후 박정희 자신의 정책으로 나타나지만 당시에는 국시(國是)를 위반한 주장이며 북한의 주장과 동일하다는 이유로 반공법에 저촉되어 처벌을 받았다.[111] 반공과 승공통일론의 테두리를 벗어나는 민간의 통일논의는 일체 허용되지 않았다.

1960년대 중반은 국내외에서 통일논의가 적잖이 일어났다. 1964년 11월 12일 재미한국문제연구소장 김용중의 남북 동시서한에서 나타난 남북 동수로 통일위원회 구성, 이산가족 상봉 및 남북 여행과 이주의 자유 등 인도주의적 조치 즉각 시행, 모든 외국군대 철수, 통일위원회 감시하 남북총선거 실시, 중립적 지위 확립할 것 등을 내용으로 하는 통일론이 제시되기도 하였다.[112] 또한 통일사회당은 1966년 9월 20일 창당선언과 강령 및 정책 중

---

[109] 황용주의 구속 과정에서 야당 진영이 앞장섰다는 점이 주목된다. 당시 야당의 의도는 일반의 통일론의 차원이 아닌 최고 당국자 주변의 '유연한' 통일방안 구상에 쐐기를 박으려는, 즉 1950년대의 '경직된' 통일원칙을 고수하려는 데 목적이 있었다. 이상우, 「남북관계, 내정과의 표리」, 『신동아』 11월호, 1984, 255쪽.

[110] 『동아일보』, 1964년 11월 11일자. 황용주 구속 5일 전 김형욱 정보부장이 남북교류론의 근거를 색출하겠다는 언급을 했는데, 구속 이유는 바로 '남북교류론' 확산의 저지였다. 11월 19일 검찰총장의 사건관련 담화에서 통일론은 승공통일만이 국법상 허용되는 것이라고 통일논의에 대한 법적 한계를 명시했다. 『동아일보』, 1964년 11월 19일자.

[111] 『동아일보』, 1966년 6월 3일자.

에서 통일정책과 관련하여 자주·민주·평화적 통일추구, 남북교류 실시, 중립적 통일한국 추구, 통일문제에 관한 초당국 연구기관 설립 등의 내용을 채택하였다.[113] 1967년 제6대 대통령 및 국회의원 선거를 앞두고 밝힌 선거공약에서 신민당은 통일을 위한 범국민적 협의체 구성, 정부 내에 통일 전담 연구부서 설치, 통일논의의 자유를 보장, 정신적 균형방식으로 남북 간의 인도적 서신 및 기자의 교류, 국토분단 국가회의 구성을 제의, 대UN 통일외교 강화 등을 주장하였다.[114] 한편 라이샤워 미 국무성 아시아태평양지역 자문위원장은 1966년 12월, "한국 통일은 UN 바깥에서 이뤄질 수밖에 없고, 통일한국의 중립적 지위의 보장, 통일한국의 중소국경의 완충지대화, 통일문제의 초당파적 연구기관 설립" 등을 주장해 주목을 받았다. 이듬해 1월 맨스필드(Mike Mansfield) 미 상원의원도 1955년 이룩된 오스트리아 통일노선에 따라 미국, 소련, 중국의 3개국에 의해 보장되는 중립을 토대로 남북한을 통일시킨다는 중립화통일안을 제시하기도 하였다.[115] 이와 같은 국내외적 흐름은 통일논의를 경계하는 입장과 반대로 적극 찬성하는 입장으로 대변되어 1960년대 통일논의를 형성해나갔다.[116]

---

[112] 김용중은 이미 4·19시기에 중립화 통일론을 적극적으로 제기하였다. 홍석률, 「4월 민중항쟁기 중립화통일론」, 『역사와 현실』 제10호, 한국역사연구회, 1993 참조.

[113] 『동아일보』, 1966년 9월 20일자.

[114] 1967년 2월 7일 민중·신한 통합전당대회를 통해 신민당으로 정식 발족하여 대통령 후보로 윤보선을 선출하였는데, 3월 3일 윤보선은 10대 집권목표 가운데 하나로 통일문제를 제시하였다. 그는 "강대국에의 예속화 배격"과 "통일의 능동적 자세 견지" 등을 주장했다. 『동아일보』, 1967년 3월 8일자.

[115] 맨스필드의 한반도 중립화통일 주장은 이미 4·19시기인 1960년 10월에 제기되었는데, 당시 혁신계와 통일운동세력의 통일논의에 적잖은 영향을 미쳤다. 김지형, 「4·19 직후 민족자주통일협의회 조직화과정」, 『역사와 현실』 제21호, 한국역사연구회, 1996, 138쪽.

[116] 통일논의를 경계하는 글들로는 박창규, 「백가쟁명식 통일론을 경계한다」, 『중앙정경』 2월호, 1964 ; 허수성, 「통일논의의 한계문제」, 『자유』 12월호, 1964 ; 박일성, 「무모하고 위험한 남북교류론을 경계해야 한다」, 1964 등이며, 통일논의의 자유를 논한 글들로는 최서영, 「통일론의 타부인가, 적막과 공허에 찬 통일론」, 『청맥』 8월호, 1965 ; 김영삼, 「통일론은 개방되어야 한다」, 『국회보』 6월호, 1966 ; 「통일론과 반공법 개정 시비」, 『신동아』 7월호, 1966 등이다. 김학준, 『한국정치론사전』, 한길사,

남북 간의 대화는 한국전쟁 이후 시도되지 못하다가, 1963년 1월 도쿄올림픽 남북 단일팀 구성을 위한 남북체육회담이 스위스 로잔에서 열리면서 남북접촉이 시작되었다. 단일팀 구성은 성사되지 못하였으나, 휴전 이후 첫 남북 간 접촉이라는 의미가 있었다. 이듬해 10월 도쿄올림픽에서 북한의 신금단 선수와 서울의 아버지가 이산가족이 된 지 14년 만에 극적으로 만나게 된 사건이 발생함으로써 남북 분단 현실의 안타까움을 새삼 일깨워주었다.[117] 이 사건 직후, 이만섭 의원 외 45명은 '남북가족면회소 설치에 관한 결의안'을 제출하였으며(후에 철회), 1966년 7월 국회는 '국토통일연구특별위원회'를 설치하였고, 이듬해인 1967년 2월에는 국회에서 위 특위가 작성한『통일백서』를 채택하는 등 국회 차원의 통일문제관련 움직임이 활발하였다.[118] 1960년대 중반 대내외적으로 형성된 일련의 통일논의와 국회의 활동과 건의에 따라 박 정권은 1969년 3·1절을 기해 정부 부처의 하나로 국토통일원을 설립하였다. 그러나 국토통일원의 설립이 선건설 후통일이라는 기존 정책의 변화를 의미하는 것은 아니었으며,[119] 그런 점에서 제3공화국은 비정권적 차원 또는 민간차원에서의 통일논의를 수렴하지 못하고 금기시함으로써 국민대중의 의사가 반영되는 투입과 산출의 기능이 마비되었던 시기였다.[120]

　게다가 1960년대 말 북한의 대남 강경노선은 오히려 남한에 한국전쟁과 이후의 반공교육에 의하여 뿌리내린 반공의식을 더욱 조장하였으며, 박 정권에게 무장간첩 침투를 저지하기 위한 200만여 명의 향토예비군을 조직, 무장시킬 수 있는 명분을 주었다. 1968년 청와대습격사건과 미 정보함 푸에블로(Pueblo)호 나포사건, 통일혁명당사건, 울진 삼척지구 무장공비 침투사

　　　1990, 945쪽 참조.
[117] 당시 여론조사 결과는 신금단 부녀 상봉에 "국토 양단의 비극을 느끼듯 커다란 충격을 받았다"는 의견이 90%를 차지했다.『조선일보』, 1964년 11월 4일자.
[118] 노중석 엮음,『남북한 통일정책과 통일운동 50년』, 사계절, 1996, 132쪽.
[119] 전재호,「박정희 체제의 민족주의 연구-담론과 정책을 중심으로」, 서강대 정치학박사논문, 1997, 135쪽.
[120] 노승우,「3·4공화국하의 통일논의」,『논문집』 21, 한국외국어대, 1988, 537쪽.

건 등을 겪으면서 박 정권은 국정목표를 '일면건설 일면국방'으로 수정하였으며, 1969년에도 국정지표를 '일면건설 일면국방'으로 정한 데 이어 1970년도 '싸우면서 건설하는 일면건설 일면국방의 해'로 정하였다. 연 3년간 '일면건설 일면국방'을 주창한 것이다.[121]

박정희 통일론의 또 다른 특징은 '통일의 전제'로서 '실력배양'을 추구한 점이다. "국력의 뒷받침 없는 통일의 염원은 부질없는 환상에 지나지 않는다"는 것이다. 그리고 실력배양을 위해서는 국민 총화단결 또는 대동단결이 요구된다. 즉, 국력배양을 가속화하고 그 국력을 평화통일에 효과적으로 활용할 수 있는 길은 대동단결이라는 것이다. 나아가 단결을 유지해 나갈 때 국력은 더욱 다져지게 되고, 그 국력으로 남북 간의 대화를 굳게 뒷받침할 때 통일은 앞당겨지게 된다는 논리이다. 이런 사고가 "일면건설 일면국방"으로 연결되며, "중단 없는 전진"으로 표현되기도 하였다.[122] 북한의 공격적 성향이 고조되었던 1960년대 말과 국제적 데탕트 분위기였던 1970년대 초를 거치면서 박정희의 대북 통일정책 또한 자리 잡아 나갔던 것이다.

박정희는 1970년 1월 9일 연두 기자회견에서 1970년대 통일정책의 기본 방향에 대해서 "70년대를 통일의 연대로 지칭하는 것은 조금 성급한 표현"이라고 하면서 "70년대는 통일을 위한 우리의 준비를 완료하는 연대"라고 강조하였다. 또한 "조국근대화라는 중간목표를 완전히 점령하고 통일에 대한 준비를 완료해야 한다는 것이 70년대 통일에 대한 나의 생각이고 전망"이라고 밝혔다.[123] 이 같은 박정희의 언급은 1960년대를 청산하고 1970년대 국정 전반에 관한 정책구상 제시 차원에서 비롯된 것이었다. 연두 기자회견 내용 준비는 전해인 1969년 추석 무렵부터 박정희의 지시에 따라 강상욱 청와대 공보수석비서관에 의해 시작되었는데, 이 시점은 닉슨독트린 선언

---

[121] 『김정렴회고록』, 중앙일보사, 1995, 314~315쪽.
[122] 1971년 1월 21일 치안 및 예비군 관계관 중앙회의에서의 유시. 『박정희대통령연설문집』 제8집(1971.1~12), 대통령비서실, 1972, 80쪽.
[123] 『박정희대통령연설문집』 제7집(1970.1~12), 대통령비서실, 1971, 29~30쪽.

직후였다. 박정희가 1970년대를 통일의 연대가 아니라 '통일 준비기'로 명백히 규정한 점을 볼 때, 1970년대에 통일을 위한 실제적 조치를 취할 의도가 없었음을 알 수 있다.

그러나 박정희의 '선평화 후통일론'은 당시 국민들의 통일의식과 충돌했던 것으로 보인다. 1970년 2월 19일 국토통일원에 의한 '통일에 관한 여론조사' 결과는 국민의 90.6%가 통일을 희구하고, 39.5%가 10년 내에 통일이 가능할 것으로 기대하고 있었다.[124] 이것은 당시 적잖은 국민들이 통일을 먼 미래의 일이 아닌 가까운 장래의 일로 생각했다는 점을 드러내는 근거이다. 1971년 12월에 발표된 통일에 관한 국민여론조사에서도 '남북통일회담을 해도 좋은가?'라는 설문에 57.2%가 '해도 좋다'는 응답인 반면, '당분간 불가'는 14.3%에 불과했다.[125]

박 정권이 1960년대에 걸쳐 지속적으로 표방한 일방적 선건설 후통일론은 1970년대 초 남북대화를 계기로 단계론, 교류협력론 또는 평화공존론으로 제시되었다. 기능주의적 단계론 및 교류협력론은 통일을 위해 점진주의적인 단계적 접근방식을 취한다는 입장으로 비정치적 분야의 교류를 점차 정치적 교류로 접근하여, 완성된 형태의 통일은 아닐지언정 과정으로서의 통일은 실현한다는 개념이다.[126]

이에 따라 1971년 8월 13일 대한적십자사의 남북적십자회담 제의 직후인 8월 31일 김용식 외무부장관은 '통일을 위한 3단계 접근법'을 구체적으로 제시하였다. 첫 단계는 이산가족찾기운동 등의 인도적 차원이고, 둘째 단계는 물자교환, 문화교류 등 비정치적 문제의 해결과정이며, 마지막 단계가 통한(統韓)문제 등 정치적 문제의 해결이다.[127] 그러나 이처럼 정치적 · 군사적

---

[124] 『동아일보』, 1970년 2월 20일자.
[125] 「국토통일에 관한 국민여론조사」, 국토통일원, 1971, 159쪽. 이 같은 결과는 당시 남북적십자 예비회담의 분위기에 고무된 국민들의 정서가 반영된 것으로 볼 수 있다.
[126] 김학준, 「1970년대 통일논의」, 『민족통일론의 전개』, 형성사, 1986, 362~364쪽 ; 오기평, 「점진적 접근방법의 한반도 평화구상의 논리」, 『정경연구』 12월호, 1973 등 참조.
[127] 김용식, 『희망과 도전, 김용식 외교회고록』, 동아일보사, 1987, 228쪽.

상황의 변동을 바라지 않는 '현상유지적'인 방안이 박 정권의 입장에 부합하기는 하지만 극심한 정치적 대립하에 있는 양 체제가 교류 과정을 통해 상호 체제의 변질을 우려하기 때문에 실행 가능성이 없다고 볼 수 있다. 또한 교류를 통한 통합의 과정이 장기화될 경우 분단을 고착화시킬 우려가 있는 것으로 평가된다.[128)]

박정희의 분단극복 모델은 동서독형으로 볼 수 있다. 한반도의 상황을 동서독형의 평화공존으로 전환시켜 나가려고 한 것이다.[129)] 유럽에서의 데탕트를 주도한 동, 서독의 접근은 1969년부터 서독 사민당 브란트(Willy Brandt) 정권이 대 동독 포용정책(동방정책)을 구사하여 1971년 서독·소련 조약, 서독·폴란드 조약을 이끌었으며, 이듬해에는 동·서독 기본조약을 체결하는 상황으로 발전하였다. 박정희는 브란트 수상의 과감한 동방정책에 큰 관심을 보였다. 특히 '동독과의 협상이 북한과의 관계 개선, 나아가 남북통일에 참고될 것이기 때문에 비서실에 동·서독 관계에 관한 정보를 가급적 많이 수집해 올리라'는 지시를 내리기도 했다는 것이다.[130)]

동, 서독 간의 대화와 공존은 통일과는 거리가 있는 것이지만 그렇기 때문에 오히려 박정희의 대북 통일정책과 일치하는 측면이 많았다. 북한이 남조선혁명을 조장하려 하기 때문에 즉각적 통일을 위한 협상이 늘 안보에 위협이 된다고 생각한 박 정권은 상호 신뢰성이 회복될 때까지 평화공존의 단계를 거쳐야 한다고 파악하였기 때문이다.

위와 같이 동북아 냉전구조가 해체되던 1970년대 초 박 정권의 통일정책은 열강의 세력균형에 의한 평화공존, 즉 현상유지를 기조로 하는 대외정책을 수립하였으며, 이에 따라 대북정책 역시 한반도에서 전쟁위험이 제거된 '안정된 두 개의 한국' 즉, '분단의 합법화'를 통한 긴장완화를 추구한 것

---

128) 노승우, 앞의 글, 544~545쪽.

129) 중앙정보부 간부로서 적십자회담 대표였던 김달술의 회고, 「남북대화: 과거, 현재 그리고 미래-서울의 시각-」, 『한국과 국제정치』 5, 경남대 극동문제연구소, 1987, 202쪽.

130) 『김정렴 회고록』, 중앙일보사, 1995, 380쪽.

으로 볼 수 있다.[131] 이를 위한 제도적 장치로써 박 정권은 대내적으로는 남북한 간의 불가침협정 체결, 대외적으로는 남북한 유엔동시가입[132] 및 공산권에 대한 문호개방, 나아가 주변 강대국에 의한 남북한 교차승인 등을 추구하였다. 이러한 인식은 1973년 6·23선언으로 구체화되었으며, 이듬해인 1974년 박정희의 '평화통일 3대 기본원칙' 발표로 제시되었다. 그 내용은 첫째, 한반도 평화정착을 위한 남북한 상호불가침협정의 체결,[133] 둘째, 상호 문호개방과 신뢰회복을 위한 남북대화 계속과 교류 및 협력 실현, 셋째, 토착 인구비례에 의한 남북 자유총선거 실시 등이다.[134] 이 발표는 박 정권의 대북 통일정책을 종합한 것이지만 다분히 형식적인 것이었다. 무엇보다 평화유지의 원칙만을 통일의 대전제로 설정한 것은 통일보다는 평화유지나 현상유지로 빠지기 쉬운 측면이 컸다고 할 수 있다.[135]

결국, 박정희는 집권기간 동안, 통일을 추구하지 않겠다고 한 것은 아니었지만, 실제로 통일이란 먼 장래의 일이며, 그전에 실력을 배양하고 국력을 키워야만 그때 가서 모색할 수 있다는 매우 모호한 통일 인식을 드러내고 있었다. 이 같은 점에서 1960년대부터 1970년대 초 남북화해 시기까지 박 정권의 통일·대북정책은 사실상 '통일정책'이라기보다는 '대북정책'에 머물렀다고 할 수 있다.

---

[131] 김낙년, 앞의 글, 158쪽.

[132] 한국의 유엔동시가입 주장은 독일의 정책과 표면적으로 비슷하지만 독일의 경우와 결정적으로 상이한 것은 1민족 2국가라는 것을 독일은 찬성했지만 한국은 반대한다는 점이다. G. K. 킨더만, 「동서독 해빙과 남북한관계에의 영향」, 『정경연구』 9월호, 1973, 178쪽.

[133] 박정희는 이미 같은 해 1월 18일 연두기자회견에서 남북한 상호불가침협정 체결을 제의했다(『동아일보』, 1974년 1월 18일자). 남북평화협정 체결은 북한이 꾸준히 제기해왔으나 1973년 이후 북한이 북미 직접 접촉을 통해 한반도문제의 해결을 추구해 나가면서 박 정권을 외면하였고, 박 정권 또한 북한이 대미접근을 강화하자 남북평화협정 체결을 주장한 측면이 있다.

[134] 『동아일보』, 1974년 8월 15일자.

[135] 노승우, 앞의 글, 546쪽.

2. 1970년 8·15선언과 대북정책 구상

1970년 3월 초 박정희의 지시에 따라 '획기적인 대북 선언'이 준비되기 시작하였다.[136] 이후 청와대 대변인실에서는 박정희의 '선 정책선언, 후 조치' 지시에 따라 자문조직들[137]을 활용해 대북 제의 내용에 대한 여론수집 작업에 돌입하였다. 이에 따라 청와대 대변인실에서 관계부처와 협의하지 않은 채 극비리에 작성된 '8·15평화통일구상선언' 연설문 초안은 6월 말경 박정희에게 보고되었다.[138] 박정희는 초안을 직접 수정한 후 8월 9일 관계장관회의[139]를 통해 연설문초안 검토회의를 열었다. 이때 외무부차관의 이의제기가 있었고, 법무장관과 검찰 측[140]은 반공법을 내세워 완강히 반대하였다. "이런 작업을 한 것 자체가 구속감"이며, "대통령에게 이런 것을 건의하여 혼란을 일으키게 하는 사람이 의심스럽다"는 게 검찰 측의 견해였다.

---

[136] 박정희는 강상욱 공보수석에게 "우리가 먼저 어떤 제스처를 취하면 북한이 반응을 보일 것이고 이렇게 의견교환을 하다 보면 북한 측의 군사적 도발을 억제할 수 있지 않겠느냐"고 하면서 "앞으로 1995년까지 남북한이 서로 반공이니 반동이니 그러한 소리하지 말고 서로 평화를 지키면서 어느 체제가 잘 사는지를 정정당당하게 경쟁을 해나갈 것을 제시해보자"는 구상을 밝혔다고 한다. 강상욱 증언(강인덕·송종환 외, 『남북회담: 7.4에서 6.15까지』, 극동문제연구소, 2004, 454~455쪽 참조).

[137] 당시 청와대 대변인실에는 대학교수들로 구성된 '월요회', 청와대 출입기자 출신의 정치부장 5~6명으로 구성된 '화요회', 외신과 국제문제에 관심이 있는 교수 및 언론계 인사로 구성된 '수요회'라는 3개의 자문조직이 가동되고 있었다. 김정렴, 앞의 책, 380쪽.

[138] 외무부, 통일원, 법무부, 중앙정보부의 차관급으로 실무팀을 구성하여 연설문 초안을 검토하라는 박정희의 지시에 따라 7월 말~8월 초 강상욱 비서관, 윤석헌 외무차관, 강인덕 중앙정보부 북한국장 등이 집중 검토, 8월 초 박정희에게 검토 초안을 다시 보고하였다.

[139] 참석자는 대통령, 최규하 외무장관, 이호 법무장관, 김영선 국토통일원 장관, 김계원 중앙정보부장, 김정렴 비서실장, 신직수 검찰총장, 유근창 국방차관과 강상욱 공보수석비서관 등이었다. 강상욱 증언(강인덕·송종환 외, 앞의 책, 456쪽).

[140] 이호 법무부장관, 신직수 검찰총장을 비롯해 한옥신·이종원·최대현 등 당시 쟁쟁한 공안검사들이 참석하였다. 박 대통령이 법무장관에게 견해를 묻자 '헌법상 통치권의 범위를 넘는 것'이라고 말하였으며, 이종원 검사가 그 이유에 대해 20~30분간 조목조목 법적 이의를 제기하였다. 국토통일원 남북대화사무국, 『70년대 남북대화 성립 비사(Ⅰ)』, 1989, 17~18쪽.

외무장관은 연설에 UN을 가급적 많이 언급하는 것이 좋겠다는 의견을 제시하였다. 이 같은 지적들에 따라서 '8·15평화통일구상선언'은 초안보다 강경한 (대북) 어조로 바뀌어나갔고, 초안에 들어있던 서신왕래, 고향방문, 경제협력 등 남북교류와 관련된 구체적인 내용들이 삭제된 상태에서 최종안이 확정되었다.[141] 당시 박정희는 정치적으로 대담한 제의를 내놓아야 할 시기라고 생각하였지만, 국내체제의 미비로 본래의 생각을 후퇴시키고 말았다는 것이다.[142] 박정희의 새로운 대북 정책구상이 마무리되어 나가던 이즈음 그 단초가 드러나기도 하였는데, 7월 10일 국회에서 야당 신민당 의원들이 북한과의 대화통로가 열리면 응할 용의가 있느냐는 대통령에 대한 서면 질의에 대해, 북한이 침략정책을 중단하는 최소한의 성의가 보일 경우, 응하겠다는 태도를 드러내 정책변화의 가능성을 시사하였다.[143]

박정희는 연설문이 발표되면 여러 찬반의견이 나올 것이기 때문에 중앙정보부에서 사전에 설득작업을 할 것을 지시하였는데,[144] 8월 10일경부터 설득작업에 돌입한 점과 전날인 8월 9일 주한 미 대사관에 선언의 내용을 전달한 점[145]으로 볼 때, 8·15선언의 발표 내용이 최종 확정된 시점은 8월 8일경으로 볼 수 있다.

박정희는 1970년 8월 15일, 광복절 경축사에서 '평화통일구상 선언'을 발표함으로써 데탕트기 대북정책을 공개 표명하였다. 8·15선언은 긴장완화

---

[141] 강상욱 증언(강인덕·송종환 외, 앞의 책, 456~457쪽).

[142] 국토통일원 남북대화사무국, 『70년대 남북대화 성립 비사(Ⅰ)』, 1989, 18쪽.

[143] 『동아일보』, 1970년 7월 10일자.

[144] 강인덕 9국장은 8월 10일경부터 정치, 경제, 언론, 학술, 종교, 군 장성, 대학 총·학장 등과 아침, 점심, 저녁 할 것 없이 계속 만나서 연설문 요지를 설명했다. 그가 회고하는 당시 『조선일보』 최석채 주필의 다음과 같은 반응이 시사적이다. "이거 너무 빨리 가는 것 아니냐, 김일성을 무슨 도깨비로 알다가 이렇게 제의를 하면 국민에게 주는 충격이 크다. 이러한 정책전환을 위해서는 1~2년 정지작업을 하여 분위기를 만든 다음에 해야지, 이렇게 나오면 곤란하지 않느냐." 강인덕·송종환 외, 앞의 책, 461쪽.

[145] 강상욱·강인덕·정홍진·송종환, 「남북한 체제경쟁선언-8·15평화통일구상선언 비화」, 『월간조선』 8월호, 2003, 240쪽.

라는 국제조류를 감안, 남북한이 군비경쟁을 지양하고, 서로 통일수단으로서 무력행사를 포기한다는 전제하에 남북관계를 '개발과 건설과 창조를 향한 선의의 체제경쟁 관계'로 전환시키고, 이 기조 위에서 남북 간에 가로놓인 인위적 장벽을 단계적으로 제거하자는 내용이 초점으로 부각되었다.[146] "통일노력의 본격화는 70년대 후반기에나 가능할 것"이라는 전제를 두면서도, "남북한에 가로놓인 인위적 장벽을 단계적으로 제거해 나갈 수 있는 획기적이고 보다 현실적인 방안을 제시 시행할 용의"가 있음을 밝힘으로써 이후 전개될 남북관계의 변화를 암시하였다.

이 선언에서 박 정권은 과거 북한 정권에 대한 불인정 자세에서 벗어나 북한을 '선의의 체제경쟁 대상'[147]으로 인정했다는 점이 우선 주목된다.[148] 종래에는 대한민국이 한반도의 유일한 합법정부라는 입장에서 북한 정권의 실체를 인정하려 하지 않았지만, 이 선언을 계기로 북한 정권을 사실상 인정한 것이다.[149] 북한에 대한 '선의의 체제경쟁' 대상으로서의 재인식은 '남북 평화공존' 의식의 반영이라고 할 수 있다. 이런 측면에서 이 선언에서 나타나는 박정희의 대북인식은 '대립'과 '공존'이 앞뒤를 이루고 있다고 볼 수 있다.[150] 따라서 단절되었던 남북 간의 대화를 개최할 수 있는 내적 명분이 조성된 셈이다.

박 정권이 1970년 시점에서 대북선언을 구상한 이유는 우선 동아시아 데탕트 정세에 호응하면서 1970년대 남북대화의 주도권을 장악하려는 의도에

---

[146] 『동아일보』, 1970년 8월 15일자.

[147] 남북관계의 '선의의 경쟁'론에 대해 당시 중앙정보부 간부이자 적십자회담 대표였던 김달술은 8·15선언의 이 정신이 이후 6·23선언(1973), 남북한 상호불가침협정 체결 제의(1974.1.18), 평화통일 3원칙 발표(1974.8.15), 남북 간 경제협력촉진을 위한 협의기구 구성 제의(1978.6.23) 등으로 일관되게 이어졌다고 주장한다. 김달술, 앞의 글, 201쪽.
그렇다고 할 때 8·15선언이 남북대화의 계기가 된 반면, 같은 정신의 연장인 6·23선언은 남북대화의 파탄을 가져왔다는 점에서 아이러니하다.

[148] 『박정희대통령연설문집』 제7집(1970.1~12), 대통령비서실, 1971, 230~235쪽.

[149] "INR: Park's Proposal on Unification", Aug. 21, 1970, Pol 33-4 Kor, Subject-Numeric Files.

[150] 「8·15 평화통일구상의 구체적 발전책」, 국토통일원, 1971, 178쪽.

서 시작되었다. 닉슨독트린에 따라 한반도 긴장완화를 추구하던 미국의 남북대화 권유라는 1차적인 외부 요인이 직접 작용한 결과였다. 또한 당시 박정희는 한미관계 또는 동북아시아정세에 불안감을 느꼈고 그에 따라 북한이 공세적으로 나올 것을 염려하였다.[151] 따라서 북한과의 관계를 안정적으로 이끌어야 할 필요성을 느꼈으며, 그것이 곧 북한의 실체 인정과 경쟁 의지의 표명으로 이어졌다고 볼 수 있다.

무엇보다 동아시아 데탕트를 추구한 미국의 요구가 박정희의 8·15선언을 가능케 한 결정적 동기였다. 미국이 "이산가족 방문, 서신교환 등의 제안을 남한이 고려해보도록 고무시키려는 노력"을 한 사실이 확인되기 때문이다. 포터 주한 미 대사는 1970년 6월 9일자 전문을 통해 "박정희 대통령이 직접협상까지는 제안하지 않더라도 한국의 평화적 의도와 점진적인 통일에 대한 열망을 강조하는 적극적인 선언"을 생각해볼 수 있지 않을까 생각하였다.[152] 포터 대사의 이 같은 희망사항이 두 달 뒤 박정희 대통령의 8·15선언을 통해 현실화되었다. 이 시점은 박정희 정권 내부에서 8·15평화통일구상선언의 초안이 본격 준비되고 있던 때였다.

7월 말 미 대사관은 박정희 정부가 "북한이 종전과 같은 대남 공세정책을 포기한다면 한국 정부도 북한 측과 정치협상(political negotiations)에 들어갈 용의가 있다"는 점을 광복절 경축사에서 밝힐 것이라고 워싱턴에 보고하였다.[153] 미 대사관의 보고대로 박정희가 8·15선언을 통해 노골적인 남북 정치협상을 제의하지는 않았지만[154] '남북 간 선의의 경쟁'과 '인위적 장벽 제거 용의' 등을 표명함으로써 간접적으로나마 남북관계 변화 의지를 드러냈

---

[151] 당시 정부 측 자료에 따르면, '8·15선언 발전책'으로써 "공산 측의 평화공존론의 역이용"을 들고 있다. 「평화통일접근방안(기본구상)」, 국토통일원, 1971, 7쪽.

[152] "Some Thoughts on Reunification", June 9, 1970, Pol 32-4 Kor S, RG59, National Archives(우승지, 앞의 글, 100쪽에서 재인용).

[153] 박건영·박선원·우승지, 앞의 글, 73쪽.

[154] '남북 정치협상' 등 더욱 적극적인 표현은 박 정권 내부의 논의과정을 통하여 걸러졌는데(국토통일원 남북대화사무국, 『70년대 남북대화 성립 비사(Ⅰ)』, 1989, 17쪽), 미국 측은 8·15선언의 초안을 제공받았던 것으로 보인다.

다. 당시 남북관계의 변화 국면에서 박 정권과 미국 측이 긴밀히 소통하고 있었던 것이다.

8·15선언의 요인 가운데 고려해야 할 또 한 가지는 박정희의 남북 간 주도권 확보라는 의지가 작용한 측면이다. 미국과 중국이 본격적인 접근을 해나가는 상황에서 남과 북은 국제여론이나 외교적인 면에서 통일문제 해결의 주도권 장악을 고려하지 않을 수 없었으며, 그에 따라 더 이상 남북 간의 접촉은 미루기 어려운 상태였다. 북한의 경우, 1969년 하반기부터 국제정세의 변화에 맞추어 서방국가들과 외교관계를 확대하고 나아가 미국 민간인들을 초청하는 등의 적극적인 변화를 추구하였다. 이런 점에서 미 국무부는 박정희가 8·15선언을 한 이유에 대하여 "1970년대 북한이 서방국가들과 관계를 증가시킨 것이 동기가 되었다"고 밝혔다.155) 요컨대, '8·15평화통일구상선언'은 국내외적 환경 변화에 대응하여 당시 남북 간 체제경쟁에서 자신감을 얻은 박정희 정권이 북한의 대남전략을 저지하여 한반도 긴장을 완화시키고 남북관계와 통일문제에서 주도권을 쥐기 위한 전략적 구상에 따라 발표된 측면이 있다.156) 즉, 실제적인 '힘의 우위'를 추구했던 박 정권 내부 논리의 반영에 따른 결과였던 것이다.157)

여기서 박 정권의 '내적 논리'를 좀 더 검토할 필요가 있다. 이 문제는 박 정권이 북한 대비 '남한의 경제적 성과'라는 측면을 적극 고려했을 뿐만 아니라 이에 크게 고무되었다는 것을 의미한다. 1969년은 남북 간 경제력의 전환점을 이룬 해라는 게 당시 중앙정보부의 연구 결과였다. 1969년 중앙정보부 북한국은 1974년까지 만 5년간 연인원 2천여 명을 동원해 총 9권,

---

155) "INR: Information Note", Aug. 21, 1970. Pol 32-4 Kor/UN, Subject-Numeric Files.
156) 윤홍석, 「8.15평화통일구상 선언」, 『남북회담: 7.4에서 6.15까지』, 극동문제연구소, 2004, 87쪽.
157) 정해구, 「남북대화의 가능조건과 제약조건 분석: 7·4남북공동성명과 남북기본합의서 사례를 중심으로」, 『통일문제연구』 30, 평화문제연구소, 1998, 87~88쪽 참조. 이 글에서는 박 정권의 남북대화 요인을 외부의 데탕트로부터 강요된 측면과 내부의 '힘의 우위' 추구가 빚어낸 결과로 보고 있으며, 이에 따라 박 정권의 대북정책이 이중적일 수밖에 없다고 지적하고 있다.

4,925쪽에 달하는 『남북한 경제력 비교』라는 제하의 남북 체제경쟁 중간평가 보고서를 발간하였다. 이 보고서에 따르면, 1960년도 남과 북의 1인당 GNP는 81달러 대 120달러로 남측이 열세에 있었고, 이러한 열세는 1968년 (168달러 대 198달러)까지 계속되었는데, 1969년 시점에서 남쪽이 208달러로 북쪽 194달러를 역전한 것으로 평가하였다.158) 그러나 이후에 작성된 통계자료는 좀 다르다. 1972년이 되어서야 1인당 GNP가 북을 앞지르기 시작했다는 연구159)도 있으며, 1960년 1인당 GNP가 94달러(북은 137달러)였으나 1975년에 591달러(북은 579달러)로 역전하였다160)는 분석도 있다. 어쨌든 1960년대 후반 또는 1970년대 초반부터 남쪽은 경제력 면에서 북쪽을 앞지르기 시작했다는 것이다.161)

남북 경제력의 역전은 박정희 정권 내부에서 선건설 후통일 기조의 정당성을 입증하는 것으로 받아들여졌으며, 향후 10년 동안만 고도 경제성장을 계속한다면 동서독 관계처럼 북을 압도하게 될 것이고 통일의 주도권을 장악하게 될 것이라고 확신하게끔 하였다. 이처럼 박 정권이 '체제경쟁에서 반드시 승리한다'는 확신을 갖게 된 점이 남북대화 전략을 가져오게 한 내적 요인이었다.162) 이는 경제성장을 국력으로 인식하던 박정희 정권으로 하여금 대북 자신감을 고취케 한 요인이 되었다고 볼 수 있다.163) 그러나 거꾸로 보면, 1960년대에는 경제력에서 북쪽에 뒤져있었기 때문에 박 정권이 통일문제에 소극적일 수밖에 없었으며, 현상유지 정책을 구사할 수밖에

---

158) 박정희 대통령의 지시로 작성된 이 보고서의 작업 동기는 첫째 북한과의 경쟁에 대한 중간평가의 필요성, 둘째 국가전략의 장기예측을 위한 것이었다. 강인덕, 「남북한 체제경쟁의 중간평가 보고서」, 『발굴 현대사자료 125건』, 조선일보사, 1996, 261~264쪽 참조.
159) 민족통일연구원, 「남북한 국력추세 비교연구」, 1992, 233쪽.
160) 국토통일원, 「남북한 경제력 비교」, 1987, 163쪽.
161) 반면 남한의 당시 국민총생산이 68억 달러인데 이 중 외채가 30억 달러였기 때문에 대공산권 관계 개선이 필요했다는 지적도 있다. 신상초·함석헌, 앞의 글, 45쪽.
162) 강인덕·송종환 외, 『남북대화: 7.4에서 6.15까지』, 극동문제연구소, 2004, 76쪽.
163) 국토통일원, 『남북대화백서』, 1988, 30쪽.

없었다는 논리도 될 수 있다. 즉, 당시 중앙정보부의 연구 결과처럼 1970년대 초에 남한 경제가 북한 경제를 앞지르면서 남북대화가 개시된 측면이 있다면, 이 같은 박 정권의 논리로 볼 때, 그때까지만 해도 남이 북의 경제를 완전히 압도하지 못하였기 때문에 당시 박 정권의 대북 정책은 결국 '통일전략'으로 가지 못하고 '대북 관계개선전략'에 머무를 수밖에 없었다는 해석도 가능한 것이다.[164]

박 정권의 국내 정치 차원의 고려도 8·15선언에 작용했던 것으로 볼 수 있다. 다음 해인 1971년은 대통령선거를 치러야 하는 해였다. 1969년 9월 3선개헌을 강행하고 난 후 1970년대를 맞이하면서 새로운 대북정책을 선언적으로나마 제시할 필요가 있었던 것이다.[165]

그러나 정작 8·15선언에 대한 북한의 반응은 차가웠다. 발표 1주일 뒤에 조선로동당 기관지『로동신문』은 사설에서 이 선언은 "남조선 인민의 반미·반정부 투쟁을 조금이나마 무마하고 미국과 일본의 이중적 침략음모를 위장하려는 것"이라고 비난하면서 "남조선의 현 정권을 타도하고 인민정권이 수립되거나 혁신세력이 집권할 때만 협상이 가능하다"고 주장하면서 8·15선언을 외면하였다.[166] 또한 김일성은 1971년 9월 25일 일본『아사히신문(朝日新聞)』과의 회견, 10월 8일 일본 교도통신과의 회견에서 8·15선언을 평가 절하했다. '평화통일구상'이라는 것은 결코 평화통일을 하자는 것이 아니며, 평화통일을 하는 데 무슨 실력배양이 필요하겠느냐면서 '실력배양'은 '승공통일'의 연장에 지나지 않는다는 것이었다.[167]

이후 1970년 11월 2일 조선로동당 제5차 대회에서 김일성은 사업총화 보고를 통해 박정희의 8·15선언에 대해 "허위와 기만에 찬 정치적 모략선전"

---

[164] 남북한 군사력 평가에 따른 자신감의 반영도 '내적 논리'의 일환으로 본다면, 이 시기 박정희가 "주한 유엔군 작전지휘 아래에 있는 공군과 해군을 감안하면 대북괴 군사력 균형이 유지돼 있는 것으로 본다"는 평가에도 주의를 기울일 필요가 있다. 『동아일보』, 1970년 7월 10일자.
[165] "INR: Park's Proposal on Unification", Aug. 21, 1970, Pol 33-4 Kor, Subject-Numeric Files.
[166] 『로동신문』, 1970년 8월 22일자.
[167] 김일성, 『김일성저작집』 26, 조선로동당출판사, 1984, 284쪽.

으로 규정하고, 선언의 발표 목적을 "남조선에서 날로 높아가고 있는 자주적 평화통일 기운을 무마하고 저들의 매국배족 행위를 가리우며 우리의 조국통일방안을 지지하는 세계의 이목을 딴 데로 돌리려는 데 있다"고 비난하였다. 나아가 "매국역적들과는 통일문제를 논의할 수 없다"면서 남북대화 거부의사를 명확히 표명하였다.168) 이때까지만 해도 북한은 대미 비난과 함께 남북대화에 부정적이었으며 '남조선혁명'을 고창하였다. 그러나 이듬해인 1971년 2월 주한미군 감축과 관련한 한미공동성명이 발표되고, 4월 핑퐁외교로 미중 관계개선이 이루어지자 남북대화 쪽으로 방향전환을 시도한 것으로 볼 수 있다.

1970년 박정희의 8·15선언은 하나의 통일방안으로서는 본질적 내용이 결여된 막연한 제안이었다.169) 닉슨독트린과 이로 인한 동아시아 데탕트라는 국제적 정세에 호응하기 위한 박 정권 내부의 대응논리라는 요인이 크게 작용했기 때문이다. 게다가 정작 북한에 의해서 직접 호응을 받지 못함으로써 남북관계 진전에 어떤 긍정적 영향을 끼치지는 못했지만, 박 정권으로서는 8·15선언이 장차 전개될 남북관계 개선의 내적 담보가 되었음도 간과키 어렵다.

박정희의 변화된 대북 정책 표명은 이듬해인 1971년 1월 1일 신년사를 통해서 이어졌다. 그는 "조국근대화와 평화통일은 우리 세대의 지상과제인 동시에 뚜렷한 목표"라며 "앞으로 2~3년이 국가안보상의 중대한 시기가 될 것"이라고 강조하였다. 또한 세계정세를 언급하며 "어제의 적국을 오늘의 우방으로 삼고, 피도 눈물도 없는 적자생존의 논리를 내세우고 있는 냉혹한 생존경쟁의 시대"라고 하면서, 미중 화해를 염두에 둔 자신의 혼란을 고스란히 드러내었다.170)

또한 1월 11일 연두기자회견에서도 8·15선언 원칙의 유효성을 재차 강

---

168) 『로동신문』, 1970년 11월 3일자.
169) 정대화, 「7.4공동성명의 태동과 유산」, 『사회과학논총』, 부산대 사회과학대학, 1982, 34쪽.
170) 『박정희대통령연설문집』 제8집(1971.1~12), 대통령비서실, 1972, 18쪽.

조하면서 "북괴가 이 선언을 거부하였다"는 사실을 밝혔다. 그는 "평화통일 시기를 앞당기기 위해서는 국력을 배양해야 하며 북괴를 압도하면 자유화의 물결이 북으로 흘러가 북괴가 국제사회에서 약화 고립되어 통일의 길이 트이게 될 것"이라는 승공주의에 기초한 북한 고립의지를 나타내기도 하였다.171) 박정희의 '힘의 우위'에 기초한 대북관이 여전히 8·15선언의 기초를 이루고 있었던 것이다. 이 같은 관점에서 보면, 8·15선언 직후인 1970년 12월 중앙정보부장으로 임명된 이후락에게도 '통일'이 아닌 '남북관계의 전환'을 이끌 역할이 주어진 것으로 볼 수 있다.

3. 안보위기의 강조와 활용

박정희는 1970년 8·15선언을 통해 대북정책의 변화를 표방하면서도 안보논리를 활용해 정권을 안정화해 나가는 동시에 대미 정책으로 이어나가는 전략을 지속하였다. 그 같은 현상은 1960년대 말부터 1970년대 초에 현저하게 드러났다.172)

박정희의 '안보위기' 인식은 몇 가지 차원의 대안 추구 경향을 불러왔는데, 우선 안보위기론을 바탕으로 한 자주국방의 강조 현상을 들 수 있다.173) 이는 한미관계 차원에서 '한국군 현대화'를 위한 미국의 지원을 촉구하는 모습으로 나타났다. 박 정권의 자주국방을 위한 노력은 베트남전쟁에 한국군을 파병하면서 미국 측에 한국군의 전투력 개선을 위해 걸맞는 품목

---

171) 『동아일보』, 1971년 1월 11일자.
172) 1960년대 후반은 청와대습격사건과 미 정보함 푸에블로(Pueblo)호 나포사건 등의 '북한 요인'으로 인한 안보위기가 형성되었고, 이는 박 정권으로 하여금 체제강화를 가져오고 정책과 제도를 재형성하는 등 한국전쟁 이후 '역사적 전환점'이 되는 시기였다. 신종대, 「한국정치의 북한요인 연구-1961~72년을 중심으로-」, 서강대 정치학 박사논문, 2002, 270쪽.
173) 1970년 1월 10일 연두 기자회견에서 닉슨독트린에 관한 질문에 대한 박정희의 첫 마디는 '자주국방'이었다. 『박정희대통령연설문집』 제6집(1969.1~12), 대통령비서실, 1970, 33쪽.

들을 포함시켜 요구한다거나, 한국군의 현대화를 위한 구축함, 팬텀대대 등의 요청과정을 통해 나타났으며, 이미 1960년대 중반부터 나타난 현상으로 볼 수 있다.[174] 그러나 박 정권이 공식적으로 자주국방의 기치를 내걸고 군비 현대화계획을 추진한 것은 1968년 1월의 청와대습격사건과 푸에블로호 나포사건 이후부터였다. 이 사건에 대한 미국의 조처는 박정희에게 매우 불만스러운 것이었다.[175] 특히 푸에블로호 사건 직후인 1968년 2월 11일 한국을 방문한 미 존슨 대통령의 특사 밴스(Vance)는 한국이 북한에 대해 어떠한 군사적 보복 조치도 취해서는 안된다는 점을 한국 정부에 분명하게 전달하였다.[176] 그리고 그 조건하에서 미국은 한국과 연례적인 한미국방각료회담을 개최하고, 1억 달러의 군사원조를 제공할 의사가 있음을 표명하였다.[177]

---

[174] 정용수, 「한국의 베트남전 파병과 한·미 동맹체제의 변화」, 고려대 정치학박사학위논문, 2001, 325쪽.

[175] 1·21청와대습격사건과 이틀 후 발생한 푸에블로 사건과 관련해서 보여준 미국의 모습은 너무나 대조적이었다. 미국은 즉각 핵항공모함 엔터프라이즈호를 원산만 해역으로 급파하였으며, 백악관에서 존슨 대통령 주재로 긴급대책회의를 소집하여 대응방안을 모색하였다. 푸에블로호에 탑승했던 승무원들을 살리기 위해 미국은 군사조치를 취하는 것 대신 북한과 협상을 벌였으며 '간첩행위'를 했다는 굴욕적인 자술서를 써야 했다. 이러한 모습은 박정희에게 충격이었다. 동맹국의 대통령인 자신에 대한 습격사건에 대해서는 아무런 반응을 보이지 않던 미국이 자국의 승무원들을 위해서는 나약한 모습을 보인 채 북한에 굴욕적으로 대했다고 판단한 것이다. 양성철·문정인, 「한미 안보관계의 재조명: 푸에블로호 사건의 위기 및 동맹관리 사례를 중심으로」, 『한국과 미국 I』, 경남대 출판부, 1988.

[176] 1969년 12월 2일 미 신임 대통령 닉슨의 안보보좌관으로 임명된 키신저는 이 사건에 대한 미국의 군사작전 계획에 대해 다음과 같이 회의하였다. "월남에서의 확전과정을 보면 알 수 있는 것처럼, 군사력의 정치적 유용성 여부를 판단하는 것은 지극히 어려운 일이다." 키신저, 「힘의 딜레마, 70년대 미국의 임무」, 『월간중앙』 1월호, 1969, 126쪽.

[177] 밴스의 방한 직전, 존슨 대통령은 포터 대사를 통한 친서에서 3,200만 달러 상당의 대침투작전용 장비를 15일 이내에 인도하고 이전부터 한국이 희망했던 구축함 1척을 4월 30일까지 또 다른 1척을 1년 이내에 제공할 것이며, 1969년 미회계년도 중에 1억 달러의 군사원조를 추가로 제공하기로 했다고 전했던 것이다. 조진구, 「존슨 정권 후반기의 한미관계: 북한의 대남도발에 대한 한미간의 인식 차이를 중심으로」, 『한국과 국제정치』 제19권 3호, 경남대 극동문제연구소, 2003, 97쪽.

푸에블로호 사건을 통해 나타난 미국의 태도는 박 정권으로 하여금 미국이 동맹국으로서 방위공약을 제대로 지킬 것인가 하는 의문을 갖게 하였다. 이 같은 미국의 신뢰도 문제가 박정희로 하여금 '자주국방'을 추구하게 한 하나의 배경이 되었다.[178] 1968년 4월 18일 호놀룰루에서 박정희와 존슨은 한미정상회담을 개최하고 '북한이 침략할 경우 미국은 신속하고 효율적인 원조를 제공한다'[179]는 내용의 공동성명을 발표함으로써,[180] 한국의 불만과 불안은 진정되는 듯했다. 그러나 북한이 11월 2일 울진 삼척지구에 대규모 무장특공대를 파견하는 사태가 발생함으로써[181] 박 정권의 불안은 가시지 않았다. 그의 심리적 불안감은 이듬해 신년사에서 "싸우면서 건설하자"라는 구호로 나타났다.[182]

1968년 청와대습격사건과 푸에블로호사건 직후인 2월 8일, 미국은 남침에 대비하여 1억 달러의 특별 추가군사원조를 한국에 제공하기로 결정하고, 의회의 긴급 승인을 요청하였다.[183] 동시에 존슨은 박정희에게 국군 장비 현대화 및 대 간첩전 장비 도입 촉진을 위한 추가 군사원조도 약속하였다. 그러나 미국 측은 1969년 닉슨 정부의 출범 이후 데탕트 분위기의 고조

---

[178] 박정희의 대미 '저항적 측면'과 '현실적 측면'에 관한 사회심리학적 분석은 다음의 논문이 참고된다. 권장희, 「박정희 대통령의 정치성향과 안보환경 인지가 통일정책에 미친 영향에 관한 연구」, 서울대 교육학박사학위논문, 1999, 71~76쪽 참조.

[179] 이 문제와 관련, 1970년 2월 24일 포터 대사는 미 의회 청문회에서 "미국의 의무는 공통의 위험에 대처하기 위해 미 헌법 절차에 따라 미국 내에서 그리고 한국과 협의하는 것이다. 이 의무가 반드시 반격을 의미하는 것은 아니다"(『전후 미국의 대한정책-사이밍턴위원회 청문록-』(입법참고자료 제140호), 국회도서관 입법조사국, 1971, 16쪽)라고 말하여, 한국정부의 발표와 다른 뉘앙스를 드러냈다. 포터에 따르면 "그것은 한국정부가 한국국민들을 안심시키기 위한 것이었다"(『합동연감』, 합동통신사, 1971, 43쪽).

[180] 이에 따라 5월 27일 호놀룰루에서 제1차 한미국방각료회담을 열고 미국의 대한 군비지원 논의가 구체화되었다. 구영록·배영수, 『한미관계: 1882~1982』, 서울대 미국학연구소, 1982, 159쪽.

[181] 울진삼척사태에 관해서는 『대공 30년사』, 국군보안사령부, 1978, 385쪽 참조.

[182] 『박정희대통령연설문집』 제6집(1969.1~12), 대통령비서실, 1970, 13쪽.

[183] 『동아일보』, 1968년 2월 9일자.

로 말미암아 북한의 대남공세가 현저히 약화된 것으로 판단하기 시작했다. 반면 박정희는 여전히 북한의 침략을 강조하였는데, 이 지점에서 양국의 북한에 대한 인식 차이가 생겨났다. 미국으로서는 미중관계의 개선이 궁극적으로 북한의 대남 전면전 가능성 감소를 의미했기 때문에 북한의 남침이 임박했다는 박정희의 대북한 위협인식은 동의하기 어려운 것이었다. 그러나 박정희는 미국의 '안이한' 안보상황 판단을 줄곧 비판하였고, 미국 측은 한국이 북한으로부터의 위협을 지나치게 강조하고 있다고 인식함으로써 심각한 마찰을 낳았다.[184] 박 정권의 인식은 북한이 무력침공 준비를 마쳤다는 것인 반면, 미국은 박정희가 북한의 위협을 과장하는 것으로 여기고 있었다.[185]

  실제로는 북한의 대남, 대미 강경노선이 1969년 이후 현저하게 줄어든 것으로 볼 수 있다. 1970년 2월 25일에 열린 미 의회 사이밍턴위원회 청문회에서 포터 주한 미대사는 "북한의 침투노력이 지난해에 현저하게 줄어들어 현재는 한국사태가 과거 여러 해보다 전반적으로 평온하다는 사실"[186]을 언급하였다. 1968년 5월의 CIA 보고서는 최소한 향후 수년에 걸쳐 북한이 새로운 한국전쟁을 일으킬 의도는 없는 것으로 결론짓고, 중요한 가능성은 북한의 소규모 도발이 남한의 보복으로 이어져서 대규모의 갈등으로 확산될 수 있는 위험성이라고 분석하고 있다.[187] 다음의 〈표 1〉은 남북 간의 군사적 충돌이 1968년을 정점으로 크게 늘었다가 그 이후에는 급격히 줄었음을 잘 보여주고 있다.

---

[184] 신욱희·김영호, 앞의 글, 12쪽.
[185] 이흥환 편저, 앞의 책, 166쪽.
[186] 『전후 미국의 대한정책 – 사이밍턴위원회 청문록 – 』(입법참고자료 제140호), 국회도서관 입법조사국, 1971, 99쪽.
[187] 따라서 현상유지를 선호하게 된 미국은 한국군의 전력향상이라는 전제 아래서 한국의 북한에 대한 적극적인 대응 자세를 북한의 호전성과 마찬가지로 오히려 안보 위협요소의 하나로 인식하고 있었다. 신욱희·김영호, 앞의 글, 11쪽 참조.

<표 1> 남북한 충격사건 통계(1965~1972)

구분 \ 연도	1965	1966	1967	1968	1969	1970	1971	1972
휴전선 남방한계선 내 중요 사건	42	37	445	486	87	66	37	0
한국 내 중요 사건	17	13	121	143	24	46	10	0
DMZ 내 상호 충격사건	23	19	122	236	55	42	31	0
한국 내 충격사건	6	11	96	120	22	26	6	0
한국 내 사살된 북한인	4	18	228	321	55	46	34	0
한국 내 체포된 북한인	51	21	57	13	6	3	2	0
한국 내 사살된 UN군 장병	21	35	131	162	15	9	22	0
한국 내 부상 UN군 장병	6	29	294	294	44	22	47	0
한국 내 사살된 한국경찰, 민간인	19	4	22	35	19	7	8	0
한국 내 부상 한국경찰, 민간인	13	5	53	16	17	17	6	0

출전: 정대화, 「7·4공동성명의 태동과 유산」, 『사회과학논총』, 부산대 사회과학대학, 1982, 33쪽, 〈도표 1〉.

  1969년 닉슨의 괌독트린 발언 직후인 7월 31일부터 8월 1일까지 로저스 미 국무장관은 서울에 와서 닉슨의 발언을 설명하였다. 이때 로저스는 한국의 안보 불안을 해소하기 위해 한국군과 주한미군의 군사력 증강, 예비군 장비 및 대간첩 작전장비의 조기도입, 장기개발차관 제공, 월남전 후 복구사업에 우선 참여 등을 약속했다.[188] 그러나 박정희는 괌 발언의 의도가 무엇이며 닉슨 새 행정부의 아시아정책이 어떻게 변화할 것인지 직접 확인하고자 하였으며, 그에 따라 1969년 8월 21일 박정희-닉슨 한미정상회담이 샌프란시스코에서 열렸다. 회담 후 박정희는 8월 25일 귀국성명에서 "앞으로 미국의 대 아시아정책에 어떠한 변화가 혹 있다 하더라도, 우리 대한민국에 대한 미국의 기본정책에는 추호도 변함이 없다는 것을 확인했다"고 밝혔다.[189] 그렇지만 이때의 회담석상에서 박정희는 자신의 경험으로 볼

---

[188] 『합동연감』, 합동통신사, 1970, 111쪽.

때 "공산주의자들에게 있어서 진정한 평화란 존재하지 않으며, 그들의 평화란 항상 보다 큰 침략을 준비하기 위한 가장된 평화"라고 국제정세의 흐름과 정반대되는 발언을 하였다. 또한 닉슨의 새 아시아정책에 대하여 "아시아의 자체적 임무와 협조가 지역 사정에 알맞은 균형 잡힌 발휘를 하게 될 때, 아시아는 안정과 발전을 이룩할 것이며, 그렇지 못하고 균형을 잃은 그 어느 한 쪽의 부족한 노력은 아시아의 새로운 불안과 위협을 초래케 되리라는 것을 우리 아시아인과 미국인은 깊이 명심해야 될 줄 로 안다"고 말했다.[190] 미국의 '협조'가 '안보상의 지원과 책임'을 의미하는 것이라고 할 때, 닉슨독트린으로 인한 자신의 불안감을 숨김없이 드러낸 것으로 보인다.

박정희는 데탕트라는 정세변화와 주한미군 철수 움직임에 당황하고 소극적이었으며, 체제 및 정권의 위기의식을 드러냈다.[191] 실제로 박정희는 미중 관계개선을 위한 협상과정에서 미국으로부터 어떠한 사전정보나 논의를 받은 적이 없었다.[192] 닉슨의 중국 방문을 합의한 키신저의 비밀 북경 방문 사실에 대해서도 사후에 로저스 미 국무장관이 주한 미 대사에게 설명해주는 것으로 끝났다. 이때 박정희는 닉슨의 중국 방문 전에 김용식 외무장관을 통해 로저스 국무장관에게 전달한 서한에서 닉슨을 직접 만나고 싶다는 의사를 전달하였다. 미·중 정상회담에서 한반도에 대한 모종의 거래가 이루어질 것을 우려했기 때문이다. 그러나 3개월 뒤에 돌아온 답변

---

[189] 『박정희대통령연설문집』 제6집(1969.1~12), 대통령비서실, 201쪽.
이때 닉슨은 한국에 소총을 원조해주겠다고 약속한 바 있는데, 이 말은 미국이 종래의 미군 주둔에 입각한 한국 안보관념을 부정한 것이라는 시각도 있다. 앞으로 북한의 전면적 남침은 국제적 여건으로 인해 불가능할 것이고, 단지 소규모 게릴라전 형태의 분쟁만 가능할 것으로 판단함으로써 소총 이외의 고급무기는 실제 필요치 않다라는 입장의 반영이라는 것이다. 박봉식, 「닉슨의 아세아정책」, 국토통일원, 1970, 12~13쪽.

[190] 1969년 8월 21일 방미 시 닉슨 대통령 주최 만찬에서 한 답사. 『박정희대통령연설문집』 제6집(1969.1~12), 대통령비서실, 1970, 189쪽.

[191] 박영자, 「남북 1인 지배체제: 유신체제와 유일체제」, 『유신과 반유신』, 민주화운동기념사업회, 2005, 303쪽.

[192] 발표 두 시간 전에 박정희는 하비브 주한 미 대사로부터 내용을 통고받았다. 『김정렴 회고록』, 중앙일보사, 1995, 380쪽.

은 '남한의 국익을 희생시키면서 중국과 관계개선을 추구하지는 않을 것'이라는 의례적인 것이었으며, 한미정상회담은 불가능하다는 것이었다.193) 이런 흐름 속에서 박정희에게 1971년 7월 키신저와 주은래의 회담은 충격적이었으며, 주한미군의 부분철수 상황까지 겹쳐지면서 '북한이 다시 쳐들어와도 미국은 한국을 도와주지 않겠다는 메시지'로 이 사건을 받아들이게 되었다.194)

미국의 주한미군 철수방침이 통보된 직후인 1970년 7월 23일 박정희는 국방대학원 졸업식에서 처음으로 주한미군 감축에 관한 강한 반대 입장을 공식적으로 표명하였다. 그는 북한의 위협이 계속되고 있고, 북한은 외부적인 원조 없이도 전쟁을 일으킬 수 있다고 주장하였다. 또한 제3차 5개년 경제개발계획이 끝나는 1976년경에는 한국이 북한에 대해 군사적, 경제적으로 압도적 힘의 우위를 갖게 되어 북한이 한국의 안보를 위협하지 못하게 될 것이지만, 1970년부터 4년 내지 5년은 한국의 안보역량을 기르는 데 결정적으로 중요한 시기가 될 것이라고도 했다.195) 한국 정부가 자주국방 능력을 기르기 위해 지속적으로 노력하고 있지만, 현재로서는 미국의 지원이 절실하다는 점을 강조하려는 인식이며, 안보위기론과 한국군 현대화를 위한 자주국방을 결합시킨 사고였다. 안보위기의 대안으로서 박정희는 미국 측에게 군사 및 경제원조의 지속과 군현대화 작업을 기대한 것이다.

이 같은 기대감은 박 정권과 미국과의 새로운 군사협력관계 모색을 위한 지속적인 협상으로 나타났다. 위와 같은 '한국군 현대화'를 위한 미국의 지원을 추구한 대미협상이 바로 그것이다.196) 한국군 현대화 계획은 이후 미국이 제시하는 닉슨독트린하 한미 안보협력의 근간을 이루게 되었고, 한미

---

193) 돈 오버도퍼, 『두 개의 코리아』, 중앙일보, 1998, 29~30쪽.
194) 당시 김성진 청와대 공보수석비서관의 말. 돈 오버도퍼, 위의 책, 29쪽.
195) 『동아일보』, 1970년 7월 23일자 ; 향후 수년이 안보상 중요한 시기라는 언술은 이후 1971년 신년사, 연두기자회견 등에서도 반복해서 나타난다. 『박정희대통령연설문집』 제8집(1971.1~12), 대통령비서실, 1972, 18·50쪽.
196) 김동조, 앞의 책, 243쪽.

양국은 1971년 7월 12일 제4차 한미연례안보협의회에서 한국의 안보상황에 대해 한미상호방위조약에 기초한 신속하고 효과적인 지원 입장을 재확인하였다.197)

'안보 위기'에 따라 박 정권이 추구한 내적인 자구책은 국방강화와 경제발전을 병존시키는 정책, 즉 '일면건설 일면국방'을 추구하면서 반공태세를 강화해 나가는 것이었는데,198) 이는 '자주국방'의 기치를 내걸고 방위산업 육성에 박차를 가하는 현상으로 이어졌다.199) 안보적 요구에 의한 경제개발계획을 의미하는 것이었다.200) 그 후 박 정권의 군비증강정책은 재래식 무기생산에 그치지 않고 미사일과 핵무기 개발로 이어지게 된다.201)

이처럼 박 정권은 안보이데올로기를 바탕으로 대미 군사지원을 요청하는 동시에 자주국방을 추구해나갔는데, 이는 안보이데올로기의 상승작용을 일으켜 국내 정권의 체제강화에 활용하는 방향으로 나아갔다. 즉, 미국에 의존하지 않는 체제 만들기와 그를 위한 권력 강화를 의미한다.202) 안보논리를 바탕으로 한 박정희의 체제강화 작업은 1969년 3선개헌203)과 1971년

---

197) 『동아일보』, 1971년 7월 13일자.
198) 『박정희대통령연설문집』 제6집(1969.1~12), 대통령비서실, 23쪽.
199) 1971년 11월 9일 박정희 대통령, 김정렴 비서실장, 오원철 광공차관보의 3자 회동에서 중화학공업과 방위산업을 동시에 육성하여 경제적 비효율성을 줄이고, 유사시에는 민수부문을 군수부문으로 전용하여 무기생산능력을 극대화시킨다는 새로운 방위산업 육성정책이 결정되었다. 조인원, 『국가와 선택』, 경희대 출판국, 1996, 179~180쪽.
200) 『김정렴회고록』, 중앙일보사, 1995, 322~324쪽.
201) 박정희의 핵무기 개발 가능성 검토시기는 1971년 11월경으로서 '약소국가로서 큰소리 칠 수 있는 수단'을 추구하면서 시작했다는 증언이 있다. 중앙일보 특별취재팀, 『실록 박정희』, 중앙M&B, 1998, 260~261쪽.
이후 12월 26일 박정희는 오원철 경제2비서관에게 친필로 핵무기의 운반수단이 될 수 있는 '유도탄 개발지시'를 내렸으며, 청와대에 무기개발위원회라는 임시비밀위원회를 조직하여 운영하였다(조철호, 「박정희 핵외교와 한미관계 변화」, 고려대 정치학박사학위논문, 2000, 26~28쪽 참조). 위 논문은 당시의 핵개발을 국가안보 위기 인식에 따라 미국의 대한안보정책을 불신하게 된 박정희가 '외교적 가치' 인식이라는 차원에서 핵개발을 추진했다고 보고 있다.
202) 그 귀결이 '유신체제'라고 보는 견해로는 조진구, 앞의 글, 108쪽.
203) 1969년 1월 10일 박정희는 신년 기자회견에서 "어떠한 특별한 사유가 없는 한 적어도

대통령선거를 거치면서 나타난 위수령 선포와 국가비상사태선언으로 나타 났으며, 결국 1972년 10월 유신체제의 선포로 이어졌다. 이른바 '안보위기' 가 점증하던 1960년대 말부터 박 정권은 이를 체제강화와 국민동원을 위한 방편으로 삼기 시작했는데 1968년 4월 1일, 250만에 달하는 향토예비군을 결성하면서 사회적 동원화를 추구하였다. 박정희는 1968년 2월 7일 경전선 개통식 연설에서 '자위를 위한 중대선언'을 통하여 250만 향토예비군의 창설을 선언하였고, 2월 16일 예비군 중 100만을 무장시킬 것이라고 공식적으로 밝혔다.204) 이에 따라 예비군은 4월 1일 대전에서 정식으로 발족하였고, 예비군의 무장을 위해 한국은 M16 자동소총 공장을 한국에 건설하기로 미국과 합의하였다.205) 즉, 청와대습격사건과 푸에블로호사건을 계기로 '민방위체제의 강화 필요성'이 군사적 목적의 사회동원화 체제를 형성케 하는 이유가 되었다.206)

또한 5월 10일 주민등록증 개정안을 통과시켰으며,207) 12월 5일에는 사상체계의 동원화를 의미하는 국민교육헌장을 선포하였다. 이듬해인 1969년 1월 서울시 교육위원회는 새 학기부터 반공교육을 강화하라고 지시하였으며, 입시에 반공문제의 출제 비중을 대폭 높이기로 하였고, 반공 도덕 전담교사를 정하기로 하는 등 반공교육의 대폭 강화에 나섰다.208) 1969년 3월부

내 임기 중에는 이 헌법을 고치지 않았으면 하는 것이 나의 솔직한 심정"이라며 "이러한 문제가 꼭 논의될 필요가 있다면 금년 연말이나 내년 초쯤 가서 논의하더라도 시기적으로 늦지 않다"고 했으나, 그해 8월 9일 개헌안을 공고하고 말았다. 『박정희대통령연설문집』 제6집(1969.1~12), 대통령비서실, 1970, 31~32쪽.

204) 『박정희대통령연설문집』(1969.1~12), 대통령비서실, 1969.
205) 1969년 6월 3~4일 임충식 국방장관과 패커드 국방장관은 제2차 한미국방각료회담을 열고 M-16자동소총 및 탄약공장 건설에 합의하였으며, 7월부터 한미 간 실무회담이 시작되었다. 『합동연감』, 합동통신사, 1970, 111쪽 ; 『한미 군사관계사 1971~2002』, 국방부 군사편찬연구소, 2002, 815쪽.
206) 『동아일보』, 1968년 4월 1일자.
207) 주민등록제는 주민의 거주 및 이동 실태를 정확히 파악하여 모든 행정을 능률적으로 처리함과 동시에 불순분자 및 범법자 등을 색출하여 안정된 사회생활과 국가안보 태세를 보장하는 데 그 목적이 있었다. 내무부 지방행정연구원, 『한국지방행정사: 1948~1986』, 내무부, 1987, 1004쪽.

터는 고등학교 이상의 각급 학교 학생들에게 군사교육이 부과되었다. 또한 1969년 2월 7일 국방부는 한국전쟁 후 처음으로 전군의 제대 조처를 당분간 중지하기로 하고 이미 제대 특명이 난 장병들에게도 특명을 취소, 현 소속 부대에서 복무하도록 했다고 발표하였다.209) 다음날 박정희는 시국간담회를 열고 "북괴와 생사를 건 심각한 싸움 앞에 있다"고 시국을 정의한 후 자주국방을 강조하고 자위능력의 향상을 촉구하였다.210)

　박정희 정권이 체제강화에 나선 명목상의 이유는 한미관계와 남북관계를 활용한 안보 이데올로기의 발현이었지만 이와 함께 내부적 정치상황 변화에 영향받은 측면도 적지 않다. 특히 야당세력의 성장과 분출, 여당 내의 정쟁은 박정희로 하여금 권력강화에 적극 나서지 않으면 안되는 이유로 작용하였다. 1967년 총선 부정시비로 인한 정국경색, 1969년 3선개헌을 둘러싼 정치적 대립과 혼란, 10・2항명파동과 그로 인한 대통령으로의 권력 집중화, 1969년을 고비로 나타난 경제성장률 둔화, 지식인・언론인・학생・노동자 등의 반체제운동의 조직화 등이 박 정권을 불안케 하는 요소들로 작용하였다.

　1969년 10월 17일에 실시된 3선개헌 국민투표를 전후한 시점의 국내 정치상황은 매우 혼란스러웠다. 김대중, 김영삼, 이철승 등이 이끄는 야당 신민당이 민주화투쟁을 본격화하면서 박정희의 장기집권을 비판하고 남북교류를 주장하며 나오자, 박정희는 1971년 대통령선거를 대비하여 통일논의에서 주도권을 확보하고자 하였다.211) 1969년 국토통일원의 설치도 나름대로 통일논의의 주도성을 확보하려 한 것으로 해석할 수 있다.212) 국내 학계

---

208) 『조선일보』, 1968년 1월 30일자.
209) 『조선일보』, 1968년 2월 8일자.
210) 『동아일보』, 1968년 2월 9일자.
211) 이런 측면에서 일본 외무성은 박 대통령의 1970년 8・15선언의 동기를 '대통령선거에서 우호적인 여론을 창출하기 위한 것'이라고 분석하였다. "Telegram from the Embassy in Japan to the Department of State", Sep. 24, 1970, Pol 15-1 Kor N, Subject-Numeric Files.
212) 당시 집권 민주공화당은 1967년 총선에서 통일문제를 연구하는 전담기구를 설치하겠

에서 분단 현실을 긍정하는 방향에서 한반도문제를 해결해야 한다는 논의가 개진된 것도 이즈음이다.213) 통일은 기능적 및 단계론적 접근 방식으로 이뤄져야 하며, 남북 대표의 UN 동시 초청과 동시 가입을 고려할 필요가 있고, 남북 간 평화공존 단계를 거쳐 통일을 이룩하는 것이 바람직하다는 것이었다.214)

대통령선거 기간 중 야당 후보인 김대중의 남북한 접촉 주장에 대한 국민의 반응을 박정희로서는 의식하지 않을 수 없었다.215) 1970년 8·15선언 발표 후인 9월 29일 야당 신민당의 대통령 후보로 김대중이 지명되면서 공화당 박정희 후보와 신민당 김대중 후보 간에는 통일문제와 안보문제가 주요 쟁점으로 부각되었다. 전통적인 정치적 금기를 깨고 통일문제가 여야 후보 사이에서 논란을 빚은 것이다. 양측 간 통일문제 관련 주요 쟁점을 살펴보면, 공화당의 경우, 북한의 남침위협을 강조하며 "절대 우위의 국력배양으로 북한의 남침기도를 분쇄하고 평화통일의 기반을 확립한다"216)고 주

다고 발표하였으며, 1968년 중앙정보부는 통한팀이라는 내부부서를 통해 '통한단(단장: 이세민)'을 조직하였으며, 이후 박정희의 지시에 따라 1969년 3월 1일 77명의 정원으로 국토통일원이 설치되었다. 『통일부30년사』, 통일부, 1999, 379~382쪽 참조.

213) 1970년 8월 24~29일간 고려대 아세아문제연구소 주최로 통일문제에 관한 국제학술회의가 열렸다. 83명의 국내외 석학들이 참가, 83편의 논문이 제출되어 29일 폐막식에서 종합보고서가 제출되었으며 뒤에 세 권(『한국통일과 국제정세』, 『한국통일의 이론적 기초』, 『한국통일과 체제 재통합』)으로 발간되었다. 노중선 편, 『민족과 통일 Ⅰ-자료편』, 1985, 464쪽; 『남북대화백서』, 국토통일원, 1988, 30쪽 등 참조.

214) 김학준, 『반외세의 통일논리』, 형성사, 1979, 125쪽.

215) 박정희는 3선개헌에 앞장섰던 이후락 비서실장을 개헌 국민투표 나흘 뒤인 1969년 10월 21에 물러나게 한 뒤 주일대사로 보냈다가 1년 뒤인 1970년 12월 다시 중앙정보부장에 임명하였다. 다가오는 1971년 대선에 그가 필요했기 때문이었다(1970년 12월 28일 작성, 미 국무부 정보조사국(BIR) 정보노트(Intelligence Note), 이흥환 편저, 앞의 책, 140쪽).
위 보고서에서는 이후락에 대해 "이후락의 업무수행 능력은 따라갈 자가 없으며 대통령에게 맞서 고언할 수 있는 몇 안되는 사람 중의 한 명으로 알려져 있음"이라고 평가하고 있다.

216) 4월 27일 대통령선거 대전유세. 『박정희대통령연설문집』, 제8집(1971.1~12), 대통령비서실, 1972, 209쪽.

장한 데 비해, 신민당의 경우, "통일정책 수립을 위한 범국민적 기구의 수립, 애국적 통일논의의 자유 허용 및 학문적·정책적인 공산권 연구의 장려, 남북 간 긴장완화의 실현, 서신교환, 기자교류, 체육경기 등 비정치적 교류의 실시, 미·소·일·중에 의한 한반도 전쟁억제 보장" 등을 주장하였다.[217] 안보논쟁의 경우, 박정희는 "앞으로 4년간이 위험하다"는 인식이었으나, 김대중은 "앞으로 10년간 북괴남침은 없을 것"이라는 판단이었다.[218] 남북 간의 전쟁위험 지수가 현격히 달랐던 것이다. 1971년 4월 27일 치러진 제7대 대통령선거 결과, 박정희 후보가 95만 표 차이로 승리하였다.[219] 한 달 후인 5월 25일 치러진 제8대 국회의원 총선거에서도 공화당 113석, 신민당 89석이라는 결과가 초래되었다.[220] 이러한 사실은 당시 민심의 소재가 야당에게 적지 않게 쏠렸으며 박정희 정권에 대한 거부감이 국민의 절반 가까이까지 확산되었다는 것을 보여주고 있다.

1971년 양대 선거 국면을 전후해서 나타난 사회적 저항 역시 박 정권에게는 체제를 불안케 하는 요소였다. 선거 직후인 1971년 8월, 서울 철거민들의 집단이주지역인 경기도 광주 대단지에서 정부정책에 저항하는 일대 소요사태가 발생하였으며, 곧이어 실미도 특수병들의 난동사건과 월남 취업 기술자 및 가족들 400여 명이 한진빌딩에 몰려가 체불임금 지불을 요구하는 등의 사건을 비롯하여 같은 날 영등포 방림방적 여직공 1천여 명의 체불임금 요구 농성 등이 잇따랐다. 2학기 개강을 한 대학가에서는 교련반대 운동이 거세게 일어났으며, 이 움직임은 마침내 박 정권의 부정부패 척결 요구로 비화되었다. 원주에서는 가톨릭 신도 600여 명이 10월 5일 지학순 주교를 중심으로 3일간의 부패규탄 철야기도 후 야간 횃불시위를 단행함으로써 종교계의 현실참여로 이어졌다. 이 와중에 신민당이 제출한 3부 장관

---

[217] 김대중, 「3단계 평화통일론의 제창」, 『공화국연합제』, 학민사, 1991, 94쪽.
[218] 『합동연감』, 합동통신사, 1972, 91쪽.
[219] 결과적으로는 큰 표 차이가 났지만, 김대중이 획득한 500만 표는 야당이 획득한 표로서는 선거사상 초유의 최다득표였다. 『합동연감』, 합동통신사, 1972, 89쪽.
[220] 중앙선거관리위원회, 『대한민국선거사』 제1집, 1973, 763쪽.

해임안 중에서 오치성 내무장관에 대한 해임안이 공화당 내의 항명표로 통과되는 10·2항명파동까지 발생하였다. 이러한 정국의 혼란에 대해 박정희는 1971년 10월 위수령을 발동하여 대학을 진압하였으며, 10·2항명파동의 주역을 가혹하게 다스렸다.[221]

박 정권의 위기감은 같은 해 12월 6일 '국가비상사태선언'으로 나타났는데, 박정희는 국가비상사태 선포의 이유를 위와 같은 내정의 혼란과 위기로 제시한 것이 아니라 '안보상의 위기'로 설명했다. "최근 중국의 유우엔 가입을 비롯한 국제정세의 급변화, 이의 한반도에 미치는 영향 및 북괴의 남침준비에 광분하고 있는 여러 양상을 정부는 예의 주시 검토한 결과 현재 한국은 안보상 중대한 차원의 시점에 처해 있다"고 단정하면서 국가비상사태 선포를 정당화하려고 하였다. 또한 "남북대화의 적극적인 전개와 주변정세의 급변하는 사태에 대처하기 위한 우리 실정에 가장 알맞은 체제개혁을 단행해야 하겠다"[222]고 강변하였다. 즉, '향후 추진될 남북접촉 개시를 위한 준비조치'라고 강조하였지만, 박 정권이 데탕트 무드를 국내 통치체제 재편의 수단으로 활용하고자 한 측면이 분명히 있었다.[223] 박정희는 별도의 담화문에서 "참략자의 총칼을 자유와 평화의 구호만으로 막아낼 수 없는 것이다. 이것을 수호하기 위해서는 응분의 희생과 대가를 지불해야 한다. 필요할 때는 우리가 향유하고 있는 자유의 일부마저도 스스로 유보하고, 이에 대처해 나가야겠다는 굳은 결의가 있어야 한다"[224]면서 시국을 빌미로 국민의 자유권을 유보하려는 발상을 노골적으로 드러냈다. 국내 정

---

[221] 『합동연감』, 합동통신사, 1972, 86~107쪽 참조.

[222] 박정희는 별도의 특별담화문을 통해서 다음과 같은 정세인식을 보였다. 즉, 평화정세를 역이용하는 북한의 적화통일 야욕, 중국의 유엔가입, 미국에 종전같이 안보의지 어려운 상황, 일본의 중국 및 북한과의 접촉 등을 '급변하는 정세'로 들고 있다. 『박정희대통령연설문집』 제8집(1971.1~12), 대통령비서실, 1972, 499~500쪽 참조.

[223] 한 예로 국가비상사태 선언 직후인 12월 10일 해방 이후 처음으로 '민방위훈련'을 실시하였다. 목적은 '북괴의 기습'에 대한 대비연습이었다. 『서울신문』, 1971년 12월 10일자.

[224] 『동아일보』, 1971년 12월 6일자.

치적 도전과 압력 등은 박정희로 하여금 남북대화를 추진하되 다른 한편에서는 자신의 권력기반을 강화시키는 정치적 조치를 취할 수 있는 호기라는 생각을 갖게 했던 것이다.225) 박정희는 국가비상사태 선언 직후인 12월 27일 새벽 3시 공화당 소속 의원들에 의한 '국가보위에 관한 특별조치법안(국가보위법)'을 전격 통과시킴으로써, 국가보위를 위한 비상대권을 거머쥐는 것으로 권력 강화를 추구하였다.226)

박 정권은 미중 화해와 접근으로 형성된 동아시아의 데탕트, 그로 인한 주한미군의 일부 철수로 이어지는 정세를 '위기'로 규정하고, 이를 안보이데올로기 강화에 연결시켜 체제강화로 이어나간 것인데, 특히 1971년 말 국가비상사태선언 직전 북한의 위협을 집중적으로 강조하였다. 1971년 11월 30일 유재홍 국방부장관은 북한이 '20일 전쟁' 계획을 채택하였으며, 북한의 침략위험이 증가하고 있다고 발표하였다.227) 그는 이 같은 군사상황은 정부가 안보에 최우선순위를 부여하는 것을 요구하고 있으며, 한국이 이러한 상황에 대처하기 위해서는 서울 방어의 강화와 방위산업 건설이 중요하다고 강조하였다.228) 백악관의 '1972년 2월 21일 닉슨의 중국방문' 공식 발표가 있은 다음날 이 같은 발표를 한 정치적 의미가 무엇인지는 비교적 명확하다.

박 정권은 1971년 말부터 장기집권과 권력 강화의 동기가 부여되자, 적극적으로 남북 간의 접촉과 대화를 추진하였다. 박정희는 애초 데탕트와 북한과의 대화에 회의적이었으나 차츰 남북대화의 정치적 효용성에 주목하

---

225) 이러한 관점은 매우 일반적이며 다음의 글들이 참고된다. 신상초·함석헌, 「민족통일을 위한 대담」, 『씨울의 소리』 9월호, 1972, 494쪽 ; 김동성, 「박정희와 통일정책」, 『현대사를 어떻게 볼 것인가』 4, 동아일보사, 1990, 234쪽 ; 한국정치연구회, 『한국정치사』, 백산서당, 1990, 356쪽 ; 김기삼, 『한국현대정치사론』, 동풍, 1995, 258쪽 ; 강정구, 「박정희 정권의 대북정책과 통일정책」, 『역사비평』 가을호, 1997, 228쪽 등.

226) 박정희는 당일, 국무회의 의결을 거쳐 국가보위법을 신속히 공포하였다. 『서울신문』, 1971년 12월 28일자.

227) 『동아일보』, 1971년 11월 30일자.

228) 이 시점은 박정희가 중화학공업과 방위산업 동시육성 전략을 채택한 지 20일이 지난 시점이라는 점에서 자주국방론의 배경이 대북체제 강화라는 것을 보여준다.

고 이를 자신의 국내 정치적 기반강화에 활용한 것이다. 권력구조 재편과 남북관계의 변화를 직결시키는 방법을 시도한 것이다. 물론 남북대화와 정치체제 연관 논리는 '국내용'이었으며 당시 남북대화에 별 영향을 끼치지 않았다.229) 오히려 남북대화는 박정희에게 체제안정에의 욕구를 자극한 측면도 있었다고 볼 수 있다. 남북적십자회담 과정에서 북측은 단일한 목소리를 내는 반면, 남측 대표들은 저마다 각양각색의 주장을 했다는 보고를 받은 박정희가 심각한 고민에 빠졌다는 것은 그 나름의 사실성을 띠고 있다.230) 따라서 박 정권의 남북대화와 내부체제의 강화라는 이중정책은 매우 현실인 것이라고 할 수 있다. 두 가지 현상을 서로 모순된 것으로 볼 수도 있지만, 박 정권의 입장으로서는 불가피한 선택이었을지도 모른다. '통치자로서의 박정희'는 긴장완화를 추구하는 국제정세에 따라 신축성 있게 남북대화의 주도권을 쥐기 위해서 취약한 국내 정국을 어떻게든 조정할 필요성을 느꼈을 것이다. 남북대화 준비와 국내 체제정비라는 두 측면의 상관성을 고려할 때 그러하다. 박 정권의 1971년 8월 12일 남북적십자회담 제의에 대하여 "이 제의가 결코 '내적 조건'을 갖춘 연후의 제의가 못 된다"231)는 한 언론의 지적은 당시 보수적 주류세력이 느꼈던 남북대화에 관한 당위성과 두려움의 실체가 무엇이었는지 짐작케 한다.

결국, 박 정권의 남북대화와 정권유지 관계의 함수는 두 가지 논리 모두 가능했던 것으로 볼 수 있다. 국내적으로는 '체제경쟁'을 위해 '대화'가 필요했다는 것이고, 대북 논리로는 '통일'을 위해서 '대화'가 필요했다는 식이었다. 그러나 7·4공동성명 발표 당일 이후락이 한 '대화 있는 대결시대로의 진입'이라는 말이 함축하는 것처럼, 당시 박 정권의 남북대화는 '통일'을 추구했다기보다는 '대결을 위한 대화'였다는 점에서 한계가 명백한 것이었다. 기본적으로 그 같은 한계의 전제하에서 박 정권의 남북대화와 안보논리의 연관성을 파악할 필요가 있다.

---

229) 「Press Release 미국 시사통보」, 1972.3.8, 주한미공보원.
230) 김성진, 앞의 책, 345~346쪽.
231) 『동아일보』, 1971년 8월 14일자.

제3장. 북한의 통일·대남정책과 동아시아데탕트 인식 및 대응

1. 북한의 통일·대남정책(1960~1971)

1960년대 북한의 대남정책은 전쟁 후 수세적, 자기방어적인 성격에서 벗어나 적극적이고 공세적이었다. 여기에는 남한에 비해 상대적 경제 우위를 확보하게 되었으며, 안정적인 체제 구축에 성공했다는 자족감이 크게 작용하였다. 특히 1956년 소련공산당 제20차 대회에서의 스탈린 격하운동을 배경으로 한 김일성 반대파들의 도전으로 야기된 노동당 내부의 갈등 양상을 해소하여, 결국 연안파와 소련파의 축출로 김일성 중심의 권력체제가 확고해진 정치상황에 주목할 필요가 있다.[232] 이 과정에서 북한 내의 권력투쟁과 소련, 중국의 대국주의적인 내정간섭에 반발하면서 김일성은 자주노선을 내세우게 되었다.

이와 같은 정치경제적 상황을 배경으로 한 북한은 대외적으로 중소분쟁의 격화, 남한에 강력한 반공정권의 등장 및 한일관계의 정상화 추진, 월남전의 확대(한국군 파병 등)라는 사태에 직면하여 남조선혁명을 추진해나가기 시작하였다. 북한은 1961년 9월 조선로동당 제4차 대회에서 4·19항쟁이 실패한 가장 큰 이유로 남한에 진정한 마르크스레닌주의정당이 없었던 데에 있었다고 진단하며, 남한 내 혁명정당 결성을 공식 주장하였다. 즉, 남한 내 혁명을 요구하는 입장을 분명히 하였다.[233] 이는 당시 베트남전쟁의 영향에 따른 '남조선해방전략'을 의미하는 것이었다.[234] 1963년 3월 북한은 기존 대남관계 부서를 통폐합해서 '대남총국'을 설치하고, 대남 침투활동을

---

[232] 안드레이 란코프 저, 김광린 역, 「제6장 1956년 8월사건과 북한의 행로」, 『소련의 자료로 본 북한현대정치사』, 오름, 1995, 244~246쪽.

[233] 한모니까, 「4월민중항쟁 시기 북한의 남한정세 분석과 통일정책의 변화」, 『4·19와 남북관계』, 민연, 2000, 219쪽.

[234] 강광식, 「1960년대의 남북관계와 통일정책」, 정신문화연구원 편, 『1960년대의 대외관계와 남북문제』, 백산서당, 1999, 190쪽.

한층 강화해 나갔다.[235] 이에 따라 1964년 3월 남한 내 혁명적 당으로서 통일혁명당 창당준비위원회가 조직되었다.[236]

북한의 대남노선 강화는 인민경제발전 제1차 5개년 계획(1957~1961년)의 성공에 뒤이은 7개년계획(1961~1967)과 함께 시작되었다. 그러나 이 7개년 계획은 도중인 1966년 10월에 3년을 연장, 실질적으로 10개년 계획으로 개편되었다. 또한 '경제건설과 국방건설'을 국시로 하는 노선이 채택되어, 정치·군사 우위형의 경제건설체제로 이행되었다.[237] 북한은 이를 '국제환경의 악화'로 인한 '국방비 부담의 증대' 결과로 받아들였다.[238] 즉, 중소대립의 격화, 쿠바사태, 베트남전쟁과 북폭 개시, 한일협정의 체결, 중국의 문화대혁명 등 북한을 둘러싼 국제환경은 크게 변화해나갔다. 1962년 12월 노동당 중앙위원회 제4기 제5차 총회에서는 "최근의 국제환경에 있어서 일련의 사태발전은 제국주의의 침략에 타협할 때 침략자들은 더욱 교만하고 횡포해져 점점 평화를 위협한다는 것을 실증하고 있다"고 하면서 "국민경제의 발전에 부분적 제약을 받더라도 국방력을 강화해야 한다"고 하였다.[239] 이에 따라 이듬해인 1962년 12월 노동당 중앙위원회는 전인민의 무장화, 전국토의 요새화, 전군의 간부화, 장비의 현대화를 의미하는 '4대 군사노선'을 채택하였다.[240] 이후 1964년 2월 27일 당중앙위원회 제4기 제8차 전원회의 이후 '3대 혁명역량론'으로 북한의 통일전략은 구체화되어 나갔다.

1965년 4월 김일성은 '민주혁명기지' 이론에 근거하여 '3대 혁명역량'을

---

[235] 유영구,『남북을 오고간 사람들』, 도서출판 글, 1993, 250쪽.
[236] 편집부 엮음,『통혁당 - 역사·성격·투쟁·문헌 -』, 대동, 1989, 16쪽.
[237] 高瀬淨 저, 이남현 역,「북한경제의 이론과 현실」,『북한경제입문』, 청년사, 1988, 250~252쪽.
[238] 국가예산에서 국방비의 비율은 1966년 12.5%에서 1967년 30.4%로 뛰었다. 고병철,「통일정책과 남북관계」,『북한의 오늘과 내일』, 법문사, 1987, 277쪽.
[239]『로동신문』, 1962년 12월 16일자.
[240] 4대 군사노선은 1966년 10월 노동당 대표회의에서 구체적인 실천방안이 제기됨으로써 정식화되었지만, 그 이전인 1962년 12월 10~14일간 개최된 노동당 제4기 제5차 전원회의에서 경제건설과 국방건설의 병진노선 채택과 국방에서의 자위정책 대책이 세워졌다.『김일성저작집』제20권, 조선로동당출판사, 1982, 418쪽.

강화해 남조선혁명을 수행하고 이를 통해 통일을 달성한다는 목표를 제시하였다. 즉, 노동당의 임무를 "남조선에서 혁명력량을 빨리 장성시키며 남조선 인민들의 혁명투쟁을 돕는 것"으로 설정하고, '조선혁명'의 전국적 승리가 북한의 혁명기지 강화, 남조선의 혁명역량 강화, 국제혁명역량의 단결 강화라는 3대 혁명역량 강화로 가능하다고 강조하였다.[241]

북한의 대남 통일정책은 남한 정권의 전복을 위한 혁명노선을 추구하였는데 1964년 3월 창당된 남한 내 지하정당인 통일혁명당을 통하여 시도되었다. 북한은 통혁당에 대한 지도, 지원과 함께 직접 북한의 대규모 무장공작원부대를 내려보내 유격근거지 확보에 나서기도 했다.[242] 청와대습격사건과 함께 이 같은 직접적인 무장공격이 결국 실패로 끝나자 관계자들을 5차 당대회 이전에 해임함으로써 대남정책의 변화를 추구하였다.[243]

북한의 대남 무력공세는 북한 내부의 정치적 갈등과 긴밀한 관계를 띤 것이었다. 당시 북한의 대남정책은 김창봉 민족보위상, 허봉학 대남총국장, 김정태 인민군 특수정찰국장 등 3인방에 의해서 추진되었다. 이들 군부 강경파 세력은 '남조선 해방과 통일전략계획'을 자체로 수립하여 3단계 해방작전을 구사하였다. 그에 따르면, 준비단계로서 1967~1968년 초까지, 실행단계로서 1969년 초까지, 마지막 결속단계는 1970년 초까지로 상정하고 있었다. 이에 따라 실행단계에서는 폭동과 게릴라전을 일으켜 남한의 국가통치 기능을 마비시키고자 했고, 결속단계에서는 남조선 혁명과 북한의 무력개입을 결합한 통일 달성이 궁극적 목표로 제시되었다.[244] 1968년 1·21사건과 11월의 울진·삼척지구 침투사건 등은 바로 이 같은 북한 강경파 군부

---

[241] 『김일성저작집』 4권, 조선로동당출판사, 1968, 77~80쪽.
[242] 1968년 말 게릴라기지 조성을 위한 예비계획으로서 약 180명의 무장대원을 울진 삼척지구에 침투시켰다. 황일호, 「울진·삼척 공비침투사건의 진상」, 『월간중앙』 7월호, 1993.
[243] 1968년 11월에 열린 노동당 제4기 18차 전원회의와 조선인민군당위원회 제4기 4차 전원회의는 이들 김창봉, 허봉학, 김정태 등을 숙청하기 위해 열렸다. 신평길, 『김정일과 대남공작』, 북한연구소, 1996, 196쪽.
[244] 황일호, 「68년부터 추진했던 '제2의 6.25작전'」, 『월간중앙』 2월호, 1993.

에 의해 조직된 것이었다. 군 강경파의 이 같은 모험주의적 군사행동은 당시 후계자로 거론되던 김영주를 제거하고 당권을 장악하기 위한 정치적 목적에서 비롯된 측면이 있다.[245] 또한 이들 군부 강경파가 양성한 특수부대원들은 무제한적인 특권을 누리고 있었고, 김창봉 등 강경파세력의 사병화 경향까지 나타나기도 했다. 결국 군부 강경파들에 대한 검열이 1968년 10월부터 시작되었으며, 1969년 1월 김창봉, 허봉학 등은 숙청되었다.[246]

군부 강경파에 대한 숙청은 김일성 유일체제 형성에 비판적 시각을 지닌 군부 일부인사들에 대한 숙청이라는 성격과 동시에 대남 군사모험주의의 예봉을 꺾는 효과를 가져왔다. 또한 1960년대 말 군사주의 노선을 탈피하고자 했음을 보여주는 것이기도 했다. 이 같은 관점에서 보면 이후 전개되는 남북대화는 북한 내부정치의 위기 또는 전환과정에서 남북관계가 활용되었다고 볼 수도 있다. 당시 북한의 내부적 혼란은 오히려 기존의 강경 일변도의 대남정책에서 보다 다양한 전략과 전술을 적용할 수 있는 계기가 되었다.[247] 북한 내부적으로 보면 1970년대 초에 시작된 남북대화는 1968년 군부강경파사건을 딛고 북한체제가 유일체제로 제도화되는 징검다리 역할을 한 것으로 평가된다.[248]

1960년대 후반의 남북관계는 심각한 대립양상을 띠었다. 특히 1967~1968년은 1953년 정전협정 이래 북한의 대남 폭력전술이 가장 강력하게 구사된 시기였다.[249] 1967년 9월 5일 포천 철도폭파사건, 9월 13일 파주 미군 화물차폭파사건, 1968년 1월 21일 북한 민족보위성 정찰국 소속 124군 부대원

---

[245] 유영구, 앞의 책, 314쪽.

[246] 1972년 5월 평양을 방문한 이후락에게 김일성과 김영주는 1·21사건이 '자신들과 무관한 것'이었으며 이들을 처벌했다고 하였는데, 바로 이 사건을 의미한다. 본서 제2부 제3장 참조.

[247] 정봉화,『북한의 대남정책 지속성과 변화, 1948~2004』, 한울아카데미, 2000, 183쪽.

[248] 김용현, 「북한 내부정치와 남북관계」,『통일문제연구』제42호, 평화문제연구소, 2004, 291쪽.

[249] 강상욱·강인덕·정홍진·송종환, 「남북한 체제경쟁선언-8·15평화통일구상선언 비화」,『월간조선』8월호, 2003 참조.

31명의 청와대 기습사건, 1월 23일 북한 해군 함정의 미 해군 정보수집함 푸에블로호 나포사건, 10월 30일~11월 3일 사이 북의 무장 게릴라 180여 명의 경북 울진 및 강원 삼척 등 침투사건, 1969년 4월 15일 북한군의 미군 EC-121 정찰기 격추사건 등 긴장된 사건의 연속이었다.[250]

주한유엔군사령부(UNC)가 유엔안보이사회에 제출한 비무장지대 내에서의 남북한 사이의 분쟁에 관한 보고서에 따르면, 남북한 분쟁사건은 1967, 1968년에 들어서 폭발적으로 증가하는 양상을 보여주고 있다. 중요 사건 발생 숫자의 경우, 1965년 69건, 1966년 50건에 비해서 1967년 566건, 1968년 661건으로 1967년에 들어와서 전년도의 10배가 넘는 수치가 확인된다. 교전 횟수 또한 1965년 29건, 1966년 30건에 비해 1967년 218건, 1968년에는 356건으로 크게 늘어났다.[251] 특히 1968년 1·21청와대습격사건과 11월 울진·삼척지구 대규모 침투사건 등은 당시 격화된 북의 강경노선을 잘 드러내준다. 또한 이러한 흐름은 대미 강경노선과도 연결된다. 청와대습격사건 사흘 만에 동해상에서 미 해군 정보수집함인 푸에블로호를 나포하였으며, 이듬해 4월에는 31명의 승무원이 탄 미 해군 첩보기 EC-121기를 격추시켰다.[252]

1960년대 말 북한의 강력한 대미공세, 특히 푸에블로호사건과 EC-121기 격추사건은 북소관계에까지 영향을 미쳐 미묘한 긴장을 자아내었다. 흐루시초프(Nikita Khrushchov) 시절 소원했던 북소관계는 1964년 그의 퇴장과 더불어 관계재정립이 모색되었다. 소련은 북한의 최대 무역국가가 되었으며 상당한 군사무기를 지원하였다. 그러나 소련이 지대공미사일 및 고급

---

[250] 이 기간 북의 대남 침투 간첩 숫자는 점점 많아졌다. 1966년 50여 명, 1967년 543명, 1968년 1,247명. 『동화연감』, 1971, 247쪽(김정원, 『분단한국사』, 동녘, 1985, 370쪽에서 재인용).

[251] 홍석률, 「1968년 푸에블로사건과 남한·북한·미국의 삼각관계」, 『한국사연구』 113, 한국사연구회, 2001, 182쪽, 〈표 1〉 참조.

[252] 미 정찰기의 북한 영공 비행은 푸에블로사건 다음날인 1968년 1월 24일 검은방패(black shield)작전의 일환으로 시작되었으며, 이후 왕비늘(giant scale)계획하에 정찰 비행이 시작되었다. 이흥환 편저, 앞의 책, 258쪽.

전자장비들을 포함한 최신 병기들을 제공한 직후 EC-121기 격추사건 등이 발생하면서 소련은 당황했다. 미국과 새로운 관계를 모색 중이던 소련으로서는 이 사건과 관련 없음을 미국 측에 해명해야 했다. 그러나 북한으로서는 소련의 강대국 쇼비니즘(Chauvinism)에 또 한번 직면하면서 상대적으로 중국과의 관계를 긴밀하게 하는 데 작용한 측면이 있다.253)

푸에블로호사건 발생 직후인 1968년 1월 30일, 베트남에서는 월맹이 약 84,000명의 병력을 동원하여 구정 대공세(Tet Offensive)를 감행해 미국에 큰 타격을 가하였다. 따라서 미국은 한반도에서 또 하나의 전쟁을 치를 여력이 없었으며, 해결방식은 북미 간의 협상뿐이었다. 1968년 2월 2일부터 판문점에서 계속되어 온 미국과 북한의 비밀회담이 성과를 거두어 1968년 12월 23일 북한이 승무원 82명과 사망자 1인의 시신을 미국 측에 인도함으로써 사건은 일단락되었다.254)

당시 북한은 미국의 군사적 약점을 정확히 파악하고 있었다. 김일성은 1970년 11월 12일 노동당 제5차 대회에서 "미국이 자기의 병력을 세계 곳곳에 분산배치하고 있는데 이 점이 군사적 취약점이 되고 있다"고 분석하고 "미국 안에서도 반전운동이 대중적으로 일어나고 있으며 통치배들 사이의 모순이 격화되고 있다"고 보았다.255) 이 같은 정세분석은 한반도에서 북한과 미국의 군사적 충돌도 어느 정도 가능하다는 인식과 연결되었을 것이며, 그 결과 1968년 푸에블로호사건과 1969년 EC-121기 격추사건 등이 가능했던 것으로 볼 수 있다.

1970년 11월 2일 개최된 제5차 조선로동당대회에서 김일성은 사업총화보고를 통해 '남조선혁명과 조국통일' 문제에 관해 다시 원칙적인 입장을 표명하였다. "남조선혁명은 전 조선혁명의 구성부분"으로서 민족해방혁명인 동시에 인민민주주의혁명이라고 정의하였다. 또한 통일은 현 반동정권을

---

253) 도날드 S. 자골리아, 「대소·대중국 관계」, 『북한의 오늘과 내일』, 법문사, 1987, 348~358쪽 참조.
254) 홍석률, 앞의 글, 82쪽.
255) 『김일성저작집』 25, 조선로동당출판사, 1983, 358쪽.

뒤집어 엎고 참다운 '인민의 정권'이 서면 순조롭게 실현된다고 보았다.[256]

북한은 남조선혁명론을 강조하면서 또 한편으로는 자주평화통일을 위한 구체적인 방안들을 제시하고 있었다. 1970년 3월 1일 재미동포 고병철(조선민주주의통일전선 위원장)이 통일문제와 관련한 편지를 보내자, 6월 3일 김일성의 위임에 따라 조국평화통일위원회(조평통)가 이극로, 강량욱, 백남운, 이기영, 홍기문, 김석형의 연명으로 답장을 보냈다. 여기에서 제시된 통일방안에 의하면, 미군철수 후 남북 간 평화협정 체결과 상호 군축, 남북총선거 실시로 통일중앙정부 구성, 필요시 과도적 연방제 실시, 남북 간 통상과 교류 실현, 편지 거래와 인사왕래, 남북협상 진행 등을 제시하였다.[257] 남조선혁명론과 남북협상노선의 동시개진으로 볼 수 있다.

박정희가 1970년 8·15 '평화통일구상'을 발표했을 때, 북한은 "「평화통일구상」이란 외마디 소리조차 완전한 공나발"[258]이라고 철저히 무시하였다. 이 같은 태도는 박 정권의 8·15선언이 데탕트라는 국제정세를 다분히 의식한 남북관계 변화의 상징이라는 측면에서 판단한 것이 아니라, 여전히 반제 반봉건 민족해방을 추구하는 남조선혁명이 대남 기본노선이었다는 사실을 말해준다. 같은 해 11월 열린 조선로동당 제5차 대회 정치보고에서 김일성은 "4대 군사노선이 종료된 만큼 중·소의 지원 없이도 남조선 해방을 주도할 수 있다"고 호언하였다.[259]

1970년 조선로동당 제5차 대회에서 제시된 통일정책은 과거와 크게 달라진 것은 없지만 그 핵심 내용은 남한의 현 정권을 전복한 후 미군이 완전히 철수한 상태에서 평화를 사랑하고 중립적이며 민주적인 인사들과 협상을 진행한다는 것이다. 또한 약 10만 명 선으로 군을 감축하고 불가침조약을 체결하며 경제·문화교류를 실현한 후 남북총선거 혹은 과도기적인 단계로

---

[256] 「조선로동당 제5차 대회에서 한 중앙위원회 사업총화 보고」, 『조선노동당대회자료집』 제3집, 국토통일원, 1988, 57~65쪽.
[257] 『조선중앙년감』, 조선중앙통신사, 1970, 562쪽.
[258] 『로동신문』, 1970년 8월 22일자.
[259] 『로동신문』, 1970년 11월 21일자.

서 연방제를 구성하여 통일민주정부를 수립한다는 것이다. 데탕트 기운이 한반도에 밀려드는 시점에서도 북한의 남조선혁명론은 내내 지속되었다.

이처럼 북한의 남조선혁명론은 1970년대 초 대화의 시작 단계에서까지 공개적으로 천명되었다. 특히 1972년 7월 3일, 즉 남북공동성명 발표를 하루 앞둔 시점에서도 북한은 중앙방송을 통해 "조선로동당 제5차 당대회에서 행한 김일성 수령의 사업총화보고 중 '남조선혁명과 조국통일'에 관한 부분에 대한 해설"이라는 부제가 붙은 「남조선혁명과 조국통일의 호상관계」라는 제목의 정책해설 논문을 보도했다. 이 보도에서도 '폭력투쟁에 의한 남조선혁명'을 역설함으로써 북한의 혁명적 대남정책을 그대로 드러냈다.[260] 이 같은 북한의 대남정책 기조는 7·4남북공동성명 발표 뒤인 같은 해 10월 5일 조선로동당 대표자회의 6주년에 즈음한 김일성의 연설에서도 재확인된다.[261]

1960년대부터 데탕트에 이르는 1970년대 초까지 북한의 통일대남정책은 3대 혁명역량 강화라는 일관된 노선을 유지하면서, 1960년대 말 군사적 편향을 지나 1970년대에 들어서 남북대화정책으로 이어지는 특징을 띠고 있다. 이 시기부터 북한의 대남 강경정책은 누그러지기 시작하였다. 북한으로서는 남조선혁명을 위한 통일전선 형성에 남북대화를 활용한 것이며, 대외환경이 긴장완화의 방향으로 나아가고 한반도에서 미군철수문제가 제기되는 상황 속에서 박 정권에게 전쟁억지의 과제가 부여될 수밖에 없는 사실에 주목하고 있었다. 따라서 북한은 1970년대 초부터 남조선혁명을 추구하면서도 남한 내 통혁당 조직거점들의 붕괴[262] 등 제반조건을 감안하여 남북대화를 추진함으로써, 화전(和戰) 양면에서 유리한 위치를 점하려고 한 것으로 파악된다.[263] 그 계기가 된 시점이 1970년 11월 노동당 제5차 당대

---

[260] 이종석, 『현대북한의 이해』, 역사비평사, 2000, 379쪽 참조.

[261] 『남북대화』 제3호, 국제문화교류협회, 1973, 12쪽.

[262] 1964년 창당준비위원회 구성 이후 활동해 오던 통혁당은 1968년 8월 158명이 구속되는 사건을 겪었으며 이듬해까지 지구당사건 등이 이어지면서 남한혁명 주체세력의 공백상태가 초래되었다. 신평길, 앞의 책, 195쪽 ; 편집부 엮음, 『통혁당』, 대동, 1989, 117~118쪽.

회로 볼 수 있으며, 이때부터 국제정세의 급격한 변화에 따라 대남노선이 유연성을 띠기 시작하면서 주체적인 통일노력이 전개되었다.[264]

북한의 통일전략으로서의 남조선혁명론과 대남전략의 하나로서 남북대화정책의 구사가 동시 병행적으로 시도되어 나가는 과정이 이 시기였다. 기본적으로 남조선혁명을 추구하던 북한이 1970년대 초 남북대화를 적극 추진한 점은 분명 '변화'이지만 그 같은 변화가 모순은 아니었으며, 따라서 이 시기 북한의 남북대화와 접촉이라는 움직임은 근본적으로 새로운 남한 변혁론의 재정립과는 무관한 것이었다. 국제환경의 여건이 일정하게 변화했지만 4·19와 같은 남한의 '혁명적 요인'은 계속 잠재하고 있을 뿐만 아니라 증진되고 있다는 판단하에 비합법적인 혁명역량을 강화하는 한편 남북대화를 통해 합법적이고 공개적인 방법을 병진하는 정책이 대두된 것이다.[265]

2. 동아시아데탕트 인식과 북중관계의 강화

데탕트기의 미중관계 개선을 바라보는 북한의 인식은 '닉슨주의(닉슨독트린)'에 관한 평가와 직결돼 있다. 북한은 닉슨독트린을 남북관계에서는 유리한 요소로 파악하였지만 닉슨독트린 그 자체의 성격에 대해서는 매우 냉소적으로 보았다.[266] 닉슨의 괌 발언 직후부터 북한은 이를 "아세아인들끼리 싸우게 하는" 침략정책으로 보고 있었다.[267] 1970년 11월 제5차 당대회에서 김일성은 미국의 '평화전략'을 '뒤집어 놓은 전쟁전략[268]'으로 규정

---

263) 이창헌, 「남북대화 20년의 회고와 전망」, 『통일문제연구』 12, 통일원 교육홍보국, 1991, 31쪽.
264) 중앙정보부, 『북한대남공작사』 제2권, 1973, 89쪽.
265) 신평길, 앞의 책, 197쪽.
266) 김일성은 1972년 신년사에서 닉슨 개인에 대해서 "누구보다도 더 악랄하고 교활한 놈"이라고 지칭하였다. 「김일성동지의 신년사」, 『근로자』 제1호(358), 1972, 11쪽.
267) 『조선중앙년감』, 조선중앙통신사, 1970, 373쪽 ; 『로동신문』, 1970년 1월 17일자 등 참조.

하였을 뿐만 아니라, 1971년 4월 12일 최고인민회의 제4기 제5차 회의에서 외교부장 허담은 '닉슨주의'에 대해 통렬한 비판으로 일관하였다. 또한 '닉슨-사토 공동성명',269) 미국의 '조선에서의 새 전쟁 도발책동', 미국의 대남 자주국방 건설 지원, 남한의 인력수출정책, 근대화의 '기만술책', 외자도입 -고도성장정책 등을 격렬히 비난하고 남조선은 인민대중에게 '처참한 인간 생지옥'이 되고 있다고 묘사하였다.270) 이 허담의 보고는 미국과 한국에 대해 매우 강한 비난조로 일관하고 있다. 여기에는 베트남전에서 미국의 후퇴가 임박해지면서 이로 말미암은 국제정세를 주한미군의 철수 요구로 연결시키려는 의도가 투영된 데다가, 이때까지만 해도 한국의 국방력 강화 및 경제발전에 대한 의구심 등이 혼재하고 있었던 것으로 보인다.

북한의 이 같은 인식은 당시 정세를 유리하게 보면서도 경계를 늦추지 않았다는 것을 보여준다. 특히 미국이 남한에서 오히려 군사력을 강화하고 있다고 진단하였다. "미제는 악명 높은 「닉슨」주의의 반인민적 전쟁에 따라 남조선 강점 미군의 감축이라는 모략책동을 벌여 놓고, 그 연막 뒤에서 수많은 전투 폭격기 대대와 전술 비행단들을 남조선에 새로 끌어들이고, 수상 기동함대를 편성해서 우리나라 근해에 배치하는 등 공군과 해군 무력을 더욱 증강하고 있으며, 임의의 시각에 미국 본토로부터 방대한 침략무력을 남조선에 끌어들이기 위한 공수작전 체계까지 세워 놓았다"고 비난하였다.271) 이처럼 북한은 데탕트가 몰고 온 유리한 정세를 주한미군 철수로 끌고 가기 위하여 정세에 소극적 호응이 아닌 공세적 선전공세로 대응하고

---

268) 『김일성저작집』 25, 조선로동당출판사, 1983, 359쪽.

269) 1969년 11월 21일 닉슨과 일본의 사토 수상은 양국 공동성명을 채택하였는데 이 가운데 한국관련 부분으로서 '한국의 안전은 일본 자체의 안전에 긴요하다'는 내용이 포함되었다. 『동아일보』, 1969년 11월 22일자.
1969년 4월 15일 북한에 의해 격추된 미 정찰기 EC-121이 일본 기지를 사용했으며 이 정찰기의 무장호위를 한국기지에서 출발한 전투기가 수행했다는 사실은 이미 한미일 방위협력관계의 일단을 잘 보여주고 있다. 박준규, 「아주방위조약의 총점검」, 『월간중앙』 7월호, 1969, 71쪽.

270) 『로동신문』, 1971년 4월 13일자.

271) 『로동신문』, 1971년 8월 16일자.

있었다.

 북한은 미국과 중국의 관계개선 과정을 통해 조성되는 동아시아의 데탕트 흐름에 관한 정보를 잘 파악하고 있었던 것으로 보인다. 1972년 2월로 예정된 닉슨의 북경 방문계획이 발표된 직후인 1971년 6월 9~11일 루마니아 대통령 차우세스쿠(Nicolae Ceausescu)가 평양을 방문하였다. 차우세스쿠는 이미 두 차례나 닉슨을 만난 바 있다. 괌 선언이 있은 1969년 8월 초 아시아 방문길에서 닉슨은 루마니아의 부쿠레슈티에 도착해 열렬한 환영을 받았으며, 이듬해인 1971년 10월 26일에 차우세스쿠를 워싱턴으로 초청했던 것이다. 그때 곧 있을 미중 화해를 위한 루마니아 중재문제가 논의되었다.272) 이 같은 배경 속에서 차우세스쿠의 평양 방문은 당시 미중 화해와 관련해 앞으로 닥쳐올 동아시아 데탕트에 대해서 모종의 정보를 제공받는 과정이었던 것으로 볼 수 있다.273) 이 기간 동안 평양을 방문한 또 한 명의 공산권 인사가 있었는데, 1970년 봄 이후 북경에 망명 중이던 캄보디아의 시하누크(Norodom Sihanouk) 국왕이었다. 그는 1971년 7월 22일부터 8월 11일까지 평양에 체류했다. 이 같은 과정을 통해 북한은 당시 본격적으로 전개되려는 미중 간의 화해와 그로 인해 펼쳐질 동아시아의 데탕트에 대해서 숙고했을 것이다.

 1971년 7월 15일 미국과 중국의 양국 교섭과 정상회담 예정 발표는 북한의 대남정책 변화에 결정적인 요인으로 작용하였다. 8월 한 달 동안 북한은 세 차례나 사절단을 북경에 보냈다. 북한 사절단은 노동당 정치국원을 포함한 경제, 언론, 군의 최고 간부로 구성되었으며 북한과 중국은 경제협력에 관한 새 협정을 체결하였다. 이때 북한은 중미관계의 변화에 대해 탐색하였을 것이며, 중국은 평양의 환심을 사려고 애를 썼다.274) 그러나 북한은 닉슨의 북경 방문 발표 이후 3주 이상 완전한 침묵을 지켰다. 만족할 만한

---

272) Richard M. Nixon, *The Memoirs of Richad Nixon*, grosset & dunlap, 1978, 546쪽.
273) 정대화, 앞의 글, 30쪽.
274) 로버트 A. 스칼라피노, 「중공의 한반도정책과 남북한관계」, 『정경연구』 9월호, 1973, 151쪽.

노선을 확정짓기 어려웠거나 대안을 발표할 때가 아직 아니라고 판단했던 듯하다. 이런 상황을 거치면서 북한은 드디어 8월 6일 김일성의 연설을 통해 데탕트와 중미관계의 변화에 대한 인식을 공식적으로 드러냈다.

김일성은 1971년 8월 6일 캄보디아 시아누크 국왕을 환영하는 평양시민 군중대회에서 "요즘에 와서 중화인민공화국을 중국 인민의 유일한 합법정부로 승인하고 그와 외교관계를 설정하는 것은 막을 수 없는 세계적 조류로 되었으며, 미제의 중국 봉쇄정책은 수치스런 종말에 이르렀다"고 정세를 분석하였으며, 특히 다음 해인 1972년 2월로 예정된 닉슨의 중국 방문에 관해서는 "승리자의 행진이 아니라 패배자의 행각이며 미 제국주의의 서산락일의 운명을 그대로 반영하는 것"이라고 규정하였다.275) 새로운 장이 열리려 하고 있는 미중관계에 대해 김일성은 미국이 인도차이나사태에 대한 군사적 개입에서 실패한 나머지 한반도를 포함하여 아시아 전역에서 군사적 철수를 단행하려 하고 있으며,276) 닉슨의 중국 방문은 미국의 체면을 최대한 살리면서 베트남 철수를 추진하려는 노력이라고 보았던 것이다.

북한의 닉슨독트린에 대한 이해는 매우 현실적이었다. 동북아시아에서 닉슨독트린이 성공하기 위해서는 미중 화해가 필수적이었다. 미중 간의 화해가 동북아시아에서 현실적인 힘을 발휘하기 위해서는 북중 사이의 긴밀한 공조가 절실했다. 따라서 북한은 닉슨독트린을 대남 정책에 유리하게 활용하기 위해서 북중 공조에 기반한 적극적인 남북대화를 추구해나갔다. 즉, 데탕트라는 조건 속에서 북한의 대외정책은 북중관계 회복을 기반으로 국제통일전선의 강화로 나타났으며,277) 대남정책은 남북대화로 이어졌다. 그런 점에서 북한의 닉슨독트린 이해는 현실적인 적극성을 띤 것이었다.

북한은 닉슨독트린의 선언과 미중 접근에 의한 냉전구조의 해체를 자신

---

275) 김일성, 「미제를 반대하는 아세아 혁명적 인민들의 공동투쟁은 반드시 승리할 것이다」, 『김일성저작집』 26, 조선로동당출판사, 1984, 225쪽.
276) 이와 관련, 국제정치에서 미국의 헤게모니 퇴조 시점을 1969년으로 보는 연구로는 다음의 논문이 참고된다. 배긍찬, 「전환기의 국제질서와 세계체제 논리의 연속성」, 『한국과 국제정치』 8, 경남대 극동문제연구소, 1988, 278쪽.
277) 이종석, 『북한-중국관계 1945~2000』, 중심, 2000, 258쪽.

의 통일정책에 유리한 조건으로 판단하였다. 이 같은 북한의 인식은 1960년대 말 대남 강경노선에 대한 수정을 내포하는 것이기도 하다. 북한의 새로운 전략은 평화공세로 나타났다. 군사적인 시도를 앞세우기보다는 평화공세를 펼치는 편이 당시 닉슨독트린의 구체화로 진행되고 있던 주한미군철수를 촉진하고, 이러한 주변정세의 변화를 남한 내 통일기운의 진작으로 연결시키는 데에 유리하다고 본 것이다.

닉슨독트린으로 인한 동아시아 데탕트 속에서 북한의 대외관계는 매우 실리적이고 현실적인 특징을 보인 것인데, 그 가운데서 가장 중심적인 축은 바로 북중관계의 회복과 진전이었다. 1960년대 북중관계는 냉랭하였다. 북한은 중소대립이라는 상황에서 비록 중립적 입장을 취하였지만, 1960년대 중반 중국 문화혁명기에 양국관계는 심각한 대립으로 빠져들었다. 김일성은 중국을 좌익교조주의, 소련을 우익기회주의로 비판하였으며, 중국은 북한을 중립주의적 수정주의라고 공격하였다. 특히 북중관계가 최악의 상태에 이르렀던 때는 1967년 말과 1968년 초였다.[278]

양국관계의 복원은 1969년 하반기부터 시작되었다. 북한은 1965년 이래 중국의 국경절에 한 번도 축하사절을 보내지 않다가 1969년 9월 30일 최용건 최고인민회의 상임위원장을 단장으로 한 경하사절단을 북경에 파견, 이튿날의 국경절에 참석케 하였다.[279] 이 사건은 장차 북중관계의 복원을 암시케 하기에 족했다. 이듬해인 1970년 북한과 중국은 각각 2~4월에 대사를 상대국에 파견함으로써 문화혁명과 1966년 8월 '자주노선' 선언 와중에서 빚어진 쌍방 대사의 소환으로 인한 외교관계의 부재를 청산하였다.[280]

중국이 이 시기에 북한과의 관계 정상화를 추구한 이유는 무엇보다 닉슨독트린 이후 전개될 동아시아의 변화에 대한 고려 때문이었다. 그러나 다

---

[278] 로버트 A. 스칼라피노, 앞의 글, 148~149쪽.

[279] 중국 역시 1969년 4월 중국공산당 9전대회 이후 외교의 정상화 방침을 세우고 북한과의 관계개선에 나섰다. 박문신, 「중소북괴의 3각관계 발전과 그 전망」, 『시사』 6월호, 내외문제연구소, 1970, 49쪽.

[280] 박문신, 위의 글, 50쪽.

른 이유도 감지된다. 1969년은 중국 대외정책 변화의 중요한 분수령이 되는 해로 인식되고 있다. 모택동과 주은래는 소련이 중국의 주요한 위협이며 그 위협은 광범위하고 절박하다고 판단하였다. 합리적이든 비합리적이든 중국 지도자들은 모스크바와 전면전이 벌어질지도 모른다는 우려를 가졌다. 만일 실제로 중소전쟁이 발발할 경우, 중국의 입장에서는 자국의 가장 중요한 공업지대에 접하고 있는 북한이 결코 무시할 수 없는 전략적 중요성을 가진다는 사실이 중요하게 고려될 수 밖에 없다.[281] 이러한 측면이 중국으로서는 북한과의 관계정상화를 시도해야 할 또 다른 이유였을지 모른다.

북중관계의 호전을 알리는 상징적 사건은 1970년 4월 주은래 수상의 평양 방문이었다. 이는 1960년대 후반 중국 문화혁명의 와중에서 불편한 관계를 드러냈던 북중 사이의 회복을 의미하였다. 문화혁명 후 첫 외국방문으로서 4월 5일 평양에 도착한 주은래는 이날 저녁 만수대의사당에서 개최된 환영연에서 북한이 미국을 반대하여 통일을 이루기 위한 정의의 투쟁에서 최후 승리를 쟁취할 때까지 지지할 것이라고 하였으며, 김일성은 미국의 침략정책으로 아시아정세가 긴장되고 있는 시기에 주은래가 평양을 방문한 것은 의미 깊은 일이라고 하면서 조-중 연대를 확인하였다.[282]

4월 7일 공동코뮤니케에서 양국은 미국에 대하여 "응당한 경각성을 높여야 한다고 특별히 지적한다"면서, 1969년 11월 22일 닉슨-사토 공동성명에서 조선과 대만에 관한 부분에 대해 언급하고 있는 점을 공격하였다.[283] '한국의 안전은 일본의 안전에 긴요하며 한국이 공격을 받는 경우 이 지역 방위를 위해 일본기지는 유용하다'는 미일 공동선언에 대해 두 나라는 일본의 군국주의[284]를 규탄하면서 정치적 결속을 도모하였다. 무엇보다도 이 성

---

[281] 로버트 A. 스칼라피노, 앞의 글, 154~155쪽.

[282] 정운, 「중공 수상 주은래의 북괴 방문의 의미」, 『시사』 5월호. 내외문제연구소, 1970, 42쪽.

[283] 주은래는 적어도 시초관계에서는 대만문제보다 한반도문제에 우선권을 주는 듯했다. 한반도문제가 대만문제의 선례를 만들 것이라는 기대와 대만문제가 당시로서는 해결할 수 없었기 때문이다. 로버트 A. 스칼라피노, 앞의 글, 152쪽.

[284] 1970년 4월 22일 미국의 레스터 울프 하원의원을 단장으로 한 하원 외교위 아시아

명에서는 "중국 측은 미제의 남조선 강점과 그 침략정책이 조선의 통일을 가로막는 기본장애이며 조선에서 전쟁이 일어날 수 있는 항시적 근원이라고 인정하면서, 남조선으로부터 미제 침략군을 철거시키고 어떠한 외세의 간섭도 없이 조선사람들 자신의 손에 의하여 자주적으로 나라의 통일을 이룩할 데 대한 조선민주주의인민공화국 정부의 정당한 조국통일방침을 전적으로 지지한다"고 선언하였다.[285]

이를 계기로 김일성은 1970년부터 1973년 사이에 한 해도 거르지 않고 비밀리에 중국을 방문하여 모택동, 주은래와 국제문제를 토의하고 공동 관심사에 대하여 논의하는 등 데탕트 속 양국관계는 가일층 강화되는 모습을 보였다.[286] 1970년 7월 베이징을 비밀 방문한 키신저와의 회담 내용 또한 즉각 주은래의 평양 방문을 통해 김일성에게 전달되었다. 7월 30일 김일 제1부수상은 중국을 방문, 주은래와의 회담을 이어나갔다. 김일은 중국의 '닉슨 초청과 중미 정상급 회담'에 대한 조선로동당 중앙위원회 정치위원회의 의견이라면서 "중국이 닉슨을 초청한 것과 주은래-키신저 회담을 충분히 이해하며, 이것이 세계혁명을 매우 유리하게 추동해 나갈 것이라고 생각한다"는 뜻을 전달함으로써 중국의 입장을 공식 수용, 지지하였다. 이때 북측은 중국 측에 미국과의 회담 시 자신들의 주장을 전달해 달라며 '주한미군의 철수' 등 총 8개항을 요구하였다.[287] 주은래는 북의 요구대로 8개 항을

특별조사단은 "일본이 재군비를 서두르고 핵무기를 보유하고 주일미군의 전면철수를 요구함으로써 70년대 안에는 신군국주의국가로 등장하여 대동아공영권이라는 옛 꿈을 실현해보려고 꾀할 위험이 있다"는 보고서를 제출하기도 하였다. 『동아일보』, 1970년 4월 23일자.

[285] 『로동신문』, 1970년 4월 9일자.

[286] 김일성-모택동, 김일성-주은래는 1970~1972년 사이 6차례에 걸쳐 회동하였다. 이종석, 『북한-중국관계 1945~2000』, 중심, 2000, 311쪽.

[287] 그 내용은 다음과 같다. 한국에서 미군 완전 철수, 미국의 남한에 대한 핵무기·미사일 등 각종 무기제공 즉각 중단, 북한에 대해 진행되고 있는 미국의 침범 및 각종 정탐·정찰행위 중지, 한미일 공동군사훈련 중지와 한미연합군 해산, 일본 군국주의가 부활하지 못하도록 미국이 보증하고 남한에서 미군 혹은 외국군대 대신에 일본군을 대체하지 않겠다고 보증할 것, 유엔한국통일부흥위원단(UNCURK)을 해체, 미국은 남북한의 직접 협상을 방해하지 말며 조선문제의 조선인민에 의한 자체해결을 방해하

키신저에게 전달하였으나 키신저는 별다른 반응을 보이지 않았다.288)

이 같은 북중관계는 당시 매우 긴밀하게 형성되고 있었음을 보여주는 것이다. 특히 김일성은 키신저가 중국에 입국할 당시 북경에 머무르고 있었으며, 회담 직후 중국 정부는 북한에 고위관료를 보내 미국과의 토의 내용을 상세하게 설명하였고, 같은 해 북한에 대한 새로운 경제원조를 승인하고, 15년 만에 대북 군사원조 합의서에 서명하였다.289) 10월 20~26일 키신저가 베이징을 두 번째 방문한 뒤 일주일도 지나지 않은 11월 1일 주은래는 김일성을 초청하여 미중관계 변화를 직접 설명하고 정책을 조율하였다.290) 또한 닉슨의 중국 방문을 한 달도 남겨놓지 않은 1972년 1월 26일 박성철 내각 제2부수상이 북경을 방문하여 주은래·이선념 등과 회담을 가졌다. 미중 정상회담에서 논의될 한반도문제에 관한 양측의 입장 조율이 있었던 것으로 볼 수 있다. 실제로 미중 정상회담에서 중국은 1971년 4월 12일 북한의 허담이 제기한 통일을 위한 8개 항목과 유엔한국통일부흥위원회의 해체를 지지한다고 밝혔으며,291) 이 같은 중국의 입장은 북한 측과의 긴밀한 사전 논의하에 나온 것으로 볼 수 있다. 이런 흐름은 계속 이어져 1972년 2월 닉슨의 중국 방문이 실현되고 미중 상하이공동성명이 발표된 직후인, 3월 7~9일 평양을 찾아온 주은래를 맞이하여, 김일성이 그와 세 차례나 집중적으로 회담을 하는 등 양국 간 공조체제를 유지해 나갔다. 7·4남북공동성명 발표 후인 8월 22~25일에도 김일성은 중국을 비밀리에 방문하였다.

이처럼 미중관계 개선의 과정에서 북한과 중국은 매우 긴밀하게 협력하

지 말 것, 유엔에서 한국문제 토의 시, 북한 대표가 마땅히 참여해야 하며, 조건부 초청을 취소할 것 등이다. 王泰平 主編, 『中華人民共和國外交史 1970~1978』 第三卷(北京: 世界知識出版社, 1999), 40쪽(이종석, 위의 책, 255~256쪽에서 재인용).

288) 이종석, 위의 책, 256쪽.

289) 그에 따라 중국제 탱크들과 소련제 미그 19기의 중국 모델들이 제공되었다. 돈 오버도퍼, 앞의 책, 28쪽.

290) 이종석, 「남북대화와 유신체제: 체제형성에 관한 분단구조의 영향」, 『유신: 기원, 성격, 붕괴』, 한국정치학회·고려대 평화연구소 주최 학술토론회 발표집, 2000, 8쪽.

291) 『로동신문』, 1972년 2월 29일자.

였다. 또한 이 과정에서 중국이 북한의 입장과 요구를 충실하게 반영하였다는 사실을 확인할 수 있다. 1970년대 초 펼쳐진 국제적 데탕트는 동북아시아에서 우선 미국과 중국의 화해로 나타났는데, 이 과정에서 보여준 북한과 중국의 긴밀한 협의과정과 공조는 북한이 데탕트 정국에 매우 탄력적이고 적극적으로 대응했다는 점을 반영하는 것이다.

북한의 국제상황 인식은 데탕트 분위기가 한창이던 1970년 11월 2~13일에 열린 제5차 조선로동당대회에서 한 김일성의 총화보고에서 확인된다. 그는 데탕트라는 국제정세의 호조에 대해 언급하였다. 당시 베트남전쟁과 닉슨독트린을 대남혁명노선에 유리한 요소로 판단한 것이다. 당시 베트남에서의 미군철수는 시간문제였고, 1971년 2월 6일의 '한미공동성명'으로 주한미군 2개 사단의 감축이 확정되었으며, 3월에는 미 제7사단 병력이 남쪽에서 철수하였다. 북한은 이것을 '미 제국주의의 패주'라고 보고 강력한 평화공세와 미중관계를 활용해 주한미군의 '감축'이 아니라 '전면철수'로까지 몰고 나가려 했던 것이다.

1970년대 전반 북한의 대 서방정책 또한 매우 적극적이었다. 민간 차원이지만 다수의 일본 자민당 의원들의 방북을 허용하였으며, 무엇보다 인민외교(People's Diplomacy) 방식을 통한 미국 접근이 시도되었다.[292] 1971년 6월에는 미국의 청년동맹자해방동맹의 대표단이 북한을 방문하였으며, 1972년 5월 김일성은 『뉴욕타임즈』 기자(부주필 해리슨 E. 솔즈베리와 동경지국장 존 M. 리)와, 6월에는 『워싱턴포스트(The Washington Post)』 기자(S.S. 해리슨 극동총국장)와 만나 인터뷰를 하였다.[293] 하버드대학의 코헨 교수

---

[292] 김일성은 1972년 6월 21일 『워싱턴포스트』와의 회견에서 "우리 조선인민들은 미국인민과 미제국주의를 갈라보고 있습니다. 조선인민은 지금도 미국인민과는 친선을 도모하고 있으며 앞으로도 친선을 도모하려고 합니다"라고 밝혔다. 『김일성저작집』 27, 조선로동당출판사, 1984, 330쪽.

[293] 당시 미국 언론계는 반전 분위기 속에서 대북한 관련기사가 진보성을 띠고 있었다. 이미 1968년 푸에블로호 사건 당시 『뉴욕타임즈』는 김일성의 사진 게재와 함께 '코리아의 민족주의자 김일성'이라고 소개한 바 있다. 전미영, 「북한의 대미 접근정책에 관한 연구」, 정신문화연구원 석사논문, 1990, 39쪽.

와 일부 재미교포 학자들, 『토론토 스타(The Toronto Star)』 마크 게인 기자의 평양 방문도 이루어졌다. 이때는 이후락과 박성철이 평양과 서울을 비밀리에 상호방문하던 시기였다.[294] 특히 김일성은 5월 26일 『뉴욕타임즈』기자와 인터뷰를 하는 과정에서 "나를 시대착오적 바보로 아느냐?"면서 국제적 데탕트에 호응할 뜻을 분명히 하였으며, 또 "미국 군대가 나간다고 하여 조선에서 전쟁이 일어나지 않을 것"이라면서 미국을 안심시키려 하였다.[295]

닉슨의 중국 방문 직전인 1972년 1월 10일, 김일성은 『요미우리신문(讀賣新聞)』과의 인터뷰에서 북의 미군철수 입장에 대해 새로운 견해를 밝혀 주목을 끌었다.[296] 종래에 북한의 주장은 주한미군 우선 철수 후, 남북 평화협정 체결이었으나, 이날 인터뷰에서는 '남북이 먼저 평화회담을 맺고, 미군철수 후에 남과 북의 무력을 대폭 줄일 것'이라고 주장하였다. 즉, 미군철수 이전에라도 남과 북의 평화협정 체결이 가능하다는 것이었다. 다음날 김일성은 가와자키 일본 사회당 국제부장을 만나 '미군 철수는 북남 평화협정의 선행조건이 되지 않을 것'이라고 말하였다.[297] 이러한 김일성의 발언은 '점진적이고 단계적인 미군철수를 용인하는 조짐을 보인 것'으로 해석하기에 충분하다. 이 같은 변화는 김일성의 1972년 6월 21일 『워싱턴포스트』와의 회견에서 남북 사이의 "평화협정이 체결되면 남조선에서 미국 군대가 나가야 한다"[298]는 언급으로 이어지게 된다. 김일성의 이 언급은 같은 해

---

[294] 북미관계는 남북관계가 긴장완화 현상을 보일 때나 또는 한미관계에서 다소 불협화음이 날 때 어느 정도 상호적응적 관계로 진전되는 '경향'이 있다는 분석이 있다. 신정현, 앞의 글, 291~292쪽 참조.

[295] 『로동신문』, 1972년 6월 2일자.

[296] 『로동신문』, 1972년 1월 15일자 ; 이즈음 김일성은 일본의 『아사히신문』(1971.9.25), 『교도통신』(1971.10.8), 『요미우리신문』(1972.1.10) 등 유력언론과의 인터뷰를 연이어 가졌다. 또한 이미 1970년 8월 조선로동당과 일본의 사회당 대표단이 공동코뮤니케를 발표한 데 이어서 1972년 6월에는 조선대외문화연락협회 대표단과 일본공명당 대표단 사이에도 공동성명이 발표되었다. 『로동신문』, 1972년 6월 7일자.

[297] "Telegram from The Embassy in Japan to the Department of State", Feb. 18, 1972, Pol Kor N-Kor S, Subject-Numeric Files.

[298] 『김일성저작집』 27, 조선로동당출판사, 1984, 325쪽.

10월 2일, 7·4공동성명에 따라 열린 남북조절위원회 공동위원장 회의에서 북측의 박성철이 주한미군 철수문제를 전제조건으로 제시하지 않은 상태에서 한 '평화협정 체결' 주장과 맥을 같이 한다.[299]

이미 1971년 8월부터 남북 적십자 관계자들의 접촉이 시작되었지만, 북한이 닉슨독트린의 향배를 명확히 파악하고 남북관계 형성에 가속도를 붙인 시점은, 1972년 2월 닉슨-주은래 회담에서 오고 간 주한미군문제 등에 대해 전해들은 직후부터였던 것으로 볼 수 있다. 닉슨은 주은래와의 회담에서 주한미군문제를 비롯하여 일본군의 한국 주둔 가능성문제, 유엔한국위원단 해체문제 등을 거론하였다. 특히 주한미군문제와 관련해서 닉슨은 이미 주한미군의 1/3이 철수했다고 하면서, 주한미군의 점진적인 감축이 계속 이루어질 것이라고 확인해주었다. 또한 "일본이 한국에 개입하는 것은 중국이나 미국의 이해관계에 부합되는 것이 아니다"라고 명확히 답변하였다. 유엔한국위원단 해체문제에 대해서도 미국 정부가 현재 검토 중이라고 말하였다.[300] 이 같은 논의 결과는 닉슨의 방중 직후인 3월 7~9일 주은래의 평양 방문 시 김일성에게 전해졌다. 북한은 이러한 흐름을 '닉슨주의'라고 이해함으로서 긍정적인 기회로 판단하였고, 그 결과가 적극적인 남북대화로 표출되었다. 두 달 후부터 남과 북의 비밀특사(이후락-박성철)들이 평양-서울을 상호방문하였으며, 7·4남북공동성명으로 이어졌다.[301]

미중관계의 변화는 북한으로 하여금 일본과의 관계를 다시 모색하게 하였다. 1969년 11월 닉슨-사토 공동성명에서 명기된 한국 조항, 즉 '한국의 안전은 일본 자신의 안전에 긴요하다'는 표명에서 볼 수 있듯이 이때까지만 해도 닉슨독트린은 안전보장에서 일본의 역할을 명확히 하는 방향으로 표

---

[299] 국토통일원, 『남북대화사료집-남북조절위원회(1971.11~1973.6)-』 제7권(이하, 『남북대화사료집』으로 줄임), 1987, 323쪽.

[300] 홍석률, 「1970년대 전반 북미관계: 남북대화, 미중관계 개선과의 관련 하에서」, 『국제정치논총』 제44집 2호, 한국국제정치학회, 2004, 38쪽 참조.

[301] 한편 북한은 닉슨이 중국을 방문하던 동안 허담 외상을 모스크바에 파견하였다. 이때 브레즈네프는 북한이 1972년 1월에 제의했다고 하는 남북한 간의 전쟁 종결방안에 관한 제안을 지지했다고 보도되었다. 『동아일보』, 1972년 2월 28일자.

출되었다. 미일동맹 강화에 따른 일본의 대아시아 역할 강화 움직임이 나타나자 북한은 이를 매우 경계하였다. 북한은 미일 공동성명에서 드러난 "극동 여러 나라의 안전은 일본의 중요한 관심사"라는 일본의 자세가 '아세아의 주역'을 담당해야 한다는 것을 의미하는 것으로서, 대동아공영권의 옛 꿈을 이루기 위한 미국의 '돌격대' 역할을 공언한 위험한 발상이라고 비판하였다.302) 그러나 1971년 7월 키신저의 방중 이후 북일관계에도 전기가 찾아왔다. 김일성은 9월 25일 『아사히신문』 편집장과 5시간 반에 걸친 인터뷰를 통해 일본과의 국교는 물론이거니와 그 전 단계로서 무역, 자유왕래, 문화교류, 기자교환 등의 실현을 원하고 있다면서 여당 국회의원이라도 우호 촉진을 위한 방문이라면 환영한다는 등의 대일 관계개선 의사를 적극 표명하였다.303) 여기에는 물론 한일협정의 폐기가 전제조건이었지만 이듬해 1월 『요미우리신문』 기자와의 인터뷰에서는 국교가 정상화되면 한일조약은 자연히 취소되고 말 것이라고까지 언명하였다.304) 한일협정의 폐기가 더 이상 북일관계 개선의 전제조건이 아니라는 암시이다.

1972년 7·4남북공동성명이 발표되고 일본에 다나카 가쿠에이(田中角榮) 정권이 탄생, 9월에 중일 국교정상화가 수립될 무렵 북한의 대일자세는 더욱 유연해졌다. 한일협정에 대한 거론 없이 남과 북에 대한 일본의 균등한 정책을 주문한 것이다. 1972년 9월 17일 김일성은 『마이니치신문(每日新聞)』 특파원단에게 조선반도의 남과 북에 대해서 어떠한 침략적 성격도 갖지 않는 균등한 정책을 실시해야 한다고 말했다.305)

일본 측의 대응은 당초에 언론계, 혁신계 지사 또는 시장, 국회의원, 야당 대표 등 비정부단체가 중심이었기 때문에 북한의 인민외교 추구로 볼 수 있지만, 1971년 9월 김일성의 『아사히신문』 인터뷰에서 집권 여당 의원들

---

302) 김경, 「미제와 일본군국주의의 침략적 결탁과 남조선에 대한 일본군국주의의 재침책동의 로골화」, 『근로자』 제10호(343), 1970, 60쪽.
303) 『로동신문』, 1971년 9월 27일자.
304) 『로동신문』, 1972년 1월 15일자.
305) 『로동신문』, 1972년 9월 19일자.

의 방문도 환영한다는 언급이 있은 뒤인 10월에 도쿄 도지사 미노베 료기치(美濃部亮吉)가 방북하여 김일성과 회견하였다. 미노베는 북한에 외교관계의 수립을 요청했으며, 한일기본조약의 제3조 "한국을 한반도에서 유일한 합법정부로 인정한다"가 삭제되어야 한다는 북한의 견해를 지지하였다.[306) 이런 흐름 속에서 11월, 자민당을 포함한 초당파 국회의원 240명에 의해서 일조우호촉진의원연맹이 결성되고, 그 대표단이 이듬해 1월에 평양을 방문하여 '경제 문화교류 필요성의 인정과 국교수립의 확신 표명'을 내용으로 하는 공동성명을 발표하기에 이르렀다.

이후 다나카 내각은 1972년 10월 조선국제무역촉진위원회 대표단의 방일을 시작으로, 이듬해 3월 방송기술대표단, 5월에 정준기 『로동신문』 주필을 단장으로 한 기자대표단, 8월에 윤기복 대외문화협력위원회 위원장이 이끄는 먼스데이예술단 등의 잇단 일본 방문을 허용하였다. 경제교류도 활기를 띠어 1972년에는 북일 무역총액이 400억 원을 넘어 전년의 2배에 달했다.[307)

그러나 미중관계 정상화로 인한 동아시아 데탕트 속에서도 북일 간의 정치적 관계 개선은 쉽지 않았다. 1972년 10월 6일 김일성은 일본 잡지 『세카이(世界)』의 야스에 료스케(安江良介) 편집국장과의 대담을 통해 조일국교 수립에 대해 냉정하게 말하였다. "국교를 수립하면 더 좋지만, 우리나라와 국교를 수립하려면 하고 말려면 말라"[308)는 입장표명을 통해 일본의 대조선 적대시정책을 정면 비판하였다. 1973년 이후 북일관계는 더욱 진전을 보지 못하였다. 다나카 정권은 1973년 5월 세계보건기구(WHO) 총회에서 북한 가입 보류안의 공동 제안국이 될 정도였다. 일본 정부의 태도는 국제정세의 추이, 남북대화의 진전을 감안하면서 경제, 문화, 인도, 스포츠 등의 분야에서 교류를 확대시켜 간다는 '축적' 방식의 영역을 벗어나지 않았던

---

306) 빅터 D. 차, 앞의 책, 192쪽.
307) 小此木政夫, 「남북한관계의 추이와 일본의 대응-동경·서울·평양관계의 기본구조-」, 『국회보』 275, 국회사무처, 1989, 178쪽.
308) 『근로자』 제11호(367), 1972, 17쪽.

것이다.309) 비슷한 시기인 1973년 3월 평양에서 개최된 남북조절위원회 제2차 회의에서 남북 간의 정면충돌 양상이 나타나기 시작하자, 남북대화의 추이를 지켜보며 움직이던 일본 정부 또한 더욱 움츠러들 수밖에 없었을 것이다.

    7·4공동성명 이후 북측은 더욱 강력한 대미공세를 이어나갔는데, 특히 유엔 무대에서 유엔한국위원단과 유엔군사령부 해체를 적극 추진하였다. 남북 간에 공동성명을 채택하여 평화기운이 고조된 만큼 주한미군은 필요 없다는 논리였다. 중국과의 공조 속에서 북한은 이 문제들을 공식 제기하면서 세계 여론을 환기시켜 나갔다. '데탕트'와 '닉슨주의'로 인한 새로운 분위기는 북한의 오랜 주장인 '주한미군철수' 문제를 국제적으로 제기할 좋은 기회였던 것이다. 이 시기 북한은 외교적으로 적지 않은 성과를 거두었다. 1972년 7월부터 1973년 3월까지 북한은 11개국과 수교를 하였는데, 이들 모두 이전에 한국과 먼저 수교를 맺은 나라들이었다. 이후 1975년까지 북한은 서구 여러 나라들과 수교를 하여 남과 북의 수교국 비율은 90 대 88이라는 비슷한 상황까지 이르렀다.310)

    특히 북한은 1973년 5월 WHO(세계보건기구)에 가입하였고, 9월에는 뉴욕에 국제연합 상주대표부(옵저버)를 설치하였다. 10월 1일 제28차 유엔총회 제1위원회는 한국문제 토의에 남북한 대표를 투표권 없이 동시 초청할 것을 만장일치로 결의함으로써 한국문제 토의 사상 최초로 북한이 남한과 함께 참석하게 되었다. 획기적인 일은 UNCURK(유엔한국통일부흥위원단) 해체가 결의된 일이다. 서방 측과 공산 측의 결의안이 각각 제출되자 미국과 중국은 막후협상을 통해 결국 제1위원회는 표결 없는 타결로서 한국문제에 관한 합동성명 형태의 결의안을 채택, 총회에서도 만장일치로 합의성명을 채택하였다.311) 유엔에서 한반도문제를 토론할 경우를 대비한 이 같

---

309) 小此木政夫, 앞의 글, 178쪽.
310) 신정현, 「미국과 남북한 관계」, 『한국과 국제정치』 5, 경남대 극동문제연구소, 1987, 294쪽.
311) 이한기, 「한국통일문제와 UN의 권능」, 『대한국제법학회논총』 제21권 1호 2호 합병

은 북측의 외교공세는 적어도 1976년 유엔에서 북한지지결의안을 철회하기 이전까지 데탕트 국면을 적극 활용한 적극적 공세전략의 일환으로 볼 수 있다.

결국 데탕트기 북한은 닉슨독트린과 미중관계의 개선이라는 상황을 미국의 패배로 보면서 한반도문제 해결의 유리한 국면으로 이해하였으며, 북중관계의 강화를 추구해 나갔다. 북중관계의 강화를 통해 중국으로 하여금 북한의 입장을 미국과 교섭토록 하는 전략을 펼친 것으로 볼 수 있다. 또한 북한은 미중관계 개선이라는 상황을 현실적으로 받아들이면서 미국과 일본 등과도 접촉 범위를 넓혀 나가기 시작하였다. 이러한 북한의 인식과 태도는 남북대화의 중요한 배경으로 작용하였다. 한편, 북한의 북중관계 강화 노선은 아시아 반미세력의 공동전선 구축과 밀접한 관련이 있음도 간과하기 어렵다.312) 북한은 중국, 베트남과 라오스, 캄보디아 등 미국과 직접 관련된 나라들의 공동투쟁을 추구해나가면서 반미국제연합전선을 형성하려 하였고, 그것은 동아시아에서 북중관계의 강화를 축으로 전개되었다. 이를 통한 북한의 궁극적인 의도는 결국 베트남에서처럼 한반도에서 주한미군의 철수를 의도한 것으로 해석된다. 이상의 두 측면은 동아시아 데탕트라는 조건 속에서 북한이 보인 적극적 태도였다.

3. 1971년 평화통일 8개항 선언과 8·6선언

1971년 4월 12일 최고인민회의 제4기 제5차 회의에서 외무상이자 조선로동당 외교부장인 허담은 보고를 통해 남조선혁명과 평화통일 방안을 결부시켜 8개항의 통일방안을 발표하였다.313) 그 내용은 주한미군 철수, 각각

호, 대한국제법학회, 1976, 202~203쪽 참조.
312) 고송일, 「미제의 아시아침략을 좌절시키기 위한 혁명적인 투쟁전략」, 『근로자』 제2호(347), 1971, 59쪽.
313) 김일성은 다음해인 1972년 1월 10일 일본 『요미우리신문』과의 인터뷰에서 이 8개항의 평화통일 방안을 '구국방안'이라고 호칭하였다. 『김일성저작집』 27, 조선로동당출

10만 또는 그 이하로 감군, 한미상호방위조약과 한일조약 등 폐기, 자유총선에 의한 통일정부 수립, 남북전역에서 정치활동 자유보장과 정치범 석방, 과도적 조치로서 연방제 실시 또는 최고민족위원회 조직, 광범한 남북교류 실현, 남북조선정치협상회의 개최 등이다.314)

허담의 이 제의는 과거 북한의 통일방안과 크게 다른 점이 없으나, 주목되는 점은 마지막 항목에서 남북조선정치협상회의 참여주체로서 남과 북의 각 정당·사회단체를 들고 있다는 점이다. 통일문제의 협의에 있어 과거와 같이 현 집권당을 배제하지 않고 남한의 '모든' 정당의 참여를 시사한 점에서, 그 자체가 하나의 신호였음이 틀림없다. 특히 이는 '전복대상'으로 규정한 남한 현 정부와의 협상용의를 시사한 것으로 볼 수 있다. 그러나 남측의 최규하 외무부장관은 "우리의 양대 선거를 염두에 둔 새로운 대남교란 공작의 일환"으로 치부하였다.315) 북한의 8개항 통일방안이 당시 남한의 제7대 대통령선거(1971.4.27)와 제8대 국회의원 총선거(1971.5.25) 직전에 제시되었다는 점에서 여야의 상호비방이 격화되는 시기를 활용한 통일전선전략이라는 것이다.316)

그로부터 넉 달 뒤, 북한은 8개항 통일방안에 이어 남조선혁명에 대한 강조를 뒤로 한 채 '남과 북의 접촉과 대화 용의'를 본격적으로 표명하였다. 1971년 8월 6일 김일성은 캄보디아 시아누크의 평양 방문 환영군중대회의 연설을 통해 "남조선의 위정자들이 우리의 8개 항목 평화통일방안을 접수하는가 안하는가 하는 것은 딴 문제로 치더라도 그들이 참말로 나라의 통일을 바란다면 무엇 때문에 남북이 접촉하고 협상하는 것을 두려워하겠는가"라면서, "남조선의 민주공화당을 포함한 모든 정당·사회단체 및 개별적 인사들과 아무 때나 접촉할 용의가 있다"317)고 말하였다.

판사, 1984, 45쪽.
314) 『로동신문』, 1971년 4월 13일자.
315) 『동아일보』, 1971년 4월 14일자.
316) 양호민, 앞의 글, 250쪽.
317) 『로동신문』, 1971년 8월 7일자 ; 김일성, 「미제를 반대하는 아세아 혁명적 인민들의

이때는 바로 전달인 7월 키신저가 극비리에 베이징을 방문, 미중 사이의 화해소식이 전해진 직후였다. 김일성은 이 8·6연설을 통해 닉슨의 중국 방문을 언급하며 "미제의 중국 적대시 정책이 마침내 완전히 파산되었다는 것을 의미"하는 것이라고 주장하였다. 미중 화해를 '미국의 패배'로 본 것이다. 따라서 김일성은 동아시아정세를 낙관적으로 보면서 동시에 남북관계를 유리하게 이끌기 위해 '남북접촉 용의'를 표명한 것으로 볼 수 있다.

8·6제의의 또 다른 배경은 1971년 3월 27일 단행된 주한미군의 부분철수였다. 김일성은 닉슨의 중국 방문에 대하여 "미국이 일시적으로 중국과의 관계를 개선하고 긴장상태를 일시 완화시킴으로써 숨돌릴 틈을 얻으며 시간을 쟁취하여 침략전쟁준비를 더 강화하려는 데 목적이 있다"고 보면서도 "조선에 대한 미제의 태도에서 중요한 것은 남조선에서 자기의 침략군대를 철거하는 문제"라고 명확히 인식하고 있었다. 그러면서도 "우리는 정세가 완화되면 그것을 좋게 리용하는 방향으로 나아갈 것"이라고까지 생각하고 있었다.318) 주한미군의 부분철수 단행 후 닉슨의 베이징 방문 공개로 이어지는 정세 속에서 김일성이 좀 더 적극적인 남북대화 의지를 가다듬게 된 것으로 볼 수 있다.

김일성은 8월 6일 연설에서 '남북정치협상'의 참가자 범위에 관한 종래의 입장을 바꿨다. 과거에는 철저히 남한의 집권당을 배제했으나 이때는 오히려 대화의 상대로서 남한의 집권당인 민주공화당을 우선 지목하였다. 과거 통일방안 제의에서 항상 전제로 삼아왔던 주한미군의 철수와 박 정권의 퇴진이라는 남한 당국으로서 받아들일 수 없는 비현실적인 조건을 더 이상 내놓지 않았다는 점도 다분히 의도적인 것이라고 할 수 있다.

김일성의 이러한 제의는 1971년 4월부터 7월까지 이루어진 미중 간의 관계개선 움직임을 시발로, 판문점 군사정전위원회에 4년 동안 불참하고 있던 중국 측 대표가 6월부터 다시 참석하게 되고, 8월 5일 주은래 수상이 『뉴

공동투쟁은 반드시 승리할 것이다」, 『근로자』 제8호(353), 1971, 10쪽.
318) 『김일성저작집』 26, 조선로동당출판사, 1984, 308~310쪽 참조.

욕타임즈』의 레스턴(James Reston)에게 "한반도의 전쟁상태를 종식시키기 위한 새로운 교섭을 하여 남북한 양측의 화해를 가져와서 한반도의 평화통일로 나아갈 때가 되었다"319)고 한 발언 등의 흐름과 무관하지 않다. 이 과정에서 중국의 압력이 가해졌다는 분석도 있다.320) 어쨌든 김일성의 8·6 제의는 닉슨의 베이징 방문 발표 3주 후에 나왔다는 점에서 중국과의 공조관계에 의한 영향이라는 점을 고려하지 않을 수 없다. 이러한 사실은 미중 관계의 변화라는 배경 속에서 4월 12일 허담의 8개 항목 평화통일방안 제의로부터 8월 6일 김일성의 연설에 이르는 기간 북한의 대남정책이 구체적인 모습을 띠어갔다는 것을 의미한다.

위와 같이 북한이 남북대화 의지를 적극적으로 표명한 이유는 몇 가지로 정리할 수 있다. 우선 국제적 데탕트 분위기를 활용하여 주한미군의 철수를 현실화시키기 위해서 남북대화가 필요했다는 점이다.321) 1960년대 후반과 같은 대남 무력공작보다는 동맹국들에 대한 안보책임을 줄여가려던 닉슨의 정책을 역이용하는 것이 유리하다는 결론의 반영인 것이다. 나아가 남북관계의 진전은 미국과 남한의 분리를 추구하는 효과도 기대한 것으로 볼 수 있다.322) 또한 통일문제가 쟁점으로 부각되었던 1971년 5월 대통령선거 직후 남한의 정치정세에 고무되어 평화통일방안을 제기하고 남북접촉을 촉구함으로써 '통일전선' 형성을 시도하려 한 측면도 있다.

북한 내적으로 보면, 경제적 어려움을 극복하기 위해 남북대화를 시도했다는 분석도 가능하다. 국가예산 지출액의 30%선을 상회하는 국방비를 줄이기 위해서, 남북대화를 통해 '군사문제를 우선 해결'하여 주한미군을 철수시키고 그에 따라 북한의 군사력을 동결, 추가적 군사비 부담을 억제함으로써 재원을 경제부문에 전용하겠다는 계산이 작용한 것이라는 평가다.323)

---

319) 『조선일보』, 1971년 8월 12일자.
320) 강인덕·송종환 외, 앞의 책, 94쪽.
321) 이창헌, 앞의 글, 31쪽.
322) 정해구, 앞의 글, 89쪽.

제1부 1970년대 초 국제정세와 남북대화의 배경

　북한은 닉슨독트린을 냉소하면서도 한편으로는 그로 인해 조성된 미중 화해와 동아시아의 데탕트라는 국면을 맞이하여 남북관계를 새로운 국면으로 이끌겠다는 적극적인 자세로 나왔으며, 그것이 1971년 8개항의 통일방안과 김일성의 8·6제의로 공식 표명된 것이다.

　한편 미국은 북한의 대화의지 표명을 매우 긍정적으로 보고 있었다. 1971년 7월 키신저의 베이징 방문 직후 나온 김일성의 '8·6제의', 즉 남측의 집권당과 공식적으로 만날 수 있다는 용의 표명에 대해서 높게 평가하였다. "김일성 역시 남북 접촉관계를 구축하고 또 통일문제를 기꺼이 논의하고자 하는 쪽은 서울이 아닌 평양이라는 점을 제3세계는 물론 북한 대중에게도 보여주어야만 할 것이다. 이 모든 것은 한반도 상황이 빠르게 변화하고 있음을 의미한다. 우리는 이 같은 조짐에 고무되어 있으며, 계속해서 변화의 신호를 예의주시할 것"[324]이라는 8월 16일자 브라운 동아태 부차관보의 보고서에는 북한의 남북대화 용의 표명에 대한 적극적 평가가 담겨 있다. 김일성의 8·6제의 직후인 8월 12일 남측에 의한 남북적십자회담 제의가 있자, 미국은 이를 적극 환영하였으며, 이틀 만에 북한이 이에 동조하고 나서자 미 국무부의 한 관리는 "휴전 이후 북한이 한국 측 제의를 수락한 것은 이번이 처음"이라면서 "특히 그 성명 가운데 거의 정치적 수사가 없는 것이 종전과 다르다"고 말했다. 8월 16일 미 국무성 대변인은 공식 환영 논평을 발표했으며, "북한의 응낙은 고무적인 일"이라고 밝혔다. 주한 유엔군사령부 또한 "남북적십자회담을 위한 판문점 군사정전위원회 시설을 사용할 것을 이미 한국 적십자사 측에 제의했다"고 발표할 정도로 적극적이었다.[325]

---

[323] 북한은 남북대화 시작 이후 국가예산지출액에 대한 국방비 지출액의 구성비를 1971년에는 30%, 1972년에는 17%, 1973년에는 15%로 낮아진 것으로 발표하였다. 『남북대화백서』, 남북조절위원회, 1978, 210쪽. 이런 사실은 김일성의 1972년 6월 21일 『워싱턴포스트』와의 회견에서도 확인된다. 그는 1971년 국가예산지출에서 국방비가 31.1%였으나 1972년에는 17%로 낮추었다고 말했다. 『김일성저작집』 27, 조선로동당출판사, 1984, 327쪽.

[324] 박건영·박선원·우승지, 앞의 글, 75쪽.

[325] 『동아일보』, 1971년 8월 16~17일자 참조.

요컨대, 1970년대 초 미중관계 개선 속에서 북한은 중국과의 대외적 관계를 강화해나가면서, 적극적인 대남전략을 드러내었으며 그것은 1971년 김일성의 8·6제의를 통해 뚜렷이 드러났다. 미국과 중국 등 주변국들은 남북 간의 접촉과 대화를 기대하였으며, 남북 역시 대화를 시작할 명분을 조성해 나가기 시작한 것으로 볼 수 있다.

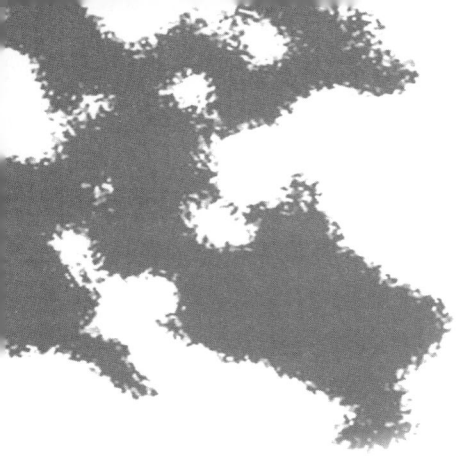

제2부

남북적십자회담과 당국 간 대화의 모색

제1장. 남북적십자회담의 전개

1. 남북적십자회담의 합의와 예비회담

1971년 대선 직후인 5월 초부터 박정희 정권 내부에서는 대북정책의 재정립을 본격 준비하기 시작했으며, 그 결과는 같은 해 8월 12일 대한적십자사의 '남북적십자회담 제의'로 나타났다.

이 과정에서 드러나는 특징은 무엇보다 중앙정보부가 전적으로 관여했다는 점이다.[1] 1971년 5월 초에 열린 안보관계장관회의에서 중앙정보부장 이후락의 "급변하는 국제정세에 대처하기 위한 안보·외교정책의 전면적 재검토" 언급에 따라 중앙정보부 내에서는 작업반을 구성하여 연구보고서를 준비하기 시작했다. 중앙정보부 작업반은 10일간의 연구 끝에 「70년대 한국의 새로운 전략」이라는 보고서를 작성하였다. 보고서의 제1부는 국제정세와 북한동향 분석, 제2부는 대응전략으로 구성돼 있었다. 이 가운데 가장 핵심적인 사안이라고 할 수 있는 제2부 중 '대 북한 전략'에서는 남북 간의 접촉과 교류의 개시를 담고 있었다. 학술, 스포츠, 문화분야 교류부터 시

---

[1] 중앙정보부가 남북대화를 담당하게 된 이유에 대해서는 중앙정보부 간부이자 이후 당국 간 대화의 실무 책임자였던 정홍진의 회고가 참고된다. "당시는 반공을 국시로 하였기 때문에 정부가 북한 공산주의자들과 대화를 하는 문제를 논의하였다는 것 자체가 큰 정치적 문제가 되었으며, 따라서 그때 대북정책에 관한 정책논의는 정부 내에서 공개적으로 하지 못하고 대통령과 중앙정보부를 중심으로 극비리에 이루어졌다." 강인덕·송종환 외 공저, 『남북회담: 7.4에서 6.15까지』, 극동문제연구소, 2004, 497쪽.

작하여 이후 직통전화 가설에 이른다는 것이다. 또한 판문점에 인권재판소를 설치하여 남북 이산가족의 면회, 소식전달, 우편물교환 등을 실현한다는 것과 북한의 유엔총회나 전문기구 활동 참가를 허용한다는 등의 내용이 포함돼 있었다.[2]

이와 같은 내용의 보고서가 청와대에 제출된 때는 5월 18일경이었다. 그러나 보고서 가운데 핵심적인 내용인 대응전략 부분은 박정희에게 보고되지 않았다. 이철희 국제정보국장의 판단에 따라 제1부에 해당하는 정세분석 부분만 보고되었기 때문이다. 이때 비록 「70년대 한국의 새로운 전략」이라는 보고서의 알맹이에 해당하는 내용은 사장되었지만, 이 부분은 약 40여 일이 지난 후 되살아나 '8·12남북적십자회담 제의'안의 모체가 되었다.

한편 박정희는 이즈음 중앙정보부의 북한 담당부서를 확대 개편하고, 북한에 대한 협상제안을 마련하도록 지시하였다. 이에 따라 중앙정보부는 1971년 7월, 북한 담당부서 3개 과를 묶어 처(處)로 승격(북한처장: 김달술)시켜 개편작업을 진행하였다. 이 과정에서 중앙정보부는 '구체적인 대북협상 제안을 위한 연구팀'을 극비리에 조직, 운영하였다.[3] 이때 조직 개편으로 국제정보분석국 국장이 된 강인덕에 의해서 「70년대 한국의 새로운 전략」 보고서가 다시 이후락에게 보고되면서 7월경 대북협상 제안 연구팀이 조직되었다.[4] 이 같은 과정을 거쳐 7월 20일경 계획의 윤곽이 잡히고 대통령의

---

[2] 국토통일원 남북대화사무국, 『70년대 남북대화 성립 비사(Ⅰ)』, 1989, 29~30쪽 참조.
[3] 김달술(당시 중앙정보부 해외정보국 아주분석과장)의 증언. 강인덕·송종환 외, 앞의 책, 476쪽.
[4] 국토통일원 남북대화사무국, 『70년대 남북대화 성립 비사(Ⅰ)』, 1989, 31쪽(지주선 당시 중앙정보부 국제정보국 과장의 기록).
그러나 위와 좀 다른 증언도 있다. 1970년 중앙정보부장에 임명된 이후락은 북한국(9국)을 신설하고 강인덕을 초대 국장에 임명하였으며, 그에게 '책임지고 비밀리에 대북제안을 만들어보라'고 지시하였는데, 그 시점은 1971년 2월 말~3월경부터라는 것이다. 이에 따라 강인덕은 중앙정보부 내부의 사무관, 서기관급들로 스터디그룹을 만들어 토론하기 시작하였으며, 그 결과 각종 남북교류안과 적십자회담안이 나왔다. 이 중 가장 안전한 방안이 적십자회담안이라고 판단, 채택되었다고 한다. 강인덕·송종환 외, 위의 책(부록: 강인덕 증언편 462~463쪽과 정홍진 증언편 498쪽 참조).

재가도 끝났으며, 그 결과 같은 해 8월 12일 남북적십자회담 제안으로 이어졌다. 위와 같은 박 정권 내부의 준비과정은 중앙정보부가 직접 나서서 대북 제안을 마련해 나갔다는 특징과 함께 이것이 '대북 통일정책'의 일환으로 추구된 것이 아니라 '안보 외교정책' 차원에서 비롯되었다는 점이 주목된다. 또한 남북 당국 간의 접근이 아니라 정치외적인 교류와 이산가족상봉 등을 준비한 점에서 대외전략 차원의 남북관계 개선책으로 볼 수 있다.

이에 따라 1971년 8월 12일 대한적십자사(이하 '한적'으로 약칭) 총재 최두선은 남북 분단으로 흩어진 이산가족들의 현황을 확인하고 소식을 알려주며 재회를 알선하는 가족찾기운동을 제창하면서 그 "구체적인 방안의 협의를 위해 10월 안에 제네바에서 남북 적십자사 예비회담을 열 것"을 제안하였다.[5] 그리고 이 제의에 대하여 "북한적십자회[6]가 방송·통신망 또는 국제적십자사를 통해서나 기타 가능한 방법으로 그 의사를 우리에게 전달하여 줄 것을 희망한다"고 덧붙였다.

이 제안은 본래 1971년 8월 15일 박정희의 광복절 경축사를 통해 발표할 예정이었다. 그러나 그 직전인 7월 26일자 일본 『요미우리신문』에 남북적십자회담 제안 계획의 일부가 먼저 실리고 말았다. 김종필 총리가 『요미우리신문』 서울지국장에게 흘린 얘기가 기사화된 것이다. 그에 따라 만약 북측이 먼저 적십자회담을 제안해 오면 주도권을 빼앗기기 때문에, 12일로 앞당겨서 대한적십자사 총재가 발표하고 이를 박정희가 받아들이는 형식을 취하자는 이후락의 의견에 따라, 애초의 계획과 달리 발표시점과 발표자가 달라진 것이었다.[7]

---

[5] 『서울신문』, 1971년 8월 13일자.

[6] 당시까지만 해도 정부와 언론에서는 '북괴'라는 호칭이 일반적이었다. 그런데 최두선 총재는 성명에서 '북한'이라는 칭호를 반복해 씀으로써 호칭 변화가 불가피하였다. 또 공산주의 단체와 접촉을 금하고 있는 반공정책과의 충돌현상도 문제로 등장하였다. 따라서 반공법, 국가보안법 등의 개정 필요성이 언론에서 대두되었다. 『중앙일보』, 1971년 8월 13일자 및 『동아일보』, 1971년 9월 6일자 참조.
통일논의와 반공법 개정에 관한 글로는 송건호, 「통일논의의 한계와 반공법」, 『신동아』 10월호, 1971 참조.

[7] 강인덕·송종환 외, 앞의 책(부록: 강인덕 증언편 참조). 그러나 다른 증언에 따르면,

대한적십자사의 제의는 '순수한 인도적 목적'을 명분으로 취해진 조치였지만[8] 실제 효과 면에서는 고차원적인 정치적 성격을 띤 적극적 행위였다. 당시 한적 측의 설명에도 불구하고 이것은 높은 정치적 의의를 지닌 것으로 받아들여졌다. 남측의 제안에 대해 '만약 북측이 거부한다면 국제적십자 정신을 부정하는 것이 되며, 평소 평화통일 선전이 허구적인 것임을 입증하는 것으로 간주된다'[9]는 당시 언론의 분석은 한적의 제안이 지니는 정치적 성격을 잘 지적한 것이었다. 또한 닉슨의 중국 방문 발표 뒤의 상황변화, 이와 관련된 것으로 보이는 유엔군 판문점회담 수석대표의 한국인 교체, 중국 휴전회담 대표의 복귀 등 일련의 사태진전은 한반도의 긴장완화와 평화통일을 위한 남측의 '이니셔티브'를 요구하고 있다는 분석도 제기되었다.[10]

명백한 점은 이 시기 미국이 남북대화를 한국 정부에 권유해야 한다고 생각하고 있었던 점이다. 1971년 4월의 대통령선거를 앞둔 2월 18일, 포터 주한 미 대사는 국무장관에게 보내는 전문에서 "박정희가 수반이 되거나 야당후보가 선출되건 간에, 새로운 정부가 7월에 수립되면 이산가족, 문화, 경제교류문제로부터 시작하여 북한과 한국문제를 직접 협상해보려는 진짜 노력이 필요하다"[11]는 의견을 제시하였다. 이어서 그는 만약 한국 정부가 반응이 없을 경우, "미국이 직접 긴장완화의 가능성을 실현하기 위한 조치에 나설 것이라고 한국 정부에 알릴 것을 제안한다"고 썼다. 남북대화가 안

박정희는 8월 15일 광복절 축사에서 대북정책 방향 등을 개괄적으로 밝히고, 8월 17일 한적 총재가 남북적십자회담을 제의하기로 했다는 것이다. 국토통일원 남북대화사무국, 『70년대 남북대화 성립 비사(Ⅰ)』, 1989, 32쪽.

[8] 『전쟁희생자 보호에 관한 1949년 8월 12일자 제네바 4개 협약집』, 대한적십자사, 1985, 226쪽 제25~26조 참조.

[9] 『대한일보』, 1971년 8월 13일자.

[10] 『경향신문』, 1971년 8월 13일자.

[11] "Telegram from the Embassy in Korea to the Department of State: increase display of U.S. interest in Dialogue between ROK and North Korea", Feb. 18 1971, Pol Kor N-Kor S, Subject-Numeric Files.

될 경우, 한국 정부를 제외하고 미국-북한 직접 협상에 나설 것을 암시하는 대목이다. 포터의 이 같은 자극적 제안이 실제로 박 정권에게 그대로 시도되었는지 알 수 없지만 그로부터 6개월 뒤 박 정권은 남북적십자 회담을 제안하였다. 미국이 남북대화에 대한 명백한 입장을 가지고 있었던 사실은 이미 1970년 2월의 사이밍턴 청문회에서 한 포터의 증언을 통해 확인한 바 있다. 그러나 이후 포터는 1971년 6월 초 시점에서 남북대화가 시작될 기미조차 보이지 않았다고 증언하였는데, 이 점은 다소 의아하다.12)

8월 12일 남측의 제의에 대해 북한은 이틀 뒤인 8월 14일 정오, 평양방송과 중앙방송을 통해 '조선민주주의인민공화국 적십자회 중앙위원회'(이하, '북적'으로 약칭) 손성필 위원장이 한적 최두선 총재 앞으로 보내는 서한 전문을 보도하였다. 서한에서는 한적의 제의를 "매우 좋은 일"이라고 하면서, 구체적으로 세 가지 토의사항을 제기하였다. 이산가족들과 친척, 친우들 간의 자유로운 왕래와 상호방문 실현문제, 이산가족들과 친척, 친우(親友)들 간의 자유로운 서신거래문제, 가족찾기와 상봉 마련문제 등이다. 이어서 8월 20일 12시에 2명의 파견원을 판문점에 보내 서신을 전하겠다고 밝혔다.13)

북측은 위 서한을 통해 애초 남측이 제의한 '10월 이전 회담 개최' 대신 '9월 중으로 열자'며 적극적인 자세를 취하였다.14) 또한 이산가족과 친우의 상봉은 자신들이 시종일관, 여러 번에 걸쳐 제의해왔던 것이라고 강조하였으며,15) 최고인민회의 제4기 제5차 회의에서 제기한 '조국통일 관련 8개항의 구국방안'과 8월 6일 김일성의 '남조선 접촉용의' 발언을 상기하였다.16)

---

12) 포터 대사는 1971년 6월 8~9일 미 하원 외교위 아시아태평양소위원회가 개최한 한미관계 비공개 청문회에서 한반도의 중립화문제에 관한 질문을 받고 "남북 사이에 대화가 전혀 없으며 대화가 시작될 기미조차 보이지 않는다"고 답변했다. 『합동연감』, 합동통신사, 1972, 611쪽.
13) 『로동신문』, 1971년 8월 15일자; 『합동연감』, 합동통신사, 1972, 613쪽.
14) 『남북대화사료집』 제7권, 79쪽(북 중앙방송 2, 1971.8.19) 참조.
15) 『로동신문』, 1971년 8월 15일자.
16) 『로동신문』, 1971년 8월 15일자.

나흘 뒤인 8월 18일, 북적 관계자 박영식은 일본에 입항한 만경봉호 선상에서 기자회견을 통해 "조선 민족의 자주적인 통일에 관하여 공화국이 지금까지 되풀이 제안하여 온 남북교류와 미중 접근 등 국제정세의 변화로 남조선의 위정자도 이 이상 거부할 수 없게 되었다"고 밝혔다.[17] 남북 적십자사 사이의 첫 파견원 접촉이 이루어진 직후에도 북측은 "이번의 북남 적십자 단체 간의 공식적인 접촉이 이루어지게 된 것은 조선로동당과 공화국 정부의 자주적 평화통일 방침의 정당성과 그 생활력을 실증해주는 것"[18]이라며 북측의 지속적인 노력과 제의의 결과로 남측 적십자사가 호응해온 것이라는 입장을 반복적으로 표명하였다.

시기적으로 보면, 북한의 주장대로 남측의 8·12제의가 그 직전 김일성의 8·6제의에 대한 직접적인 대응으로 볼 수도 있다. 그러나 이미 살펴본 것처럼 이즈음 박 정권 내부에서도 8월 15일을 겨냥한 대북 적십자회담 제의 준비가 진행되고 있었던 점에서, 북한의 8·6제의가 상황적 계기로 작용할 수는 있었겠지만 근본적인 계기라고 보기는 어렵다. 김일성의 제의가 있던 8월 6일, 이후락은 포터 대사를 만나 12일에 대한적십자사가 남북 이산가족 상봉을 북측에 제안할 것이라고 사전에 통보해주었다.[19] 따라서 8월 6일 김일성의 제안과 남측 적십자사의 제안은 사실 선후관계라기보다는 동시에 이루어진 것이라고 할 수 있다.

남북적십자회담에 대한 주도권을 쥐려는 태도는 남측 언론에서도 마찬가지였다. '북한의 움직임은 변화하는 국제정세 속에서 고립을 탈피하기 위한 고육지책'이라고 보았으며, "세계적인 양 진영의 유화풍조와 중국의 대미 정책완화, 닉슨의 중국 방문계획 등 고립화한 북괴는 이제 그들의 호전적 정책과 교조주의적 작풍에 동요를 느끼지 않을 수 없게 된 것 같다. 따라서 우리 적십자사에서 제기한 남북한 가족찾기운동에도 동조를 표명하

---

17) 「주일대사가 장관에게, 1971.8.20」, 외무부문서번호: 08293(외교안보연구원 MF).

18) 『로동신문』, 1971년 8월 21일자.

19) "Telegram from the Embassy in Korea to the Department of State", Aug. 21, 1971, Pol 32-4 Kor/UN, Subject-Numeric Files.

기에 이르렀다"[20]는 것이다. 북의 소극적·수동적 대응을 강조한 반면, 남측의 적극성과 능동성을 강조하려는 경향이다. 여기에는 남북접촉에 대한 반공, 반북이라는 사회적 경계심리가 다분히 반영되어 있었다.[21]

당시 외무부장관이 전 재외공관장에게 보낸 공문에서도 한적의 8·12제의를 남북 간 주도권문제로 보고 있음이 드러난다. 즉, 1971년 4월 12일 북한 외상 허담이 제시한 8개 통일방안과 김일성의 8·6제안은 "정치적 선전효과만을 노린 것임에 반하여 금번의 KRC[22]의 제안은 일체의 정치성을 떠난 인도적 견지에서 행한 현실적인 안이라는 점을 널리 인식되도록 할 것"이라고 지시하였다.[23]

북적은 8월 14일 답신에서 남북적십자회담에 환영하면서도 새로운 제안을 첨가하였다. 가족찾기운동의 대상에 '친우(親友)'를 포함시킨 점, 이산가족들의 자유왕래와 서신거래뿐만 아니라 직접 상봉까지 제의했다는 점에서 다분히 수정적인 제안이었다.[24] 한적에서는 북적의 역 제안이 순수한 차원의 가족찾기운동을 넘어 정치적 문제를 포함시키고 있다고 이해하였다. 북측이 인도적 목적보다는 정치적 목적을 위하여 적십자회담을 이용하려 한다는 것이다.[25] 그러나 이러한 판단은 남측 스스로 한적의 제안을 '고차원적인 정치적 성격'으로 받아들이던 당시 정서로 볼 때 모순으로 보인

---

[20] 『대한일보』, 1971년 8월 16일자.
[21] 남북대화로 인해 고무된 분위기를 경거망동과 들뜬 행동으로 묘사하는 다음과 같은 보도 경향 등이다. "국회의원 중에는 당장에라도 유엔에서 남북 대표가 만나야 한다느니, 혹은 북괴의 영화를 보게 하자느니, 정치회담을 하자느니, 이북 오도청을 폐지해야 한다느니 운운하면서 국민의 마음을 더 한층 들뜨게 하는 자도 나타났다." 『중앙일보』, 1971년 8월 18일자.
[22] 대한적십자사(Korean National Red Cross)의 영문 약칭.
[23] 외무부문서(번호: AM10809, 일시: 131845), 외교안보연구원 M.F 소장.
[24] 북한은 이미 1950년대 말부터 자유왕래를 꾸준히 주장해왔다는 점에서, 북한의 제의가 남한의 입장에서 보면 수정안이라고 할 수 있지만 북한의 입장에서 보면 과거 제안의 연속인 셈이다. 이형래, 「남북적회담 3백65일」, 『세대』 8월호, 1972, 127쪽 참조.
[25] 정홍진(당시 한적 회담운영부장), 「남북적십자회담 경험에서 본 문제점」('남북접촉에 따른 제반문제 세미나' 결과 보고서, 국토통일원 정책기획실 주최, 1971.12.20~22), 1971, 7쪽.

다.26) 그럼에도 남측은 북측이 제의를 받아들인 것으로 해석하고27) 판문점 접촉을 갖기로 하였다.28) 이렇게 하여 분단 사반세기 만에 남북 간의 대화가 시작되었다.29)

1971년 8월 20일 정오 판문점 중립국감독위원회 회의실에서 남북 적십자사 간의 첫 파견원 접촉이 이루어졌다. 한적 서무부장 이창렬과 섭외부 참사 윤여훈이 북적 문화선전부 부부장 서성철 및 지도원 염종련과 5분간 만났다. 이 접촉에서 한적은 북적 측에 최두선 총재의 8·12제의를 담은 문건을 넘겨주었고, 북적 측은 최 총재 앞으로 보내는 북적 손성필 위원장의 서신을 건네주었다.30)

이날 파견원 접촉에서 북측은 자신들의 호칭을 '조선민주주의인민공화국 적십자 중앙위원회'로 호칭해 줄 것을 정식으로 요청하였다. 남측의 '북한 적십자사'라는 칭호의 부정확성과 부당성을 제기한 것이다. 이에 대한 남측의 여론은 차가웠다. '그들 적십자사의 호칭을 통해서 간접적으로 그들의

---

26) 당시 국토통일원 국내자료담당관의 다음 글이 참조된다. 최문현, 「우리의 통일접근 노력과 인도적 회담」, 『국토통일』, 통권 제22호, 국토통일원, 1972, 46쪽.
27) 대한적십자사는 '대한적십자사 조직법'(1949.4.30)에 따라 조직된 준정부단체이지만 민법상의 법인으로서 이 단체의 남북적십자회담 제안은 민법상의 '청약'에 해당하며, 북한의 수락은 '승낙'에 해당하기 때문에 쌍방 당사자 간에 '계약'이 성립된 것으로 볼 수 있다는 법적 관계 규명을 시도한 연구가 있다. 장기붕, 「화해정책과 남북한의 법적 관계」, 『국제법학회논총』 50, 대한국제법학회, 1982, 81쪽.
28) 북측은 예비회담 장소로 제네바가 아닌 판문점을 제시하였다. 이 같은 북측의 제의에 대해 한 언론에서는 다음과 같은 정치적 의미를 부여하기도 하였다. "휴전협정의 조인을 거부한 우리를 군사정전위원회의 개최 장소인 판문점에 끌어들여 대좌하려는 것은 북괴를 교전 당사국으로 하여 결과적으로 두 개의 한국을 인정케 하려는 속셈을 보인 것으로 해석된다." 『경향신문』, 1971년 8월 16일자.
29) 1953년 정전협정 이후 남북 간에 실향난민 문제를 인도적 차원에서 해결하기 위한 시도는 두 차례 있었다. 첫 번째는 1953년 정전협정에 근거해 '실향난민 귀향협조위원회'를 구성해 남북이 각각 37명과 19명(모두 외국인)을 상대방에 보냈다. 두 번째는 1957년 남과 북이 각각 월북인사, 월남인사에 대한 생사여부와 행방에 대해 문의했는데 북적은 한적이 문의한 7,034명 중 337명의 생존자 명단을 한적에 알려왔고, 한적은 북적이 문의한 14,132명 중 14,112명은 납치가 아니라 자의에 의한 월남이라고 북적에 알렸다. 대한적십자사, 『이산가족백서』, 1976, 99~101쪽.
30) 『남북적십자회담 자료집-파견원접촉-』, 국토통일원, 1971, 10~12쪽.

정치적 지위를 인정받으려는 것'[31])이라는 지적이었다. 북측이 '남조선적십자사'라고 호칭할 경우에 대한 고려는 없었다. 이와 관련, 당시 남측은 의도적으로 북의 공식 명칭 사용을 회피한 것으로 확인된다. 이후 구성된 남북적십자 예비회담 남측 대표단의 경우, 북측이 호칭문제를 제기할 시, 이를 '묵살한다'는 대응 원칙을 세워놓고 있었다.[32])

대결의식은 북측도 마찬가지였다. 남북 적십자사업 합의 후, 북측은 신문과 방송 등을 통해서 한편으로 남북대화를 환영하면서도, 다른 한편으로는 '박정희 괴뢰도당'이라는 문구를 항시적으로 사용하며 불신을 노골적으로 드러내었기 때문이다.

8월 26일, 제2차 파견원 접촉에서 한적 측은 '예비회담 절차에 관한 제의'를 담은 최 총재의 서한을 북적 측에 넘겼다. 한적 측은 예비회담을 9월 28일 상오 11시 판문점 중립국감독위원회 회의실에서 갖자고 제안했다. 대표는 쌍방에서 5명씩이며, 북적 측이 제시한 회담 의제에 대해서는 예비회담에서 토의, 결정키로 하자는 안이었다.[33])

8월 14일 북측의 호응 직후 작성된 것으로 추정되는 남한의 외무부 문서 「남북한 적십자회담 대책안」에는 남북적십자회담 시작 단계의 구상이 드러나 있다. 예비회담의 구성 시기는 1971년 9월 중순(매 2주 1회)으로 계획하였으며, 본회담 시기는 1972년 초(월 1회)로 상정하였다. 실제로 제1차 예비회담은 9월 20일 열렸으나, 본회담은 예비회담의 장기화로 7·4공동성명 발표 이후인 8월 말에 개최되어 남측의 계획대로 되지 않았으나, 당시 관련 행정부서에서 예비회담과 본회담의 개최 목표 일자를 세워 놓고 회담에 임했다는 점이 주목된다.

이후 8월 30일 제3차 파견원 접촉에서 북적 측은 예비회담 첫 회의 날짜를 9월 20일로 수정 제의하였으며, 9월 3일 제4차 접촉에서 한적 측은 북측의 수정제의 수락을 통고함으로써 남북 적십자 예비회담 개최 준비가 완결

---

31) 『서울신문』, 1971년 8월 23일자.
32) 「남북적십자회담 주간 보고」, 1971.10.12. 외무부 파견관 작성(외교안보연구원 M.F).
33) 『이산가족찾기 60년』, 대한적십자사, 2005, 21쪽.

되었다. 9월 16일 마지막 제5차 파견원 접촉에서 쌍방은 예비회담 대표 명단을 서로 교환하였다.[34]

양측은 다섯 차례의 파견원 접촉을 통해 상호 예비회담 참석자 명단까지 교환하는 상황으로 발전하였으나, 휴전선 일대의 남북 간 충돌과 긴장은 여전하였다. 적십자회담 제안 날인 8월 12일과 이후 16일에 북의 '무장공비 남침사건'이 있었으며, 27~28일에도 총격전으로 양측의 군인과 민간인 사상자가 발생하는 사건이 연속 발생하였다.[35] 9월에 들어서도 17일 경기도 김포에서 양민 세 명이 희생되고 12명의 군인 사상자가 생기는 사건이 이어졌다.[36] 8월 12일 적십자회담이 제안된 이래 9월 20일 남북적십자 예비회담이 개최될 때까지 20여 회에 걸친 '공비침투사건'이 발생한 것이다.[37] 남북적십자회담의 시작으로 평화무드가 조성되고 화해의 기대가 높았던 것은 사실이었지만 군사적 대치상태에 놓여 있던 현실은 그 같은 기대치를 충족시키지 못하였다. 여전한 군사적 충돌 상황에도 불구하고 남북대화를 놓고 정국이 설왕설래한 것에 대해 남측 언론에서는 '경솔한 처사'라는 비판마저 제기되었다.[38]

한편 8월 31일 김용식 외무장관은 기자들과의 간담회를 통해 '한반도문

---

[34] 한적 측은 수석대표: 김연주(한적 보건부장 겸 섭외부장), 교체 수석대표: 박선규(한적 충남지사장), 대표: 정홍진(한적 회담사무국 회담운영부장), 대표: 정희경(한적 청소년 지도위원, 이화여고 교장), 대표(대변인): 정주년(한적 회담사무국 대변인) 등이며, 북적 측은 단장: 김태희(북적 중앙위원회 서기장), 부단장(대변인): 김덕현(북적 중앙위원회 보도부장), 대표: 조명일(북적 중앙위원회 문화선전부장), 대표: 리종학(북적 중앙위원회 참사), 대표: 서성철(북적 중앙위원회 문화선전부 부부장) 등이다. 『남북적십자회담자료집-파견원접촉-』, 국토통일원, 1971, 26쪽.

[35] 『한국일보』, 1971년 8월 22일자 ; 『중앙일보』, 1971년 8월 31일자.

[36] 『동아일보』, 1971년 9월 20일자.

[37] 『한국일보』, 1971년 9월 21일자.

[38] "특히 남북간의 예비회담이 진행되는 동안 북괴가 어떤 형태로 대남 파괴공작을 저지르게 될지 예측을 불허하는 형편이다. 한때나마 남북적십자간의 예비접촉이 시작되었을 무렵 남북문제를 놓고 안이하게 그리고 중구난방식의 의견이 노정되는 등 일련의 움직임은 경솔하였다고 자책해 마땅하다고 생각된다." 『서울신문』, 1971년 9월 20일자.

제 해결을 위한 3단계 접근방법'을 제시하였다. 김용식은 인도적 문제, 물자·인사교류, 정치문제 등의 단계로써 해결해 나갈 것이며, 특히 "정치적 문제는 유엔을 통해 해결한다는 것이 정부의 입장"[39]이라고 밝혔다. 남북 적십자회담이 이제 막 시작된 시점에서 나온 외무장관의 이 같은 발언에 비추어보면, 적십자회담은 '1단계'에 해당하는 것으로 간주된다.

외무부의 「남북한 적십자회담 대책안」 문서에서도 위와 같은 단계적 방침이 제시돼 있다. 문서 내용 가운데 향후 '교섭전략'에서는 "한 안건의 시행 확인 기간은 합의가 된 후부터 약 6개월 내외로 하고 그의 만족한 실시를 확인하고, 다음 단계로 넘어 간다"고 원칙을 제시하였다. 또 1972년 말까지는 적십자회담 성패의 결론이 나도록 하고, 1973년부터는 비정치적 교류를 제시하여 추진한다는 전략을 세워 놓았다.

남북 적십자 간 파견원 접촉이 진행되던 9월 2일 박정희는 국회에서 행한 시정연설(김종필 총리 대독)을 통해서 통일외교에 대해 다음과 같은 견해를 밝혔다. "통일외교에 있어서는 70년대가 민주적 통일기반을 조성해야 할 중대한 시기임을 인식하고 언커크(UNCURK, 유엔한국통일부흥위원단)의 존속과 유엔의 통일에 대한 책임 등 평화통일을 위한 제반 국제환경을 유리하게 조성해 나갈 것이다."[40]

사흘 뒤인 5일 김종필 총리 역시 외신과의 기자회견에서 '북한과의 정치적 타협에 이르는 데는 10년이 걸리게 될 것'이라면서 "그(김일성)의 성실성이 확인되면 우리는 회담을 비정치적인 분야에로 확대시키게 될 것이며 여기에도 성공하게 되면 정치적인 분야에까지 들어갈 수 있게 될 것"이라고 언급하였다.[41] 박 정권은 단계적인 접근방식을 지속적으로 강조하였다. 반면 김종필의 이튿날 국내 기자회견에서는 "확실한 정보에 의하면 북괴는 금년 3월까지 한국을 무력으로 침공할 준비를 완료하였다"고 하면서 "대화가 시작되었다고 해서 너무 지나친 비약적 논리나 발상은 하지 말아 달

---

[39] 『한국일보』, 1971년 9월 1일자.
[40] 『한국일보』, 1971년 9월 3일자.
[41] 김종면 편저, 『새 역사의 창조』, 서울신문사, 1975, 259쪽.

라"42)라고 주문하며, 안보논리에 입각한 분위기 유지를 요구하기도 했다.

박정희의 연설과 김종필 총리, 김용식 외무장관의 언급과 관련문서의 내용을 종합해 보면, 박 정권은 1970년대를 '통일의 시대'가 아닌 '통일의 기반 조성 시기'로 명확히 하고 있었으며, 단계적인 사고에 입각해 우선 적십자 회담을 추구한 것으로 볼 수 있다. 또한 통일과정에서 유엔의 책임을 분명히 한 점으로 미루어 남북 당사자 간의 합의통일보다 유엔 등 국제적 힘을 더 중요하게 고려한 점이 주목된다. 결국 이상과 같은 사실은 남북 적십자 회담의 시작 단계부터 남측의 경우, 점진적이며 단계적인 접근방식을 내부적으로 확고히 하고 있었다는 사실을 보여준다.43)

남북적십자 예비회담 첫 회의는 1971년 9월 20일 오전 11시 판문점 중립국감독위원회 회의실에서 열렸다.44) 57분 동안 공개회의로 열린 이 자리에서 남측은 우선 예비회담의 장소와 시설문제, 수행원의 수와 회담 시 좌석 배치문제, 회담기록과 내용확인문제, 발언 순서와 발언자 지정문제, 회담공개 여부문제, 합의내용 발표방법문제, 상설 연락사무소 설치문제 등 7개 항목의 예비회담 운영 및 진행절차에 관하여 먼저 토의, 합의할 것을 제의하였다. 이에 대해 북측은 본회담를 준비하는 예비회담인 만큼, 본회담의 의제와 진행절차에 관해 토의, 결정하자고 제안하였다. 이에 따라 본회담을 판문점에서 속히 열고, 흩어진 가족들과 친척, 친우들의 자유왕래와 상호방문을 실현하며, 자유로운 서신거래 실시, 대표단 성원과 기타 회담절차 및 관련문제를 제의하였다.45) 또한 북측에서 회담건물을 신축할 의사를 밝혔으며,46) 본회담 대표는 쌍방 적십자단체 책임자(북은 위원장, 남은 총재)로

---

42) 『동아일보』, 1971년 9월 4일자.
43) 남측의 이러한 태도에 대하여 김일성은 "우리의 립장은 회담을 촉진시키자는 것이고 남조선 측의 립장은 회담을 지연시키자는 것"이라고 규정하고, "남조선당국자들은 남북사의 접촉과 래왕을 두려워하면서 계속 문을 닫아매고 있다"고 비판하였다. 『김일성저작집』 26, 조선로동당출판사, 1984, 290쪽.
44) 이하 남북적십자 예비회담 내용은 『남북적십자회담자료집(예비회담)』 제2집(1~4호), 1972를 참조.
45) 『로동신문』, 1971년 9월 22일자.

할 것 등의 의견을 제시하였다.

남북 양측의 다른 제안에도 불구하고 이날 회담에서는 회담의 효과적인 운영을 위해서 판문점 지역에 쌍방의 상설연락사무소의 설치와 연락관의 상주, 쌍방 연락사무소를 연결하는 직통전화의 가설·운용이 필요하다는 점에 합의해, 1945년 남북 간 전화 운용이 중단된 이래 26년 만에 제한된 목적을 위해서나마 전화 연결이 이루어지게 되었다. 이 합의에 따라 쌍방은 판문점 공동경비구역 내에 있는 남측 '자유의 집'과 북측 '판문각'에 각기 상설연락사무소를 설치하고 9월 22일 두 사무소를 연결하는 왕복 2회선의 전화선을 가설하여 개통하였다.[47]

9월 29일 열린 제2차 예비회담에서는 예비회담의 진행절차와 의제에 관한 주요 합의가 이루어졌다. 이에 따라 예비회담 장소는 판문점 중립국감독위원회 회의실로 결정되었으며, 남북적의 상설연락사무소는 각각 '자유의 집'과 '판문각'에 설치하기로 하였다.[48] 이 밖에 제2차 예비회담에서 한적 측은 본회담을 서울, 평양에서 번갈아 개최할 것을 제의했다. 이에 대해 북적 측은 교통, 통신사정과 대표단 활동의 안전 및 자유 등에 문제가 있다는 이유로 본회담 장소를 판문점으로 할 것을 주장하였으나,[49] 10월 6일 제3차 예비회담에서 태도를 바꾸어 서울-평양 윤번 개최에 동의하였다.[50]

---

[46] 이미 남측 적십자사는 회담장소 부근에 전방 사무소와 프레스센터를 짓고 9월 16일 개소식까지 한 상태였다. 『한국일보』, 1971년 9월 17일자.

[47] 남북 간 직통전화 가설안은 1971년 5월 중앙정보부가 작성한 「70년대 한국의 새로운 전략」이라는 보고서에서 제시된 것이었다. 이 아이디어는 당시 미·소 간 핫라인(Hot Line)을 참고하였다. 국토통일원 남북대화사무국, 『70년대 남북대화 성립 비사(Ⅰ)』, 1989, 29쪽.

[48] 『남북대화백서』, 국토통일원, 1988, 41~43쪽 참조.

[49] 회담장소를 서울-평양 윤번 개최로 하자는 서울 측의 안에 대한 북측의 판문점 안은 남측 언론의 즉각적인 반발을 불러일으켰다. 인도주의적 사안을 다루는 교류인 적십자회담 교환개최도 받아들이지 않으면서 이산가족의 남북 자유왕래가 어떻게 가능하냐는 지적이었다. 『동아일보』, 1971년 9월 30일자 ; 북측의 판문점 주장은 정치적 상징성을 고려한 것이라는 분석도 있었다. 『중앙일보』, 1971년 9월 30일자.

[50] 『합동연감』, 합동통신사, 1972, 99쪽.

북측의 주장에 따르면, 그들이 예비회담에서 본회담 장소를 판문점으로 주장한 이유는 과거 자신들이 남북대화 장소로 서울-평양 교차 주최를 요구했을 때 남측이 거절했기 때문에 그러한 사정을 고려한 것이라는 입장을 보였다.[51] 이와 관련, 1차 예비회담 직후인 9월 25일과 2차 예비회담 직후인 10월 8일 김일성은 각각 일본의 『아사히신문』, 교도통신(共同通信)과의 회담에서 이 문제에 대해 언급하였다. 북측의 주장은 먼저 판문점에서 하다가 '준비'가 갖추어지는 차제로 평양과 서울에서 하자는 제의였다는 것이다. 준비라는 것은 통신연락조건 마련을 의미했다.[52]

장소문제가 타결되자 남측에서는 대표단 및 보도진의 신변보장문제, 대표단 및 보도진에 대한 편의제공문제, 대표단과 보도진의 표식문제, 장비 및 소지품의 휴대문제, 교통 통신 및 연락문제, 회담장 시설문제, 회담장소 및 체재기간문제, 회담장소 외 지역의 활동보장문제 등 8개항을 추가로 제의하였다.[53] 북측은 본회담 개최 일시문제와 관련, 빠르면 빠를수록 좋다는 의견을 적극 개진하였다.[54]

10월 13일 제4차 남북적십자 예비회담에서 북측은 본회담 개최 일자를 12월 10일로 제시하였다.[55] 더 이상의 예비회담을 하지 말고 바로 본회담을 개최하자는 주장이었다. 그러나 남측은 북측의 이러한 태도를 '적십자회담의 정치회담화 전략'으로 규정하였다.[56] 이처럼 본회담 개최 일자를 둘러

---

[51] 『남북대화사료집』, 제6권, 206쪽.
[52] 『김일성저작집』 26, 조선로동당출판사, 1984, 289쪽.
[53] 『동아일보』, 1971년 10월 7일자.
[54] 반면 남측은 본회담 날짜를 예비회담 종료회담에서 토의하자는 입장이었다. 『조선중앙년감』, 조선중앙통신사, 1972, 370쪽.
[55] 북측은 '본회담 일자를 찍어서 제의한 것은 언제 본회담이 열리는지 알고 싶어 하는 인민들에게 명확한 해답을 주고 갈라져 사는 겨레들에게 희망과 용기를 북돋아주기 위해서'라고 밝혔다. 『남북대화사료집』 제6권, 243쪽.
[56] 『한국일보』, 1971년 10월 14일자 ; 외무부 파견관이 작성한 「남북적십자회담 주간보고(71.10.7~10.13, 10.12 작성) 문서에 따르면 '제4차 예비회담에서 관철해야 할 기본선'으로 북의 정치적 발언 시, "계속 묵살하되 결정적 시점에 이르러 공박 저지한다"라고 지시하였다.

싼 논란은 10월 20일 열린 제5차 예비회담에서도 그대로 이어졌다.

제6차 예비회담부터 양측은 본회담 의제를 결정하기 위해 논의에 들어갔다. 제4차 예비회담부터 끌어오던 본회담 개최일자 문제는 예비회담의 마지막 단계에서 다루기로 합의하였기 때문이다.[57] 그러나 이때부터 다음 해인 1972년 6월 16일 제20차 예비회담에서 본회담 의제에 완전히 합의하기까지 무려 15회의 예비회담 전체회의와 13회의 비공개 실무회의를 열었으며, 전체 예비회담 기간의 3분의 2에 해당하는 8개월을 본회담 의제 설정 토의에 할애하는 소모적 양상을 보였다. 제6차 회담에서 한적 측은 본회담 의제로 북으로 흩어진 가족의 생사와 주소를 확인하고 그들의 소식을 알려주는 문제, 남북으로 흩어진 가족의 서신교환문제, 남북으로 흩어진 가족의 재회 알선 및 상호방문문제, 남북으로 흩어진 가족의 재결합문제, 기타 부수적으로 해결해야 할 문제 등 5개항을 제안하였다. 이 같은 제의는 '생사와 거처 확인, 소식 통보, 서신 교환, 면회(또는 상봉), 재결합'으로 이어지는 과정을 의미하며, 국제적십자 심인(尋人)사업에서 통용되는 사업항목과 순서[58]에 따른 것이므로 객관적으로 타당성이 있다는 인식이었다.[59]

반면 북적 측은 심인사업의 대상에 '친우'를 포함시키고, 사업의 순위에서 가족보다 친우를 강조하고, 남북 간의 자유왕래와 상호방문에 역점을 두는 경향을 보였다. 이후 북적 측이 사업대상에서 친우를 유보함으로써 사업대상에 관한 타결의 실마리가 풀려나갔으나, 그럼에도 불구하고 논의가 6개월가량 더 지속된 이유는 북측이 의제 문안에 "가족과 친우들 사이의 자유로운 왕래"라는 표현을 반드시 사용해야 한다고 강력 주장하였기 때문이다. 8월 14일 북적의 적십자회담 동의 성명 직후, 북적의 한 관계자가 북

---

[57] 『경향신문』, 1971년 10월 28일자.

[58] 이 내용은 「戰時에 있어서의 민간인 보호에 관한 제네바 제4협약」 제25~26조 및 제10조 「이산가족 재결합에 관한 적십자 국제회의 호소문」, 제19차 적십자 국제회의 결의 제20호, 제20차 적십자 국제회의 결의 제19호 등에 따라 국제적으로 인정된 방식이라는 지적에 대해서는 박봉식, 「남북적십자회담의 경과와 현황」, 『통일정책』 1권 1호, 평화통일연구소, 1975, 236쪽.

[59] 『남북대화백서』, 국토통일원, 1988, 44쪽.

측의 이산가족 숫자에 대하여 말하면서 "광범한 친척의 교제를 중하게 여기는 민족성"을 언급한 것으로 볼 때, '친우'를 포함하려는 북의 주장은 논리적으로 위와 같은 연장선에 있는 것으로 추정된다.[60] 그러나 당시 남측에서는 북측이 광범한 친우 상봉을 매개로 하여 곳곳에 공작원을 파견하여 남쪽 사회를 교란시키려는 목적을 지닌 것으로 판단하였다. 즉, 한적 측은 북적 측이 자유왕래를 통하여 당사자들이 마음대로 남북을 오가게 함으로써 궁극적으로 정치적 선전선동을 벌이겠다는 의도의 반영인 것으로 보았다.[61] 따라서 한적 측은 친우 포함 주장에 적극적으로 반대하였으며 이는 결국 의제 확정에 곤란을 초래하였다. 예비회담은 '친우문제'와 '자유왕래' 문제로 8개월이라는 시간을 소비하였다.

6차부터 16차 예비회담까지 양측은 '본회담 의제문제'로 날카롭게 대립하였다. 남측은 북측이 자유왕래를 끈질기게 고집한다고 불만이었으며, 북측은 남측이 예비회담을 무한정 끌고 있다고 지적하면서 상호 비난하는 분위기였다.[62] 그럼에도 불구하고 회담이 파탄나지 않은 이유는 양측 모두 회담의 결렬을 선언하지 않았기 때문이다. 당시 남측의 기본전략 역시 '회담 결렬 회피'였다.[63]

제17차 예비회담부터 분위기는 해빙의 징조가 보이기 시작하였다. 남측이 '가족과 친척의 상호방문을 위한 자유왕래 알선'과 '가족의 재결합을 위한 자유로운 거주지 선택 알선'이라는 새로운 제의를 포함한 6개항의 점진적인 안을 내놓았으며, 이에 대해 북측이 가족·친척 간의 자유로운 방문과 서신거래를 실시하는 문제, 자유의사에 의한 재결합문제, 기타 인도적으로

---

[60] 「주일대사가 장관에게」, 1971.8.20, 외무부 문서번호: 08993.

[61] 적십자회담 남측 대표였던 김달술은 북측의 '친우' 주장은 이산가족찾기운동을 사실상 와해시키고 그 대신 '친우'라는 이름의 훈련된 대남공작원을 대량으로 남파하여 '남조선혁명'운동을 전개하려는 기도라고 볼 수밖에 없는 것이라고 규정하고 있다. 김달술, 「남북대화: 과거, 현재 그리고 미래-서울의 시각-」, 『한국과 국제정치』 5, 경남대 극동문제연구소, 1987, 207쪽.

[62] 『조선일보』, 1972년 1월 21일자.

[63] 「남북적십자회담 중간보고」 1~10차, 외무부 파견관 보고, 1971.11.26.

해결해야 할 문제 등 3개항의 수정안을 내놓음으로서 대화의 기틀이 형성되었다.[64]

1972년 2월 10일 제18차 예비회담에서 한적 측은 '본회담 의제 문안 정리를 위한 비공개 실무회의'를 열자고 제안하였으며, 북적 측이 이에 동의함으로써 같은 해 2월 21일부터 6월 5일까지 모두 13회의 실무자회의를 거듭하였다. 한적의 정홍진과 정주년, 북적의 조명일과 리종학 등 양측의 대표들은 19차에 걸친 예비회담과 13차에 이르는 실무회의를 바탕으로 마침내 남북적십자 본회담의 의제를 합의하였다.[65] 양측은 6월 16일의 제20차 예비회담에서 이를 채택, 확정하였다. 양측이 합의한 본회담 의제는 첫째 남북으로 흩어진 가족들과 친척들의 주소와 생사를 알아내며 알리는 문제, 둘째 남북으로 흩어진 가족들과 친우들 사이의 자유로운 방문과 자유로운 상봉을 실현하는 문제, 셋째 남북으로 흩어진 가족들과 친우들 사이의 자유로운 서신왕래를 실시하는 문제, 넷째 남북으로 흩어진 가족들의 자유의사에 의한 재결합문제, 다섯째 기타 인도적으로 해결할 문제 등이다.[66]

예비회담과 실무회담을 포함하여 모두 33차례에 걸친 회의 끝에 본회담 의제가 확정되었으나, 양측이 합의에 이르게 된 이유가 전적으로 쌍방 적십자사 간의 소통과 견해가 조절되고 통합되어 나가는 과정 속에서 합의에 이르게 된 것이라고 보기는 어렵다. 시기적으로 볼 때, 양측 실무자가 합의에 이른 6월 5일(13차 실무회의)은 이미 남북 간에 비밀 특사로서 이후락-박성철이 상호방문을 마친 시점이었다. 특히 5월 29일부터 6월 1일까지의 박성철 서울 잠행 직후 적십자본회담 의제가 타결되었다는 사실은 당시 진행되던 남북 간의 비밀 접촉과 남북적십자회담이 정치적으로 긴밀한 내적 연관을 띠는 관계라는 점을 드러내주고 있다. 이미 이후락-박성철의 상호 방문으로 양측은 공동성명을 작성하여 남북관계 진전의 이정표를 세우고 이에 따라 관계개선을 시도한다는 합의에 이른 상태였다. 따라서 남북적십

---

[64] 『경향신문』, 1972년 2월 4일자.
[65] 『동아일보』, 1972년 6월 6일자.
[66] 『동아일보』, 1972년 6월 17일자 ; 『로동신문』, 1972년 6월 17일자 참조.

자회담도 이런 흐름 속에서 진전을 이루지 않으면 안 될 상황이었으며, 이런 상황조건이 적십자본회담 의제 타결에 결정적인 힘으로 작용한 것으로 볼 수 있다.

본회담 의제에 합의한 남북적 양측은 1972년 7월 10일의 제21차 예비회담부터 본회담 대표 구성문제를 토의하기 시작하였다. 특히 시기적으로 제21차 예비회담은 7·4남북공동성명 발표 직후에 열렸기 때문에 남북 간의 대화 분위기가 한껏 고조된 상황에서 양측의 기대가 집중되었다. 한적 측은 우선 대표단 규모와 관련하여 대표단은 쌍방 각 7명, 수행원은 각 20명, 그리고 필요한 수의 지원 인원을 대동할 것을 제의하였다. 이에 대해 북적 측은 대표단을 각기 적십자기관 책임자를 단장으로 하는 5~7명씩으로 구성할 것을 제의하였다. 결국 각기 7명씩의 대표로 대표단을 구성하기로 합의하였다.[67]

7월 14일에 열린 제22차 예비회담에서 쌍방은 본회담 수석대표의 경우, 각기 적십자 기관의 책임자 또는 부책임자로 한다는 데 합의하였다. 그러나 이때 북적 측이 '자문위원' 문제를 제기하여 논란이 빚어졌다.[68] 북적 측은 '현지에서 대표단의 문제처리에 협력하기 위해서' 자문위원단을 구성하자는 주장이었다. 그에 따라 북측에서는 최고인민회의와 정당·사회단체 대표들, 남측에서는 이에 상응하는 국가기관과 정당·사회단체 대표들로 구성되는 각기 5~7명의 자문위원단을 구성하여 본회담 대표단을 수행케 하자고 제의하였다.[69] 한적 측은 북적 측의 이러한 제안을 '적십자 회담의 정치회담화 전략'의 일환이라고 판단하고 반대하였다.[70] 그러나 막바지에

---

[67] 『한국일보』, 1972년 7월 11일자 ; 『민주조선』, 1972년 7월 11일자 등 참조. 양측의 쟁점은 대표단장의 경우, 각기 적십자사 책임자로 할 것인가 하는 단장의 급을 정하는 문제였다. 적십자 책임자가 단장이 되어야 한다고 주장한 북측과 달리, 남측은 굳이 규정하지 말자는 것이었는데 그것은 한적 위원장이 본회담 남측 단장을 맡지 않을 수 있다는 사정이 있었기 때문이다. 한적 최두선 총재가 8월 8일 임기가 끝나는 상황이었기 때문이다. 이에 따라 본회담 남측 단장은 부회장이 맡게 되었다.

[68] 『한국일보』, 1972년 7월 16일자.

[69] 『남북적십자회담자료집(예비회담)』 제2집(3호), 국토통일원, 1972, 925쪽.

이른 예비회담의 조속한 종결을 의식하지 않을 수 없었던 한적 측은 이 제안을 받아들이기로 하고, 7월 19일 제23차 회담에서 "쌍방은 각기 자기 측의 필요에 따라 자기 측 대표단의 자문에 응하게 될 7명 이내의 자문위원을 임명하여 대표단을 수행케 한다"는 절충안을 내놓음으로써 대표단 구성문제를 매듭지었다. 쌍방은 또 양측 대표단이 각기 70명 내외의 수행원과 지원 인원을 대동하기로 합의하였다.[71]

양측이 대표단 구성문제 타결에 이어 본회담 진행절차에 관한 협의를 시작한 것은 제23차 예비회담에서였다. 이때 북측은 본회담 첫 장소로 평양을 주장하였고,[72] 70명 내외로 합의하였던 수행원과 지원인원 수를 대폭 줄이자고 수정 제안하였다.[73] 또한 남측이 국내 기자의 대표단 수행 취재 허용은 물론 외신기자들을 대표단 일행에 포함시켜 취재편의를 도모해주자고 제의하자, 북측은 반대의사를 표명하였다. 양측은 첫 본회담 일자를 같은 해 8월 5일로 합의, 발표하기로 했으나 위와 같은 본회담 진행절차에 관한 토론이 난항에 빠지면서 합의된 일자가 지나고 말았다. 본회담 관련 합의가 지연되자, 북한의 언론은 이를 남측의 지연전술로 규정하고 남측을 강하게 비판하였다. 또한 북측이 '기자단의 활동에 대해 규제를 한다'는 식의 남측 여론은 사실의 완전한 왜곡이라고 반박했다.[74]

7월 26일 판문점에서 열린 제24차 예비회담에서 본회담 장소 확정문제와

---

70) 북측의 자문위원단 구성 요구는 적십자 대표단에 대한 '당적 지도'(조선로동당에 의한 지도)를 보장하기 위한 체제의 특수성에서 비롯된 것으로 판단된다. 이후 확정된 북측의 자문위원단이 대체로 정당·사회단체 관계자들이라는 점에서 그러하다.

71) 『남북대화사료집』 제6권, 435~436쪽.

72) 반면 서울의 언론은 첫 회담 서울개최 주장을 연일 펼쳤다. 주요 논거는 '5천만 겨레의 한결같은 마음의 고향이 서울'이라는 주관적 인식이었다. 『경향신문』, 1971년 7월 20일자 ; 『한국일보』, 1971년 7월 21일자.

73) 이러한 북측의 태도를 '소극적 입장의 반영'이라고 한 지적도 있다. 『조선일보』, 1972년 8월 12일자. 그러나 북측은 본회담에 남북의 정당·사회단체 대표들을 초청하자고 제안한 것으로 볼 때 실무인원을 줄이는 대신 대화 참석자의 범위를 넓히려 했던 것으로 보인다. 『민주조선』, 1972년 7월 20일자 참조.

74) 『민주조선』, 1972년 8월 9일자.

북측에 의한 정당·사회단체 대표 초청문제 등 몇 가지가 대립되자, 양측은 합의에 도달하지 못한 채 실무자회의를 별도로 열어 조정키로 하였다.[75] 7월 27일부터 '본회담 진행절차 협의를 위한 실무회의'가 세 차례(7월 27일, 8월 3일, 8월 9일)에 걸쳐 열린 끝에 합의(본회담 기타 진행절차와 본회담 일시에 관한 합의)가 이루어졌다. 8월 11일 제25차 예비회담 마지막 날에 「본회담 기타 진행절차와 본회담 일시에 관한 합의」가 채택, 확정된 것이다. 이에 따라 남북적십자 제1차 본회담은 1972년 8월 30일 오전 10시 평양에서, 제2차 본회담은 1972년 9월 13일 오전 10시 서울에서 개최하기로 하였다. 쟁점이 된 첫 본회담 장소문제와 북측이 제안한 본회담 개최 시 정당·사회단체 대표 초청문제는 남과 북이 하나씩 서로 양보함으로써 타결되었다.[76] 이로써 예비회담은 막을 내렸고 본회담 개최 준비를 완결하게 되었다.

본회담 진행절차와 일시에 관한 합의를 바탕으로 하여 양측은 8월 13일(북적), 17일(한적) 각각 본회담 대표단 및 자문위원 명단을 발표하였다. 한적 측의 대표단은 수석대표: 이범석(한적 부총재), 교체수석대표: 김연주(한적 보건사회부장), 대표: 김달술(한적 회담사무국장), 대표: 박선규(한적 충남지사장), 대표: 정희경(한적 청소년지도위원, 이화여고 교장), 대표(대변인): 정주년(한적 회담사무국 대변인), 대표: 서영훈(한적 청소년부장)이며, 자문위원으로는 김준엽(고려대 교수), 조덕송(조선일보 논설위원), 양흥모(중앙일보 논설위원), 박준규(서울대 교수), 구범모(서울대 교수), 송건호(동아일보 논설위원) 등이다.

북적 측의 대표단은 단장: 김태희(북적 부위원장), 부단장: 주창준(북적 서기장), 대표(대변인): 조명일(북적 상무위원), 대표: 궁상호(북적 참사), 대표: 이청일(북적 상무위원), 대표: 한시혁(북적 문화선전부장), 대표: 김수철(북적 계획부 부부장)이며, 자문위원은 윤기복(조선로동당 대외연락부 부위원장), 김성률(조선민주당 부위원장), 강장수(천도교청우당 부위원장), 김길

---

[75] 『경향신문』, 1972년 7월 27일자 및 8월 3일자.
[76] 『한국일보』, 1972년 8월 12일자.

현(조국통일민주주의전선 서기국 부국장), 백남준(직업총동맹 부위원장), 오광택(사회주의로동청년동맹 부위원장), 김병식(재일본조선인총련합회 제1부위원장) 등이다.[77]

위와 같은 남과 북의 적십자 본회담 대표단과 자문위원단의 명단을 살펴보면, 공통점과 차이점이 드러난다. 공통점으로는 대표단의 경우, 양측 모두 각자의 적십자사 책임자급들로 구성되었다는 점이다.[78] 반면 자문위원단의 경우, 남측은 주로 언론계와 학계의 개별 인사를 선정했으나[79] 북측의 경우에는 정당·사회단체(재일 조총련 포함)의 대표자급을 선정한 점이 차이라고 할 수 있다.[80]

본회담 양측 대표단 및 자문위원단 명단 교환 과정에서 8월 16일 남북적은 '통신실무자협회'를 판문점에서 열어 총 20회선의 남북 직통 전신, 전화 회선을 가설키로 하는 내용의 「남북 전신·전화 가설·운용에 관한 통신기술자실무회의 합의서」에 합의하고, 이에 의거하여 8월 17일 남북 직통 전신 회선들을 가설하였다. 이어서 8월 22일에는 남측을 대표하여 이후락 남북조절위원회 서울 측 공동위원장이, 북측을 대표하여 사회안전성이 각기 상대편 적십자 본회담 대표단 일행의 신변안전을 보장하는 성명을 발표하였으며,[81] 8월 26일에는 서울과 평양의 적십자 중앙기관 간의 직통전화가 개

---

[77] 『이산가족백서』, 대한적십자사, 1976, 303~304쪽.

[78] 『남북적십자회담자료집(예비회담)』 제2집(2호), 국토통일원, 1972, 1533쪽. '북적 중앙위원회 기구도' 참조.

[79] 본래 남측 자문위원 명단에는 이북5도연합회 김희종 회장이 올라와 있었다. 그런데 이 명단을 북측에 제공하자 북적은 김희종 회장이 속한 이북5도연합회를 '대북 적대 감정 고취 단체'로 지적하고 그를 받아들이지 않았다. 당사자인 김희종 회장은 자신으로 인해 적십자 교섭 자체에 차질을 가져와서는 안된다는 판단에서 사의를 표명, 다른 인사가 대신 참여하였다(『서울신문』, 1972년 8월 24일자). 그러나 사실은 박 대통령의 '구범모로 대체할 것'이라는 지시에 따른 것이었다. 또한 그 직전에, 이후락은 이 문제로 하비브 미 대사와 리차드슨 CIA 한국지부장과 의논하였는데, 하비브는 교체하라고 충고하였다. "Telegram from the Embassy in Korea to the Department of State", Aug. 23, 1972, Pol Kor N-Kor S, Subject-Numeric Files.

[80] 『조선일보』, 1972년 8월 12일자.

[81] 남북조절위원회 공동위원장의 이름으로 나온 1호 성명이 적십자회담의 순조로운 진

통되었다. 이로써 남북 적십자 본회담을 위한 준비절차가 모두 마무리되었다.

2. 남북적십자 본회담의 진행과 쟁점

평양에서 열린 제1차 본회담과 서울에서 열린 제2차 본회담은 분단 이래 최초의 남북 왕래 실현이라는 감격으로 말미암아 단순한 남북적십자회담의 진행이라기보다는 시종 축제 분위기 속에서 여러 가지 행사가 중요한 비중을 차지하였다.[82]

1972년 8월 30일 오전 10시 평양 대동강회관에서 제1차 남북 적십자 본회담의 막이 올랐다. 4박 5일 동안의 평양회담은 양측 수석대표의 개회사와 남북 측 정당·사회단체 대표들의 축사 그리고 본회담 의제를 공식으로 채택하는 간략한 절차 등 의례적인 행사로 끝났다. 이범석 남측 수석대표는 개회 연설에서 "민족적 자각으로 남북 적십자 회담을 진행해 나갈 것이며 통일의 소명 앞에 북적 대표들과 자리를 같이하여 이산가족의 애절한 소원을 성취시키는 데 온갖 노력을 다할 방침"이라고 밝혔다. 북적의 김태희 단장은 "남북 적십자 회담은 사반세기의 장벽에 새로운 돌파구를 마련한 것이며 이 회담은 나라의 평화적 통일과 직결되어 있으므로 우리들 대표단의 사명은 무겁다"고 말하였다.[83]

양측 수석대표는 본회담의 진행 원칙에 관한 남북 간의 합의문서(제1차 남북적십자 본회담 합의서)에 각각 서명하였다. 두 개의 항으로 된 이 합의문서 제1항은 예비회담에서 합의한 5개항의 의제를 본회담 의제로 채택할

행을 돕겠다는 내용이라는 점은 조절위원회의 정치적 성격을 잘 드러내주고 있다. 『한국일보』, 1972년 8월 24일자.

[82] 『남북대화백서』, 국토통일원, 1988, 75~76쪽 ; 그러나 제1차 평양 본회담에 참가한 남측 대표단이 평양시민들의 '무관심한 태도'에 당혹스러워하였다는 보도도 있다. 『조선일보』, 1972년 9월 1일자.

[83] 『남북대화백서』, 남북조절위원회, 1978, 120쪽.

것을 재확인한 것이며, 다음과 같은 제2항을 채택하였다.

"쌍방은 자주, 평화통일, 민족적 대단결의 3대 원칙이 천명된 남북공동성명과 그리고 적십자 인도주의 원칙에 기초하여 남북 적십자 회담 의제로 설정된 모든 문제들을 성과적으로 토의, 해결함으로써 남북으로 흩어진 겨레들의 고통을 하루 속히 풀어주며 나아가서 조국통일의 디딤돌이 되도록 모든 노력을 다한다."[84]

제1차 회담에서 나타난 북측의 태도와 관련한 특징은 북측 8개 정당·사회단체 대표들의 축하연설과 그 밖의 단체 및 인사들이 보낸 축전 낭독으로 많은 시간을 할애하였다는 점이다. 조선로동당, 조선민주당, 재일본조선인총련합회, 천도교청우당, 직업총동맹, 농업근로자동맹, 사회주의로동청년동맹, 민주녀성동맹 등의 대표들은 연설을 통해 '이산가족 문제의 해결'에 초점을 두기보다는 '사상 및 체제 선전'과 '다방면적인 교류 및 접촉' 그리고 정당·사회단체 등 각계각층의 회담 참여와 같은 '정치적 문제'를 주로 거론하였다.[85] 그럼에도 불구하고 '제1차 본회담은 성공적이었으며 1천만 이산가족을 만나게 해주려는 회담의 앞길은 매우 밝다'[86]고 한 이범석 남측 수석대표의 귀경 성명처럼 사반세기의 단절에서 빚어진 이데올로기와 체제 대립이라는 두꺼운 장벽을 넘어서 남북적십자 대표들이 처음으로 만나 대화한 것은 커다란 역사적 의의를 갖는 것이었다.

제2차 남북 적십자 본회담은 보름 뒤인 1972년 9월 13일 오전 10시 20분 서울의 조선호텔에서 개막되었다. 이날 회의에서 한적 이범석 수석대표는 의제 토의의 세 가지 기본원칙을 밝혔다. 그는 장차 의제를 다뤄가는 적용 원칙으로서 첫째, 사업의 모든 분야에서 대상자(이산가족 및 친지)들의 자유의사를 어떠한 경우에든 완전 보장할 것, 둘째, 사업 주체성을 쌍방 적십

---

[84] 『동아일보』, 1972년 8월 31일자.

[85] 『경향신문』, 1972년 8월 31일자 ; 『서울신문』, 1972년 9월 1일자. 예비교섭 막바지에 북측이 첫 본회담에서 남북 정당·사회단체 대표를 초청하여 축사를 하게 하자고 제안하였으나 양측의 합의가 이루어지지 않아 보류된 바 있었다. 평양에서 첫 회담을 열게 되면서 북측은 자연스럽게 정당·사회단체 대표들의 축사를 삽입하였다.

[86] 『경향신문』, 1972년 9월 4일자.

자의 주관과 책임하에 둘 것, 셋째, 국제적십자의 전통적 사업방식을 바탕으로 한 신속성과 정확성 등을 내세웠다.[87] 또한 그는 "남북 적십자인들이 상호 신뢰와 성실한 노력으로 적십자 회담의 궤도가 순탄하게 이어져간다면 이 궤도는 언젠가는 조국통일을 위한 다음 단계의 역사적 과업의 궤도로 연결될 것"이라는 견해를 밝혔다. 남측은 이산가족 상봉문제에 집중하면서 통일과의 관련성에 대해 막연하게 의미를 부여하였다.

반면, 북측 김태희 단장은 개회 연설을 통해 "조국통일이야말로 최고의 인도주의이며 분열로 인한 겨레의 고통을 가장 철저하게 풀어주는 것"이라며 이산가족 찾기 사업과 통일문제와의 관련성을 집중 거론하였다.[88] TV에 생중계된 북적 자문위원 윤기복, 김병식의 연설에서도 정치적 연설이 많은 비중을 차지했다. 그러자 남측 언론은 '우리 민족의 경애하는 수령이신 김일성' 등 정치선전에 대해 매우 비판적으로 보도하였다.[89] 이와 관련한 국민들의 반공·반북 정서의 표출에 대하여 한 신문은 "물론 새삼스런 발견은 아니다. 그러나 이번과 같은 어려운 고비에서 그것이 선명하게 나타났다는 것은 우리 국민의 정치적 성장을 보여준 것이라 흐뭇한 일이 아닐 수 없다"[90]라고 쓸 정도였다. 다른 매체들도 대부분 '국민의 건전한 의식과 정치적인 성숙도를 나타낸 것'이라는 입장이었다. 북측 대표단의 연설로 인한 남쪽 사회의 반응은 오히려 반공 분위기의 고조라는 현상을 낳았다. 남과 북의 인도주의적 문제 해결을 위한 대화와 협의가 반공·반북 의식의 확대라는 결과를 초래한 것은 10년째 박 정권이 구축해 놓은 반공교육의 반영이자 잠재해 있던 냉전적 적대감의 분출이었으며, 이 같은 현상은 곧바로 박 정권에게 정치적으로 활용되었다.[91]

---

[87] 『한국일보』, 1972년 9월 14일자.

[88] 『남북대화사료집』 제6권, 623쪽(1972.9.13 평양방송).

[89] 『경향신문』, 1972년 9월 14일자 ; 『조선일보』, 1972년 9월 14일자 등. 이날 라디오, 텔레비전에서는 현장 실황을 생중계하였는데 북측 대표단의 연설에 대한 국민들의 반응은 한마디로 '분노와 실망'이었다는 것이다. 방송국과 신문사에는 항의 전화가 쉴 새 없이 걸려왔다.

[90] 『경향신문』, 1972년 9월 16일자.

예비회담 과정을 통해 드러났듯이 북측은 이산가족문제가 인도주의적 문제이기는 하지만 정치적으로 대립돼 있는 남북 분단에서 파생된 사안이라는 점에서 정치적 해결과정을 밟지 않으면 안된다는 입장이었다. 이에 대해 남측은 일관되게 인도주의문제와 정치적 문제를 분리하자는 주장을 폈다.[92] 따라서 제2차 서울 본회담은 그러한 남과 북의 기본적인 관점의 차이가 다시 드러나는 양상이었다.

이에 대한 남측 주민들의 반응은 매우 차가웠다. 정부에서도 그 같은 북의 입장에 대해 이해를 표시했던 게 아니라 매우 비판적이었고 언론도 적극적인 공격에 가담하였다.[93] 그 결과 북측의 입장이 드러난 서울 회담에서 대다수의 남쪽 국민들은 그와 같은 북의 태도를 '인도주의 실현 목적이 아닌 정치선전을 늘어놓겠다는 자세'로 받아들이게 되었다. 이런 점에서 제2차 본회담에 대한 남측의 반북적 분위기는 '예고된 결과'였다고 할 수 있다. 사회적 분위기가 지나치게 반북적 분위기로 흐르자 이후락은 급기야 9월 20일 한국신문협회 등 5개 언론단체에 '불필요한 감정 유발 자제와 대화가 저해되지 않게 해 달라'고 공식 요청을 해야 했다.[94]

한편 북측은 서울 회담이 끝난 후, 회담장에 남측의 정당·사회단체 대표

---

[91] 김연철,「쟁전과 탈냉전기 남북대화전략의 비교: 7·4, 기본합의서, 6·15를 중심으로」('남북관계의 현황과 전망: 역사적 시각으로부터의 조망' 연세대 국제학대학원 현대한국학연구소 주최, 11.12), 2003, 10쪽.

[92] 제2차 본회담 후 열린 대학교수, 언론인들의 좌담회에서는 현실적으로 인도주의와 통일문제(정치문제)는 분리될 수 없다는 견해가 다수였다. 노재봉 외,「남북적십자회담을 점검한다」,『신동아』 11월호, 1972, 90쪽.

[93] 당시 보도경향 가운데는 북측 대표단의 시내관광과 워커힐호텔에서의 밸리댄스, 남대문 도큐호텔에서의 서양요리 대접과정에서 북측 인사들이 공연장에서 민망해하는 모습과 나이프와 포크를 사용할 줄 몰라 당황하는 모습 등을 노리개감으로 삼은 기사까지 등장할 정도였다. 이에 대해 정작 박정희는 '우리의 미풍양속은 어디로 갔냐'며 호통을 쳤다고 한다. 김성진,『한국정치 100년을 말한다』, 두산동아, 1999, 343쪽.
당시 북한 측 재일 조선인 기자단의 워커힐호텔 만찬 참석자는 서울 방문기에서 '라체춤과 광란적인 쟈즈'로 '우리를 술과 색정으로 녹여보려고 타산하여 꾸민 만찬회인가 하고 의심할 정도였다'고 썼다.『민주조선』, 1972년 9월 17일자.

[94] 이상우,「남북조절회담, 서울과 평양의 밀회」,『신동아』 8월호, 1983, 216쪽.

들을 참가시키지 않은 문제에 대해 문제제기를 하였다. 평양에서 열린 제1차 본회담에서는 북측의 정당들과 사회단체 대표들이 초대되었으나 서울에서 열린 제2차 회담에는 그렇지 못하였다는 것이다. 특히 야당인 신민당을 거명하며 이들이 회의 참가뿐만 아니라 축하연설을 할 것까지 제의하였지만 참가시키지 않은 점에 대해 '매우 유감스러운 사실'이라고 지적하였다.[95] 특히 남측 언론의 대대적인 반공여론 조성에 대해서 강도 높게 비판하였다. 서울 회의를 계기로 '남조선 측이 악의에 찬 대대적인 선전 깜바니아(캠페인)를 일으키고 있다'면서 "그들은 라디오, 텔레비죤 방송, 통신, 출판물 등 서울과 지방의 어용선전 기관들을 총동원하여 이날 회의에서 한 공화국 적십자회 단장의 연설과 자문위원들의 축하연설들을 선전과 정치적으로 일관되었다느니 우리 측이 회담장소를 선전무대로 삼았다느니 인도주의와 애국애족에 대해서 말을 하지만 의도는 딴 데 있는 것 같다느니 하고 제멋대로 꾸며내며 악선전을 하고"있다고 비난하였다.[96] 나아가 남측이 대화와 함께 '반공소동'과 '회담 무용론(無用論)'까지 제기한 사실에 대하여 "양면전술을 쓰는 것과 같은 잔꾀"[97]라고 규정하였다.

양측 수석대표들은 제2차 회담 이튿날인 9월 14일 오후 6시 45분, 쌍방 대표단과 자문위원들의 참석하에 2개 항으로 된 합의문서를 각각 서명, 교환하였다.[98] 합의문서 서명은 예고 없이 전격적으로 이루어졌으며 5분 만에 끝났다.[99] 합의서를 통해 양측은 적십자 본회담 의제 해결에 있어서 "민

---

[95] 『민주조선』, 1972년 9월 14일자.

[96] 『로동신문』, 1972년 9월 16일자. 논평 '적십자회담에 임하는 남조선 당국자들의 태도를 의심한다' 참조.

[97] 『로동신문』, 1972년 10월 7일자.

[98] 당시 북측의 연설이 야기한 반공분위기 속에서 회담 합의문 작성이 난항에 빠졌다. 정주년 남측 대변인의 회담결렬 선언 예측까지 나오자, 박정희는 정주년에게 '회담결렬선언은 하지말라'고 지시하였다. 김성진, 앞의 책, 341쪽.
그러나 북한의 보도에 따르면, 남측의 '인내와 설득'에 의해 '위기에 직면했던' 합의서 채택이 이루어진 듯이 남측이 주장한 것은 '철면피한 거짓말'이라는 것이다. 남측이 합의를 여러 차례 뒤집고 고의적으로 합의서 채택을 지연시켰다는 것이다. 『민주조선』, 1972년 9월 20일자.

주주의적 원칙과 자유로운 원칙, 남북공동성명의 정신과 동포애 그리고 적십자 인도주의 정신을 철저히 구현한다"고 합의하였으며, 3차 본회담은 1972년 10월 24일 평양에서, 제4차 본회담은 1972년 11월 22일 서울에서 진행하기로 하였다.

    남북 적십자 본회담의 의제를 실질적으로 논의하기 시작한 때는 1972년 10월 24일 평양에서 열린 제3차 본회담부터였다. 이날 회의에서 양측은 본회담 의제 제1항과 관련, 각각 준비한 내용을 발표하였다. 한적 이범석 수석대표는 우선, 의제 제1항(이산가족들과 친척들의 주소, 생사 확인문제)에 관련해 다음과 같은 6가지 방침을 제시하였다. 가족·친척찾기 사업은 쌍방 적십자사의 책임과 주관하에 실행, 적십자 인도주의의 본질을 저해하는 모든 요소의 배제, 당사자의 자유의사를 존중, 당사자의 신상내용에 대한 비밀보장, 합의가 이루어지는 사업은 즉각 지체 없이 실천, 생사와 주소확인에 정확·신속성 보장 등이다.[100] 또한 이범석은 사업의 구체적인 절차는 국제적십자 심인사업의 원리와 방법에서 찾아야 한다고 하면서 이미 준비한 '대한적십자사의 본회담 의제 제1항 실천방안'을 제시하였다. 한적이 제시한 사업의 절차를 간략화해 보면 '쌍방 적십자의 이산가족 주소 생사 의뢰 접수, 의뢰서 작성, 상대방에 수교, 쌍방 적십자의 신속조사 후 결과를 회보서로 작성해 의뢰 측 적십자에 수교, 쌍방 적십자는 회보서 내용을 의뢰인에 통보'의 과정이다. 이와 관련해 '남북으로 흩어진 가족, 친척의 주소와 생사를 알아내는 의뢰서'와 '남북으로 흩어진 가족, 친척의 주소와 생사를 알리는 회보서' 양식을 제시하였다. 또한 위의 문건 교환업무를 취급하기 위한 '남북 적십자 판문점 사업소'를 설치할 것, 사업의 개시 시기는 쌍방에 의해 의제 제1항에 관한 합의가 이루어지는 날로부터 1개월 이내에 문건을 교환하기 시작할 것 등을 제안하였다.[101]

---

99) 『남북대화백서』, 남북조절위원회, 1978, 123쪽.
100) 「70년대 남북적십자본회담에서의 문제별 내용 발췌」, 국토통일원 남북대화사무국, 1985, 12~13쪽.
101) 『남북대화백서』, 남북조절위원회, 1978, 125~128쪽 참조.

반면, 북적 김태희 단장은 의제 5개항 토의 해결의 기본원칙에 관하여, 주체적 입장 견지, 민주주의 원칙과 자유로운 원칙, 상호이해와 신뢰 및 민족적 화목과 대단결 도모, 적십자 인도주의 원칙, 거족적인 온 민족적 사업으로 추진시켜 나가는 원칙 등 5개 원칙을 제시하였다.[102] 이 가운데 첫째와 둘째로 제시된 원칙이 주목된다. 첫 번째 원칙을 통해 북측은 "의제를 다루어 나가는 데 있어서 기존 관례나 남의 경험에 매달릴 수 없으며 어디까지나 우리나라의 실정을 정확히 반영한 우리의 새로운 규범과 경험을 창조해야 한다"[103]고 함으로써 국제적십자 사업의 경험에 무조건 수긍하지 않을 것임을 명백히 하였다. 그리고 두 번째 '민주주의 원칙과 자유로운 원칙'이란 "생사와 주소, 서신거래로부터 가족 재결합에 이르는 모든 문제들에서 어떠한 제한이나 통제도 가해지지 말아야 하며, 당사자들의 요구가 최대한 반영"되는 것을 의미한다. 또한 "당사자들의 의사와 요구를 실현할 수 있는 충분한 사회적 분위기의 조성"을 요구하였다. 이후 남측에 대한 북측의 '사회 분위기 조성'이라는 지속적인 요구의 근거가 바로 이 같은 의제토론관련 5개 원칙을 통해 제시된 것이다. 위와 같은 북측의 5개 원칙은 이미 제2차 본회담의 북측 대표 기조연설에서도 언급되었으나, 이때 구체적으로 제시된 것으로 볼 수 있다.

북측 김태희 단장은 의제 제1항과 관련해서는 다음과 같은 4가지 방안을 제기하였다. 남조선에서 모든 법률적·사회적 장애를 제거하고 당사자들과 협조자들이 민주주의적으로 자유롭게 의사를 표시하고 활동할 수 있는 조건과 환경을 조성하도록 할 것, 쌍방이 적당한 수의 적십자 '요해(了解)해설인원'을 각각 상대방 현지에 파견할 것, 북남으로 흩어진 가족·친척의 범위는 본인의 호소에 따라 정하며 그들의 주소와 생사를 알아내며 알리는 방도는 본인의 민주주의적 요구와 자유로운 의사표시에 따라 정하게 할 것, 이상 문제들에 대한 합의사항들을 실행 보장하기 위하여 '북남 적십자 공동

---

[102] 『로동신문』, 1972년 10월 25일자.

[103] 「70년대 남북적십자본회담에서의 문제별 내용 발췌」, 국토통일원 남북대화사무국, 1985, 19~21쪽.

위원회'를 구성하며 필요한 곳에는 '적십자 대표부'들을 각각 설치할 것 등이다.104)

이처럼 제3차 적십자 본회담은 양측에 의해 의제 제1항과 관련된 구체적 제안이 진행되었음에도 불구하고 기본적인 관점과 견해의 차이를 분명히 드러낸 회담이었다. 특히 남측은 '법률적, 사회적, 정치적 여건이나 분위기의 조성이 이산가족찾기 사업의 전제가 된다'는 북측 단장의 제안을 "적십자 성격에서 벗어난 제안"으로 보고, 나아가 이런 주장은 "사상과 이념, 제도의 차이를 초월한다는 7·4남북공동성명 정신에도 위배되는 문제들을 내포한 제안"이라고 평가하였다.105) 결국 양측은 견해의 차이를 좁히지 못하고 "제4차 남북 적십자 회담 때부터 남북으로 왕래하는 기자 수를 각기 5명씩 늘이기로" 구두 합의한 것 외에는 다른 합의를 이룰 수 없었다.106)

한편 제3차 본회담은 당시 남쪽 정국과 관련해서 볼 때 박정희의 10·17 유신선언 이후 5일 만에 열린 남북대화라는 점을 주목할 필요가 있다. 남측 이범석 수석대표는 이와 관련, 평양으로 향하기 직전에 "남북적십자회담이 10·17선언으로 지장받지는 않을 것"이라고 말하며 "10·17성명의 목적이 한국의 안정을 구축, 남북대화를 거국적으로 지지하기 위한 것이므로 북한도 이를 긍정적으로 받아들일 것이라고 믿는다"고 하였다.107) 실제로 제3차 본회담에서 북측은 남측의 유신선언에 대하여 구체적인 언급을 하지 않았다. 따라서 이때까지는 북측이 유신선언 이후의 남측 정세를 관망하는 상황이었던 것으로 볼 수 있다.

제4차부터 제7차까지의 본회담은 교착의 연속이었다. 이미 제3차 회담 때부터 본회담 의제 제1항을 놓고 심각한 의견 차이와 대립을 드러낸 양측

---

104) 『로동신문』, 1972년 10월 25일자.
105) 『남북대화백서』, 국토통일원, 1988, 95쪽.
106) 오후에 속개된 회의는 비공개였다. 이때 논의된 내용에 대해 북측 김태희 단장은 회담 종결 후 열린 기자회견을 통해 '오전에 오간 견해들의 간격을 좁히기 위한 토론'이었다며 비교적 긍정적으로 설명하였다. 『로동신문』, 1972년 10월 28일자.
107) 『서울신문』, 1972년 10월 25일자.

은 제4차 본회담에서 대립을 지속하였다.108) 1972년 11월 22일 서울 측 한적 회담사무국 회의실에서 개최된 제4차 본회담에서는 제3차 본회담 때 북측이 제기한 '법률적 사회적 선결조건'이 다시 제기됨으로써 실질적인 진전을 이루지 못하였다. 다만 회담 사업 실행을 위한 공동사업기구를 설치하는 문제 등을 내용으로 하는 제4차 본회담 합의서만을 교환하였다.109) 양측은 '남북적십자공동위원회'와 '남북적십자판문점공동사업소' 설치에 관한 합의를 교환하였으나, 이들 기구의 성격에 대해서는 "남북 적십자회담에서 합의되는 사항을 실행하기 위하여"라는 막연한 규정만 했을 뿐 구체적인 내용을 담지 못하였다.

한적 이범석 수석대표는 회담 종료 후, 별도의 자체 공식성명을 통하여 적십자 원칙에 입각하고 적십자 국제회의에서 채택된 결의문의 정신에도 부합되는 정당한 것임을 역설하였으며 "우리의 주장을 강력히 촉구하였다"고 강조하고, "그 결과 남북 적십자회담 합의사항의 성실한 실행을 위한 공동 사업기구인 '남북적십자공동위원회'와 '남북적십자판문점공동사업소'를 설치할 것에 합의를 보게 되었다"고 회담 결과를 밝혔다.110) 그러나 제4차 회담에서 양측이 합의한 사업기구 설치는 이후 실현되지 못하였다.

1973년 3월 21일 평양에서 열린 제5차 본회담에서 남측은 3~4차 회담 때 북측의 제기에 의해 쟁점으로 형성된 남쪽에서의 '법률적, 사회적 조건환경 개선문제'에 관한 입장을 표명하였다. 즉, '법률적, 사회적 조건 문제는 남북 간에 별도로 진행되고 있던 남북조절위원회 소관이므로, 북한에도 사회주의, 공산주의적 법률과 사회적 악조건들이 존재하고 있지만 이를 굳이 거

---

108) 부수적인 문제로, 4차 회담에 참석한 북측 대표단에게 숙소에서 '팔도강산'이라는 영화를 상영해 북측이 크게 반발한 사건이 발생하였다. 반발한 이유는 승공통일을 선동하기 위한 영화라는 것이었다. 북측은 이를 "로골적인 도발행위"로 규정하였는데 회담 이외의 영역에서도 남과 북은 갈등양상을 보였다. 『조선중앙년감』, 조선중앙통신사, 1973, 345쪽 참조.

109) 『대한일보』, 1972년 11월 24일자 ; 합의서의 북측 서명은 북적 대표단 위임 하에 한시혁이 하였다.

110) 『서울신문』, 1972년 11월 25일자.

론하지 않겠다'며 그 이유에 관해 '적십자의 기능과 권위에 어긋나고, 7·4 남북공동성명 정신에 위배되기 때문이며, 가장 크게는 남북 적십자 사업은 상호 신뢰의 바탕 위에서만 성공할 수 있다고 확신하기 때문'이라고 설명하였다.111)

이에 대하여 북측은 이산가족 및 친척의 확인은 본인이 직접 상대방 지역을 찾아 나서서 확인을 해야 하며 그러기 위해서는 남측에서 반공법, 국가보안법이 철폐되어야 하며, 그래야만 이산 당사자가 자유로이 남북을 오가며 확인할 수 있다고 주장했다. 가족, 친척들의 범위를 전적으로 본인의 의사에 따라 정할 수 있도록 해야 한다는 것이었다.112) 뿐만 아니라 북측은 가족, 친척의 범위에 재일동포까지 포함시킬 것을 요구하였다.

양측은 이산가족 및 친척 확인방법에 대한 이견을 드러냈을 뿐만 아니라 재일동포 포함 여부를 놓고도 다른 견해를 보였다. 이 사안에 대한 남측의 판단은 의제 제5항 '기타 인도적으로 해결할 문제'에서 다룰 사안이며, 남북 이산가족찾기 사업이 원만히 해결된다면 비단 재일교포뿐만 아니라 전 세계에 흩어진 모든 동포문제도 다같이 다루어야만 한다는 것이었다. 제5차 본회담의 특기할 점은 쌍방 대표단 진용이 바뀌었다는 점이다.113)

1973년 5월 9~10일 서울에서 개최된 제6차 본회담 첫날 회의에서 북측은 제3차 본회담 때 제기한 의제 1항 관련 내용을 좀 더 구체화하여 4가지 제안을 하였다. 그 내용은 법률적·사회적 장애조건의 제거, 즉 반공법과 국가보안법의 폐지를 거론했으며, 요해해설인원을 각 동(리)마다 1명씩 파견할 것, 이산가족과 친척의 범주는 본인의 호소에 따를 것(재일동포 포함),

---

111) 『남북대화백서』, 남북조절위원회, 1978, 131쪽.
112) 『로동신문』, 1973년 3월 27일자.
113) 한적 측에서는 대표 박선규, 정희경, 서영훈이 김유갑(한적 운영위원), 이병호(한적 운영위원), 최문현(한적 청소년자문위원)으로, 자문위원 김준엽, 양흥모, 박준규, 구범모, 송건호가 박봉식(서울대 교수), 고영복(서울대 교수), 김진복(서울신문 논설위원), 이종하(연세대 교수), 손제석(서울대 교수)로 교체되었다. 북적 측에서는 자문위원 김길현, 김병식이 김주철(조국통일민주주의전선 서기국 부국장), 박재로(재일본조선인총련합회 부의장)로 각각 바뀌었다. 『남북대화백서』, 국토통일원 남북대화사무국, 1982, 129쪽.

이산가족의 주소와 생사확인은 본인이 상대 지역을 직접 다니면서 확인케 할 것 등이다.114)

북측의 제안에 대하여 남측은 적십자회담에서 상대방의 법률적·사회적 문제에 관하여 언급할 필요가 없으며, 요해해설인원 파견문제는 이들이 상대방 지역에 들어가게 되면 피차 간에 불필요한 마찰을 유발하고 오해와 불신을 가중시킬 우려가 있으므로 불필요하다는 입장이었다.115) 재일동포 포함문제 역시 의제 5항에 다룰 사항이라는 점을 재차 피력하였다. 또 자문위원 발언 요청에 대해서는 본회담 진행절차에 따라 수석대표(단장)가 발언을 하되 필요시에는 다른 대표도 발언할 수 있으므로 자문위원들의 발언은 진행상 혼란을 초래할 뿐이라는 이유로 거절 의사를 표명하였다.116)

회의에서 남측은 쌍방이 합의한 원칙을 제대로 구현하기 위하여 국제관례에 따라 문서교환 방식을 실현하자는 의견을 제시하였다. 그러나 북측은 이에 대해 "그것은 당사자들의 의사나 요구를 억제하고 제한하기 위한 방식이며 분열된 우리나라의 정세에 맞지도 않은 극히 비현실적인 것"이라며 "문서놀음으로써는 우리나라에서의 적십자 인도주의 문제를 원만히 해결할 수 없다"는 태도를 보였다.117)

제7차 본회담은 1973년 7월 11일 평양에서 개최되었는데, 한적 측은 그동안의 회담에서 의제 제1항에 대한 구체적인 진전을 이루지 못하고 회담이 교착상태에 빠지자 회담 진전의 돌파구를 마련하기 위해 시범적 사업으로 '추석성묘방문단'118)의 상호교류를 전격 제의하였다.119) 이와 관련해서 사

---

114) 「70년대 남북적십자본회담에서의 남북적십자 본회담 내용 발췌」, 국토통일원 남북대화사무국, 1985, 22~24쪽 ;『경향신문』, 1973년 5월 11일자.
115) 만일 북측의 요구를 받아들였을 때 남한에서는 약 3만 6천 명의 북적 요원이 전국을 누비게 되는 결과를 가져오게 될 것이라는 사실이 지적되기도 하였다.『서울신문』, 1973년 5월 12일자.
116) 『남북대화백서』, 국토통일원 남북대화사무국, 1982, 130~131쪽 참조.
117) 『남북대화사료집』 제6권, 718~719쪽.
118) 추석 성묘단 방문안은 '독일식'으로서 이미 이전부터 간헐적으로 거론돼 왔다.『경향신문』, 1972년 9월 4일자. '적십자 1차회담의 성과와 그 전도' 참조.

업 실현을 위한 제반 사항을 토의하기 위해 양측에서 각각 대표 2명과 수행원 각 3명으로 실무자 회의를 구성하고 협의하자는 제안을 덧붙였다.[120] 그러나 북측은 성묘방문단 문제는 '법률적·사회적 환경조성'이 선결된 후 의제 순서에 따라서 토의되어야 한다며 부정적 의견을 보였다.[121] 즉, "남조선의 민족분열자들이 평화공존이니 현상유지니 하면서 우리나라의 분열을 고정화하려는 두 개의 조선 노선을 이른바 특별성명으로 공공연히 선포하고 있으며 유엔에 두 개의 조선으로 들어가겠다고 분별없이 고창하고 있을 때 남조선 측이 의제 제1항과는 거리가 먼 성묘방문단 문제를 들고 나온 것은 아닌 밤중의 홍두깨라고만 볼 수 없다"고 하였다. 또한 "이것은 남조선 측이 회담을 딴 방향으로 끌고나가 회담을 지연시킴으로써 …… 마치도 저들이 그 무엇인가 노력이나 하는 듯이 꾸며대고 있다"[122]고 비난하였다. 북측은 그 대신 '남측의 현행 반공법규의 철폐, 반공 활동의 금지와 반공단체 해체, 사업 참가자에 대한 인신·소지품의 불가침 및 언론 출판 집회 통행 등 활동의 자유와 편의보장, 현 군사적 대치 및 긴장상태 해소를 위한 적극적 조치, 이상 조항들을 당국이 법적·행정적으로 조치하고 이를 내외에 선포' 등 5개 항을 내용으로 하는 공동성명 초안을 제시하며 발표하자고 주장하였다.[123]

---

[119] 『남북대화백서』, 남북조절위원회, 1978, 134쪽.

[120] 「70년대 남북적십자본회담에서의 남북적십자 본회담 내용 발췌」, 국토통일원 남북대화사무국, 1985, 18쪽.

[121] 『동아일보』, 1973년 7월 13일자. 이 보도에서는 '북측이 한적의 지극히 인도적인 이와 같은 제안을 전혀 보도하지 않음으로써 북한 동포에게 이 사실을 알리지 않았다'고 지적하였다. 그러나 북측은 "이른바 추석성묘방문단 문제에 대해서 말한다면 그것은 본회담 의제에 포함되어 있는 문제로써 우리 측이 이미 예비회담 때 제기한 바 있는 문제다"라고 밝히고 있다(『로동신문』, 1973년 8월 14일자. 논평 '적십자회담에 난관을 조성하는 자는 누구인가?' 참조).

[122] 『로동신문』, 1973년 7월 15일자. 논평 '기본문제의 토의를 회피하고 회담을 지연시키는 일을 하지 말아야 한다' 참조.

[123] 「70년대 남북적십자본회담에서의 남북적십자 본회담 내용 발췌」, 국토통일원 남북대화사무국, 1985, 24~25쪽.

당시 북측이 '사회적 장벽 제거'를 선행조건으로 다시 제기한 점에 대해 남측은 '북의 비인도적인 목적 추구'로 보았다. 즉, 사회적 장벽 제거를 통해 "남한의 반공체제와 반공역량을 무너뜨리고 정치협상 제의를 관철시켜 소위 적화통일전략의 씨앗 형성을 획책하며 요해해설요원의 대량 남파로 한국 내의 정치, 사회적 교란을 꾀하여 적화혁명으로 밀고가려는 책략"[124] 이라는 판단이었다. 남측이 북의 법률적·사회적 환경조성론을 부정한 까닭은 바로 냉전적 두려움 때문이었다. 결국 양측은 제7차 회담에서 추석성묘방문단 교환(남측), 공동성명 채택(북측) 등의 새로운 주장을 각각 내놓았으나, 아무런 합의를 이루지 못하고 회담을 종결하였다. 다만 제8차 본회담 일자의 경우, 쌍방 적십자 간의 직통전화나 판문점 연락사무소를 통하여 협의 결정키로 하였다. 그러나 제8차 본회담은 끝내 열리지 못하였다. 같은 해 8월 28일 오후 6시 북측이 '중대방송'이라는 예고하에 평양방송을 통하여 "우리는 이후락을 비롯한 남조선 중앙정보부 깡패들과는 마주 앉아 국가대사를 논의할 수 없다"[125]며 대화의 중단을 선언하고 말았기 때문이다.

〈표 2〉 남북적십자 본회담 경과

구분	장소	개최 기간
제1차	평양	1972.8.29~9.2
제2차	서울	1972.9.12~9.16
제3차	평양	1972.10.23~10.26
제4차	서울	1972.11.22~11.24
제5차	평양	1973.3.20~3.23
제6차	서울	1973.5.8~5.11
제7차	평양	1973.7.10~7.13

출전: 『남북대화백서』, 국토통일원, 1988, 76쪽.

---

[124] 『한국일보』, 1973년 7월 14일자. '진행을 왜 거부하는가' 참조.
   실제로 이때 북한은 1개 리에 1~2명씩, '대사변그루빠'라고 불리는 대남 정치선전원을 준비했으며, 그 수가 무려 4만 명에 달했고, 남한에서 오는 고향 방문객을 맞이하

앞의 〈표 2〉와 같이, 1972년 8월부터 1973년 8월까지 모두 일곱 차례에 걸쳐 진행된 남북적십자 본회담은 그 대화과정에서 남북 간에 여러 가지 쟁점을 형성하였다. 합의된 회담 의제를 놓고 벌인 양측의 논전을 통해서 남과 북의 서로에 대한 상이한 인식의 실체를 확인하게 되었으며, 방법론의 차이점 등이 구체적으로 드러나게 되었다는 점에서 남북적십자 본회담의 쟁점을 정리해보고자 한다. 쌍방의 분야별 쟁점은 대체로 6가지로 살펴볼 수 있다.[126]

첫째는 이산가족과 친척 찾기 방법을 둘러싼 쟁점이다. 즉, 남측은 '문서교환 방식'을 주장한 반면 북측은 '자유왕래'를 제기하였다. 4차부터 7차 본회담까지 이 문제를 둘러싸고 논란이 빚어졌다. 남측의 주장은 남북 적십자 간 공동문서(의뢰서, 회보서)의 제정, 교환으로 심인사업을 수행하며 판문점 사업소 설치를 통해 이를 보장하자는 것이었다. 북측의 주장은 본인 스스로가 알아내는 직접적 방법을 기본으로 하여 사정에 의해 본인이 직접 찾아가지 못할 경우에는 간접적, 보충적 방법도 적용할 수 있다는 입장이었다.

북측은 제4차 본회담에서, 남북이 15년 전에 의뢰서를 교환한 바 있는데 그 당시 자신들이 회답해 준 자료를 가지고 남측이 오히려 비방하는 자료로 이용한 적이 있다며[127] 15년이 지나도록 한 건의 회보도 받지 못하였다고 지적하면서 의뢰서, 회보서를 통한 남측의 의견을 '복잡한 문서놀음'이라고 냉소하였다. 또한 의뢰서 제출방식은 우리나라 현실에 맞지 않는 방식이며 남측의 법률적, 사회적 조건 때문에 잘 풀리지 않을 것이라고 주장

기 위한 '영접위원회'를 구성하기도 했다는 증언이 있다. 신평길,『김정일과 대남공작』, 북한연구소, 1996, 198쪽.
[125] 『로동신문』, 1973년 8월 29일자.
[126] 이하 쟁점과 내용에 관해서는, 「70년대 남북적십자본회담에서의 문제별 내용발췌」, 국토통일원 남북대화사무국, 1985, 27~128쪽 참조.
[127] 1957년 남북 적십자사 간의 월남, 월북인사 생사여부와 행방 문의 및 회답조치를 의미한다. 당시 북적은 한적이 문의한 7,034명 중 337명의 생존자 명단을 제공하였다. 『이산가족백서』, 대한적십자사, 1976, 100쪽.

하였다.

이에 대해 남측은 원래 남북으로 오고가게 하기 위하여 서로 생사와 주소를 알아내자는 것인데 거꾸로 생사와 주소를 알기 위해 무턱대고 남북으로 오간다는 것은 사업수행의 본말이 전도된 모순된 주장이라고 반박하였다. 또한 법률적, 사회적 조건을 의미하는 '근원'문제는 다른 기구에서 다루어야 한다고 하면서 현실적으로 남북 모두 고향 가는 길도 달라졌고 많이 바뀌었는데 무턱대고 이산가족을 찾아서 돌아다니는 것은 무리라고 대응하였다.

이 같은 입장차이는 적십자사의 역할에 대한 양측 간 인식의 차이에서 비롯된 측면도 있었다. 남측은 남북의 적십자사가 이산가족들의 생사와 주소 확인 및 상봉과정을 실제로 책임져야 한다는 인식이 강한 반면, 북측은 당사자 우선의 원칙에서 본인들이 직접 혈육을 찾아나서는 과정을 중요하게 삼았기 때문에 적십자사의 역할은 도와주는 정도로 설정하였기 때문이다.

두 번째 쟁점은 가족, 친척의 범위와 대상에 관한 차이였다.[128] 4차부터 7차 본회담까지 이 문제에 관한 쟁점 역시 지속되었다. 이 논점은 두 갈래 내용으로 볼 수 있다. 하나는 당사자의 '호소(신청)'에 의해 가족, 친척으로 인정하자는 북측의 주장과 본인의 호소뿐만 아니라 상대방의 상호확인이 있어야 한다는 남측 주장의 차이점을 둘러싼 이견이다. 다른 하나는 재일동포들도 남북 이산가족 범주에 넣어야 한다는 북측의 주장에 따른 쟁점이다. 북측은 특히 재일본조선인총련합회(총련)에 소속된 재일 조선인 공민[129]들은 절대다수가 남반부에 가족, 친척을 두고 있기 때문에 포함시켜

---

[128] 남한의 가족 개념은 민법 제77조에 의한 호적상 가족을 의미하고, 친척 개념 또한 민법 제777조에 따른 것인 반면, 북한의 경우에는 그러한 법전이 없기 때문에 호적에 해당하는 공민등록부, 부양의무, 상속권, 실생활관계, 금혼의 범위, 인습적 유복친의 관념 등을 고려해서 합리성 있게 조정해 나갈 필요가 있다는 지적이 있었다. 김성배, 「남북적십자 본회담 의제 타결에 따른 제문제」, 『국토통일』 통권 제25호 제3권, 국토통일원, 1972, 36쪽.

[129] 북한은 조선적 재일 조선인들의 경우, 북한의 해외 공민으로 부르고 있는데 이산가

야 한다는 주장을 하였다. 이에 대해 남측은 본회담 의제 제5항의 '기타 인도적으로 해결할 문제' 논의 과정에서 해소하자는 입장이었다.

전자의 논점에 대해 북측은, 가족과 친척은 누가 주관적으로 정해줄 수 없는 것이라면서 남측의 '적십자사에 의한 상호확인' 주장을 배제하였다. 남측은 가족과 친척으로 지목하는 당사자의 자유의사는 보장이 되고, 지목당하는 사람의 자유의사는 보장이 안되는 문제가 있다고 반박하였다. 이 사안 역시, 남북 적십자사의 역할과 관련되어 있다. 후자의 경우, 남측은 재일동포뿐만 아니라 전 세계 해외동포들도 마찬가지인데 왜 재일동포만을 언급하느냐는 입장이었다. 여기에는 북측의 해외공민조직인 조총련까지 포함시켜 우세를 점하려는 북측의 정치적 의도가 있는 것으로 판단한 측면이 크다. 이에 대해 북측은 재일동포문제는 해외교포 일반문제와는 다른 독특한 지위가 있다면서 남북 이산가족, 친척들과 동일한 특징을 구비하고 있기 때문에 반드시 의제 제1항에 포함되어야 한다는 입장이었다.

세 번째 쟁점은 북의 '조건, 환경' 해결 주장과 남의 적십자정신 관철 주장의 충돌이다. 이 문제 역시 3차에서 7차까지 양측이 팽팽한 논전을 벌였는데, 적십자본회담 과정에서 가장 큰 논란거리를 형성하였다는 특징이 있다. 북측은 남북 간의 왕래와 연계를 원만히 실현할 수 있는 조건과 환경을 마련하기 위해 법적인 방해물로서 국가보안법과 반공법을 거론하며 이의 철폐를 주장하였다. 이와 관련 사회적 환경조성을 위하여 반공정책과 반공단체들의 활동, 반공교육, 반공선전 등을 하지 않아야 한다고 역설하였다. 이에 대해 남측은 이 문제는 '적십자회담과 별로 관계없는 사항'이라고 규정한 뒤 대한민국 내부사항에 대해서 왈가왈부하는 것은 적십자회담 영역 밖의 일이며, 남북공동성명의 정신에 위배되는 것이라는 입장이었다.

당사자들이 직접 상호방문을 통해 가족, 친척들을 찾아나서야 한다는 북측의 주장으로 볼 때, 현실적으로 남측의 반공법이나 국가보안법 또는 반공단체들의 저항과 위협이 큰 문제가 될 수 있다는 판단을 한 것으로 볼 수

족 대상에 넣어야 한다는 이유에는 이런 점도 작용한 것으로 볼 수 있다. 북적 측 대표단에 총련 소속 간부가 포함된 점도 이 때문으로 볼 수 있다.

있다. 서울에서 회담할 때마다 동원되는 경찰, 군인 등도 부담스러운 존재들이었을 것이라는 지적이다. 따라서 북측의 내적 논리로 보면, 이 같은 주장을 남측이 '회담의 순조로운 진행을 회피하는 처사'라고만 보기 어려운 측면이 있는 게 사실이다. 그러나 남측의 입장에서 보면, 체제와 관련된 민감한 문제를 선결조건처럼 제시하는 북측의 태도를 수용하기란 불가능한 것이었다. 따라서 정치적 문제를 해결하기 위해 가동된 남북조절위원회에서 이 사안을 논의해야 한다는 주장을 하는 것도 무리가 아니다. 게다가 남측에서는 공동성명 발표 이후 내부적으로 반공법, 국가보안법 개폐문제가 불거지기도 했던 탓에 매우 민감하게 대응한 것으로 볼 수 있다.

네 번째는 북측에 의해 제기되어 제3차부터 제6차 본회담까지 논란된 '요해해설인원' 파견 주장을 둘러싼 쟁점이다. 북측은 자유로운 환경과 조건을 마련하기 위한 하나의 조치라면서 적십자 요해 해설인원을 한 동(리)에 한 명씩 서로 파견하자는 주장을 하였다. 이에 대해 남측은 상대방 지역에 들어가서 자기 측 선전활동을 하겠다는 것은 피차 간에 마찰을 유발할 가능성이 농후하기 때문에 자기 측 지역은 각자 책임을 지고 적십자사업을 하면 된다는 입장이었다.

다섯 번째 쟁점은 제6차 본회담에서 촉발된 '자문위원 발언권' 관련 논란이었다. 북측은 남북적십자 예비회담의 합의에 따라 본회담에 참가한 양측 자문위원들의 발언 제의가 보류되었으나 이제 합의 볼 때가 되었으니 이 문제에 대해 합의를 보자는 입장이었다. 북측의 주장은 양측이 작성한 합의서에 따른 것이라는 태도였다.[130] 반면 남측은 기존 합의서에 따르면 '발언은 수석대표가 하되 필요시에 여타 대표도 발언할 수 있다'고 돼 있기 때문에 불필요하다는 입장이었다.

문제는 이 같은 논란 과정에서 양측 입장의 근거가 되는 「합의서」의 구

---

[130] 1972년 8월 11일 제25차 남북적십자 예비회담 마지막 날에 발표한 「본회담 기타 진행절차와 본회담 일시에 관한 합의」를 의미한다. 이 합의서의 '회담 운영형식' ③항은 다음과 같다. "쌍방은 자문위원의 발언문제에 관하여 토의를 진행하였으나 합의함에 도달하지 못하여 보류하기로 하였다." 『남북대화백서』, 남북조절위원회, 1978, 86쪽.

체적 표현(회담 운영형식 ②항)이 각각 다른 점이 확인되었다는 사실이다. 당시 하나의 합의서가 채택되지 못하였으며 '기본 의사만 통하면 하자'는 차원에서 상호 합의서가 작성되었으나[131] 그 같은 문제가 이후 '자문위원 발언권'을 둘러싼 논란과정에서 상호 확인된 것이었다. 남측본 「합의서」 중 '회담 운영형식 ②항'에 따르면 "회담 발언은 수석대표가 하되, 필요시에는 여타 대표도 발언할 수 있다"고 돼 있으나, 북측본 같은 항에는 '여타 대표'가 '기타 대표단 성원들'로 되어 있었으며 이를 간과한 채 양측이 서명을 했던 것이다. 자문위원 발언문제는 합의되지 않았으나 그 과정에서 불거진 기존 합의서의 상이점 발견이 문제였다. 적십자 본회담을 합의하는 과정에서 양측 간 합의한 내용이 일치하지 않은 채 상호 서명 교환을 거쳤다는 점에서 문제점으로 지적될 필요가 있다.

여섯 번째 쟁점은 제7차 본회담에서 남측에 의해 제기된 '추석성묘방문단' 교환사업과 그에 따른 북측의 대응이다. 물론 추석성묘방문단 교환사업은 적십자 예비회담 과정에서부터 등장한 것이지만, 남측은 적십자 본회담의 분위기 조성이라는 목적에서 이 사업을 제안하였다. 그러나 북측은 남측의 새로운 제안은 회담을 지연시킬 뿐이라면서 '관광단' 같은 인상을 주는 데다가 법률적, 사회적 환경을 먼저 조성하는 것이 근본문제이며 선결과제라는 입장을 굽히지 않았다.

위와 같이 적십자 본회담에서의 남북 간 쟁점을 살펴보면, 당시 남북관계 속에서 드러난 북적 측의 특징을 발견할 수 있다. 대부분의 쟁점이 북측의 제안과 문제제기로 인하여 형성되었다는 것이다. 남측이 제기한 추석성묘방문단 교환사업을 제외한 모든 논점이 북측의 제기에 의해 비롯되었다. 북한의 적극적인 자세가 드러난 것으로 볼 수 있다. 또한 그 내용도 상당히 공세적이라는 사실을 확인할 수 있다. 당사자들의 직접 호소로써 이산가족을 확인한 후 직접 상호방문을 통해 찾아 나서자는 주장을 비롯하여 요해해설인원을 상대 측에 파견하고 본회담에서도 자문위원들에게까지 발언권

---

[131] 「70년대 남북적십자본회담에서의 문제별 내용발췌」, 국토통일원 남북대화사무국, 1985, 119쪽.

을 주자는 등의 주장은 남북 간의 관계를 전면적으로 개방하자는 취지로 해석된다. 또한 총련계 재일동포들도 남북 이산가족 범위에 포함시켜야 한다는 주장과 법률적·사회적 환경개선론을 선결과제로 주장하면서 남측의 법, 제도 및 사회 분위기까지 바꾸려는 파상적 공세를 편 것이다. 이러한 북측의 회담태도는 '포괄성'과 '적극성'을 특징으로 하고 있는 것으로 볼 수 있다.132) 결국 그 같은 북측의 자세는 남북 간의 이산가족 상봉과정이 실제로 전면적인 남북 간 왕래를 의미하며, 당시 상황을 통일 분위기 형성의 결정적인 국면으로 상정한 결과에 의해 빚어진 태도라고 볼 수 있다. 즉, 이산가족 상봉이라는 문제를 계기로 남측은 인도주의적 사안으로서의 남북교류라는 측면에서 이 문제를 대한 반면,133) 북측은 이산가족 상봉사업으로 인해 장차 남북 간의 전면 개방과 교류국면을 이끌려는 입장을 추구했기 때문에 회담과정에서의 충돌은 불가피할 수밖에 없었다.

제2장. 남북 당국 간 실무자급 비공개 접촉과 상호방문

1. 남북 당국 간 실무자급 비공개 접촉

7·4남북공동성명의 탄생을 가져온 남북의 비밀 막후 교섭은 1971년 9월 20일부터 판문점에서 진행되고 있던 남북적십자 예비회담 과정에서 비롯되었다. 같은 해 11월 적십자 예비회담과 별도로 남과 북의 비공개 막후 접촉이 진행되었는데, 남측의 이후락 중앙정보부장과 북측의 김영주 노동당 조직지도부장의 통제하에 있던 실무자들이 이 비밀접촉의 당사자들이었다.

이들 실무자 간의 접촉은 제9차 남북적십자 예비회담 다음날인 1971년

---

132) 민병천, 「남북대화의 전개과정에 관한 고찰」, 『행정논총』 14, 동국대, 1984, 16쪽.

133) 당시 남측의 기본 입장이 '실험주의'였기 때문에 북측에 비해 소극적 편향으로 인식될 가능성도 있었다. 정운학, 「평화회담 대두를 예상한 남북적십자회담의 진행 전망」('남북적십자회담의 전망과 대비책' 세미나 발표문, 국토통일원 주최), 1972, 28쪽.

11월 20일 한적의 정홍진, 북적의 김덕현 두 남북적십자 예비회담 대표의 단독 접촉으로써 시작되었다. 전날인 11월 19일 제9차 남북적십자 예비회담 과정에서 남측 대표인 정홍진(한적 회담사무국 회담운영실장)이 북측 대표 김덕현(북적 중앙위원회 보도부장)에게 '비밀접촉'을 제의함으로써 성사된 것이다. 당시 정홍진은 한적 대표단 가운데 정부 훈령을 받는 파이프라인 역할을 맡았고,134) 김덕현은 회담 시 그의 맞은 편 좌석에 앉았다.135) 남측은 북적 대표단의 실제 책임자가 김덕현이라고 파악하고 있었다.136) 회담 도중 난제가 나올 때마다 그의 움직임 등을 관찰한 결과 그를 실세라고 지목한 것이다.137) 그러나 정홍진의 제의 직전인, 11월 11일 제8차 남북적십자 예비회담 과정에서 북측이 '비공개 회담'의 필요성을 강조한 바 있다는 사실도 주목할 필요가 있다.138) 따라서 북측의 비공개 접촉 의지는 정홍진의 제의 이전에 이미 드러난 상태였다.

남측이 적십자 예비회담과 별도로 이 같은 비밀 실무자 접촉을 제의하고 시도한 이유는 무엇보다 적십자회담과는 다른 별개의 '남북 간 정치적 대화 통로'를 마련하기 위해서였다.139) 그 동기는 대체로 다음과 같은 세 가지에서 비롯된 것으로 볼 수 있다.

첫째로, 당시 남측은 적십자 예비회담에 임하는 북측의 자세를 '정치회담화 전략'으로 판단했기 때문에 적십자회담은 비정치적 대화로 발전시키되

---

134) 정홍진, 「남북대화 체험기」, 『정경연구』 7월호, 1981, 54쪽.

135) 이상우, 앞의 글, 207쪽.

136) 김덕현은 당시 북한의 대남총책 김중린(노동당 중앙위 비서)의 동생이라는 증언이 있다. 이런 관계에 기초해서 남측은 김덕현을 통해 김중린에게 남북 간 비밀접촉 의지를 직간접적으로 전달하려한 것으로 볼 수 있으며 물밑 접촉상대로 김덕현을 지목한 것으로 이해된다. 당시 정홍진 대표의 수행원이었던 이병웅의 증언(「1971년 남북적십자회담과 이후 과정(인터뷰)」, 『하늘길 땅길 바닷길 열어 통일로』, 통일부, 2005, 142쪽).

137) 이영석, 「비록 남북회담」, 『월간조선』 7월호, 1983, 120쪽.

138) 『남북접촉관계자료집』, 국토통일원, 1972, 15쪽.

139) 김달술, 「남북대화: 과거, 현재 그리고 미래-서울의 시각-」, 『한국과 국제정치』 5, 경남대 극동문제연구소, 1987, 211쪽.

별도의 정치회담 창구를 마련할 필요가 있었다. 특히 6차 적십자 예비회담 이래 본회담 의제 토의가 본격화됨에 따라 북적 측의 기본자세가 적십자회담을 순수한 적십자회담으로 운영하기보다는 이를 정치회담으로 이끌려고 하는 의도가 두드러지고 있다고 판단한 것이다. 따라서 인도적 차원의 적십자회담이 되도록 하기 위해서는 남북 간에 별개의 정치적 대화통로가 마련되어야만 정치성을 띤 문제들이 적십자회담에서 토의되지 않으리라고 판단하였다. 이와 관련해 남북대화에 대한 북측 태도의 진의를 타진하기 위해 비밀접촉을 제안한 것이다.[140]

둘째로, 남북 간의 정치적 갈등을 논의하기 위한 장을 마련함으로써 한반도의 긴장상태를 해소하려는 의도가 작용하였다. 1960년대 중반 이래의 세계적인 긴장 완화추세에도 불구하고 한반도 정세는 1960년대 후반에 와서 더욱 격화된 형태로 진행되었다. 특히 1968년 1월 청와대습격사건과 푸에블로호 나포사건 등으로 한반도는 일촉즉발의 상황으로까지 치달았다. 이 때문에 박정희는 1970년 8월 15일 평화통일구상선언을 계기로 남북 간의 과도기적인 평화공존관계의 정립과 이를 바탕으로 한 남북 간 '선의의 체제경쟁'을 모색하고 있었다. 이에 따라 남측으로서는 남북 간에 직접 정치적 대화통로를 마련함으로써 한반도 긴장해소의 계기를 포착하려 했던 것이다.[141] 특히 박정희가 정홍진에게 비밀접촉을 제의하도록 한 것은 적극적인 남북대화 추진 그 자체보다는 북한의 평화공세를 잠재우기 위한 측면이 더 강하였다.[142] 그렇게 하지 않으면 남한이 북한의 일방적인 평화공세를 역전시켜 통일문제와 남북대화의 주도권을 장악하는 것은 불가능했기 때문이다.

---

[140] 『남북대화사료집』 제7권, 25쪽.

[141] 북측과 실질적인 대화를 위해 비밀회담을 추진하게 된 이유는 위와 같으나, 같은 해 8월 정전위원회 유엔 측 수석대표인 미 로저스 장군이 '비밀회담 쪽이 성과가 있었다'는 경험담을 토로한 사실이 알려지면서 비밀회의 방식의 가능성이 남측에 의해 직접 시도된 상황적 흐름도 참고할 필요가 있다. 『조선일보』, 1971년 8월 22일자 참조.

[142] "Telegram for the Embassy in Korea to the Department of State", July, 7, 1972, Pol Korea N-Korea S, Subjected-Numeric Files.

셋째로, 닉슨 미 행정부의 남북대화 종용과 압력에서 그 동기를 찾을 수 있다. 1969년 닉슨독트린을 전후한 시점부터 미국의 대한정책 관계자들로부터 한반도 긴장완화와 남북대화를 요구받던 박 정권은 1971년 10월 키신저 미 국무장관이 두 번째 중국 방문을 마치고, 11월 1일 김일성이 베이징을 방문하여 주은래 수상과 미중관계의 변화를 상의하였다는 사실이 확인되자, 대세에 순응하기로 결심하고 11월 19일 정홍진으로 하여금 김덕현과의 정치적 목적의 비밀접촉을 제의케 하였다는 것이다.[143]

'비밀회동'의 성격을 띤 정홍진-김덕현의 만남은, 이후 11차례에 걸쳐 지속적으로 시도되었다. 정홍진-김덕현 두 실무자 간의 판문점 비밀접촉은 1971년 11월 20일부터 1972년 3월 22일까지 계속된 끝에 정치적 대화를 트기 위해 이후락 중앙정보부장, 김영주 노동당 조직지도부장의 양자 회담을 개최한다는 데 합의가 이루어졌다. 11차례에 걸친 정홍진-김덕현 실무자 접촉을 통해 양측은 당시 진행 중이던 남북적십자 예비회담문제를 비롯해 국제정세 등 여러 현안에 대해서 서로의 견해를 확인하는 등 의견을 교환하였다.

두 사람의 첫 접촉은 1971년 11월 20일 오전 10시 5분부터 12시 20분까지 판문점 중립국감독위원회 회의실에서 열렸다. 이때 북측의 김덕현은 적십자회담 관련문제와 정세 등을 언급하다가, 양자의 만남을 "가장 높은데서 신임하는 사람들의 비밀접촉"으로 하자는 제안을 했다. 적십자 회담은 회담대로 진행하고 다른 성격의 만남을 제안한 것이다. 이에 대해 정홍진은 "그러한 사람 간의 비밀접촉은 연구해 볼 만한 일"이라며 긍정적으로 반응하였다.[144]

같은 해 12월 10일, 정홍진-김덕현의 제2차 실무자 접촉에서 정홍진이 적십자회담 관련 문제를 먼저 꺼내자, 김덕현은 "적십자회담 문제는 회담에

---

[143] 강인덕·송종환, 「7.4남북공동성명과 남북조절위원회 회의」, 『남북회담: 7.4에서 6.15까지』, 극동문제연구소, 2004, 151쪽.

[144] 『남북대화사료집』 제7권, 국토통일원, 26쪽. 이하 정홍진-김덕현의 대화는 이 자료에 의거함.

서 수석대표끼리 논의하게 하고 우리는 다른 문제를 이야기하자"라면서 정치적 접촉에 적극적인 자세를 보였다. 그는 개인의 만남이 아닌 노동당원과 공화당원 간의 만남이라는 점을 강조하면서 정치회담을 위한 중재 역할을 암시하였다. 회담 장소에 대해서도 국내든 제3국이든 좋다는 태도였다. 일주일 뒤의 회동에서도 김덕현은 "회담문제는 그만두고 더 중요한 문제를 이야기하자"며 남북 간 비밀접촉 의지를 드러냈다. 그는 '조선로동당 중앙위원회 조직담당 책임지도원'이라고 신분을 밝혔으며, 정홍진도 현직은 대한적십자사 회담사무국 회담운영부장이고 전직은 대통령 직속기관의 국장이라고 말하였다.[145] 김덕현의 이런 자세는 상대방 신분 확인을 통해 책임 있는 만남을 추구하기 위한 것으로 보여진다.

이날 회동에서 김덕현은 정홍진이 2차 회동 때 물었던 '현 남북관계에 관한 북측의 의견'에 대해 수첩을 꺼내 준비해 온 답변을 읽었다. 김덕현의 태도를 통해서 볼 때, 정홍진이 요구한 답변에 대하여 북측 내부에서 논의를 거친 후 공식적인 입장을 전달하려 한 성격이 짙다. 당시 김덕현은 12월 6일의 비상사태 선언에 대해 "우리를 위협하자는 것이냐"면서 박 정권의 국가비상사태 선언과 평화통일 구상은 양립될 수 없는 것이라고 하였다. 또한 내외정세가 화해 분위기를 조성하고 있다는 점과 남북 간의 무력경쟁은 소용없으니 통일정책을 논의하자고 북측의 입장을 표명하였다.[146]

이듬해인 1972년 1월 29일 열린 제4차 실무자 접촉에서 북측은 '신임장 상호교환'을 요구하였다. 그리고 3월 7일 제5차 실무자 접촉에서 정홍진은 북측의 요구에 따른 신임장을 상호 교환하고, 남측의 입장을 김덕현에게 전달하였다. 이때 정홍진은 두 사람의 '윗선'이 각각 이후락 중앙정보부장, 김영주 노동당 조직부장이라는 사실을 공식화하자고 요청했다. 또한 이후락, 김영주의 신임장을 휴대한 사람들의 상호 비밀방문 의사를 표명하였는

---

[145] 이때 김덕현이 "CIA(중앙정보부를 지칭 – 필자)를 말하는 것이냐"고 물었으며 정홍진은 "그렇다"고 답했다(『남북대화사료집』 제7권, 29쪽). 실제로 정홍진은 중앙정보부 협의조정국장을 역임하였다.

[146] 『남북대화사료집』 제7권, 29~30쪽.

데, 그 목적은 의사소통이며 정치적 문제도 논의할 수 있다는 견해를 밝혔다. 그리고 북측이 '다른 계통'[147)]으로도 정치적 접근을 시도하고 있는데 이후락-김영주로 대화의 선을 확립하자고 제의하였다.[148)]

3월 10일, 제6차 정홍진-김덕현 실무자 접촉(판문점 판문각[149)]) 때 북측은 남측의 고위급 대표와 수행원 파견 제안에 대해 동의하였으며, 초청 의사를 공식적으로 밝혔다. 이어 제7차 실무접촉(3월 14일)에서 정홍진은 이후락의 신임장을 휴대하고 북을 방문할 사람은 전 부총리 장기영(당시 한국일보 사장)이라고 밝히면서 그에 관해 "비록 민간기업의 사장이지만 정부와 밀접한 관계를 가진 분이고 공화당원"이라는 설명을 덧붙였다. 수행원은 정태연(한국일보 주일특파원)이었다. 정홍진은 두 사람의 방북 일자를 4월 25일 정오로 통보하였다.[150)] 또한 장기영의 방북은 서한 전달 등 특정한 목적을 갖는 것이 아니며, 단지 의사소통 취지임을 분명히 했다.

이날 논의에서 주목할 점은 정홍진이 개인 의견임을 전제로 "장기영의 방북은 남북 간의 길을 트게 하려는 데 불과하고 남북 간의 문제는 이후락 정보부장과 김영주 조직부장이 직접 제3국, 예컨대 파리 또는 제네바에서 만나야 어떤 결론이 나오지 않겠느냐"[151)]라면서 이후락-김영주 회동을 제기한 점이다. 그러면서 이후락에 대해 "우리 문제는 우리 민족 스스로가 자

[147)] '다른 계통'이란 장기영을 통한 접촉을 의미하는 것으로 보인다. 1971년 2월 일본 삿뽀로 동계올림픽 당시 국제올림픽위원회(IOC) 위원인 장기영이 일본에 거주하던 이영근(전 진보당 조봉암 비서)으로부터 북한의 초청의사를 전해 들었다는 것이다. 김경재, 『혁명과 우상: 김형욱 회고록③』, 전예원, 1991, 109~110쪽.
이후 장기영이 남북적십자회담 본회담 남측 대표로 참여함으로써 북측의 의도가 이루어진 것으로 볼 수 있다.

[148)] 『남북대화사료집』 제7권, 31~32쪽.

[149)] 제6차 정홍진-김덕현 남북 실무자접촉부터 기존의 판문점 중립국감독위원회 회의실을 벗어나 판문점 북측지역인 판문각과 판문점 남측지역인 자유의 집에서 번갈아 개최되었다.

[150)] 그 이유에 대해 "4월 15일 김일성 수상의 회갑잔치 때문에 귀측이 여러 가지로 분주할 것으로 생각되므로 가급적 4월 15일 이전을 피하고 귀측의 대대적 행사가 끝난 다음에 보내는 것이 좋으리라 생각했다"는 점을 전달하였다.

[151)] 『남북대화사료집』 제7권, 35쪽.

주적으로 해결해야 한다고 늘 주장하시는 분"이라고 하면서 북측의 호의를 끌어내기 위한 발언도 하였다. 김덕현도 개인 의견을 전제로 "매우 좋은 생각"이라고 응답했다. 이어서 정홍진은 자신과 김덕현의 만남에 대해서 "알맹이 있는 일을 하게 될 것"이라고 하면서, 윗선의 상호 허가를 바탕으로 한 '서울-평양 상호 자유왕래' 의사를 표명하기도 하였다.

1972년 3월 16일 제8차 실무자접촉에서 김덕현은 김영주의 전언을 통해 남측이 희망하는 경로와 방법대로 방북자를 받아들일 것이라고 하면서, 방문 시기는 4월 25일이 아닌 4월 1~11일 사이가 더 합리적이라는 의견을 제시하였다. 이때 김덕현이 전한 김영주의 말 가운데 눈에 띄는 대목이 있다. 그것은 "적십자회담의 촉진도 중요하지만 우리의 상봉이 더 중요하다"고 한 것이다. 여기서 '우리의 상봉'이란 김덕현-정홍진의 접촉을 의미한다. 이 같은 언급으로 볼 때, 북측은 당시 열리고 있던 적십자 예비회담보다 정홍진-김덕현의 비밀접촉과 장차 실현될 이후락, 김영주의 신임장을 소지한 자들의 상호방문 등에 더 중요한 의의를 부여하고 있었던 것으로 볼 수 있다. 나아가 비밀접촉 과정을 의사소통의 일환으로 보고 있었으며 궁극적으로 통일문제를 해결할 창구로 생각하고 있었던 것으로 보인다.

제8차 실무접촉에서는 이후락-김영주의 상봉문제도 거론되었다. 김영주가 '만약 이후락이 박 대통령의 신임이 가장 두텁다면 그와 만날 용의가 있다'고 했다는 것이다. 두 사람의 상봉 장소에 대해서도 북측은 의견을 제시하였다. 즉, '국내에도 복잡하지 않은 적당한 장소가 얼마든지 있다'며 제3국안에 대해 부정적인 의견을 드러냈다.

정홍진은 7차 실무접촉 때 제안한 자신과 김덕현의 상호방문문제에 대한 북측의 답변에 큰 관심을 보였다. 즉, 김덕현이 이 문제를 김영주에게 보고했는지 단도직입적으로 묻고, '보고하지 않았다'고 하자 '다음 만날 때는 의견을 전해 달라'며 적극적인 모습을 보였다. 정홍진이 이 문제를 '개인적 의견'이라고 했음에도 불구하고, 이 사안에 대하여 적극성을 보인 이유는, 자신의 방북이 장기영의 방북보다 더 실질적이며 유효하다고 생각했던 것 같다. 7차 실무접촉 당시 그가 언급한 "장기영의 방문은 길을 트게 하는 것이고 우리의 이야기가 알맹이 있는 일을 하게 될 것"[152])이라고 표현한 것이라 든지 8차 실무접촉에서 이와 유사한 "장기영의 방문은 의사소통에 불과하고 우리 둘이가 더 실질적 일을 할 수 있을 것"[153])이라는 언급 등에서 그 근거를 찾아볼 수 있다. 그렇다면 이러한 판단이 정홍진의 개인적 판단인지, 이후락과의 논의에 따른 조직적 판단인지 하는 점이 문제이다. 두 사람의 대화로 볼 때 적어도 8차 접촉 때까지는 정홍진 개인의 판단과 의욕에 따라 추진된 것으로 보인다.[154]) 그러나 정홍진의 '개인적 판단'은 제9차 실무접촉이 열리기 전까지 '조직적 판단'으로 승화되었다. 이 기간에 정홍진의 의견과 판단을 이후락이 받아들인 것이다. 제9차 실무접촉(1972년 3월 17일)에서 정홍진을 통해 이후락은 우선 이후락-김영주 회담을 적극 환영한다는 뜻을 분명히 밝혔으며, 특히 '효과적인 목적 달성을 위해서 장기영 파견 제의를 철회하고 김덕현-정홍진의 상호방문을 새로이 제안한다'[155]) 고 했다. 즉, 장기영 방북 제안의 철회 대신 정홍진-김덕현 상호방문을 통해 이후락-김영주 회담의 성사를 추구한 것이다.

사흘 뒤 판문각에서 열린 10차 실무접촉에서 김덕현은 '지금은 고위급 대표들이 직접 만날 때'라며 '이후락-김영주 상봉을 희망한다'는 김영주의 말을 전달했다. 또한 이후락의 친서를 전달하기 위해 정홍진을 연락대표로 파견한다면 좋다는 의사도 표시하였다. 이로써 이후락-김영주 회담을 성사시키기 위한 실무자급 상호방문의 길이 열렸다. 무엇보다 북측은 이때 만

---

152) 『남북대화사료집』 제7권, 36쪽.
153) 『남북대화사료집』 제7권, 38쪽.
154) 왜냐하면 이후락과의 사전 논의 속에서 결정된 사안이라면 정홍진 자신이 굳이 '개인적 의견'이라고 할 필요가 없는 것이며, 7차 접촉에서 정홍진이 제안했음에도 불구하고 김덕현이 이 제안을 김영주에게 보고하지 않았기 때문이다. 이 사실은 김덕현 역시 이 제안을 '공식적 제안'으로 이해하지 않았다는 것을 의미한다. 따라서 정홍진에 의한 '정홍진-김덕현 상호방문안'은 "내가 간다면 매우 빨라질 수 있다"는 그 스스로의 말이 드러내듯 개인적 의욕과 판단에 기초한 의견인 것으로 해석된다. 이 말은 자신이 갈 경우, 이후락-김영주 상봉이 더 빨라질 것이라는 의미로 읽힌다. 『남북대화사료집』 제7권, 38쪽 참조.
155) 『남북대화사료집』 제7권, 38쪽.

약 이후락이 평양을 방문한다면, 김일성을 의미하는 '최고위급'도 만날 수 있을 것156) 이라고 언급함으로써 이후락 방북의 기대치를 한껏 올려주었다.

3월 22일 열린 제11차 실무접촉을 끝으로 이후락-김영주 회담을 준비하기 위한 성격의 정홍진 방북문제가 타결되었다. 이후락은 8차 접촉 때 전달된 김영주의 "의사소통을 먼저하고 평화통일문제를 풀어나가야 한다"는 말에 전적인 동감을 표시하였다. 이후락의 언급은 이후락-김영주 회동이 궁극적으로 '통일문제'를 논의하기 위한 성격의 자리라는 점을 명확히 한 것으로 볼 수 있다. 이와 함께 김영주와의 면담 기회가 하루빨리 올 것을 기원하며, 구체적인 장소, 시기, 방법 등은 정홍진-김덕현 라인을 통해 논의해 나가자는 의사를 표명하였다. 또한 정홍진 방북 일시와 체류기간 등에 대해서는 정홍진 자신에게 위임하였다고 전함으로써 이날 접촉에서 이 사안이 집중 논의되었다. 그 결과 3월 28일 오전 11시 판문점을 경유하는 방북 일정이 확정되었다.

북측의 김덕현은 정홍진의 방북 일자 확정 후, 김영주-이후락 회동에 대해서 개인 의견을 전제로 장소는 국내가 좋다고 하면서, 그 이유에 대해 국내에서 해야 최고위급을 만날 수 있다고 설명하였다. 특히 "회담에서는 우리 민족의 운명과 관련되는 중대한 문제를 토의할 것인 만큼 최고위급을 만남으로서만 모든 문제가 성과적으로 풀릴 수 있을 것"이라면서, 회담장소로 평양 또는 원산 등을 거론하였다. 경로는 판문점을 우선 제시하면서 제3국을 거치거나 바다길도 가능하다는 입장이었다. 그는 이후락의 방문 일자에 대해서 4월 3일에서 12일 사이가 적당하다는 의견을 전했다.

마지막 실무접촉이 된 이날 회동에서 정홍진은 이후락 방북과 관련된 친서를 휴대하고 이후락 방북을 위한 사전 협의사절의 성격으로서 자신의 방북일자를 확정하였다. 특히 정홍진은 자신의 방북 기간 중 김영주에게 '남북문제의 평화적 해결방법에 관한 의견 청취를 희망한다'는 뜻을 사전에 전달한 점이 주목된다.157) 이로써 적십자 예비회담을 매개로 시도된 총 11차

---

156) 『남북대화사료집』 제7권, 40쪽.

례의 남북 간 비밀접촉은 이후락-김영주 회담을 준비하기 위한 정홍진-김덕현 상호방문 합의로 일단락되었으며, 이후 남북조절위원회 구성으로 이어졌다는 점에서 남북조절위원회 실무접촉으로 기능한 셈이 되었다. 이상과 같은 11차례에 걸친 정홍진-김덕현 실무접촉의 주요내용을 정리해 보면 다음의 〈표 3〉과 같다.

〈표 3〉 정홍진-김덕현 실무접촉 진행과정

차수	일시	장소	주요 내용
1차	1971.11.20 (10:05~12:20)	판문점 중감위 회의실	북: 적십자회담과 별도로 비밀접촉 제안 남: 남북 비밀접촉 잠정 동의
2차	1971.12.10 (14:30~16:00)	판문점 중감위 회의실	남: 북측의 비밀접촉 진의 탐문 북: 노동당과 공화당의 당고위급 신임하에 접촉 제안
3차	1971.12.17 (14:30~16:20)	판문점 중감위 회의실	북: 적십자회담보다 비밀접촉을 더 중요한 문제로 규정, 김덕현-정홍진 신분 상호 확인 남: 북의 정치회담 목적 탐문
4차	1972.1.29 (10:00~11:30)	판문점 중감위 회의실	북: 상호 신임장 교환 후 대화 요구 남: 불필요 의견 제시, 적십자관련 문제 의견교환 요구
5차	1972.3.7 (10:00~11:20)	판문점 중감위 회의실	남: 상호 윗선으로 이후락-김영주 확정 요구, 이후락 신임장 지참자 방북 요구, 정치적 문제 논의 가능 북: 다음 접촉 시 답변 약속 * 양측 신임장 상호교환
6차	1972.3.10 (13:30~15:00)	판문점 판문각	북: 이후락 신임장 지참자 방북 초청, 고위급회담 제기 남: 북의 남북관계 전망 의견 요구
7차	1972.3.14 (10:25~11:25)	판문점 자유의 집	남: 이후락 신임장 지참자로 장기영 통보, 방문일자를 4월 25일로 제시, 방문 목적은 특정 목적 없고 의사소통 위한 것, 이후락-김영주 회담

---

157) 『남북대화사료집』 제7권, 41쪽.

			요구, 정홍진-김덕현 상호방문 제의 북: 고위급회담(이후락-김영주) 환영, 성사 노력 다짐
8차	1972.3.16 (10:00~11:05)	판문점 판문각	북: 의사소통, 통일문제 논의 요구. 이후락 특사 방문 일자 조정 요구. 김영주-이후락 회담 용의, 회담장소 국내 요구 남: 정홍진-김덕현 상호방문 다시 제기
9차	1972.3.17 (14:00~14:45)	판문점 자유의 집	남: 이후락-김영주 회담 위해 장기영 파견안 철회하고 정홍진 방문안 수정 제안 북: 다음 접촉 때 답변 약속
10차	1972.3.20 (10:00~11:15)	판문점 판문각	북: 남측 수정제안 동의, 이후락 방문 초청 의사, 최고위급회담 가능 시사, 이후락 친서 휴대라면 정홍진 방문 동의 남: 최고위급 직접회담 완전합의 확인
11차	1972.3.22 (10:00~10:45)	판문점 자유의 집	남: 정홍진 방북일자 3월 28일로 제시, 이후락의 김덕현 초청의사 전달, 정홍진 방문시 김영주의 남북문제 평화적 해결방안 의견청취 요청 북: 김영주-이후락 회담장소 국내 요청

출전: 『남북대화사료집』 제7권, 국토통일원, 25~42쪽 참조.

　이상과 같은 정홍진-김덕현 남북 실무자 접촉의 흐름을 살펴보면 다음과 같은 몇 가지 특징을 확인할 수 있다. 첫째, 쌍방 접촉의 매개는 당시 진행되고 있던 남북적십자 예비회담이었다는 점이다. 둘째, '정치적 성격의 대화창구'를 양측 모두 희망하고 있었으며, 그러한 성격을 상호 인정하였다는 점이다. 인도주의 실현을 목적으로 한 적십자회담에서 남북의 첨예한 정치적 사안을 다룰 수 없었던 양측은 자연히 정치적 사안을 집중적으로 토론할 수 있는 마당을 필요로 했으며 그것이 실무자 접촉으로 이어졌다. 셋째, 양자 회의의 수준이 처음에는 일회적인 접촉 수준이었으나, 곧바로 서로의 호응 속에 상시적인 실무라인으로 변화한 점이다. 이 둘의 대좌는 이후 남북조절위원회 회의과정 속에서도 지속적으로 이어졌다. 넷째, 접촉의 형식은 비공개였지만 내용은 공식적이었다는 점이다. 실무자접촉은 남북조절위원회 회의 개최 후에도 공개되지 않았을 정도로 비밀에 부쳐졌지만 두 사람의 의견은 양측 최고 실세의 의중이 지속적으로 반영되었다는 점에서 명백히 공식적인 성격을 띠고 있었다. 다섯째, 정홍진-김덕현은 각각 남측 이후락 중앙정보부장, 북측 김영주 노동당 조직지도부장의 신임장을 상호 교환한 후 이 둘의 대리인으로서 회의를 지속했다는 점이다. 따라서 두 사람의 상부 결정선은 이후락, 김영주였으며, 이들이 각각 최고 통치자에게 직접 보고하고 지시를 받는 방식을 취했기 때문에 남과 북 양 정권의 의사소통 통로 역할을 한 셈이다.

한 가지 주목할 점은 정홍진-김덕현 라인이 이후락-김영주의 대리인들이라고 할 때, 이후락-김영주 라인업이 남측의 요구였다는 것이다. 5차 실무자 접촉 때 남측의 정홍진은 상호 '윗선'으로 이후락-김영주를 확정 요구하였다. 2차 접촉 시 북측 김덕현이 상호 고위급 신임하에 접촉하자고 제안했으므로, 이때로부터 두세 달 동안 남측은 북측의 누구를 '윗선'으로 요구할 것인지 논의한 것으로 보인다. 그 결과 당시 조선로동당 조직지도부 부장인 김영주를 택한 것이다.

북측의 대화 상대역으로 김영주를 택한 이유는 그의 노동당 조직지도부장이라는 직위가 당내의 핵심적인 위치라는 점도 고려되었지만 무엇보다도 그가 김일성의 친동생이자 수상에 버금가는 실력자로 간주되었기 때문이었다.[158] 그러나 김영주는 이후 이후락 방북 시 회담에 나왔으나, 답방 시부터 박성철 제2부수상을 대리로 내세우며 전면에 나타나지 않았다. 그가 앞장서지 못한 이유는 만성적인 질환인 '식물신경불화증(자율신경실조증)' 때문이었는데, 문제는 남측에서 그가 질병을 앓고 있다는 사실을 사전에 전혀 몰랐다는 점이다.[159] 김영주가 이후락의 대화 상대역으로서의 역할을 수락했음에도 불구하고 일선에 나타나지 못하자 남측 내부에서는 숱한 의혹과 추측이 난무하였으며, 상호 신뢰형성에 하나의 장애로 기능한 측면이

---

158) 『서울신문』, 1972년 7월 5일자.
159) 『김정렴 회고록』, 중앙일보사, 1995, 385쪽.

있었다. 남북대화 추진의 남측 책임자였던 중앙정보부장 이후락의 대북 정보 부족이 가져온 판단착오로 인한 혼란이었다. 특히 중앙정보부가 대화의 상대역으로 지목한 김영주가 1960년대 말부터 진행된 김일성-김정일 권력이양과정에서 어떠한 위치에 있었는지에 대하여 정확한 정보가 없다는 맹점이 그대로 노출되었다.[160]

이후락의 북측 상대역에 대한 부적절한 판단으로 혼란이 조성되기도 하였지만 북측은 김영주 대신 박성철[161]을 내세워 이후락의 대화 상대역을 삼았으며, 결과적으로 남북의 책임자급(고위급) 대화가 이어져 나갔다. 양측의 문제해결 과정은 정홍진-김덕현 실무자 접촉을 통해서 소통되고 논의되는 과정을 밟아 나갔다.

2. 정홍진-김덕현의 비공개 남북 상호방문

이후락의 평양 방문에 앞서 정홍진은 1972년 3월 28~31일 3박 4일간 평양을, 김덕현은 4월 19~21일 2박 3일간 서울을 각기 단독으로 비밀리에 교환 방문하여 이후락-김영주 양자 회담과 평양·서울 교환방문을 위한 제반 사전준비를 끝냈다. 또한 쌍방은 이후락-김영주 양자의 교환 방문 시 서울-평양 간의 통신연락을 위하여 서울의 이후락 중앙정보부장실과 평양의 김영주 노동당 조직지도부장실을 연결하는 직통전화를 가설, 운용하

---

[160] 강인덕·송종환, 앞의 글, 155쪽.

[161] 김영주 대신 박성철이 남북대화의 전면에 등장한 이유와 관련해서는 김영주의 신병 탓이 기본적인 이유이지만, 그가 남쪽 출신이라는 지적이 시사적이다. 김정렴의 증언에 따르면, 그가 어린 시절 경주 부근에서 자랐으며 일본 관서지방의 사립대학을 다녔다는 정보가 있어 그의 서울 비밀 방문 시 문자 긍정적인 표정을 지었다는 것이다(『김정렴 회고록』, 중앙일보사, 1995, 387쪽). 1912년 함북 출신으로 알려졌으나(『북한인명사전』, 중앙일보사 동서문제연구소, 1990, 160쪽), 북한의 내정을 담당하는 제2부수상인 그가 남북대화를 맡게 된 이유 중 하나가 남쪽 출신 때문이라면 상당한 설득력이 있는 것이라고 할 수 있다. 참고로 당시 남북대화의 북측 주역들 가운데 남쪽 출신으로 알려진 사람은 손성필 북적 중앙위 위원장, 윤기복 남북적십자회담 북측 수석 자문위원 등이다. 임태순, 「남북대화 북한측 대표들의 현주소」, 『북한』 7월호, 1983, 83~84쪽 참조.

기로 합의해 4월 29일 직통전화가 개통되었다.

이 같은 과정을 구체적으로 살펴보면, 우선 이후락-김영주 회담이 합의된 조건에서 남북은 실무자 교환방문 절차에 돌입하였다. 1972년 3월 28일 판문점 중립국감독위원회 회의실에서 남측은 정홍진에 대한 이후락의 신임장을 북측에 전달하고, 북측은 정홍진에 대한 김영주의 신변안전보장각서를 남측에 넘겨준 후 정홍진은 판문점을 통과해 평양에 도착하였다. 3월 28~31일에 걸친 3박 4일간의 방북기간 동안 정홍진은 두 차례에 걸쳐 김영주와 면담하였다.

체류 첫날 저녁(17:00~18:40) 홍부초대소에서 열린 제1차 김영주 면담에는 북측에서 김영주뿐만 아니라 김중린 노동당 중앙위원회 비서와 김덕현 노동당 중앙위원회 정치위원회 직속 책임지도원이 배석하였다. 정홍진은 김영주에게 신임장과 이후락의 친서를 전달했는데, 그 내용은 평화통일을 위한 귀하의 고견을 들려달라는 것과 가까운 시일 내에 직접 대담의 기회가 오기를 바란다는 것이었다.[162] 이후락은 친서를 통해 '의사소통'과 '통일'에 비밀접촉의 의의가 있음을 분명히 하였다. 김영주 또한 정홍진에게 던진 첫 마디가 '의사소통'과 '통일문제 논의'였다. 정홍진 역시 이후락 부장의 말을 전하는 방식으로 이후락-김영주의 회담이 '통일을 위한 회담'이라고 밝혔다. 이러한 점에서 이후락-김영주 회담의 궁극적인 목적이 정치적 성격의 '통일문제'를 논의하기 위한 만남이라는 것을 쌍방이 모두 사전에 확인한 것으로 볼 수 있다.

이후락은 정홍진을 통해 이후락-김영주 회담은 빠를수록 좋으며, 평양이든 제3국이든 좋다는 의견을 전했으며, 통일방안에 대해서는 어느 일방의 제안이 아닌 합의를 보아서 쌍방 공히 제안하는 양식을 취하자는 의견을 김영주에게 전달했다. 또한 통일을 위한 회담과는 별개로 물적, 인적교류도 빠른 시일 내에 성취시키자는 의견을 제시하였다.[163] 이에 대해 김영

---

[162] 『남북대화사료집』 제7권, 44쪽.
[163] 『남북대화사료집』 제7권, 46~47쪽 참조.

주는 김영주-이후락 회담의 목적은 '통일'이며, 최종 결론은 김일성-박정희 대좌를 통해 마련돼야 한다고 했다. 또한 이후락과의 논점으로 상호불신과 상호오해의 문제, 정견의 차이문제, 자위문제, 경제적 합작문제 등을 거론했다.[164]

정홍진-김영주 제1차 면담에서 확인된 양측의 공통된 입장은, 이후락-김영주 회담의 조속한 개최, 소통과 통일논의를 위한 자리로서의 회담 성격 확인 및 남북 간 교류라고 할 수 있다. 교류와 관련해서 남측은 포괄적인 인적·물적 교류를 추구한 반면, 북측은 주로 경제적 합작을 희망한 것으로 볼 수 있다. 반면 차이점은 남측의 경우, 통일방안에 대해 관심을 표명했다는 점과 북측의 경우에는, 궁극적으로 김일성-박정희 회담 성사에 기대를 드러낸 점이라고 할 수 있다. 정홍진-김영주 제2차 면담은 방북 마지막 날인 3월 31일 홍부초대소에서 작별인사의 성격으로 이루어졌다. 참석자는 1차 면담 때와 동일하다. 김영주는 이후락에게 전할 이야기로서, 둘(김영주-이후락)이 합의해서 제기할 것이 있으니 4월 12일까지 와달라는 것과 답례로 김덕현을 보내겠다고 하였다.[165]

이에 따라 북측의 김덕현 또한 서울을 비밀리에 방문하였다. 같은 해 4월 19일 오전 9시 30분 판문점 중립국감독위원회 회의실에서 김덕현은 북측 조선로동당 중앙위원회 명의의 신임장을 전달하고, 이후락 명의의 신변안전보장각서를 전달받았다. 이날부터 21일까지 2박 3일간 서울을 방문한 김덕현 조선로동당 중앙위원회 정치위원회 직속 책임지도원은 역시 두 차례 이후락과 면담하였다.

제1차 면담은 4월 19일 오후 1시 43분부터 2시 30분까지 정부종합청사 19층 중앙정보부장 집무실에서 이루어졌다. 남측 참석자는 이후락을 비롯해 이철희 중앙정보부 정보차장보와 정홍진 대한적십자사 회담사무국 회담운영부장 등이었다. 이 자리에서 이후락은 통일을 위한 정치회담을 빨리 시

---

[164] 『남북대화사료집』 제7권, 47~51쪽 참조.
[165] 『남북대화사료집』 제7권, 51~52쪽 참조.

작하자면서, 정치적 통일이 해결되기 전이라도 인사, 통신, 경제교류를 할 것을 제안하였다. 그리고 이를 위해 김영주-이후락 회담을 하자는 입장이었다. 이후락-김덕현 두 사람은 이후락-김영주 회담을 다시 한번 확인하고 이후락의 방북 일자문제를 논의하였다. 북측의 김덕현은 이후락의 '4월 중 방문'을 요청하면서 이후락이 4월 중에 오지 못한다면 대신 장기영을 보내달라는 뜻을 전달했다.[166)]

이후락-김덕현의 제2차 면담은 이튿날 오후 5시부터 35분간 정부종합청사 19층 중앙정보부장 집무실에서 진행되었으며, 남측 참석자들은 1차 면담 때와 같다. 제2차 면담에서 이후락은 자신의 방문 일자를 '5월 초'로 확인해주었으며, 특히 회담장소를 제3국으로 제의한 까닭과 관련해서 "누가 제안하고 누가 받아들였다는 인상을 주지 않기 위해서"였다고 했다.[167)] 또 이후락은 북한과 공동성명을 채택하는 문제를 고려하고 있음을 드러냈다.

두 차례에 걸친 이후락-김덕현 면담에서 이후락의 발언 가운데 주목되는 내용은 그가 '전쟁방지' 문제를 여러 차례에 걸쳐 신중히 언급했다는 점이다. 그의 발언 속에는 '전쟁에 대한 두려움'이 소상하게 드러나 있어 눈길을 끈다. 총 1시간 22분이라는 두 차례의 면담시간 동안 이후락은 '전쟁', '무력', '남침' 등 전쟁관련 용어를 20여 차례나 반복해서 쓰면서 전쟁방지와 전쟁의 해독성에 대해 역설했다. 아울러 '극렬분자'라는 용어도 자주 등장하는데, 남이나 북이나 모두 전쟁방식의 통일을 추구하는 극렬분자가 있다는 지적이지만, 특히 군부를 경계해 달라[168)]는 주문과 함께 자신과 김영주의 회담으로 이들을 누르자는 정치적 메시지를 강하게 던졌다.[169)] 이러한 그의 태도는 당시 국제정세에 고무돼 북의 군부가 무력통일을 시도할지도 모른다는 판단 때문으로 보인다. 베트남전쟁이 월맹의 통일로 귀결되어 나가는 데다가, 미국의 닉슨독트린에 의해 동서냉전이 해소되는 과정을 밟게

---

166) 『남북대화사료집』 제7권, 59쪽.
167) 『남북대화사료집』 제7권, 61쪽.
168) 『남북대화사료집』 제7권, 62쪽.
169) 『남북대화사료집』 제7권, 61쪽.

되면서 혹시 북의 군부가 '오판'할지 모른다는 공포심이 작용한 것으로 볼 수 있다.170)

박 정권의 대북 공포심의 요체는 '남침위협'이었다. 이후 1973년 박정희는 연두기자회견에서 전년도의 7·4남북공동성명에 대해 언급하면서 모험을 무릅쓰고 이후락을 평양에 보낸 것은 "두말 할 것도 없이, 전쟁을 미연에 막기"171) 위한 것이라고 밝혔다. 국제적인 데탕트 시기에 과연 북한의 남침 위협이 실재했는가는 심각한 의문이지만 박 정권은 남북대화의 근본 이유로 전쟁방지와 남침위협의 해소를 들고 있었던 것이다.

제3장. 남북 당국 간 책임자급 비공개 상호방문과 회담

1. 이후락의 비공개 평양방문 및 회담

정홍진-김덕현 실무자 상호방문 후에 이후락은 수행원 3명을 대동하고 1972년 5월 2일 판문점을 경유, 극비리에 평양방문을 단행하였다.172) 그의 방북준비는 1972년 4월 25~26일 정홍진-김덕현의 두 차례 실무 협의를 통해 이루어졌다. 이후락의 방문 일자는 5월 2일, 귀환 일자는 5월 5일로 정해졌다. 수행원으로는 김정원(수행비서), 정홍진(실무자), 전영택(주치의) 등 3명이었다.

실무 협의과정에서 정홍진은 이후락의 평양 체류기간 서울과 평양을 잇는 직통전화 설치를 요구하였다. 이에 따라 4월 27일 남북 직통전화 가설을

---

170) 7·4남북공동성명을 발표할 때도 이후락은 한반도에 전쟁 분위기가 고조돼 있다고 지적했다. 『동아일보』, 1972년 7월 4일자 참조.
171) 『동아일보』, 1973년 1월 12일자.
172) 이후락의 극비 평양방문은 김일성 접견이 예정돼 있었다는 점에서 키신저가 마오쩌둥을 만나러 가는 모습을 떠올리게 하는데, 이 점에서 당시 남북대화는 동서독 대화를 벤치마킹한 흔적을 볼 수 있다. 우승지, 「남북화해와 한미동맹관계의 이해」, 『한국정치외교사논총』 제26집 1호 한국정치외교사학회, 2004, 95쪽.

위한 제1차 기술실무회의가 판문점 중감위 회의실에서 개최되었다. 남측에서는 박기림(중앙정보부 총무국 통신과장), 황인영(국제전신전화건설국장), 최동일(연락단), 길연석(연락단)이, 북측에서는 최봉춘 외 3명(기술자 최 모, 허 모, 연락관 유상철) 등 각각 4명씩 참석하였다. 양측 기술진은 논의 끝에 총 13개 항의 합의를 이루었는데, 주요 합의사항으로는 판문점 자유의 집(남측)과 판문각(북측) 사이에 남북 측이 공동회선 1회선을 설치(1회선은 예비)하며, 이틀 후인 29일에 첫 시험통화를 하기로 한 것 등이다. 또한 쌍방 모두 이 사실을 보도하지 않기로 했다.173) 양측은 29일 오후에 정홍진-김덕현의 시험통화를 거쳐 서울-평양 간 직통전화 가설을 끝마쳤다.

한편, 이후락은 당시 남북 비밀접촉의 흐름과 현황을 미 CIA 측에 통보하였다. 김덕현의 서울 방문 예정일 하루 전날인 4월 18일과 이후락 방북준비를 위한 정홍진-김덕현 실무접촉이 있던 4월 25일, 각각 두 차례에 걸쳐 미 CIA 측에 관련사항을 전달하며 자문을 구하였다. 4월 18일 이후락은 중앙정보부장 집무실에서 미 CIA 한국책임자 리차드슨과 만나 정홍진의 방북 결과174)와 자신이 초청받은 사실, 다음날로 예정된 김덕현의 서울 방문 일정 등에 대해 알려주었다.175)

그러나 정작 리차드슨이 궁금해 한 점은 '현재까지의 경과에 대한 각하의 견해'였다. 이후락은 '나보고 잘 해보라 하실 뿐'이라고 답함으로써 자신의 역할과 책임하에 일이 진행되고 있음을 은연중 드러내고자 했다. 이때 그는 남북접촉의 의미에 대해 "남북 간 불필요한 긴장 완화 시도에 불과한 것"이라고 하면서, "남북 간 긴장이 해소된 것으로 속단해서는 결코 안 될

---

173) 『남북대화사료집』 제7권, 69쪽.
174) 이후락이 리차드슨에게 설명하던 도중 "요담 내용은 기록에 담겨져 있으냐"라고 한 것으로 볼 때 정홍진과 김영주 간의 대화록이 별도로 제공된 것으로 보인다. 『남북대화사료집』 제7권, 74쪽.
175) 1970년 미 국무성의 한국정치 관련 파일에 등장하는 이후락에 관한 묘사에 의하면, 이후락을 접촉해 본 미국 측 인사들의 경우, 공통적으로 '미국인과 아주 잘 어울리고 판세를 잘 읽어내는, 지능이 아주 뛰어난 사람'이라는 평가다. 이흥환·정광호, 「미국이 작성한 한국 정치지도자들의 비밀파일」, 『신동아』 1월호, 2000.

말"이라고 강조하였다. 또한 북한의 의도가 자신과 김영주의 만남을 교량으로 해서 박정희-김일성 회담으로 끌고 가려고 하는 것이라면서 박-김 회담은 간단한 문제가 아니라고 말했다.[176]

리차드슨은 유고슬라비아 미 대사관이 입수한 첩보라면서, 북한 사절단이 유고의 고위관리에게 '무력에 의한 통일은 불가하기 때문에 평화적 방향으로 해결코자 한다'고 한 발언을 전해주었다. 그런데 이후락은 믿을 수 없다는 반응을 보였다. 여전히 대북 긴장을 늦추지 않고 있음을 드러낸 것이다.

이후락이 남북관계의 예상되는 부작용에 대해 질문하자, 리차드슨은 우선 일본의 북한 진출을 가장 먼저 꼽았으며[177] 유엔에서 '두 개의 한국론'이 공식화할 가능성이 있다고 예상하였다. 또한 미국의 대 북한정책은 "즉각적이며 성급하게 기본정책 변동을 하지 않을 것"이며, "만만치 않게 다룰 것(remain skeptical and tough toward N.K)"이라고 답변했다.[178] 이에 대해 이후락은 리차드슨이 예상한 두 문제는 장기적 안목에서 큰 문제가 되지 않는다고 말했다. 자신의 평양 방문과 관련해서는 후쿠다 외상에게 사전에 귀띔하겠다고 밝히자, 리차드슨은 현명한 배려라며 환영하였다. 이때 리차드슨이 '남북 간의 이 같은 징조만으로 미국 정부의 전체적인 대한공약에 관한 체질변경을 염려할 필요는 전혀 없다'고 확언한 점도 주목된다.

이후락의 평양 방문을 위한 정홍진-김덕현 실무접촉이 열린 4월 25일, 이후락과 리차드슨은 또다시 만났다. 이후락은 자신의 '북행 결심'을 밝히면서 남북 간의 접촉이 왜 이때 추진되어야 하는지에 대한 자신의 견해를 드러내었는데, 우선 "실기(失機)했을 때 반드시 국제정세가 우리에게 유리

---

[176] 『남북대화사료집』 제7권, 74쪽.

[177] 이러한 인식은 당시 박정희 정부의 외무부 문서를 통해서도 드러난다. "이러한 관점에서 금번 남북대화를 기화로 우방제국이 북한과의 관계 개선 내지 접근을 시도한다면 이는 남북 간의 모처럼의 대화를 저해하는 것일 뿐만 아니라 대화에 임하는 아국 정부의 입장을 상대적으로 약화시키는 결과를 가져올 것임" 외무부 문서번호: AM-0704 051830, 2쪽.

[178] 『남북대화사료집』 제7권, 75쪽.

하게 성숙되어 준다고 장담할 수 없다"고 한 점으로 보아서, 당시 국제적인 데탕트정세를 기회로 여겼다는 점을 확인할 수 있다. 또한 "각하 집권기간 중에 남북접촉이 시작되어야 한다"면서 "국내사정으로도 박 대통령의 강력한 영도하에 안정되어 있고, 국민이 단결되었을 때 감행해야 한다"는 인식을 분명히 드러냈다.[179] 7·4남북공동성명 발표와 10월 유신체제선언 직전의 국내정국이 안정돼 있다고 본 것이다.

애초 이후락이 예정된 평양 방문기간 동안 자신의 행동방향을 세 가지 코스로 기획했었던 점도 리차드슨의 대화과정에 확인되는 또 하나의 사실이다. 이후락이 예상한 첫 번째 코스는 남한의 우위성 설득, 의견교환, 북의 통일방안 청취, 무사귀임하는 것이었다. 두 번째 코스는 평양 현지에서 이후락-김영주 공동코뮤니케를 발표하는 것이었고, 세 번째 코스는 위 공동코뮤니케를 귀경 후 합의된 일시에 공동발표하는 것이었다.[180]

이때 이후락이 구상한 공동코뮤니케의 내용으로는 "양측 상사(上司) 의도를 잘 아는 양인은 5. 2~5. 5 평양에서 만나 국토의 평화적 통일방안에 대한 의견 교환한 후 분단 상태를 조속 종지부를 찍기 위해 아래와 같이 의견의 일치를 보았다"는 서문하에, 빠른 시일 내에 평화통일을 위한 남북회담 개최, 남북 간의 상호 모략중상 및 비난 중지, 회담에서의 일방적 제안 중지, 회담기간 중 모든 무력시도 중지, 인적·물적·통신교신 등 남북교류 개시, 남북적십자회담 촉진 성공적 합의 성취, 위 사업 추진 위해 5월 중 예비회담 개시 등으로 구상하고 있었다. 이 같은 내용은 이후 7·4남북공동성명으로 대부분 반영되었다.

평양 체류기간 중 이후락이 예상한 세 가지 행동방식 중 정작 이후락 자신이 원한 코스는 두 번째였다. 그는 리차드슨에게 "나로서는 코스Ⅱ를 희망하며 이에 대한 실권 위임을 바란다"고 말하였다.[181] 방북에 앞서 예상한

---

179) 『남북대화사료집』 제7권, 77~78쪽.
180) 『남북대화사료집』 제7권, 77쪽.
181) 이런 사안을 미 CIA 한국책임자에게 실권 위임을 요청하는 것 역시 정치적 발언이지만 당시 한국의 중앙정보부장과 미국의 CIA 한국책임자 간의 공적 관계를 드러내주

세 가지 코스 중 결국 세 번째 코스로 귀결되었지만, 그가 애초 희망한 것은 두 번째 코스, 즉 평양 체류 기간 중에 남북공동성명을 발표하는 것이었다는 점이 흥미롭다. 중앙정보부장이 비밀리에 평양에 방문한 자리에서 즉석 합의해 발표하는 형식을 가장 선호했다는 점은 그가 남북공동성명 발표에 대해 상당히 극적이면서도 여론의 주목을 받는 방식을 희망했다는 사실을 의미하는 것이기 때문이다. 그 이유는 당시 국제정세와 관련해서 볼 때 '깜짝 놀랄 만한 남북 간 접촉'이 긴요했기 때문이었던 것으로 이해된다.

　방북과 관련한 보고는 박정희에게 그때그때 이루어졌지만, 김종필 총리에게는 4월 24일에서야 통보되었다. 당시 시점까지 최규하 특별보좌관, 통일부장관, 외무부장관 등에게도 이후락의 방북계획은 전해지지 않았지만, 미 CIA 한국지부장을 통해 미국에 사전 통보한 사실은 남북관계 진척과정에서 형성된 한미 정보당국 간의 내밀한 관계를 보여주고 있다.[182] 평양방문 1주일 전 시점에 리차드슨에게 방북계획을 알려준 이후락은 그에게 '코멘트(Comment)'를 부탁했고, 이에 대한 리차드슨의 반응은 '전적인 동의'였다.[183]

　위와 같은 사실은 당시 진행되던 남북 간 비밀접촉이 박정희 정부 내에서조차 철저한 비밀에 부쳐졌으나 반대로 미국의 CIA 한국책임자와는 긴밀히 정보가 공유되었음을 보여준다. 이 같은 조치는 중앙정보부－CIA 간 정보교류 차원으로도 볼 수 있지만, 좀 더 직접적인 요인은 박정희의 지시 때문이었다. '국가기밀을 많이 알고 있는 중앙정보부장' 이후락을 보내되, '만일의 경우를 대비하여' 처음부터 끝까지 주한 미 CIA 책임자에게 알려주도록 이후락에게 지시한 결과였다.[184]

는 한 단면이라고 이해된다.

[182] 일본에게는 4월 26일 주한 일본대사를 통해 수상에게 전하겠다는 것이 이후락의 계획이었다.

[183] 그가 반응한 표현들에는 다음과 같은 단어들로 치장되었다. "very good", "reasonable", "highly professional", "technique of approch excellent", "splendidly impressive", "fascinatingly interesting", "thoroughly well-prepared", "extremely courageous", "remarkable gamble" 『남북대화사료집』 제7권, 79쪽.

이후락이 예상한 세 가지 방북 유형은 4월 24일 대통령 앞으로 작성한 보고서에서 이미 제시한 것이었다. 이후락은 대통령 앞으로 특수지역 출장에 관한 허가 요청서인 '특수출장인허원(特殊出張認許願)'을 제출하였다. 자필로 쓴 이 문서에는 그의 방북 이유, 출장자, 행선지, 일시, 안전문제, 할 일들이 공식적으로 기록돼 있다.[185]

이 문서에서 밝힌 '특수지역 출장' 이유는 "각하의 통일 이념을 그들에게 설득, 관철케 해보는 것", "그들의 의중도 탐색해 보는 것" 등이다. 출장자는 이후락, 정홍진(실무), 김정원(경호), 김영택(의사) 등인데 25일 정홍진 – 김덕현 실무접촉 때 김정원의 신분을 '수행비서'로 통보한 정도의 차이가 눈에 띤다.

문서에서 가장 주목되는 부분은 '여행목적: 할 일들' 항목인데, 〈가〉, 〈나〉, 〈다〉 안으로 나뉘어져 있다. 이 세 가지 안은 리차드슨에게 설명한 세 가지 코스와 같다.

여기서 〈가〉안은 "남한 國勢가 절대 우위라는 자신으로 諸對話에 임함으로서, 北 優位의 환상적 氣를 꺾고, 평화통일을 위한 諸意見을 교환해 봄에 그친다(비밀여행)"라고 되어 있다. 이 안은 남쪽 우위이냐, 북쪽 우위이냐 하는 대결적 관점으로 대화에 임하는 자세가 드러나 있는 소극적인 '접촉' 수준의 안이라고 할 수 있다. 반면, 〈나〉안은 가능하다면 공동성명을 발표하는 것으로서, 이후락이 개인적으로 선호한 안이었고, 〈다〉안은 '이후락 귀임 후 동시 발표'인데 실제로 현실화된 안이었다. 7·4남북공동성명의 발표가 사전에 예정된 것이 아니었을 것이라는 평가[186]는 적어도 이 문서를 통해서 볼 때 사실이 아니라고 할 수 있다. 이후락은 남북 간 접촉 초기부터 공동성명 발표를 지향한 것으로 확인되기 때문이다.

이 같은 이후락의 보고서를 검토한 박정희는 친필로 "※於 平壤에서는 訓슈을 받고 모든 것을 決定하도록"이라는 글을 남겼으며, 이틀 후인 4월

---

[184] 『김정렴 회고록』, 중앙일보사, 1995, 385쪽.
[185] 『남북대화사료집』 제7권, 80~81쪽.
[186] 노중선, 『남북대화 백서 – 남북교류의 갈등과 성과』, 한울아카데미, 2000, 29쪽.

26일자로 「特殊地域 出張에 關한 訓令」을 작성해 기본적인 사항을 지시하였다. 이 문서는 박정희 대통령이 직접 친필로 작성했다는 점, 이후 7·4남북공동성명으로 이어지는 과정에서 당시 남북대화에 관한 남측 최고 통치자의 기본적인 지침이 담긴 문서라는 점에서 주목할 만하다.

박정희는 이 문서를 통해 북측 대표와 의견교환 시, 기본입장을 세 가지로 제시했다. "남한 국세가 절대 우위라는 자신으로 대화에 임함으로써, 북이 우위라는 환상적 기를 꺾고 평화통일을 위한 제 의견을 교환해 본다, 금번 여행에 있어서는 주로 상대방 요로의 사고방식 및 현재 북한의 실정을 파악하는 데 중점을 두기로 한다, 의견교환 시의 상대방의 태도 등을 감안하여 필요하다면 다음과 같은 내용의 설명을 할 수 있다"고 지시하면서, 다음과 같은 구체적인 내용을 적시하고 있다.

가. 조국의 통일은 궁극적으로 정치적 회담을 통한 평화적 통일이어야 한다.
나. 남북은 사반세기 동안 정치, 경제, 사회, 기타 분야에 있어 상호 상이한 제도 하에 놓여 있는 실정을 직시하고 통일의 성취는 제반문제의 단계적인 해결을 통하여 궁극적인 평화통일 목표 달성을 도모하기로 한다.
다. 따라서 우선 현재 진행 중인 남북 간 적십자회담을 촉진시켜, 가족찾기 운동이라는 인도적 문제의 조속한 해결을 보도록 하고 다음 단계로 경제, 문화 등 비정치적 문제를 다루도록 하는 회담을 열기로 하며, 최종 단계로 정치적인 문제를 다루는 남북 간 정치회담을 갖기로 한다.
라. 이를 위하여 남북 간의 분위기를 가능한 한 호전시킴이 긴요함에 감하여 남북 간의 대화와 접촉이 진행 또는 계속되고 있는 동안,
  (1) 비현실적인 일방적 통일방안의 대외 선전적 제안을 지양하는 동시에,
  (2) 남북 간 상호 중상 및 비방은 대내외적으로 이를 지양하며,
  (3) 직접적이거나 간접적임을 막론하고 무력적 행동으로 상대방을 괴롭히는 처사는 일절 않기로 한다.[187]

박정희의 훈령에서 드러나는 당시 그의 남북접촉에 대한 인식과 전략을

---

[187] 『남북대화사료집』 제7권, 82쪽.

살펴보면, 우선 남북관계의 경우, 체제대결과 우열론적으로 사고하고 있음을 알 수 있다. '남한 국세가 절대 우위', '북이 우위라는 환상적 기를 꺾고' 등의 표현이 이러한 사고를 반영한다. 또한 통일에 대하여 '단계적 해결'을 분명히 지향하고 있었다.[188] 1단계로 적십자회담을 통한 가족찾기운동, 2단계로 경제·문화 등 비정치적 문제 회담, 3단계이자 최종단계로 남북 간 정치회담을 추진한다는 것이다.

이후락의 방북출장 임무에 대해서는 무엇보다 '상대방의 사고방식과 실정 파악'에 주력하라는 지시를 명확히 하였다. 이와 관련, 그 같은 견해에 대한 북측의 견해 또는 주장 등에 관한 처리 방법 등은 이후락의 귀임 후 면밀한 검토를 거쳐 이를 마련한다는 지침도 포함되었다.

대통령의 훈령을 받은 이후락은 떠나기 전날인 5월 1일 궁정동 집무실에서 중앙정보부 임원들과 작별인사를 나눈 후,[189] 다음날 오전 10시 청와대 방문을 거쳐,[190] 오후 1시 45분 판문점 중립국감독위원회 회의실에서 북측으로부터 '조선로동당 조직지도부장 김영주' 명의의 신변안전보장각서를 건네받은 후 북측이 제공한 차량을 타고 자유의 집까지 영접을 나온 북측의 김덕현, 박진세, 최봉춘 등의 안내에 따라 월북하였다.

판문점 북측지역인 판문각에 도착한 일행은 류장식 조선로동당 조직지

---

[188] 박정희는 다음달인 5월 15일 5·16 11주년 기념식 연설에서 "단계적인 접근 모색"을 또 한 차례 강조하였으며(『동아일보』, 1972년 5월 16일자), 1973년 연두기자회견에서도 "단계적 접근"과 조급해서는 안된다는 점을 지속적으로 강조하였다. 『동아일보』, 1973년 1월 12일자.

[189] 이후락은 그 자리에서 "지금 미국의 정책을 볼 때 우리가 정확하게 눈을 떠야 하고 CIA가 역사적 범민족적 사명을 자각하여야 될 때가 온 것"이라고 말했다. 자신의 방북 결심과 일련의 대북접촉의 계기가 '미국의 정책변화'에 기인함을 드러낸 것이다. 그리고 그러한 변화에 따라가는 역할을 CIA(중앙정보부)가 맡아야 한다는 사고가 엿보인다. 『남북대화사료집』 제7권, 83쪽.

[190] 이 자리에는 박정희 외에 김종필 총리, 최규하 특별보좌관, 김정렴 비서실장 등이 배석하였다. 박정희는 떠나는 이후락에게 두 마디를 하였다. "미 CIA 책임자에게 잘 알려 주었지?"와 "잘 갔다 와"였다. 이후락은 윗저고리 주머니를 가리키며 만일의 사태를 대비해 청산가리를 준비했다는 손짓을 보였다. 『김정렴 회고록』, 중앙일보사, 1995, 385쪽.

도부 부부장 겸 대외사업부장의 안내에 따라 차량 세 대로 나누어 개성에 도착, 준비된 두 대의 헬기편으로 평양비행장에 도착하였다.[191] 비행장에는 김영주 부장과 김중린 조선로동당 비서가 마중 나왔으며, 이후락 일행은 오후 3시 50분 숙소인 모란봉초대소에 도착해 여장을 풀었다.

5월 2~5일 3박 4일간 평양에 체류한 이후락은 각각 김일성과 두 차례, 김영주와 두 차례 회담을 하였다. 첫날 5월 2일 오후 6시 5분부터 7시 53분까지 이후락-김영주 제1차 회담은 평양 주암초대소에서 두 시간 가량 진행되었다. 남측에서는 이후락, 정홍진이 북측에서는 김영주, 김중린, 류장식, 김덕현 등이 참석하였다. 이날 회담에서는 지난 3월 31일 정홍진-김영주 제2차 면담 때 김영주의 '이후락 4월 12일 이전 방북 요청' 이유가 확인되었다. 4월 29일 열린 최고인민회의에서 원래 두 가지 문제를 취급하려 했는데 예산문제만 취급하고 대남문제는 보류했다는 것이다.[192] 자신과 이후락의 합의하에 통일문제를 최고인민회의에서 토의하려고 했다는 의미인 것으로 보인다.

이후락은 남북교류를 제안하고 이러한 단계를 거쳐 통일문제를 다루어야 한다고 하며 나아가 통일을 위한 협상기구를 제안하였다. 박정희 훈령에 따라 인도적 회담(적십자회담)을 촉진시켜 인적, 물적, 통신교류 등을 제안했으며 이러한 단계를 거쳐 김영주와 자신이 임명하는 몇 사람의 그룹이 서로 평양과 서울을 오가며 교류, 이해하고 통일을 위한 회담을 하자는 안이었다. 반면 김영주는 상호 불신과 오해의 제거를 먼저 거론했다. 또한 '이남에서 미군이 철수한다는데 왜 남쪽은 이를 반대하느냐'는 질문을 던졌다. '박 정권을 미국과 일본의 앞잡이로 생각했다'는 언급도 하였다. 이에 대해 이후락은 미군 철수 반대는 북을 믿지 않기 때문이며 6·25전쟁 때문이라고 하면서, 박 정권은 미국과 일본의 앞잡이가 아니며 자주노선을 취하고

---

[191] 평양시내에서 약 10km 떨어진 사과밭에 임시로 마련된 이 헬리포트는 이후 김일성의 지시에 따라 이후락 도착을 기념하는 의미에서 영구적인 헬리포트로 개발되었다고 한다. 이영석, 「실록 남북회담」, 『월간조선』 7월호, 1983, 136쪽.

[192] 『남북대화사료집』 제7권, 86쪽.

있다고 대답하였다.193)

　1차 이후락-김영주 회담에서 김영주의 발언 중 주목할 만한 내용 중 하나는 1968년 1·21청와대습격사건194)에 대해 언급한 점이다. 이 사건은 오해이며 군부의 좌경맹동주의자들이 저지른 짓이라면서 사과의 뜻을 표명하였다. 당시는 몰랐으며 나중에 알고 다 처벌했다는 것이다.195) 또 하나 김영주는 박 정권의 비상사태 선포196)에 대해서 문제를 제기했다. '우리는 남침하려는 것이 아닌데 왜 비상사태를 선포해 총을 겨누는가'라는 것이다. 이후락은 즉답을 회피하였다.

　이후락-김영주 제2차 회담은 다음날인 5월 3일 오후 4시부터 6시 30분까지 모란봉초대소에서 열렸다. 참석자는 1차 회담 때와 같았다. 이날 김영주는 전격적으로 김일성-박정희 회담을 의미하는 '수뇌(首腦)회담'을 제의했다. 전날 이후락의 '단계적 접근법'197)을 비판하는 과정에서 '정치협상'부터 할 필요가 있으며 정치협상을 하면 이산가족찾기와 각종 교류문제는 저절로 풀린다는 것이다. 또한 수뇌자급 회담과 함께 이후락의 주장대로 제3국에서 공동성명을 발표하자는 주장과198) 함께 공화당과 노동당 간의 대화

---

193) 『남북대화사료집』 제7권, 85~93쪽 참조.
194) 1968년 1월 21일 북의 124군부대 무장 게릴라 31명이 청와대를 습격하기 위해 서울에 침투한 사건. 31명 가운데 28명은 사살되었고 1명은 생포, 다른 2명은 도주하였다. 『대공 30년사』, 국군보안사령부, 1978, 381쪽.
195) 『남북대화사료집』 제7권, 91쪽.
196) 전해인 1971년 12월 6일 박정희는 국가안보를 최우선으로 하고 일체의 사회불안을 용납하지 않으며 최악의 경우, 국민의 자유권까지 유보한다는 내용의 비상사태선언을 의미한다. 『서울신문』, 1971년 12월 6일자.
197) 남측의 단계적 접근법에 대한 북측의 비판은 이미 4개월 전 김일성의 다음과 같은 언급(일본 『요미우리신문』 인터뷰)에서 이미 제기되었다. "남조선 당국자들은 그 무슨 '단계'를 운운하면서 이것은 할 수 있고 저것은 할 수 없다느니, 어떤 것은 먼저 하고 다른 것은 뒤로 미루어야 한다느니 하고 있는데 이것은 지연 전술이지 문제를 해결하려는 태도가 아닙니다."(『김일성저작선집』 27, 조선로동당출판사, 1984, 45쪽).
198) 이후락의 한 증언에 따르면 당시 김영주는 공동성명에 대해 부정적이었다고 한다. "공동성명서를 만들자고 하니까 김영주는 웬일인지 피했다. '이 부장 선생, 남북통일하려는데 곧 끝날 것을 갖고 공동성명은 만들어서 뭘 합니까' 이런 식의 내용이었다"라는 것이다. 김충식, 『남산의 부장들』 ①, 동아일보사, 1993, 349쪽.

를 벗어나 다른 정당·사회단체도 참여시키자는 주장을 하였다. 남측의 '평화적 공존론'과 '통일의 시기상조론' 및 '실력양성 승공통일' 역시 비판의 대상이 되었다. 특히 시기상조론은 시대사조에 역행하는 것인데, 세계정세가 통일에 유리하게 전개되고 있다는 것이다. 이 밖에 직통전화 가설문제도 정치협상을 논의하기 위해서라면 당장 놓을 수 있다는 태도를 보였으며, 미군철수 후 각각 10만으로 병력을 줄이자는 제안도 하였다.[199]

결국 김영주는 자신과 이후락 간의 '고위급회담'이 궁극적으로 김일성-박정희 사이의 '최고위급회담'으로 이어져 정치적 문제의 타결을 선행해야 한다는 견해를 강하게 드러낸 것으로 볼 수 있다. 정홍진-김덕현 접촉이 이후락-김영주 회담을 준비하는 것이었다면, 이후락-김영주 회담은 박정희-김일성 회담을 준비하는 성격이라는 점을 강조한 것이다. 같은 해인 1972년 6월 21일 김일성이 『워싱턴포스트』 셀리그 해리슨 기자와의 인터뷰에서 "박 대통령이 희망한다면 수뇌자회담에 응할 용의가 있다"[200]고 공식 표명하였는데, 이때 이미 김영주에 의해 공식 제안된 점이 확인된다.

그는 얘기 끝에 주목할 만한 사실 하나를 언급하였다. 5·16 후에 북측에서는 평화통일에 대한 기대를 많이 가졌으며, 한동안 박정희의 이름을 거명하는 식으로 공격을 하지 않았다고 하면서, 이와 관련 5·16 직후의 비밀 남북접촉이었던 '용매도회담'[201]을 언급하였다. 5·16 직후 남쪽에서 접촉하자고 요청해와 3~4번 하다가 마지막에 북측이 거부해서 끝났다는 것이다. 북이 거부한 이유는 박정희가 보낸 것이 아니라 미국 측에서 보낸 것 같았으며, 북은 '이것은 미국놈들이 박정희 대통령을 떠보는 것이 아니냐

---

[199] 『남북대화사료집』 제7권, 94~98쪽 참조.

[200] 『남북한통일제의자료총람』 제1권, 국토통일원, 1985, 1145쪽.

[201] 이 회담은 구소련 공산당 중앙위원회 국제부 한국과장을 역임한 투가첸코의 글(『월간조선』, 1992년 7월호)을 통해 알려졌다. 당시 남측 관련자들은 남북접촉이 정치적 목적이 아닌 첩보 목적이었다고 밝혔다. 이와 관련, 5·16 직후 북의 밀사로 내려온 황태성(북 무역상 서리 역임)은 자신의 남하 임무 중 첫 번째가 바로 이 용매도회담과 관련, 군사정권의 진의를 파악하라는 것이라고 밝혔다는 증언이 있다(김지형, 「황태성 조카사위 권상능 심층증언」, 『민족21』 6월호, 2001 참조).

하는 것으로 판단해 차버렸다는 것이다. 이 같은 김영주의 언급은 북한이 박정희 집권 후 적잖은 기대를 가졌다는 사실을 드러낸 것으로 해석된다.

김영주의 김일성-박정희 회담 제안에 대해 이후락은 방법론과 시기문제가 다르다는 입장을 보였다. '통일이 궁극적으로 이루어질 때' 박정희-김일성 회담이 필요하며, 수뇌자회담에 원칙적으로는 동의하지만 지금의 시점은 적절하지 않다는 태도였다. '승공통일' 구호에 대하여 그는 북한의 '남조선해방'이란 구호와 마찬가지로 '정치인이 그 체제를 유지 보호하기 위한 구호'라고 이해해 달라는 논리를 폈다. 또한 남북대화에 여러 정당·사회단체를 포함시키자는 것은 '대외적 쇼'이며 실질적 의미가 없다고 단정했다.[202]

이후락은 정상회담에 대해서 원칙적으로 동의하였지만 때가 아니라는 이유로 유보하였는데, 이런 판단에는 '박정희 훈령'에서 드러난 단계적 접근이라는 원칙이 작용한 것으로 보인다. 이와 관련, 1972년 11월 이후락은 하비브 미 대사에게 남북정상회담에 대해서 언급했는데, 그는 가까운 장래에는 없을 것이라고 하면서 5년이나 10년 후 국제적 상황이 호전되거나 한국경제가 충분히 좋아졌을 때, 또는 북한이 국제사회에서 외교적으로 승인받는 것을 한국정부가 막지 못할 경우에는 정상회담이 가능하리라고 생각한다고 말한 바 있다.[203]

이틀에 걸쳐 진행된 두 차례의 이후락-김영주의 회담은 모두 4시간 30분가량 대화가 오갔으며, 두 사람이 각각 남과 북을 대표하여 남북대화의 기본적인 관점과 방법론 등에 대해서 서로의 생각을 진지하게 교환하였다는 데 큰 의미가 있다. 이때의 김영주와의 회담에 대해 이후락은 "김영주는 인상도 말도 무뚝뚝하고 판단력은 날카롭지 못한 편이었으며 전혀 얘기가 통하지 않았다"고 훗날 밝힌 바 있다.[204]

---

[202] 『남북대화사료집』 제7권, 98~102쪽 참조.

[203] "Telegram from the Embassy in Korea to the Department of State", 22 Nov. 1972, Pol Kor N-Kor S, Subject-Numeric Files.

[204] 이상우, 앞의 글, 211쪽.

이후락-김영주는 여러 견해를 교환하면서도 구체적인 합의안을 도출하지 못하였는데 이러한 문제점들은 그 후 두 차례의 김일성-이후락 회담을 통해 '통일 3원칙' 합의에 이르게 됨으로써 해소되었다. 이후락은 방북 셋째 날인 5월 4일 한밤중인 0시 15분에 느닷없이 김일성 접견 호출을 받고 평양 만수대에 위치한 수상관저로 향하였다. 김일성 수상과의 전격적인 제1차 회담이 이루어진 것이다.[205]

참석자는 남측에서 이후락과 정홍진이, 북측에서 김일성을 비롯해 박성철 제2부수상, 김영주, 김중린, 류장식, 김덕현 등이 참석하였다. 이때 박성철 제2부수상[206]이 배석한 사실이 주목된다. 박성철은 이후 김영주를 대신하여 북측 남북조절위원회 공동위원장 대리로서 서울을 방문하는 등 남북대화의 전면에 나서게 된다.

김일성-이후락 제1차 회담에서는 김일성에 의해 제시된 통일 3원칙, 즉 자주, 평화, 민족대단결에 대해 이후락 역시 적극 동의함으로써 통일문제에 대한 중요한 합의를 이룬 점이 가장 큰 특징이라고 할 수 있다. 이때의 양자 합의가 7·4공동성명의 통일 3원칙으로 제시되었다. 이때 김일성은 첫째, 외세에 의해서 통일하지 말자, 둘째, 싸움하지 말고 평화적으로 통일하자, 셋째, 민족단결을 위한 방향에서 출발점을 삼자는 세 가지[207]를 강조하

---

[205] 한밤중에 접견이 성사된 이유에 대해서는 김일성의 야행성, 극적인 상봉 의도, 보안 문제 등을 들 수 있다. 이후락은 평양 체류 중 하루에 두 차례 직통전화로 서울에 연락을 취하였고, 이를 김치열 중앙정보부 차장이 청와대에 들어가 보고하였다. 그런데 한밤중에 수상관저로 향해야 했기 때문에 미처 서울에 연락하지 못하였다. 이영석, 「실록 남북회담」, 『월간조선』 7월호, 1983, 126쪽.
김일성의 심야업무는 만주의 항일 빨치산 시절부터 형성된 습관이었다. 낮에는 조직적이고 대규모인 日軍을 피하고 어둠이 짙어지면 유격전을 펴는 젊은 시절 때의 습관이 권력자가 된 뒤에도 이어진 것이었다. 김충식, 『남산의 부장들』 ①, 동아일보사, 1993, 350쪽.

[206] 김일성은 박성철을 지칭하며 "제2부수상은 내각 일 다 맡아 보는 사람인데……."라고 한 바 있다. 『남북대화사료집』 제7권, 106쪽.

[207] 이때 김일성이 제기한 3원칙의 순서에 대해 남측 기록에는 자주, 평화, 민족대단결로 되어 있으나 북측의 기록에는 자주, 민족대단결, 평화로 되어 있다. 『김일성저작집』 제27권, 조선로동당출판사, 1984, 163~182쪽.

고 공산주의, 자본주의는 덮어두자고 말하자, 이후락 역시 그 세 가지가 가장 기본적인 것이라고 동의하였다. 김일성은 단결, 평화, 외세배격 등 이것이 '3가지 통일원칙'이라고 규정하였으며, 이후락 역시 '3가지 원칙을 통일의 기둥'으로 삼으면 통일은 꼭 이룩되리라 생각한다며 동조하였다.

또한 김일성은 김영주와 마찬가지로 청와대사건에 대해서 '박 대통령에게 대단히 미안한 사건이었다'고 해명하였다. '내 의지나 당의 의지가 아니였으며 보위부 참모장, 정찰국장 다 철직했다'고 밝혔다. 김일성은 김영주 대신 박성철 제2부수상을 남쪽에 파견하겠다고 하였다. 김영주가 '식물신경불화증'으로 병치료 중이기 때문에 대신 박성철을 보내겠다는 것이었다. 그러나 이후락은 박성철이 먼저 오는 것은 반대라는 의견을 표시하였다.[208] 이 문제는 김일성-이후락 제2차 회담에도 이어졌다. 같은 날 오후 1시부터 3시 25분까지 열린 제2차 회담에서 김일성은 김영주 대신 박성철을 서울에 보내겠다는 뜻을 분명히 하고 박 대통령에게 양해를 구하였다. 김영주가 사업에서 2~3년 손을 떼었는데, 이후락이 김영주를 지목했기 때문에 자신들이 거절하면 단절되니까 김영주와의 연결은 일단 가져놓았다고 하면서 자신이 김영주 못지않게 신임하는 박성철을 보내겠다고 설명하였다. 그럼에도 불구하고 이후락은 김영주를 하루라도 보내달라고 요청하였다. 그러나 김일성은 그가 신경병인데다가 의사들이 걱정을 하기 때문에 사업을 안 하는 것이 아니라 못하며, 이번에는 어려울 것이라고 답하였다.

2차 회담에서 김일성은 이후락과의 대화를 통해 '남측은 미국, 일본과 결탁하여 전쟁을 하려 한다, 북측은 남침·적화통일을 하려 한다'는 두 가지의 오해를 서로 풀었다고 강조하였다. 그러면서 그는 소련식도, 미국식도 아니며 우리식대로 하자는 것이라고 하면서 해방 직후 박헌영 노선을 비판하기도 하였다.[209] 또한 김일성은 박정희와의 협의 용의가 있다는 얘기를 직접 함으로써 김영주의 최고위급회담 제안을 재확인했다.

---

[208] 김진룡, 「김일성-이후락 평양밀담 전문」, 『월간중앙』 3월호, 1989, 294쪽.
[209] 김일성은 이 자리에서 박헌영이 남쪽에서 '소련과 논의해서 연방공화국을 만들겠다'고 했다며 그를 반대파로 묘사하였다. 『남북대화사료집』 제7권, 110쪽.

이때 김일성이 남북조절위원회 구성을 제안한 점도 특징이다. 이후락-김영주 접촉에 대해 김영주는 이를 '고위급회담'이라고 칭하였는데, 이날 김일성은 두 사람의 만남을 '조절위원회'로 호칭하면서 남북 간에 제기되는 여러 문제를 조절해나가자고 제안한 것이다. 즉, 공동위원회를 만들어서 이후락과 김영주가 왔다갔다하면서 조절위원회를 하자는 취지였다.

　이 밖에 김일성은 "적십자회담도 끄는 목적이 다른 게 아니라 우리도 대화를 먼저 하자는 것"이었다면서, "이제는 빨리 하자"고 언급하기도 하였다.[210] 이 같은 발언으로 볼 때, 북측은 내심 적십자회담보다는 정치적 대화와 접촉을 통한 실질적 의사소통을 더 추구했던 것으로 보인다. 이후락의 방북을 통해 실질적인 대화가 이루어지자 적십자회담도 빨리 될 것이라고 한 점은 이후 남북적십자회담과 남북조절위원회의 성쇠가 서로 얽혀 있음을 드러내주는 대목이다. 이때 김일성은 "이번에 북과 남의 고위급대표들이 직접 만나서 회담을 진행함으로써 정치협상은 이미 시작되었다"[211]고 말하면서 남북 정치회담의 성사를 기정사실화하였다.

　제1차 김일성-이후락 회담에서는 훗날 7·4공동성명에서 확인된 통일의 3원칙이 합의되었으며, 제2차 회담에서는 7·4공동성명에서 공개된 남북조절위원회 구성에 대해 합의하였다. 위의 두 가지 중요 합의를 이루는 과정에서 나타나는 특징은 두 가지 사항 모두 김일성이 제안하고 이후락이 이에 동의하는 모양새를 띠며 합의를 이루어나갔다는 사실이다. 이를 통해 확인되는 사실은 당시 김일성이 매우 적극적이며 구체적인 대안의 제시를 통해 회담 분위기를 이끌어나갔다는 점이다. 이에 이후락도 호응하면서 대화 분위기는 상승효과를 거두게 된 것으로 볼 수 있다.

2. 박성철의 비공개 서울방문 및 회담

　이후락의 평양방문 직후인, 1972년 5월 29일~6월 1일 3박 4일간 북한의

---

[210] 『남북대화사료집』 제7권, 108~113쪽 참조.
[211] 『김일성저작집』 27, 조선로동당출판사, 1984, 179쪽.

박성철 제2부수상이 서울을 비밀리에 방문하였다. '김영주의 대리인' 자격으로 박성철이 방문한 것이다. 이후 김영주는 남북대화 석상에 나타나지 않았으며 그의 역할은 계속 박성철 제2부수상이 대신하였다.

먼저 정홍진-김덕현 라인이 가동돼 박성철의 서울방문 준비를 위한 실무접촉이 진행되었다. 5월 17일과 25일 두 차례 열린 회의를 통해 양측은 김영주 대신 박성철의 방문을 합의했으며, 북측의 서울 방문자 명단을 상호 확인하였다. 북측은 서울 방문자 명단을 박성철, 류장식, 김덕현, 김재성(부관, 부수상 호위원), 김철수(의사) 등으로 통보하였다. 두 차례의 실무접촉과 전화통화에서는 박성철 일행의 방북준비 관련 논의 외에도 당시 비무장지대에서 발생한 총격사건에 대한 확인작업이 이루어지기도 하였다.[212] 당시 군사분계선상에서 발생한 남북 간의 소규모 군사적 충돌사건이 정홍진-김덕현 실무접촉 과정에서 논의되고 해명되는 절차를 밟아나간 것은 이후락의 평양방문 시 양측의 우발적인 군사적 충돌의 경계에 관한 의견교환이 있었기에 가능한 일이었다. 이 같은 비무장지대 총격사건은 그 후 6월 25일 남북공동성명 문안 작성을 위한 실무자접촉 때도 거론된 바 있다.[213]

5월 25일 제2차 실무자접촉에서는 기술실무진에 의해 논의된 남북 직통전화 이용에 관한 합의서를 교환하였다. 또한 이때 양측이 적십자회담과 관련, 중요한 합의를 이룬 점을 주목할 필요가 있다. 당시 남북적십자 회담에서는 의제 문안에 관한 상호 의견이 엇갈리고 있었는데 의제 제2항을 "남

---

[212] 1차 접촉(17일) 시, 김덕현은 5월 16일 강원도 금화군에서 발생한 남측의 사격사건에 대해 확인을 요구하였다. 다음날 전화통화에서 정홍진은 위 사건이 '고목나무의 인을 착각하여 사격한 것'이라며 고의적이 아닌 초병의 착각이라고 해명하였다. 또 2차 접촉(25일) 때에도 북측의 김덕현은 24일 장풍군 구하리에서 국군 3명이 중앙분계선을 넘어 인민군이 사격을 가했다며 무장침입을 경고하는 발언을 하였다. 정홍진은 이에 대해 '고의가 없었을 것'이라는 해명을 하였다. 『남북대화사료집』 제7권, 128, 131쪽 참조.

훗날 이후락은 이때 남북 간의 직통전화가 중요한 구실을 했다고 회고했다. 5월 16일 고무나무 인광을 보고 놀란 초병이 2천 발이나 쏘았는데 평양-서울 간 직통전화를 통해 전화가 와서 대응사격이 없었다는 것이다. 김충식, 『남산의 부장들』 ①, 동아일보사, 1993, 357쪽.

[213] 『남북대화사료집』 제7권, 219~220쪽.

북으로 흩어진 가족들과 친척들 사이의 자유로운 방문과 자유로운 상봉을 실현하는 문제"로 확정키로 약속한 것이다.[214] 제2차 김일성-이후락 회담에서 김일성의 발언을 통해 나온 '적십자회담 낙관론'이 실제로 현실화된 것이다. 북측의 정치회담 중시적 사고로 볼 때, 이후락-김영주 라인이 남북적십자 회담과 별개로 정치회담을 진행하자 북측이 적십자회담에 적극적으로 임한 결과로 보인다. 이러한 사실은 당시 진행 중이던 남북적십자 회담과 이후 이후락-김영주 라인이 공식화된 남북조절위원회 회의의 공생관계를 압축적으로 보여준다.

박성철 제2부수상 일행은 5월 29일 오전 10시 55분 판문점을 통과하여 차량을 이용해 1시간 30분 만에 서울에 도착, 숙소인 영빈관에 도착했다. 박성철은 서울에 체류하는 동안 이후락과 두 차례, 박정희와 한 차례 회담을 하였다. 박성철 일행은 서울에 체류하는 동안 대외적으로 '재일교포'로 위장하였다. 청와대 방문 명목도 '재일교포의 내방'이었다.[215]

이후락-박성철의 제1차 회담은 첫날 오후 4시부터 5시 25분까지 숙소인 영빈관 회의실에서 열렸다. 북측 참석자는 박성철, 류장식, 김덕현이며, 남측 참석자는 이후락을 비롯해 모두 중앙정보부 임원급이었다. 김치열 차장, 이철희 정보차장보, 김동근 보안차장보, 강인덕 제9국장(북한 담당), 정홍진 한적 회담사무국 회담운영부장 등이었다. 이 가운데 이철희는 김덕현 서울 방문 때 동석하였으며, 김치열, 김동근, 강인덕은 새로 합류하였다.

이후락-박성철 제1차 회담에서 양측은 통일의 3대 원칙에 대해서 다시 한번 의견을 같이했다. 반면 박성철이 '정치협상'과 '교류'를 동시에 할 수 있다는 신축적인 입장을 표시한 사실은 적잖은 변화였다. 평양회담에서 김영주는 '정치회담을 먼저 해야 한다, 정치회담 속에 인도적 문제, 교류문제가 포함되는 것'이라고 주장한 데 비해, 박성철은 정치협상으로서 조절위원회를 상설화하고, 교류로서 경제문화교류협의위원회를 조직하자고 수정 제

---

[214] 『남북대화사료집』 제7권, 131쪽.
[215] 이상우, 앞의 글, 213쪽.

안한 것이다. 즉, 박성철은 평양회담에서 합의한 '조절위원회' 혹은 '민족통일공동위원회'와 같은 상설적 협의기구를 만들자는 제안을 했다. 김영주-이후락을 쌍방 위원장으로 하고 두 사람이 각각 3~5명을 임명하여 구성해, 긴장상태 완화로부터 통일에 이르기까지 정치, 군사문제 전반에 대하여 협의, 결정하고 그 집행을 조절하는 기능을 수행하도록 하자는 제안이었다. 동시에 고위급 경제·문화교류 협의위원회 구성도 가능하다는 입장이었다.

이 같은 박성철의 새로운 제안에 대해 이후락은 '평양에서 인적, 물적 교류를 안 하겠다고 하다가 하자고 하니까 어리둥절하다'는 반응을 보이자, 박성철은 '이 부장이 평양을 방문한 다음에 생각을 많이 했다'며 '우리가 생각다 못해서 이 두 가지를 다 하자'고 결론을 짓게 되었다고 답변하였다.

북측의 박성철은 수뇌자급회담을 종용하였고,[216] 이후락-박성철의 상호방문과 남북접촉에 대해서 공개 발표하자는 의견을 제시하였다. 공개문제에 대해서 남과 북 양측이 비교적 솔직히 각자의 입장을 드러낸 점도 주목된다. 이후락은 "오늘까지 반공을 국시의 제일로 삼고 있던 정부가 갑자기 국민들에게 뒤집어 제시한다는 것은 여러 가지 혼란을 가져오기 쉬운 것이고 이를 위해서는 어려운 과제들도 많이 있는 것"[217]이라고 밝힌 점이라든지, 박성철 또한 "우리가 솔직히 말해서 그전에는 자기만이 옳다고 자꾸 했습니다. 남조선 해방, 남조선 해방하자, 여기서는 또 자꾸 승공통일하자, 똑같은 소리를 했는데 그 내용은 둘 다 똑같은 것입니다"[218]라고 말한 점 등이 그러하다.

이후락-박성철 제2차 회담은 다음 날인 5월 30일에 열렸다.[219] 양측 참석자들과 장소는 1차 회담 때와 같다. 이후락은 1차 회담에서 박성철이 제

---

[216] 박성철은 복잡한 사업들을 해결하기 위해서는 수뇌자회담이 절실히 필요하며, 이미 김일성이 박정희와 친우로서 관계를 맺을 수 있다고 한 사실을 상기시켰다. 이후락의 평양 방문 시 김일성은 그에게 "박 대통령께서 공산주의 친구 하나 사귀어 봐도 좋지 않은가"라는 말을 하였다. 『남북대화사료집』 제7권, 108~109쪽 참조.

[217] 『남북대화사료집』 제7권, 146쪽.

[218] 『남북대화사료집』 제7권, 150쪽.

[219] 『남북대화사료집』 제7권, 153~159쪽 참조.

안한 내용에 대한 답변을 통해, 수뇌자회담은 원칙적 의견에 차이가 없지만 시기와 여건 등을 살펴야 한다고 선을 그은 반면, 김영주-이후락을 위원장으로 하고 각각 3~5명의 위원으로 조절위원회를 구성하자는 의견에 대해서는 찬성했다. 다만 조절위원회는 남북문제 개선과 해결을 위한 산파적인 역할을 하는 것이지 결코, 공식적 결정의 역할까지는 할 수 없다는 태도였다. 그러자 박성철은 '공식적 역할을 할 수 없다'고 한 부분에 대하여 "개인으로 한다고 생각할 수 있지 않느냐"면서 문제제기를 하였다. 결국 박성철은 집요한 질문공세 끝에 이후락으로부터 "김 부장과 내가 합의 본 내용은 비록 공식적 합의가 아닐지라도 그리고 산파역에 불과할지라도 거의 공식화될 것이 틀림없다"는 답변을 끌어냈다.

  2차 회담에서 가장 큰 논란을 빚은 사안은 남북대화의 '공표문제'였다. 두 사람은 공개 원칙에 대해서는 동의하였으나 남측은 구체적으로 시기를 정하기 어렵다는 자세인 반면 북측은 하루빨리 발표해야 한다는 입장이었다. 특히 박성철은 '인민에게 알리지 않고 어떻게 교양을 한다는 것인가', '군(軍)은 직통전화 소통도 모르고 있다', '인민들에게 알려져 평화적으로 민족적 대단결 방향의 교양교재를 만들어야 한다', '우리 둘이 도장을 찍고 신문에 보도하고 교양하면서 풀어야 한다', '알리지 않으면 언제 충돌사태가 일어날지 모른다'는 등 적극적으로 나왔다. 이후락은 '어느 정도 정지작업이 필요하다', '북에서는 김일성 수상의 한 마디로 인민이 따라가지만 우리는 그렇지 않다', '지금 알리면 현 정부가 북한에게 속고 있다 하여 군부가 궐기할 것이다', '이 문제는 우리에게 맡겨 달라'며 남쪽 내부에서 정치적으로 해결할 사안이라는 입장을 보였다. 결국 북측은 남쪽의 내부사정을 이해하고 기다리기로 하였으며, 조절위원회 구성은 합의하였으나 위원과 운영문제 등에 대해서는 합의하지 않았으니 추후 논의하자며, 이후락의 6월 중 평양 방문 초청의사를 밝혔다.

  5월 31일 박성철 제2부수상 일행은 박정희 대통령을 예방하기 위해 청와대를 방문하였다.[220] 오후 5시부터 7시 40분까지 진행된 회담은 남측에서 대통령과 이후락, 김치열, 정홍진, 김정렴(대통령 비서실장)이, 북측에서는 박성철, 류장식, 김덕현 등 3명이 참석하였다.

박성철은 우선 준비한 원고를 낭독하는 방식으로, 이후락과의 평양회담 성과는 통일 3대 원칙에 합의한 것이라고 하며, 수뇌자회담의 필요성을 또 한번 강조했다. 박정희는 '3개 원칙을 전적으로 환영'한다고 밝히고, 다만 '공표'문제에 대해서는 이 시점에서 공개하는 것은 반대라는 입장을 명확히 하였다. 또 '협의기구 구성'에 찬성하며, 수뇌자회담에 대해서는 "분위기가 조성되고 여건이 성숙되면 나와 김 수상이 만나 툭 털어 놓고 이야기할 것"이라며 "지금은 아직 그런 여건이 아니"라고 답하였다. 원칙적으로는 동의하지만 여건 성숙 후 하자는 태도였다.

또한 박정희는 '적십자회담의 조속한 진전을 바라고 있다'면서 '인도적인 적십자회담조차 지지부진한데 다른 문제를 어떻게 다룰 것인지 매우 어려운 일'이라고 하자, 박성철은 '우리도 곧 추진할 것'이라며 '적십자회담이 곧 되리라 생각한다'고 답하였다.

박정희-박성철 회담에서는 통일의 3대 원칙, 조절위원회 설치 등에 대하여 박정희가 직접 확인했다는 점[221]이 가장 커다란 특징이라고 할 수 있다. 반면 정상회담(수뇌자회담)의 경우, 박정희가 때가 아니라는 이유로 보류함으로써 최종적으로 거부되었다. 북한의 집요한 수뇌자회담 요구에 대해서 박정희, 이후락은 한결같이 '때가 아니다'라는 이유를 제시했다. 때가 아니라는 의미는 이후락의 말에 의하면 "약 5년 후에는 한국경제가 북한경제보다 경쟁에서 우위를 점하게 될 것"인데 그때라면 가능할지 모르겠다는 것이다. 즉, 남한의 경제력 우위가 보장될 때 정상회담이 가능하다는 인식인 것으로 해석된다.[222] 실력배양을 전제로 한 선건설 후통일적인 사고의 반영이었다.

---

[220] 『남북대화사료집』 제7권, 159~164쪽 참조.

[221] 박정희 예방을 마친 후 북측 류장식은 숙소에서 평양으로 전화보고를 통해 3대 원칙 합의와 조절위원회 찬성 입장을 전달하였다. 수뇌자회담에 대해서도 주요하게 보고하였다. 『남북대화사료집』 제7권, 179쪽 '전화 연락문(20)' 참조.

[222] "Telegram from the Embassy in Korea to the Department of State", 22 Nov. 1972, Pol Kor N-Kor S, Subject-Numeric Files.

박정희-박성철 회담에 배석했던 김정렴 비서실장에 따르면, 회담 시 주로 박정희가 얘기를 하였으며, 박성철 일행은 거의 듣고만 있으면서 묵묵히 메모만 했다고 한다. 간혹 류장식이 발언하였는데 정치적 통합을 우선해야 한다는 내용이었다는 것이다. 박성철은 김일성의 박정희에 대한 인사말 등을 전할 때도 수첩을 꺼내 메모를 그대로 읽었으며, 매우 긴장한 상태였다고 한다.[223] 당시 회담 분위기를 엿볼 수 있는 대목이다.

결국 남북적십자 예비회담 과정에서 비롯되어서 남북의 실무자 접촉을 통해 성사된 이후락과 박성철의 평양-서울 상호 비밀방문은 1970년대 초 남북대화를 한 단계 끌어올리는 데 결정적인 역할을 하였다. 무엇보다 이 과정을 거쳐서 남북은 '통일 3원칙'에 합의하면서 이 같은 내용을 담은 공동성명 발표로 나아가게 되었으며, 이후 남북조절위원회 구성 절차를 밟아나가게 되었기 때문이다. 또한 이후락-박성철의 상호방문 기간 동안 두 사람은 여러 차례 회담을 통해 논점을 형성해 나갔으며, 양측 최고 지도자와의 회담을 통해 깊이 있는 대화를 할 수 있는 여건을 조성하였다. 그러나 양측의 의견 차이도 적지 않게 드러났다. 남측은 단계적 접근이라는 입장을 가지고 대화에 임한 반면, 북측은 정치협상 우선이라는 구도하에 대화를 이끌려고 하였다. 그 같은 입장 차이는 수뇌자회담에 대한 양측의 태도에서 명확히 드러났다.

---

[223] 김정렴, 『김정렴회고록』, 중앙일보사, 1995, 386쪽.

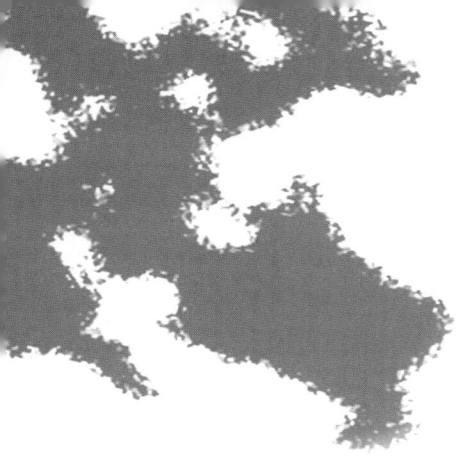

제3부

7·4남북공동성명 발표와 남북조절위원회

제1장. 7·4남북공동성명의 발표와 의의

1. 7·4남북공동성명의 합의

  1972년 5~6월, 남측의 이후락 중앙정보부장과 북측의 박성철 제2부수상의 상호 비밀방문 결과, 외세의 간섭이 없는 자주통일, 무력의 사용을 배제하는 평화통일, 사상과 이념·제도의 차이를 초월한 민족의 단결 도모 등 3개 항목이 남북통일의 기본적 원칙으로 상호 인정되었다. 그리고 이 3개 항목을 성문화하여 장차 통일을 해나가는 과정에서 원칙으로서 준수하기로 합의를 보았다. 그 결과 1972년 7월 4일 오전 10시 '남북공동성명'이 서울과 평양에서 동시에 발표되었다.
  7·4남북공동성명이 발표되기까지 양측은 문안 협의를 위해 7차례에 걸쳐 실무자 접촉을 가졌으며, 그 밖에 수십 차례 전화통화를 통해 긴밀하게 협의 조정과정을 거쳤다. 공동성명 문안 작성을 위해 양측은 각각의 초안을 상대방에게 제출하였으며, 각자 두 차례에 걸친 수정안을 작성하였고, 이에 따라 합의안을 작성한 후 또 한 차례 남측 재수정을 거치는 등 신중에 신중을 거듭한 끝에 완성되었다.
  공동성명 문안조정 작업과정은 다음과 같다. 1972년 6월 20일, 류장식이 직통전화로 '중요 문제 협의차'[1] 김치열 중앙정보부 차장을 22일 판문점에

---

[1] 공동성명 작성 협의문제를 의미한다.

서 만나고 싶다고 밝히면서, 공동성명 문안조정 작업이 시작되었다. 21일 판문각에서 정홍진-김덕현은 공동성명 작성 제1차 의견협의를 시도했다. 정홍진은 '공동성명 발표 후 야기되는 여러 가지 어려운 문제를 어떻게든 극복해야 한다는 게 이후락 부장의 각오'라면서 '(그가) 발표문안을 친필로 써주면서 이 문안을 잘 연구 검토하라고 지시했다'고 전했다. 또 발표 장소에 관한 이후락의 견해는 파리나 제네바 같은 제3국에서 김영주-이후락 회담 후에 발표하는 것이었다.

김덕현은 '윗분'에게 보고한 후 다음날 다시 만나자고 제안하였으며, 이후락 6월 초청문제를 문의하였다. 정홍진은 '김영주 부장이 초청하면 될 것'이라고 답하였다. 또한 서울-평양 직통전화 가설과 운용에 관한 합의서 논의 결과, 서울 측 원문을 거의 수정 없이 확정하였다.

이날 남측이 제시한 이후락의 공동성명 초안은 다음과 같다.

① 대한민국의 이후락 중앙정보부장과 북한의 김영주 조선로동당 조직지도부장은 72년 ○월 ○일 ○○에서 회합을 갖고 현 조국문제에 대한 다각적 의견교환을 하였다.
② 이들은, 한반도에 있어서의 조국분단을 원통히 느끼고 조속히 통일을 가져와야 한다는 이념을 같이하고, 그 조속한 실현에 노력할 것을 다짐하였다.
③ 또 이들은 남북 공히 서두르고 있는 전쟁준비와 또 이로 말미암은 긴장의 고조를 염려하고 이념을 초월한 대화로서 긴장의 완화와 불시의 돌발사태 방지가 아쉽다는데 견해를 같이 하였다.
④ 또 통일은 시급히 이루어져야 하나, 어떠한 일이 있더라도 그 통일은
　가. 외세에 의하지 않은 자주적인 통일이어야 하며
　나. 또 여하한 일이 있더라도 무력에 의하지 않은 평화적인 방법의 통일이어야 하며
　다. 또 통일이 될 때까지 이념을 초월한 한 민족으로서의 단결이 있어야 한다는데 의견을 같이 하였다.
⑤ 또 이들은 통일을 위한 제노력이 진행되는 동안

가. 서로 中傷, 비방하지 말 것이며
나. 일방적이며 선언적인 통일제안을 하지 않을 것이며
다. 서로 규모의 대소를 막론하고 무력으로서 상대를 괴롭히지 않을 것에 합의를 보았다.
⑥ 또 이들은 서울(李)-평양(金) 간에 상설 직통전화 "Hot Line"을 가설하여 불의의 一線사고를 방지하고 또 통일촉진의 제사업에 기여토록 할 것에 합의를 보았다.
⑦ 또 이들은 이후락-김영주가 위원장이 되는 남북 간 조절위원회를 두어 남북 간 제문제의 개선과 나아가 통일사업에 이바지할 것에 합의를 보았다.
⑧ 또 이들은 5월 2~5일간의 이 부장 평양 방문과 5월 29일~6월 1일간 박 부수상의 서울 방문은 상호 이해에 큰 도움이 되었다는데 합의를 보았다.
⑨ 또 이들은 현재 진행 중에 있는 남북적십자회담의 조속한 성취와 그리고 남북 간의 인적, 물적, 통신적 교류의 실현에 이바지 할 것을 합의하였다.[2]

위와 같은 남측 초안에 따라 합의문 작성을 위한 제2차 실무자접촉이 이틀 후에 개최되었다.[3] 김덕현은 '이후락의 초안을 존중하고 충분히 참작하였다'고 하면서 북측의 남북공동합의서 초안을 작성해 가져왔다. 북측 초안에는 발표지가 평양으로 지정돼 있었다. 북측 초안에 대해 정홍진은 개인 의견임을 전제로, 맨 마지막 구절인 "박정희 대통령의 위임에 의하여……", "김일성 수상의 위임에 의하여……"라는 문구는 오히려 문제를 어렵게 만들 위험이 있다고 하면서 삭제를 요청하였으며[4] 북측도 동의하였다. 공동성

---

[2] 『남북대화사료집』 제7권, 215~216쪽.
[3] 본래 전날(22일) 개최하기로 하였으나 북측 김덕현이 요양차 시골에 내려가 있던 김영주에게 보고, 협의할 시간이 소요돼 23일 개최되었다. 『남북대화사료집』 제7권, 216~217쪽.
[4] 정홍진은 '이후락이 김영주와 회담한 것은 대통령의 깊은 신임에 의하여 이룩된 것은 틀림없으나 대통령의 위임에 의한 것이라고 공식적으로 말하지 않고 있는 것이 사실 아니냐'라고 하였는데 이는 남쪽 내부의 '정치적 고려'에 따른 것으로 보인다(『남북대화사료집』 제7권, 218쪽). 정홍진은 이후 한 증언에서 "7·4성명을 공식문서로 만들

명 발표 자리에서 직통전화 합의서에 함께 서명하자는 합의도 있었다. 이틀 후 제3차 실무자접촉에서는 '대내적 사정'을 고려해 이후락이 교정한 북측의 수정본이 전해졌다.

남북이 작성, 발표하게 될 문안의 성격에 대한 합의가 도출된 시점은 제4차 실무자접촉(27일)이었다. 즉 '공동합의서'에서 '공동성명'으로 조정한 것이다. 김덕현은 북측의 법규에서 볼 때 공동성명서의 경우, 조약의 성격을 띠기 때문에 전권 위임을 받은 대표들 사이에 하는 것이니만큼, 이후락의 뜻을 참작하여 연구한 결과라며 공동합의서를 공동성명으로 바꾸자고 요구하였다. 2차 접촉에서 남측이 '대통령·수상의 위임에 의하여'라는 문구를 빼자고 요구했기 때문에, 북측은 '전권 위임'이라고 굳이 밝힐 필요가 없는 '공동성명' 형식을 제안한 것이다.

북측이 공동합의서에서 공동성명으로 바꾸자는 제안을 한 이유는 주로 국가 대 국가 간에 체결하는 공동합의서로 할 경우, '한반도 두 개 국가론'을 현실적으로 인정하는 결과가 될 수 있다는 우려에서 비롯된 것으로 보인다. 즉, 쌍방의 최고 통치자로서 박정희와 김일성이 서명을 꺼려한 이유는 각각 정통성에 입각한 자존감과 상대방에 대한 괴뢰정부적 사고를 근본적으로 넘어서지 못했기 때문이라고 할 수 있다. 마찬가지로 '대한민국 전권대사 이후락', '조선민주주의인민공화국 전권대사 김영주'라고 기입한 후 서명할 수도 없었기 때문에 '서로 상부의 뜻을 받들어'라는 표현을 어물쩍 쓰게 된 것이라고 할 수 있다.[5]

그러나 국제법에 따른 국가 간 조약이 아니더라도 각각 '상부의 뜻을 받들어'라고 표기할 경우, 도의적·정치적 구속력은 갖고 있는 것으로 볼 수 있다는 분석이 있으며,[6] 좀 더 적극적인 해석의 경우, '상부'가 각각 대한민

경우 불신과 대결로 이어진 남북관계가 급선회하고 통일정책이 크게 바뀌는 인상을 국민들에게 줄 우려가 있었으므로 실질적으로 박 대통령의 '위임'을 표기하자는 데 양해가 이루어졌다"고 하였다. 김충식, 『남산의 부장들』 ①, 동아일보사, 1993, 356쪽.

5) 장기붕, 「화해정책과 남북한의 법적 관계」, 『국제법학회논총』 50, 대한국제법학회, 1982, 85쪽.

6) 김명기, 「남북공동성명의 법적 제문제」, 『남북공동성명과 국제법』, 법문사, 1977, 16쪽.

국의 대통령, 북한 수상이라고 할 수 있으므로 결국 대한민국과 북한의 대표자 사이에서 권리, 의무를 설정한 성명(declaration) 형식의 조약(treaty) 또는 협정(agreement)이라고 보는 견해도 있다.[7]

북측은 이후락에 의해 교정된 문안 중 몇 가지 수정 사항을 요구했다. 우선 '선전적 내용을 가진 일방적 통일논의를 삼가자'는 남측 주장은 조절위원회가 열리게 되면 자동적으로 조정할 수 있는 것이고, 문장 내용에 다 들어가 있으니 넣을 필요가 없다는 것이었다. 또한 조절위의 사업관리 범위를 넓혀 '통일문제를 해결할 목적으로'라고 바꾸었으며, '상사의 뜻을 받들어'라는 표현은 봉건사회에 쓰던 단어이므로 '상부'라고 고치자고 제기하였다.

정홍진은 '조절위원회 동안 선전적인 통일방안을 하지 않는다'는 표현을 고집하였지만, 북측은 만약 그러한 문구를 써 넣는다면 "과거 우리가 제안한 모든 통일 제안이 선전적이었다는 것으로 해석될 것이며, 우리의 민족통일을 위한 순수한 제안들이 선전적이라고 주장하던 사람들에 대하여 그것을 시인하는 것으로 된다"[8]면서 거절 사유를 명확히 하였다. 그럼에도 불구하고 정홍진은 대내적 사정을 고려한 것이니 김영주에게 '다시 보고 드려달라'고 재차 요청하였다. '선전적'이라는 표현이 힘들다면 조절위가 열리는 동안 '일방적 통일방안을 제안하지 않는다'로 해도 좋다는 것이었다.

남측은 왜 '일방적 제안 방지'에 강한 집착을 보였던 것일까. 정홍진이 여러 차례 언급한 '대내적 문제'는 무엇을 의미하는 것일까. 그것은 남측 정치권 내의 비난여론을 의미했다. 공개적 남북대화 시기조차 북측의 일방적 통일방안 제의가 나오게 될 경우 야당은 물론 여당 내부에서도 북의 양동작전에 휘말렸다는 비판에 직면할 것을 염려한 것이다. 결국 이 문제는 다음 실무자접촉에서도 북측에 의해 끝내 받아들여지지 않은 채 최종 수정문안을 교환, 확인하였다. 6월 28일 제5차 실무자접촉에서 문안에 대해 완전 합의를 본 후, 남북공동성명문과 전화협정문에 대한 가조인 절차를 밟았다.

---

[7] 배재식, 「남북한의 법적관계」, 『대한국제법학회논총』 제21권 제1, 제2호 합병호, 대한국제법학회, 1976, 238~239쪽 참조.

[8] 『남북대화사료집』 제7권, 221쪽.

한편 양측은 공동성명을 발표하기 위한 이후락의 방북 협의에 들어갔다. 남측이 제시한 일자는 7월 3일 14시 판문점 자유의 집 출발, 7월 4일 16시 판문점 귀환 일정이었다. 수행원은 정홍진, 정화섭(비서관), 김정원(경호과장), 전영택(주치의) 등 모두 5명이었다. 공동성명 발표는 7월 4일 오전 10시 평양에서 김영주가 먼저 읽은 후 이후락이 읽는 순서를 제시하였다. 북한 방송을 서울에서 중계하겠다는 의사도 전달되었다. 이에 대해 북측은 이후락의 평양 도착 후 바로 발표하는 것보다 돌아가는 날 발표하는 것이 대내외적으로 이치에 맞는 일이라고 지적하였고, 남측이 받아들임으로써 발표 일자는 7월 4일로 합의하게 되었다.

이때 정홍진은 성명 발표 후 이후락이 형무소에 들어갈 각오까지 하고 있으며, 대통령이 반대하지만 먼저 발표하여 기정사실화하고 건의할 각오를 하고 있다는 뜻밖의 얘기를 북측에 전했다.[9] 이 같은 전언은 남북공동성명 발표 직전 남쪽 내부의 미묘한 분위기를 느끼게 하기에 충분하다. 그러나 그 내용의 진정성은 얼른 납득되지 않는다. 박성철의 청와대 방문 시, 박정희가 '김영주－이후락이 합의하면 적극적으로 뒷받침해 줄 생각'이라고까지 했는데, 이제 와서 반대하는 이유가 무엇인지 알 수 없다. 또한 대통령의 반대를 무릅쓰고 이후락이 강행한다는 설명도 이해하기 어렵다. 남측 핵심부의 의견 대립을 연상케 하는 언급이기 때문이다.

그러나 정홍진의 전언은 일부 사실로 드러났다. 공동성명 문안에 합의하고 가조인까지 마친 상태였으나 그로부터 6시간 뒤[10]인 당일(28일) 오후 6시 정홍진은 김덕현에게 급히 직통전화를 통해 "오늘 합의되었다고 축배를 들고 돌아와 보니 말하지 못할 사정이 생겼는데, 부장님께서 도저히 평양에 가실 수 있는 입장이 못되니, 7월 4일 10시에 발표는 하되 동시발표를 하자"[11]고 변경 요청을 한 것이다. 그는 "내부적인 사정"이 있다고 토로하

---

[9] 『남북대화사료집』 제7권, 224쪽.
[10] 접촉을 마친 후 서울로 돌아온 정홍진이 김덕현(당시 부재중)에게 급히 전화한 첫 시점은 당일 17시 55분이었다. 14시에 김덕현과 헤어졌으므로 약 4시간 뒤였다. 이런 정황으로 볼 때 정홍진은 돌아오자마자 내부의 문제제기에 봉착한 것으로 보인다.

였다. 또한 합의한 문서 중에서 '첫 부분을 지우고 몇 군데 수정하자'고 요구하였다.

6월 30일 제6차 실무접촉이 열리기 전까지 양측은 직통전화를 통해 집중적으로 의사교환을 하였으며, 문안 수정작업도 마무리하였다. 29일 김덕현은 전화로 김영주가 이후락을 영접하기 위해 요양차 가 있던 고산지대에서 평양으로 돌아왔는데 '사정이 그렇다면 그렇게 하는 수밖에 없다'며 유감의 뜻을 표했다.[12] 6차 접촉에서 김덕현이 남측의 '내부적 사정'에 대해 문의하였으나, 정홍진은 회담의 '기정사실화' 의지에 대해서만 언급하였다. 또한 공동성명 발표 기자회견에서 '귀측 입장을 곤란케 하는 일은 피하겠지만 오해가 가는 것이 있더라도 이해하여 달라'는 주문을 하였다. 실제로 7월 4일 공동성명 발표 후 기자들과의 일문일답에서 북측으로서는 껄끄러운 표현이 적지 않게 나왔지만 북측이 이런 표현들에 대해서 공식 문제제기를 하지 않은 이유는 이 같은 남측의 사전협조 요청 때문이었던 것으로 볼 수 있다.

애초 이후락이 평양을 방문하여 그곳에서 공동성명을 발표하기로 합의하였음에도 불구하고 남측이 돌연 이를 취소하고 서울-평양 동시발표로 요청한 이유는 다름 아닌 박정희의 반대에 부딪혔기 때문이다. 당시 주한미 대사 하비브(Philip C. Habib, 71.10~74.8 재임)의 정보보고에 따르면, '6월 28일 박정희 대통령은 이후락이 평양을 방문하여 발표하는 것을 원하지 않았으며, 그 대신 서울과 평양에서 동시발표하게 될 것'이라고 하였다. 또한 이날(6월 29일) 이후락이 자신에게 남북공동성명 최종본의 사본을 넘겨주었다는 것이다.[13] 이후락의 평양 합동발표 구상을 막은 사람은 박정희였던

---

[11] 『남북대화사료집』 제7권, 225쪽.

[12] 제4차 실무자접촉을 통해 김덕현은 이후락이 평양에 가서 발표하면 '아주 기쁜 소식을 알려드리겠다'고 한 김영주의 언급을 전하였다. 이어 5차 접촉 때도 그 선물이란 '이 부장의 권위와 영향력을 높일 수 있도록 하여 드리고 또 인민들이 모두가 인정할 수 있는 것'이라고 김영주가 말했다는 사실을 또 한번 이야기하였다. 그러나 결국 이후락의 평양 방문이 취소됨으로써 이때 김영주가 준비한 선물이 무엇인지는 확인할 수 없게 되고 말았다. 『남북대화사료집』 제7권, 222~224쪽 참조.

것이다.

 이후락이 5월 방북 직전 대통령에게 제출한 '특수출장인허원'의 '〈나〉안' 은 '이후락-김영주 공동 코뮤니케를 평양에서 발표하는 것'이었고, 이것은 이후락이 리차드슨 미 CIA 한국지부장에게 밝힌대로 '자신이 가장 선호하는 안'이었다. 따라서 이후락은 양측의 합의에 따라 평양 방문 시 합동 발표를 계획했으나 대통령의 반대에 부딪혀 그날(28일) 저녁 6시경 정홍진을 통해서 급히 변경을 요구하게 된 것이다. 따라서 이런 내부 사정을 북측에 설명하기 곤란했기 때문에 그 이유를 밝히지 않은 것으로 볼 수 있다.

 7월 1일 제7차 실무자접촉에서 양측은 전날 수교한 문서를 확인한 후, 발표시간을 오전 10시로 확정하는 등 실무적 사안을 최종 점검, 확인하였다. 언론의 사진 게재여부 문제는 6차 접촉부터 논란이 있었으며, 이때도 이견을 보였다. 북측에서는 '같이 내도록 하자'는 입장인 반면 남측에서는 '북측이 사진을 공개하는 것은 좋으나 우리는 공개하지 않겠다'는 태도였다. 그러나 공동성명 발표 당일 저녁 6시 정홍진은 직통전화를 통해 북측에 '내일 아침 신문에 김일성-이후락, 박정희-박성철 등이 만난 사진이 나갈 것이니 참고로 알아두라'고 통보함으로써 최종입장이 바뀌었으며, 실제로 사진이 게재되었다.14)

 남북공동성명 발표를 하루 앞둔 7월 3일 밤 10시,15) 김덕현은 정홍진에

---

13) "Telegram from the Embassy in Korea to the Department of State", Jun 29, 1972, Pol Kor N-Kor S, Subject-Numeric Files.
 공식 사전통보는 김용식 외무장관에 의해 미국 대사관에 7월 1일, 일본 대사관에 7월 3일, 기타 대사관에는 7월 4일에 이루어졌다. "Telegram from the Embassy in Korea to the Department of State", July 1, 29, 1972, Pol Kor N-Kor S, Subject-Numeric Files.

14) 공동성명 발표 후 이후락-박성철이 남북을 상호방문한 물증이 제시될 필요성과 언론의 요청 등이 결국 사진을 공개하도록 만든 요인이 된 것으로 보인다. 관련 사진들은 『중앙일보』, 1972년 7월 5일자, 『한국일보』, 1972년 7월 5일자 1면 등에 게재되었다.

15) 기록(『남북대화사료집』 제7권, 232쪽)에는 '10시 05분'이라고 돼 있다. 이 자료의 다른 직통전화 통화문 기록에는 14시, 16시 등으로 일관되게 표기하였기 때문에 이 표기 원칙으로 보면 '오전 10시 05분'으로 보아야 하지만, 이때의 직통전화통화문에서 김덕현의 첫 마디가 '밤늦게 전화해서 미안하다'는 것이므로 10시 05분이라는 시각은 '밤 10시 05분'의 오기(誤記)인 것으로 해석된다. 다음날 아침 발표를 앞두고 내부에서 호

게 직통전화를 걸어 다음날 발표에서 "박정희 대통령"이라는 호칭을 쓰겠다고 밝혔다. 이에 대해 정홍진은 남측의 경우 여러 가지 사정으로 "김일성"으로 하겠다고 답하였다. 북측은 '그 문제는 한 번 더 토의해 달라'며, '지도자들에 대한 비방 중상은 언론 및 대북방송 등에서도 중지해 달라'고 요청하였다. 그러나 이러한 요구에 대해 남측에서는 "김일성"으로 하고 차차 직위를 붙이는 것으로 하자며 이해를 구하였다. 공동성명 발표 하루 전 늦은 시각에 북측이 전하고자 했던 말은 "대통령" 호칭 의사전달이 아니라 남쪽에서 "김일성 수상"이라는 식의 호칭을 쓰도록 유도하기 위한 목적이었던 것으로 보인다. 북측의 지도자 호칭에 대한 경건성(敬虔性)을 확인케 해주는 사례라 할 것이다.

2. 7·4남북공동성명의 발표와 반응

1972년 7월 4일 오전 10시 남과 북은 사전합의에 따라 각각 남북공동성명을 서울과 평양에서 동시에 발표하였다. 남북공동성명 전문(全文)은 다음과 같다.

> 최근 평양과 서울에서 남북관계를 개선하며 갈라진 조국을 통일하는 문제를 협의하기 위한 회담이 있었다.
> 서울의 이후락 중앙정보부장이 1972년 5월 2일부터 5월 5일까지 평양을 방문하여 평양의 김영주 조직지도부장과 회담을 진행하였으며 김영주 부장을 대신한 박성철 제2부수상이 1972년 5월 29일부터 6월 1일까지 서울을 방문하여 이후락 부장과 회담을 진행하였다.
> 이 회담들에서 쌍방은 조국의 평화적 통일을 하루빨리 가져와야 한다는 공통된 염원을 안고 허심탄회하게 의견을 교환하였으며 서로의 이해를 증진시키는데서 큰 성과를 거두었다.
> 이 과정에서 쌍방은 오랫동안 서로 만나보지 못한 결과로 생긴 남북 사이의 오해와 불신을 풀고 긴장의 고조를 완화시키며 나아가서 조국통일을 촉진

칭문제에 관한 긴급한 문제제기가 나와서 다급하게 전화한 것으로 볼 수 있다.

시키기 위하여 다음과 같은 문제들에 완전한 견해의 일치를 보았다.
1. 쌍방은 다음과 같은 조국통일원칙들에 합의를 보았다.
   첫째, 통일은 외세에 의존하거나 외세의 간섭을 받음이 없이 자주적으로 해결하여야 한다.
   둘째, 통일은 서로 상대방을 반대하는 무력행사에 의거하지 않고 평화적 방법으로 실현하여야 한다.
   셋째, 사상과 이념, 제도의 차이를 초월하여 우선 하나의 민족으로서 민족적 대단결을 도모하여야 한다.
2. 쌍방은 남과 북 사이의 긴장상태를 완화하고 신뢰의 분위기를 조성하기 위하여 서로 상대방을 중상 비방하지 않으며 크고 작은 것을 막론하고 무장도발을 하지 않으며 불의의 군사적 충돌사건을 방지하기 위한 적극적인 조치를 취하기로 합의하였다.
3. 쌍방은 끊어졌던 민족적 연계를 회복하며 서로의 이해를 증진시키고 자주적 평화통일을 촉진시키기 위하여 남북 사이에 다방면적인 제반교류를 실시하기로 합의하였다.
4. 쌍방은 지금 온 민족의 거대한 기대 속에 진행되고 있는 남북적십자회담이 하루빨리 성사되도록 적극 협조하는데 합의하였다.
5. 쌍방은 돌발적 군사사고를 방지하고 남북 사이에 제기되는 문제들을 직접, 신속 정확히 처리하기 위하여 서울과 평양 사이에 상설 직통전화를 놓기로 합의하였다.
6. 쌍방은 이러한 합의사항을 추진시킴과 함께 남북사이의 제반문제를 개선 해결하며 또 합의된 조국통일 원칙에 기초하여 나라의 통일문제를 해결할 목적으로 이후락 부장과 김영주 부장을 공동위원장으로 하는 남북조절위원회를 구성, 운영하기로 합의하였다.
7. 쌍방은 이상의 합의사항이 조국통일을 일일천추로 갈망하는 온 겨레의 한결같은 염원에 부합된다고 확신하면서 이 합의사항을 성실히 이행할 것을 온 민족 앞에 엄숙히 약속한다.

서로 상부의 뜻을 받들어
이후락 김영주
1972년 7월 4일[16]

이후락은 이날 오전 10시, 중앙정보부 강당에서 내외신 기자들 앞에서 남북공동성명을 공식 발표하고, '남북공동성명 발표에 즈음한 배경설명'이라는 형식으로 경위와 소감 등을 피력하였다. 또한 이후락의 평양 방문 직전인 4월 28일 가설, 개통하여 운용 중에 있던 남북 간 직통전화의 존재를 공식 발표하였다. '남북 직통전화 가설·운용 절차에 관한 합의서'에 별도 합의해 정홍진-김덕현 양측 실무자들이 이미 6월 28일 가서명한 것을 이날 공표한 것이다.

공동성명 발표 기자회견에서 이후락은 남북 간 접촉과 대화의 배경으로 '자신의 중앙정보부 부임(1970년 12월 21일) 이래 북한을 관찰한 결과, 완전 전쟁준비를 갖추어 남침 기회만을 노리고 있다고 판단하게 되었다'[17]면서 이에 대하여 전해인 1971년 12월 6일 국가비상사태를 선포하여 총력안보로 이에 대응하였으며,[18] '전쟁이라는 비극을 무슨 방법으로서라도 막아야겠다는 기본방침에서 우선 북한 당국과 대화를 나누어 보는 것이 바람직한 일이라고 생각하게 되었다'고 말하였다. 즉, 북에 의한 남침전쟁을 막고 평화를 지키기 위해서 남북대화라는 방식을 택하게 되었다는 게 박 정권의 내적 논리였다. 또 전해의 국가비상사태선언 이유가 북의 남침준비 완료 때문이었음을 시사하면서, 공동성명의 발표 이후의 남북관계에 대해서 "이제 오늘부터 우리는 '대화 없는 남북대결에서 대화 있는 남북대결의 시대'로 옮겨가고 있다"면서 '이제 겨우 정치적 약속만이 끝났다'고 언급하였다. 그러나 이 같은 박 정권의 논리는 전쟁의 공포심을 이용한 안보이데올로기

---

16) 『남북대화사료집』 제7권, 240~241쪽 ; 『동아일보』, 1972년 7월 4일자 등.
17) 관련기사로는 1971년 11월 8일 정부 여당은 북의 기습남침 가능성이 짙다고 사태를 분석, 평가하면서 이에 대한 대비방안을 검토하기로 하였다는 정도의 내용이 확인된다. 『경향신문』, 1971년 11월 9일자.
18) 남북대화의 시작과 박정희의 1971년 8·15기념사 이후 언론은 '국민적 총화'의 필요성과 '국내정치 태세의 정비강화' 등을 촉구하는 경향을 보였다. 『중앙일보』, 1971년 8월 16일자 참조.
이듬해 박정희 연두기자회견에서 '총력안보체제' 구축 논리로 이어졌다. 모든 국력을 동원하고 조직화해서 국가 보위를 위한다는 목적에 따라 총력안보체제를 내세워나가기 시작했다. 『박정희대통령연설문집』 제9집(1972.1~12), 대통령비서실, 1973, 24쪽.

로서의 성격을 강하게 띤 것이었다.

분단정부 수립 사반세기 만에 합의한 남북공동성명 발표로 인해 국내외의 반응은 뜨거웠다. 국내에서는 대체로 적극적인 환영과 기대 분위기가 압도적이었다. 그러나 일부 냉전적 시각에 의한 반응도 있었다. 그 같은 지적의 일부는 공동성명 발표 당일, 이후락의 기자회견장에서 살펴볼 수 있다. 기자들의 문제제기는 당시 반공을 국시로 하던 사회 분위기 속에서 남북접촉과 대화를 경계시하는 보수적인 시각을 그대로 드러내고 있다. 예를 들면, 남북공동성명 발표와 남북 접촉 및 대화가 기존 통일방안의 변화가 아니냐는 것, 반공이 국시인 나라에서 남북 상호방문은 키신저의 중국 방문과 성격이 다르기 때문에 국내법으로 볼 때 위법이 아닌가 하는 지적 등이다.[19]

이에 대하여 이후락은, 우선 통일방침에 대해서는 아무런 변동을 가져오고 있지 않다며 공동성명으로 합의한 통일의 3대 원칙 중 '외세 간섭 없는 자주적 해결'이라고 할 때 기존 남쪽의 통일원칙인 'UN 감시하 토착인구비례에 따른 총선거 방침'에 위배되지 않는다고 하였다. UN은 세계 권능기구이기 때문에 '외세'에 해당하지 않는다는 논리였다.[20] 이후 이 문제는 남북 간에 통일 3대 원칙에 대한 논란 중 가장 큰 인식의 차이를 드러내게 된다. 북으로서는 외세라고 할 때 우선적으로 미국과 일본을 의미하는 것으로 인식하는 반면,[21] 이후락의 위와 같은 논리대로라면 미국과 일본이라도 UN의 차원에서 작용한다면 외세가 되지 않는 것으로 볼 수 있다. 특히 북측은 주한미군의 존재를 외세의 핵심으로 보고 있으나[22] 이후락의 논리를 따르

---

[19] 『동아일보』, 1972년 7월 4일자.

[20] 이 같은 입장은 김종필 국무총리의 국회 답변에서도 확인된다. 『국회사: 082회(임시회)』(1972.07.03~1972.08.01) 국회사무처, 1972, 110쪽.

[21] 같은 날 평양에서 기자회견을 한 박성철은 "우리 민족이 자신의 신념에 따라 민족의 내부문제를 해결하고 있는 이상 미제국주의자들은 더는 우리나라 내정에 간섭하지 말아야 하며, 자기의 모든 침략무력을 걷어가지고 지체 없이 물러가야 합니다. 일본 군국주의자들도 우리나라에 대한 자기의 태도를 변경할 때가 왔습니다"라고 하면서 외세 배격을 주한미군 철수와 곧바로 연결시켜 설명하였다. 『로동신문』, 1972년 7월 5일자.

면 주한미군이라도 UN군으로서 주둔하기 때문에 외세에 해당되지 않는다는 해석이 가능하다.23) 기자회견 당시 이후락은 장차 외세의 성격 규정 논란에 대비해 명확한 사전 입장표명을 한 것으로 이해된다.24)

공동성명 발표 이전인 1971년 12월, 당시 대통령 특별보좌관 함병춘은 한 학술토론회에서 통일의 몇 개 당위 명제, 즉 원칙으로써, 자유민주주의적인 체제로 통일, 평화적인 방법으로 이루어질 것, 통일은 아시아와 세계평화를 위해 필수불가결한 것, 한민족 자신의 힘으로, 즉 자주적으로 달성돼야 한다는 점을 강조하였는데,25) 통일 3원칙 가운데 자주와 평화를 거론한 점으로 미루어 볼 때 당시 정부 내에서 자주적이고 평화적인 통일에 일정한 공감이 형성돼 있었던 것으로 볼 수 있다.

분명한 점은 박정희가 조국통일 3대 원칙에 대한 실무자급 합의를 최종적으로 인정했다는 사실이다. '자주'에 대한 박정희의 태도는 박성철의 서울 방문 시 그에게 한 말에서도 확인된다. "김 수상도 과거 항일혁명 활동 과정에서 느꼈겠지만 약한 민족이 얼마나 서러운 것인가 …… 통일도 자주적으로 해야지요"라는 발언이 그러하다. 이런 점에서 볼 때, 박정희는 자주

---

22) 그런데 이상하게도 1972년 5월 3일 이후락 접견 자리에서 김일성은 통일 3원칙에 대해 하나하나 장시간 설명하였는데 '자주'에 대해 말하면서 한번도 주한미군철수문제를 거론하지 않았다. 『김일성저작집』 27, 조선로동당출판사, 1984, 165~170쪽 참조. 오히려 박 정권의 자조, 자립, 자위 등의 용어가 자신들의 자주 개념과 비슷하다고 한 것으로 볼 때 '조선민족의 단합된 힘에 의거해 자주적으로 통일해야 한다'는 포괄적인 의미에서 동의를 구하려고 했던 것으로 볼 수 있다. 그러나 1972년 신년사에서 김일성은 박 정권에 대해 "10년 동안 남조선은 자주의 길이 아니라 가장 철저한 예속의 길을 걸어왔다"고 규정한 것으로 볼 때 박 정권의 자주성을 인정한 것이라기보다는 정치적 언설로 볼 필요가 있다. 「김일성동지의 신년사」, 『근로자』 제1호(358), 1972, 9쪽.
23) 이현희, 「이후락 증언편」, 『독립·통일운동 사료집(Ⅱ)』, 국토통일원 조사연구실, 1989, 429쪽.
24) 이후락의 논리는 모순이라고 볼 수밖에 없다. 그의 논리대로라면, UN사령부 체제에서 벗어나 한미연합군사령부 체제로 공식전환한 1978년 10월(1974년 4월 제안) 이후에는 '외세'가 될 수밖에 없기 때문이다. 국방부 군사편찬연구소, 『한미군사관계사 1871~2002』, 2002, 599쪽 참조.
25) 함병춘, 「통일에의 접근과 주도권」, 『통일논총-70년대 한국통일문제』 제2권 4호, 국토통일원, 1971, 126쪽.

원칙에 긍정적이었다고 할 수 있다. 그러나 그의 '자주' 개념은 '반공'을 위한 친미적인 자주의 성격이 강했다고 할 수 있기에 북측의 외세배격 차원의 자주라는 개념과는 다를 수밖에 없다. 또한 인식 차원의 자주와 현실적인 국내환경을 고려할 수밖에 없는 조건 속에서 실천 차원의 자주와도 차이가 있었다고 할 수 있다.[26] 북한에서 자주의 원칙을 '주한미군 철수'로 해석하는 것과는 반대로 박정희는 당시 주한미군 철수에 극력 반대했기 때문에 자주 원칙에 대해서 남북이 합의했으면서도 '현실적인 의미'는 남과 북이 상이할 수밖에 없었다.[27]

이와 관련, 공동성명 발표 당일 외무부는 전 재외공관에 발신전보를 통해 "특히 유엔(언커크 및 유엔군)은 외세로 간주할 수 없으며, 지난 20여 년간 한반도에서의 전쟁발발을 억제하고 긴장완화와 평화통일을 위한 한국민의 자주적 노력을 적극적으로 도웁는 역할을 하여 왔으므로 앞으로도 진정한 긴장완화가 달성되고 평화적 통일의 여건이 갖추어지기까지는 그 존속이 절대로 필요하다는 것이 정부 입장"[28]이라고 명백히 밝혔다. 이 같은 문서의 존재는 이미 내부에서 이 문제를 논의했다는 것과, 예상되는 논란에 대비해 각국에 파견된 외교관들에게 지시를 내리기 위해 작성된 것이라는 사실을 의미한다. 자주에 대한 남북의 해석 차이는 주로 주한미군과 UN을 둘러싼 것이었지만, 약소국이었던 남북한에 있어서 '자주'의 원칙은 통일문제 자체에 대한 외세의 간섭 배제를 의미하는 점에서는 공통된 것이었다고 볼 수 있다.[29]

---

[26] 권장희, 「박정희 대통령의 정치성향과 안보환경 인지가 통일정책에 미친 영향에 관한 연구」, 서울대 교육학박사논문, 1999, 160쪽.

[27] 국토통일원의 1972년 11월 발간물에서는 북한이 3대 원칙 중 1항(자주)을 유엔군 철수 및 언커크 해체와 연결시키고, 2항(평화)을 정당·사회단체 연석회의로 연결시키며, 3항(민족대단결)을 국가비상사태와 반공법 및 국가보안법 철폐로 연결시킴으로써, 북한의 '3대 역량' 강화로 직결시키고 있는 것으로 평가하였다. 「남북한 공동성명에 임한 북한의 저의」, 국토통일원, 1972, 13~14쪽 참조.

[28] 외무부 문서(번호: AM-0704 051830 발신전보), 3쪽.

[29] 이종석, 「'조국통일 3대 원칙'의 해석과 실천에 관한 제언」, 『한국정치연구』 5, 서울대 한국정치연구소, 1996, 204쪽.

기자회견장에서 제기된 '국내법상 위법'이라는 지적사항에 대해서 이후락은 곧바로 "대통령의 통치권 행사"로 맞받아치면서 정면으로 대응하였다. 나아가 "대화를 시작한 이상 보다 진전시키기 위해서 법적, 제도적인 면에서 어떤 것은 바꾸고, 어떤 것은 보강하고, 어떤 것은 신설하고 해서 완전히 새로운 시대에 알맞은 제도를 갖추어야 한다"30)고 역설하기까지 하였다.31)

공동성명 발표 다음 날인 7월 5일부터 8일까지 국회에서도 남북문제에 관한 질문이 쏟아졌다. 당시 한 신문에서는 이 기간 국회의원들의 질문 내용을 다음과 같이 다섯 가지로 요약하였다. 첫째, 공동성명으로 북한을 사실상 통치실체로 인정한 것은 아닌가, 둘째, 통일을 전제로 현재의 기본 이념이나 체제가 변화되는 것은 아닌가, 셋째, 발표된 합의사항에 베일에 감추어진 비밀 약정들은 없는가, 넷째, 민족적인 통일작업의 전환점을 왜 국회나 야당 간부들과 사전에 협의 없이 진행했는가,32) 다섯째, 왜 하필이면 중앙정보부장이 평양을 방문했는가 등이었다.33)

이에 대한 김종필 총리의 답변 중에는 "북한의 공산주의 집단을 인정하지 않기 때문에 7·4성명이 조약의 성격을 띨 수는 없고 하나의 약속에 불과한 것"이라는 7·4공동성명 폄하 발언도 있었다. 게다가 "북한은 불가침 조약을 맺을 대상이 아니다"34)라고 하였으며, 이후락의 방북을 염두에 둔 듯 "연내에 남북 실력자가 다시 내왕할 계획은 없다"고까지 언급하였.

김종필의 답변 중 공동선언이 '조약'이 아닌 '약속'이라는 평가는 '당국 간

---

30) 『남북대화사료집』 제7권, 248쪽 ; 『서울신문』, 1972년 7월 4일자.
31) 1972년 11월 24일 개정헌법에서 평화통일 조항들이 설정되었다. 박일경, 「한국헌법상에 나타난 평화통일의 장치」, 『통일정책』 제2권1호, 국토통일원, 1976, 18~19쪽.
32) 실제로 공동성명 발표과정은 관련 정부 부서들도 완전히 배제되었다. 한 사례로 발표 사흘전 김용식 외무장관은 하비브 대사를 찾아가 중대발표가 있다며 공동성명(영문) 전문을 보여주었다. 그러나 이 문서는 이미 그로부터 이틀 전 이후락이 보여준 전문을 미 대사관 측에서 영문으로 만들어준 바로 그것이었다. "Telegram from the Embassy in Korea to the Department of State", July 1, 1972, Pol Kor N-Kor S, Subject-Numeric Files.
33) 『서울신문』, 1972년 7월 13일자.
34) 『국회사: 082회(임시회)』(1972.07.03~1972.08.01) 국회사무처, 1972, 8쪽.

의 합의' 자체를 부인하려는 시도로 볼 수 있다. 그러나 공동성명 6항에서 합의한 남북조절위원회의 구성 주체가 남측의 중앙정보부장과 북측의 노동당 조직지도부장을 공동위원장으로 하고 있다는 점, 또 별도의 합의서에서 그 위원들을 남과 북의 장관 또는 차관(북한의 경우 상 또는 부상)급으로 임명하기로 합의한 사실 등은 이 성명의 합의가 남북 당국 간의 공식 합의라는 것을 잘 입증해준다.[35]

성명 발표 직후인 7월 7일, 달아오르는 통일 분위기에 대해 제동을 거는 박정희의 발언도 주목된다. 박정희는 국무회의에서 7·4공동성명에 대해 지나친 낙관을 하지 말고 반공교육을 계속 강화하라고 지시하였다. 그는 공동성명의 발표 목적에 대해 "북쪽의 전쟁도발을 미연에 방지, 한반도에서의 전쟁재발을 회피하고,[36] 사반세기 동안의 적대와 불신의 장벽에 겨우 남북 간의 대화의 통로를 터놓음으로써 평화통일의 길을 넓히고 북쪽으로부터 무력과 폭력행사의 포기 및 평화통일의 언질을 받아두는 데 목적이 있다"고 밝혔다. 또한 "국민은 지나친 낙관과 속단, 흥분을 가라앉히고 냉철한 이성을 되찾아"야 한다고 했으며, 특히 "우리는 모든 면에서 내부체제를 더욱 굳게 다져 이제 막 시작된 남북 간의 대화를 굳게 뒷받침해야 한다"고 촉구했다.[37] 이 같은 언급은 유신체제 선포 때의 논리와 매우 흡사하다는 점에서 주목된다. 또한 7월 17일에도 정부의 통일정책에 변함이 없음을 재천명하고 '통일은 북괴와의 대결에서 한국의 승리로 이루어질 수 있다'고 강조하기까지 했다.[38]

반면 신민당의 김대중 의원은 7월 13일 기자회견에서 "남북공동성명은

---

[35] 장기봉, 앞의 글, 85쪽.
[36] 당시 청와대 공보비서관이었던 김성진은 박정희가 자신과의 사석에서 "아무리 적의를 가진 사람이라도 그의 한쪽 손을 붙들고 있으면 그가 나를 칠지 안칠지를 알아차릴 수 있지. 그래서 대화가 필요한 거야"라고 했다며 박정희의 남북대화 목적이 오로지 전쟁재발의 방지에 있었다고 회고했다. 김성진, 『한국정치 100년을 말한다』, 두산동아, 1999, 337쪽.
[37] 『동아일보』, 1972년 7월 8일자.
[38] 『동아일보』, 1972년 7월 17일자.

원칙적으로 환영하나 비상사태의 철회, 국가보위법의 폐기, 반공법과 국가보안법의 개폐, 부정부패 일소 등 내정개혁, 야당 및 재야인사와 대화 등이 이루어져야 한다"39)고 밝힘으로써 박 정권에 의한 남북대화 독주를 경계하였다. 또한 남북한 유엔동시가입을 통해 평화공존을 주장하였다. 신민당 김영삼 의원은 7월 23일, 통일문제 논의를 위해 김일성과 회담할 용의가 있다고 밝히는 등 매우 적극적인 자세를 보여 주목을 받기도 하였다.

당시 재야 민주화세력의 구심점이었던 민주수호국민협의회는 7·4공동성명 발표 이튿날 '남북통일 원칙 합의 공동성명에 대한 성명'을 발표함으로써 비판적 인식을 보였다. 우선 남북 간의 긴장완화를 위한 교류의 개시와 평화통일은 지지하지만, "비상사태 선언과 그에 따른 과잉단속으로 선량한 시민들의 눈과 입과 귀가 가리워진" 상태에서 "돌연히" 발표된 선언에 당혹감을 드러내었다. 또한 "정권 간의 이해득실에 얽히어 방편적인 통일 논의로 도리어 민족분열을 영구화하는 결과를 초래하지 않도록 엄중히 경계해야 한다"고 지적하였다. 재야인사들의 인식은 남북 간 교류와 회담을 앞두고 민중의 자유의사 표현을 억압하는 비상사태에 관한 특별조치법, 국가보안법, 반공법 및 기타 관계법령을 폐기 또는 수정하고 비상사태선언을 철회하라는 요구로 이어졌다.40)

야당과 재야의 경우, 공동성명에 대한 원칙적 찬성 입장에도 불구하고 반민주적인 박 정권에 의한 남북대화의 부정적인 측면을 강하게 지적한 것으로 볼 수 있다. 또한 일반 국민들의 논의와 참여가 보장되지 않는 당국

---

39) 『동아일보』, 1972년 7월 14일자.
40) 이 성명은 민주수호국민협의회 대표위원 김재준, 이병린, 천관우, 함석헌 등의 연명으로 돼 있다. 『씨올의 소리』 6·7월호, 1972, 2쪽.
이와 관련, 7월 20일 민주수호국민협의회 주최 '남북공동성명에 관한 공청회'에서 천관우는 '복합국가론'을 제기했다. 복합국가란 두 개 이상의 정권이 있는 그대로 결합해서 한 국가를 형성하는 것을 말하며, 남한의 통일방안인 '유엔감시하 남북총선거'의 선행 단계로 우선 한동안 남과 북의 체제를 유지하고 하나의 국가 형태를 추구하는 개념이라고 할 수 있다(천관우, 「민족통일을 위한 나의 제언」, 『창조』 9월호, 1972, 31쪽 참조). 이 개념에 의하면 북한의 '연방제' 주장도 포용 가능한 진보적 안이라고 할 수 있다. 이 같은 통일 논의의 형성은 남북공동성명의 한 성과라고 할 수 있다.

간의 대화에 대한 비판적 인식도 엿보인다.

7월 4일 오전 10시, 평양에서도 남북공동성명이 발표되었다. 북측은 방송을 통해 공동성명 채택 사실을 전하며, '공동성명 발표에 즈음한 배경 설명'을 하였다. 이 보도에서는 "이것은 경애하는 수령 김일성 동지께서 밝혀주신 우리 당과 공화국 정부의 자주적 평화통일 방침의 빛나는 승리이며, 특히 그이께서 8월 6일 하신 역사적인 연설과[41] 그 후 거듭 천명하신 획기적인 구국방안의 훌륭한 결실"이라고 주장함으로써, 김일성의 8·6제의에 따른 결과로 선전하였다.

남북공동성명 발표 직후인 정오에 열린 박성철 제2부수상의 내외신 기자회견에서도, 그는 김일성의 1971년 8월 6일 김일성의 남북접촉 용의 발언을 제일 먼저 언급하면서 이후 9월 25일 『아사히신문』 회견, 10월 8일 교도통신 회견, 1972년 신년사, 1월 10일 『요미우리신문』 서면 답변, 5월 26일 『뉴욕타임즈』 회견 등을 일일이 열거한 후 이 같은 흐름 속에서 '결국 오늘 남북공동성명을 발표하는 역사적인 마당에까지 이르게 되었다'고 북한의 주도성을 강조하였다. 이 같은 입장은 이듬해인 1973년 김일성의 신년사에서도 "우리 당과 공화국 정부의 꾸준한 투쟁에 의해" 남북공동성명이 발표되었으며, "이것은 주체사상에 기초한 우리 당의 자주적 평화통일방침의 위대한 승리이며 그 정당성과 생활력을 뚜렷이 증명하는 주는 것"이라는 논리로 이어져나갔다.[42]

그러면서도 한편으로는 북한 핵심부 역시 경각심을 늦추지 않았다. 남북공동성명 발표 직전인 1972년 7월 1일 열린 당 중앙위 제5기 제4차 전원회의에서 김일성은 며칠 후 발표될 공동성명을 의식해 평화통일에 관한 당 정책을 보고하는 석상에서 '북과 남 사이의 접촉과 대화에서 지켜야 할 원칙적 문제들'을 언급하면서 "적들의 양면전술"에 언제나 경각심을 높여야

---

[41] 1971년 8월 6일 김일성이 캄보디아 시아누크 국왕 환영연설에서 한 '남조선의 민주공화당을 포함한 정당·사회단체 및 개별 인사들과 아무 때나 접촉할 의사가 있다'고 한 연설을 의미.

[42] 『로동신문』, 1973년 1월 2일자.

한다고 언급하였다.43) 공동성명 발표 후인 9월 17일 김일성은 『마이니치신문』과의 회견에서도 남측의 '양면전술'에 대해 강하게 비판하였다.44)

7·4남북공동성명 발표 1주일 뒤인 7월 11일, 정홍진-김덕현은 직통전화로 공동성명 발표 이후 남과 북의 반응에 대해 처음으로 의견교환을 하였다. 김덕현은 '성명에 대한 우리의 반응은 아주 좋다'45)고 하면서 남측 반응을 물었다. 이에 대해 정홍진은 '우리는 다양하다, 지지하는 사람도 있고, 반대하는 사람도 있고, 회의적인 사람도 있다'고 답하였다. 7월 13일, 두 사람은 실무자접촉을 통해 남북공동성명 발표 이후 남과 북의 사회적 반응에 대해 여러 가지 의견을 나누었다.46) 이 접촉에 대한 남측의 의도는 공동성명 발표 후의 상황에 대해 자유롭게 대화를 나누어 보는 것인 반면, 북측은 이후락의 방북47) 일정과 조절위원회 문제에 대해서 논의하는 것이었다. 이때 정홍진은 이후락의 방북에 관해 '현재 전혀 평양을 방문할 형편이 못된다'면서 "북한의 김영주 조직지도부장은 서울을 방문하지 않는데 왜 이 부장만이 평양을 방문하려고 하느냐면서 고위층에서 반대를 하고 있다"는 내용으로 서울의 분위기를 전했다. 7·4성명에 대하여서는 국민들의 다수는 환영하고 있지만 정치인들이 반대하는 발언을 하고 있는 사람이 많으며, 일부 정치인들 중에는 그 내용까지 무효로 하여야 한다는 강경론자도 있다고 귀띔하기도 했다.48) 7월 13일 실무자접촉에서도 정홍진은 북의 '앞지르는 이야기들'은 이 부장의 입장을 난처하게 만든다며 삼갈 것을 요청하기도

---

43) 『민주조선』, 1972년 7월 7일자 ; 『조선중앙년감』, 조선중앙통신사, 1973, 169쪽.
44) 『민주조선』, 1972년 9월 19일자.
45) 『조선로동당략사』, 조선로동당 중앙위원회 당력사연구소, 1979(서울: 돌베개판(제2권) 1989, 335쪽).
46) 남측에서는 공동성명 발표 보도가 실린 신문을 북측에 넘겨주기도 하였다. 『남북대화사료집』 제7권, 262쪽.
47) 이날 접촉 말미에 김덕현은 또 한 차례 이후락의 방북을 요청하며 "이 부장이 평양에 한번 잠깐만 다녀가신다면 아주 좋은 일이 있을 것"이고 "아주 기쁜 일이고 또 이 부장의 입장을 세울 수 있는 일"이라며 예의 '선물론'을 폈다. 『남북대화사료집』 제7권, 264쪽.
48) 『남북대화사료집』 제7권, 262쪽.

하였다. '앞지르는 이야기들'에 해당하는 것으로서, 그는 '사회단체 대표자 회의', '미군 철수' 등을 거론하였다. 또한 통일 3대 원칙을 김일성이 주장하여 이 부장이 전적으로 받아들였다고 한다면 대화를 곤란하게 만든다며 복잡한 남측 내부사정에 대한 이해를 구하기도 하였다.[49] 이때 남과 북의 실무자들이 파악한 7·4공동성명에 대한 반응은 정치권의 반응을 의미하는 것이었다.

북측은 국회 내부에서 벌어진 논전에 관심을 보였다.[50] 당시 북한의 지도부는 통일 3원칙과 관련해서 유엔은 '외세'가 아니라는 남측의 주장에 대해 강한 비판의식이 형성돼 있었다. 남측의 그 같은 주장이 "사대매국적인 외세의존정책을 합리화해보려는 궤변"이며, 남측이 3대 원칙에 동의하였지만 "진심으로 평화적으로 통일할 의사가 있는가 하는 데 대해서는 믿기 어렵다"는 판단이었다.[51]

이후락은 실무자 접촉을 통하여, 7월 18일 판문점에서 김영주와 회담을 갖자는 뜻을 북측에 전하였다. 남측 반대론자들의 반론도 막고 그렇게 되

---

[49] 1979년 10월 19일 김일성은 스웨덴 사회민주청년동맹 대표단을 접견하는 자리에서 남북공동성명에 대해 언급하면서 상호 비방중상에 대한 남측의 약속불이행을 추궁하였더니 내부의 복잡한 사정 때문이라고 했다면서, 이를 '양면전술'이라고 규정했다. 『김일성저작선집』 27, 조선로동당출판사, 1984, 460쪽.

[50] 당시 반박정희운동을 벌이던 민주화 인사들과 진보적 지식인들은 대체로 '박정희의 통치 위기를 남북대화로 풀려는 것'으로 비판적으로 보면서도, 데탕트 속에서 남북 간 긴장완화는 그것대로 바람직하다는 평가였다. 그러나 반공적 측면에서는 박 정권과 다를 바가 없었다. 또한 당시 반독재 민주화 인사들은 박정희 정권의 남북대화에 거의 영향을 미치지 못하였다. 당시 진보적 지식인들의 인식에 대해서는 다음 토론문들이 참고된다. 「민족통일의 구상 ①」, 『씨올의 소리』 8월호, 1972(천관우, 계훈제, 선우휘, 유희세, 백기완, 최혜성, 김용준, 김동길, 양호민, 정해숙, 법정, 안병무, 장준하, 김도현, 함석헌 등 토론) ; 「통일의 자세와 방향」, 『월간 다리』 9월호, 1972(민주수호국민협의회 주최로 1972년 7월 20일에 열린 '7·4공동성명에 관한 공청회'에서 한 이문영, 이병용, 김동길, 천관우, 유진오, 함석헌 등의 발표 내용). 7월 23일 신민당 김영삼 의원의 '평양 방문 용의' 발언도 이 같은 문제의식의 일환이라고 할 수 있다. "통일 논의가 집권당이나 정부 특정인의 점유물이 될 수 없다"는 것이다. 『동아일보』, 1972년 7월 25일자.

[51] 『김정일선집』 2(1970~1972), 조선로동당출판사, 1993, 405~418쪽 참조. 공동성명 발표 10일 뒤인 1972년 7월 14일, 당시 김정일이 노동당 중앙위원회 책임일꾼들과 한 담화.

면, 이후락의 평양 방문도 가능하지 않겠느냐는 것이었다. 또한 적십자회담 도 9월 중 개최하여 이후락-김영주의 노력으로 회담이 열렸다는 것을 입증해야 좋을 것이라는 의견을 제시하였다. 당시 적십자회담은 예비회담 단계였으며, 본회담 의제 설정에 합의하지 못한 상황이었다. 이후락의 적십자회담 개최 촉구는 '본회담 개최'를 의미하는 것이었다. 이 같은 양측의 논의를 바탕으로 8월 29일 평양에서 제1차 남북적십자회담 본회담이 열린 점이 주목된다.

한편 북측 역시 남측이 제기한 '앞지르는 이야기들' 지적에 대하여 입장을 표명하였다. 즉, 사회단체 간부들이 그들의 의견을 말하는 것은 할 수 없는 것 아니냐는 반응이었다. 또 남쪽에는 '우리 측의 제의를 북쪽이 수락했다, 북쪽에서 이행할 것을 촉구했다'는 표현들이 수없이 많다고 하면서, '촉구한다'는 말이 너무 많다는 불만을 드러내었다. 이처럼 '어느 쪽이 제기하여 어느 쪽이 수락했다'는 식의 논리에 대해 양측이 모두 불만을 표명한 것은 그만큼 양측이 주도권과 경쟁의식에 사로잡혀 있었다는 것을 반증한다.

북측의 김덕현은 남쪽의 언론 보도를 분석한 결과 '김종필 총리가 가장 반대하는 것으로 보인다', '공동성명을 무시하는 쪽으로 이야기하고 있다'며 김종필을 직접 거명하며 비판하였다. 이에 대해 정홍진은 '김 총리의 이야기는 이 부장의 어려운 처지를 이해하여 국회의 반론을 무마하기 위한 것'이라고 해명하였으나, 이와 달리 '김종필과 이후락의 오랜 사적인 적대감의 재생 신호'[52]라는 분석도 고려할 필요가 있다. 이 밖에 북측은 공동성명에 따라 서로 비방, 중상하지 말자고 한 것을 상기시키면서 '괴뢰라는 표현은 사라졌으나 지도자(김일성)에 대한 비방은 아직 있다'며, 라디오방송의 구체적인 프로그램과 비방 횟수를 제시하며 적극적인 불만 의사를 드러냈다.

북측의 불만은 공동성명 발표 이후 박정희 정권에 의한 반체제 관련 인사들에 대한 처형과도 관련이 있다. 사형 연기가 예상되었던 유럽 거점 간

---

[52] "Reaction to North-South Korean Talks", July 5, 1972, Pol N-Kor S, Subject-Numeric Files.

첩단 사건의 김규남 전국회의원이 7월 13일에, 이틀 뒤에는 통혁당 김질락이, 7월 28일에는 통혁당 정태묵, 캠브리지대 유학생 박노수 등에 대한 사형이 전격적으로 집행되었기 때문이다. 박 정권의 이 같은 태도는 '대화 있는 대결'이라는 대북 의식상태를 반영한 것으로 볼 수 있다.

사태가 이 같은 방향으로 전개되자, 북측은 공동성명 발표 한 달 만인 8월 4일, 공개적인 비난의 포문을 열었다. "일부 남조선 당국자들의 언행과 행동은 공동성명의 기본정신에 위배되나 우리는 대국적인 견지에서 그들이 보다 성실한 태도로 임해 올 것을 참을성 있게 기다리며 이러한 것을 일일이 문제 삼지 않았다"라고 언급하고, "이 세상에 7·4공동성명을 신빙하지 못하면 무엇을 신빙할 것이며, 그것은 왜 조인했는가"라고 반문하면서, 특히 "8명의 사형집행이 7·4성명 직후에 있었음은 우리의 감정을 매우 상하게 하는 일"이라고 강하게 성토하였다.[53]

조국평화통일위원회와 조선민주과학자협회 연명으로 발표된 공동성명을 통해서도 "남조선 애국자들을 학살한 것은 남북공동성명의 숭고한 리념의 위반"[54]이라며 비난하였다. 또한 이후 11월 3일 남북조절위원회 제2차 공동위원장 회의에 참석하기 위해 평양을 방문한 남북 대표단에게 김일성이 "조절위원회가 구성되면 신임의 표시로 서로 군대를 줄이고 정치범을 석방하며 정당활동의 자유를 보장하는 조치를 취하는 것이 좋겠다"[55]고 한 것도 박 정권의 정치범 처형을 의식한 발언으로 볼 수 있다.

북한의 비난에도 불구하고 박정희는 10월 1일 국군의 날 행사에서 반공교육의 강화를 재역설하였다.[56] 그리고 이 발언은 11일 후인 10월 12일 있을 제1차 남북조절위원회 공동위원회 회의와 3주 후 평양에서 예정된 제3차 남북적십자 본회담을 앞두고 북측을 자극하기에 충분했다.[57] '남조선 박

---

53) 『로동신문』, 1972년 8월 4일자.
54) 『로동신문』, 1972년 8월 11일자 ; 『민주조선』, 1972년 8월 10일자 등.
55) 『김일성저작집』 27, 조선로동당출판사, 1984, 193쪽.
56) 『동아일보』, 1972년 10월 2일자.
57) 정대화, 「7·4공동성명의 태동과 유산」, 『사회과학논총』, 부산대 사회과학대학, 1982,

정희 도당이 반공 나팔을 불며 통일을 방해하고 있다'는 북측의 원색적인 비난을 초래했기 때문이다.58) 공동성명 발표 이후 이와 같은 남북의 대립의식과 갈등은 공동성명에 대해 서로가 상이한 의미를 부여했음을 의미하며, 그것은 동시에 공동성명의 한계를 드러내 주는 것이었다.59)

7·4남북공동성명 발표 후 박정희 정부는 국내 반응뿐만 아니라 미국 정부와 여론의 동향에도 민감하게 반응하였다.60) 미 정부 관련자들의 공동성명과 관련된 발언의 추이는 흥미롭다. 발표 당일, 찰스 브레이 미 국무성 대변인은 '환영한다'면서 '한국 지도자들에 의한 이니셔티브(initiative)는 매우 고무적이며 한반도에서의 평화와 안전의 전망에 좋은 영향을 줄 것'이라며 긍정적으로 평가하고 있다. 그는 이튿날에도 '미국은 한국군 현대화계획을 변경하거나 수정할 의도가 없다'고 밝히면서 남북공동성명으로 인한 '미국의 대한정책에 변화가 없다'는 점을 명백히 하였다. 또한 '남북공동성명서의 내용에는 한국문제의 평화적 해결 추구라는 유엔의 목표와 어긋나는 문구가 전혀 없다는 것이 미 정부의 견해'라고 하면서 공동성명의 초점을 '평화'로 보는 듯한 입장을 취하였다.

당시 미국 국무부의 정보분석가는 7·4공동성명의 내용에 대해 "공동성명에서 대한민국은 얻은 것보다는 포기한 것이 많았다"61)는 부정적 평가를 내리기도 했다. 미국은 자신들의 입장에서 볼 때, 한반도의 데탕트를 추진하는 과정에서 남한과 북한의 목적이 무엇인지에 대해 고려하고 있었다. 그들은 남한의 목적이 남북대화와 주한미군문제를 연계시킴으로써 주한미군의 추가적 감군의 가능성을 저지하고자 하는 데 있다고 판단하고 있었다.62) 또한 미국은 '주한유엔군'은 '외세가 아니다'라는 입장을 분명히 하였

37쪽.

58) 『로동신문』, 1972년 10월 3일자.
59) 남북공동성명은 남북한에 있어서 하나의 동상이몽이었다는 관점은 다음의 글 참조. 양호민, 「남북대화의 원점과 원형」, 『평화통일을 위한 남북대결』, 소화, 1996, 289쪽.
60) 「남북공동성명에 대한 각국의 반응 분석」, 외무부 정보문화국(집무자료 No. 72-6-7) 참조.
61) "Memorandom for Kissinger", Jul. 12, 1972, Pol Kor N-Kor S, Subject-Numeric Files.

다.63)

　미국은 이미 7·4공동성명 발표 일주일 전인 6월 29일에 사전 통보를 받은 상태였다.64) 이후락은 주한 미 대사와 CIA 한국지부장을 불러 공동성명을 보여주고 함께 협의하였다. 하비브 주한 미 대사는 이후락의 설명에 대하여 그동안 있었던 남북 두 당국의 밀사교환 및 공동성명 발표에 대해서는 자신이 전부터 권고해 오던 바라고 하면서 동조감을 드러냈다.65)

　그러나 미국은 공식적으로는 '미국의 권고'를 강조하지 않았다. 7·4성명 직후인 7월 7일 마샬 그린 미 국무성 차관보는 서울에서의 기자회견을 통해 '남북 회담은 전적으로 한국인들의 이니셔티브에 의해 이루어진 것이며, 닉슨 대통령의 소련 방문 및 키신저의 중국 방문은 남북회담과 직접적인 관련이 없다'면서 미국과의 관련성을 부정하였다. 오히려 미 국무부 관계자들은 지속적으로 한국의 주도권을 강조하였다. 국무성의 지지성명서에서 "한국 지도자들에 의한 이와 같은 이니셔티브는 대단히 고무적"이라는 표현도 마찬가지이다.66) 7월 11일 로저스 미 국무장관은 로마에서의 기자회견에서 남북공동성명의 발표에 관해 '미 정부는 미국의 견해를 강요할 의도는 없으며, 협상의 문호가 개방되는 것만을 원할 뿐'이라며 '미국이 원하는 남북관계란 협상의 문호개방뿐'이라는 의중을 내비쳤다. '미국의 남북대화 요

---

62) 강석률, 「닉슨독트린과 데탕트 그리고 한미동맹: 억제의 추구와 동맹국간의 갈등」, 서울대 외교학석사논문, 2005, 55쪽.

63) 『동아일보』, 1972년 7월 6일자.

64) 미 국무장관 로저스의 '조선민주주의인민공화국(DPRK)' 호칭도 이 무렵인 6월 27일 오스트리아에서 열린 SEATO 회의에 참석 중 기자회견을 통해서 나왔다. 『북한연표(1962~1979)』, 국토통일원, 1980, 911쪽.

65) "Telegram from the Embassy in Korea to the Department of State", June 29, 1972, Pol Kor N-Kor S, Subject-Numeric Files.

66) ed. by Se-Jin Kim, Comment by State Department's Spokesman on the July 4 Joint Statement between South and North, July 4, 1972, *Document on Korean-American Relations 1943~1976* (Seoul: Research Center for Peace and Unification, 1976) ; 조세형, 「박대통령 단독결정이었는가: 72년 남북대화를 보는 미국의 시각」, 『월간조선』 1월호, 1986, 404쪽.

구설'은 부정되었다. 미 정부는 가급적 남북대화를 요구하거나 이 문제에 간여한 사실을 드러내려 하지 않았던 것이다.

그러나 한반도에서 벌어진 남북대화는 당시 닉슨의 중국 및 소련 방문에 따른 국제정세의 개선에 직접적인 영향을 받았다고 보는 것이 미국 내 여론의 일반적인 견해였다.[67] 공개적인 미국 내의 여론은 비공개적인 미국 내 대한정책 관련자들의 사고를 반영하는 것이었다. 7·4공동성명이 발표되자 주한 미 대사 하비브는 "남북대화는 미 대한정책의 성공적인 결과물"이라고 보고서에 기록하였다. "그러나 우리는 시간 선택과 실질적인 내용에서 한국인들 스스로 계속해서 나름대로의 결정을 내리도록 해야 한다"[68]고 하면서 미국의 남북대화 종용사실을 드러내려 하지 않았다. 하비브의 보고를 통해서 볼 때, 미국은 한국 정부에 남북관계의 개선을 촉구하였고 실질적으로 영향력을 발휘하였지만, 어떠한 정책을 언제 실행해야 한다는 식의 직접적인 개입과 간섭의 방식으로 이루어지지는 않은 것으로 보인다.[69] 현상적으로는 한국 정부의 의지에 따른 과정과 결과로 보이기를 희망했던 것이며, 그것은 어떤 측면에서 사실이라고 할 수 있기 때문이다.

미국이 남북대화를 '적극 권장'한 사실은 당시 외무부의 "72년 들어 미 행정부가 발표한 여러 가지 대외문서 및 미 행정부 고위관리들의 발언에서도 볼 수 있는 바와 같이 미국은 닉슨의 '평화전략'의 일환으로 '남북한의 대화'를 적극 권장하여 이러한 대화를 통한 한반도에 있어서의 긴장완화를 도모함으로써……."[70]라는 내용의 문서 내용을 통해서도 확인된다. 한국 정부는

---

[67] 『뉴욕타임즈』, 1972년 7월 4일자 ; 『크리스챤 사이언스 모니터』, 1972년 7월 6일자 등. 『워싱턴포스트』 1972년 7월 5일자의 경우, '미국이 한국에게 북한과의 대화 모색을 권장했다'고 지적하였다. 즉, '미국은 한국에게 북한과의 대화 모색을 권장하는 반면 한국에 대한 장기 현대화계획을 지원해 왔는바, 이러한 일관성(constancy)은 아직까지도 필수적인 것이지만 효과를 본 것 같으며, 그런 면에서 닉슨독트린은 기대 이상의 성공을 거둔 것'이라는 평가였다.

[68] "Telegram from Embassy in Korea to the Department of State", Sep. 26, 1972, Pol Kor N-Kor S, Subject-Numeric Files.

[69] 홍석률, 「1970년대 전반 한미관계와 남북대화」, 『역사학논총』 제5호, 동선사학회, 2004, 13쪽.

미 닉슨 정부의 문서 및 발언을 통해서 미국의 의도가 남북대화에 있다고 분명히 판단하고 있었다. 또한 당시 외무부의 또 다른 문서는 미 정부 측과 언론계의 반응을 분석하면서, '한국의 이니셔티브 인정여부', '북한 인정 정도', '정책변경 시사여부', '유엔문제', '기타 문제점', '지역적 분석의 결론' 등의 항목에 걸쳐 다각도로 정리하고 있다.71) 이 문서는 결과적으로 "동 성명이 한반도뿐 아니라 전 아세아지역에 걸쳐 영향을 미칠 것이라는 데에 의견을 같이하였으나 남북협상의 조기타결 여부에 대해서는 회의적인 견해를 보이고 있음"이라고 지적하였다. '조기타결 여부의 회의적 견해'라는 판단은 로저스 미 국무장관의 '미국이 원하는 것은 남북협상의 문호개방뿐'이라는 언급과 일맥상통한 측면이 있다. 또한 향후 대미 외교대책으로서 "대북한 협상추진을 위하여는 기존 한미유대관계의 가일층의 심화발전을 기초로 한 힘에 입각한 대북한 우위확보가 시급"하다고 평가하였다. 즉, 남북관계와 한미관계의 동시발전을 추구한 것으로 볼 수 있다.

일본 외무성은 7·4공동성명에 대해 "동부 아시아의 긴장완화에 공헌하는 것"으로 규정하고 "이를 크게 환영한다"고 밝혔다.72) 7·4공동성명 발표 직후인 9월 1일 열린 닉슨-다나카 미일 정상회담에서 양국은 공동성명을 통해 "최근 한반도에서 남북 간의 대화가 시작되었음을 환영한다"고 하였는데, 남북대화가 동아시아 데탕트에 긴밀히 부합되는 현상이었으므로 반대할 이유가 없었을 것이다.

나아가 일본의 외무성은 7·4공동성명으로 한국이 북한을 '사실상의 실체'로 공식 표명한 것으로 해석하고, 한국에 대해서 신규 차관을 제공하는 동시에 북한에 대해서도 인적 교류와 경제관계를 확대하여 접촉을 강화하려는 '북한 접근' 조치의 계기로 삼고자 하였다.73) 일본은 7·4공동성명으로

---

70) 「남북 공동성명 발표 이후의 대미외교의 문제점과 대책(안)」, 외무부 문서(관리번호: 72-598).

71) 「7·4공동성명 전후의 대미 외교상의 주요 기본 방향」, 외무부 문서(관리번호: 72-600), 1972.9.25.

72) 『동아일보』, 1972년 7월 4일자.

인해 증폭된 동아시아 데탕트 현상을 활용하여 자국의 동아시아에 대한 영향력을 확대시키고자 한 것이다.

공동성명 발표 후 즉각적인 반응이 없던 중국은 닷새 후인 7월 9일 주은래 수상이 예멘 대표단과의 만찬 석상에서 남북공동성명은 한국인들의 절실한 소망을 반영하는 것이며, 평화적이며 자주적인 통일을 이룩하고 한반도의 긴장을 줄이는 데 있어 좋은 시발이 될 것이라고 적극적으로 평가하였다. 이미 미중관계 개선 과정에서 북한 측과 긴밀한 협의를 통해 공조관계를 형성해온 중국으로서는 7·4공동성명 발표를 계기로 동아시아에서 미국과 일본의 영향력을 후퇴시키려는 전략을 드러냈다. 이러한 인식하에 주은래는 남북공동성명을 환영하면서 남북통일의 촉진방안으로 주한미군의 철수와 일본 군국주의자들의 한국 침투를 중지해야 한다고 역설하였다.[74]

요컨대 남북공동성명의 발표는 표면적으로 국내외의 찬사와 환영을 불러일으켰지만, 이 성명에 대한 의미부여는 다양했다. 공동성명에서 합의한 통일원칙에 대해서 남과 북 양측은 해석 차이를 보였으며, 남측 정권 내부에서조차 비판적 인식이 존재하였고, 주변국들의 경우, 환영이라는 입장표명 속에서도 제각각 자국의 이해관계를 고려한 반응을 보였다.

제2장. 남북조절위원회 구성과 회담의 전개

1. 남북조절위원회 공동위원장 회의

남북조절위원회는 7·4남북공동성명 제6항인 "쌍방은 이러한 합의사항을 추진시킴과 함께 남북 사이의 제반문제를 개선 해결하며, 또 합의된 조국통일 원칙에 기초하여 나라의 통일문제를 해결할 목적으로"라는 합의에 의

---

73) 『동아일보』, 1972년 7월 5일자.
74) 『동아일보』, 1972년 7월 10일자.

해서 구성되었다. 7월 16일부터 시작된 조절위원회 구성을 위한 실무자 접촉은 10월 4일 제3차 실무접촉 때까지 김영주 참석문제로 난항을 겪었다. 남측의 입장은 첫 회의에는 반드시 '서명 당사자'가 나와야 한다는 입장이었던 반면 북측은 김영주 참석의 어려움을 토로했다.

  남북이 '김영주 문제'에 집착한 것은 각각 나름대로의 이유가 있었다. 남측에서는 권력 내부와 여론에서 왜 김영주가 서울에 오지 않은 것이며, 이후락은 왜 그의 대리인 박성철만을 상대하느냐는 식의 문제제기가 있었던 게 사실이었다. 또한 다른 측면에서 보면, 이후락은 대화의 상대역으로 김일성의 친동생이자 당 조직지도부장인 김영주를 제2인자로 판단하고 일을 추진하였는데 그가 병 때문에 서울이나 판문점에 올 수 없다는 사실에 대하여 몹시 당황한 것으로 보인다. 지병 사실조차 사전에 몰랐던 상황을 극복하기 위해서라도 어떻게든 김영주를 끌어내려고 했던 것으로 볼 수 있다.

  북측은 지병 때문이라고 여러 차례 밝혔음에도 불구하고 남측이 동의하지 않자 '실제 이유'를 간접적으로 흘렸다. 즉, 7월 19일 실무자 접촉에서 김덕현은 김영주가 신경 계통의 질환(식물신경불화증) 때문에 의사들의 엄격한 통제 속에서 치료를 받고 있다고 하면서도 '일체의 사업에서 연계가 떨어져 있다'고 김영주 스스로 언급한 사실을 전하였다. 이미 이후락 방북 시 제2차 김일성 면담 때 김일성은 김영주가 반나절 밖에 일을 하지 못하고 있고, 긴장된 일은 하지 못한다고 말한 바 있다. 특히 '김영주가 사업에서 2~3년 손을 떼었는데 남측에서 김영주 조직부장을 지명했기 때문에 거절하면 단절되니까 일단 김영주와 연결을 가져놓고 박성철을 만나게 한 것'[75]이라고 한 언급을 상기할 필요가 있다. 즉, 김영주가 현직에서 일할 조건이 못되었지만 남측의 지목을 당하자 일단 응한 후 대리를 내세울 계획을, 처음부터 가지고 있었던 것이었다. 따라서 김영주가 나서지 못하는 이유는 실제로 병 때문이기도 하지만 이미 사업 일선에서 손을 뗀 상태였기 때문이며, 무엇보다 연계까지만 역할을 하기로 처음부터 내부 논의가 있었던 것

---

[75] 『남북대화사료집』 제7권, 109쪽 참조.

으로 확인된다. 이런 흐름으로 보면 이후락－김영주(정홍진－김덕현) 라인에서 벌어지고 있던 당시 제논의에 대한 북측의 책임자는 처음부터 김영주가 아니었을 가능성이 매우 크다. 실무자 접촉 시 김덕현은 '김영주에게 보고했다', '김영주 부장이 이렇게 말했다'는 식으로 견해를 피력하였지만, 이 또한 사실로 보기 힘들다. 왜냐하면 김영주가 김덕현에게 보고를 받고 지침을 내리는 등 남북대화의 실제적인 수장으로서 일을 했다고 할 때, 판문점에서 간담회 형식으로라도 간단히 대화를 하자는 남측의 요구에 대해 끝내 외면했다는 것은 납득하기 어렵기 때문이다.

어쨌든 김영주가 대화 전면에 나설 수 없었던 것은 불가피한 사실로 보인다. 조절위원회 구성을 위한 제2차 실무자접촉 때, 김덕현은 남측에서 김영주의 대리와 회담이 불편하다면 남측 역시 이후락의 대리를 파견하여 박성철과 회담하자고 제안할 정도였기 때문이다.76)

10월 4일 열린 제3차 실무자접촉에서도 '김영주 문제'를 놓고 논의가 있었으나, 북측은 김영주가 신병 치료차 외국에 가 있기 때문에 우선 박성철과의 회담을 시작하자고 제안하였다. 이와 관련, 북측은 초안을 건네면서 조절위원회 구성에 대해 적극적인 태도를 보였다. 남측은 공동위원장이 신임하는 사람들로 위원을 구성하되, 장관 등의 직책을 명시하지 말자는 의견을 제시하였다. 이튿날 남측에서는 이후락－박성철 회담을 받아들이기로 북측에 전화 통보를 하면서 단, 김영주의 신병관계로 박성철이 대신 참가한다는 사실을 발표해달라는 전제를 제시하였다. 북측의 동의에 따라 10월 6일 제4차 실무자접촉이 열렸다. 이후락－박성철 회담 일자는 10월 12일, 장소는 판문점 자유의 집으로 결정되었다. 두 사람의 회담 성격은 '남북조절위원회 공동위원장 제1차 회의'라는 데 합의하였다. 회담 이틀 전인 10월 10일, 남과 북은 남북조절위원회 공동위원장들의 제1차 회의 개최 소식과 특히, 김영주의 건강상 이유로 대신 박성철이 참가한다는 사실을 동시에 공표하였다.77)

---

76) 『남북대화사료집』 제7권, 307쪽.

남북조절위원회 구성을 위한 양측 공동위원장들의 제1차 회의는 10월 12일 판문점에서 개최되었는데,[78] 이날은 7·4성명이 발표된 지 100일째 되는 날이었다. 제1차 회의는 박성철, 이후락의 기조연설과 중간 휴식시간 단 5분을 제외한 나머지 4시간 20분 동안을 격렬한 논쟁으로 보낼 만큼 논쟁으로 점철된 회의였다.[79] 북측 박성철 제2부수상은 기조연설을 통해 "공동성명은 서로 상부의 뜻을 받들어 합의된 것인데 성명 잉크가 마르기도 전에 남조선 일부의 공직에 있는 사람들이 그것을 헐뜯고 뒤집어엎으려고 하는 것은 아무리 개인주의 사회라 하더라도 이해가 되지 않는다"며 강한 성토로 시작하였다. 또한 "남조선 일부에서는 미군도 UN도 외세가 아니라고 하면서 공동성명에서 합의한 자주적 통일의 원칙을 위배하고 있다. 또 비상사태 철회 반대, 총력안보 강화, 미국으로부터 군사장비와 물자 반입, 국군의 현대화, 대규모 군사훈련 등 전쟁 분위기를 고취하고 있다"고 지적하였다.

그는 "결국 공동성명 발표 후, 부정적인 면이 더 많으며 앞날이 심히 우려된다"고 하면서 "대화는 하되 합작은 하지 않으며, 남북관계에 대해 논의는 하되 통일을 하지 않겠다는 것이 아닌가?"라는 반문을 통해 "귀측이 진정 문제를 평화적으로 해결하자는 것인지, 혹은 평화통일의 간판을 내걸고 시간이나 끌 작정인지 기탄없이 말해 달라"고 공세를 폈다.[80] 남측의 진정성에 대한 의구심을 숨김없이 드러냈다.

이후락은 "UN군이나 미군이 한국에 있는 것은 우리의 통일과는 아무런 관계가 없는 문제"이며, "이것은 남북 간에 발생할지도 모르는 분쟁상태에 대비한 것이며 통일을 저해하는 것이라고 보지 않는다"는 입장을 밝혔다. 또한 "비상사태를 해제하라 말아라 하는 것은 우리가 알아서 할 문제이고

---

[77] 『동아일보』, 1972년 10월 10일자 ; 『로동신문』, 1972년 10월 10일자.
[78] 참석자는 서울 측의 경우, 이후락, 김치열, 정홍진, 속기사 2인(정응채, 김인녕)이었으며, 평양 측은 박성철, 류장식, 김덕현, 속기사 2인(성명 불상)이었다.
[79] 『남북대화백서』, 국토통일원 남북대화사무국, 1982, 96쪽.
[80] 『남북대화사료집』 제7권, 317~323쪽 ; 『남북대화백서』, 국토통일원, 1988, 67쪽 참조.

귀측에서 언급할 성질이 아니며, 우리가 귀측의 인민혁명주의를 폐기하라 하는 이야기나, 국군의 현대화, 인민군의 현대화 등도 앞으로 언급하지 말아야 한다"는 불간섭 원칙을 주장했다. 조절위원회 구성과 관련해서는, "처음부터 정부급으로 공식화하지 말고, 해나가다가 적당한 시기에 공식화하자"는 것과 "처음부터 분과위원회를 두지 말고 해보다가 파생적으로 고려할 문제"라는 점을 강조하였다.[81]

양측의 토론에서도 북측은 기조연설과 마찬가지로 남측 정치권과 언론을 성토하였다. 공동성명에 대한 비판적 의견과 여론에 대한 질타였다. 이에 대해 남측은 '민간에 대한 통제를 어떻게 하느냐'면서 '정치인의 발언은 정치논리로 이해해야 한다'는 입장이었다.

특히, 박성철은 남측의 통일방안인 'UN 감시하의 토착인구 비례 총선거' 주장에 대하여 강력히 반발하였다. 공동성명에서 외세의 간섭 없이 통일을 추구한다고 합의하였음에도 불구하고 UN이라는 외세하에서 선거를 통한 통일을 방법론으로 제시하는 태도는 공동성명과 완전히 어긋난다는 지적이었다. 북측은 UN이 외부세력이 아니라면 내부세력이라는 것인데 어떻게 UN이 내부세력이냐는 반문이었다. 이에 대해 이후락은 UN은 어느 한 쪽에 속하는 성격의 기구가 아니기 때문에 외세라고 보지 않는다는 입장이었다. 이 문제는 결국 UN이 외세인가 아닌가 하는 논점과 관련된 것이며, 따라서 남북공동성명 제1항의 해석을 어떻게 할 것인가 하는 것으로서 남과 북의 7·4공동성명에 대한 다른 해석과 견해를 집약적으로 표출한 논쟁이었다.

남북조절위원회 구성에 관한 남과 북의 입장 차이도 뚜렷하게 드러났다. 북측은 공식적으로 장관급과 군부 등이 직접 나와서 논의해야 한다는 입장인 반면 남측은 '속도조절론'의 차원에서 대응하였다. 즉, 공식적인 관계를 추구하기는 하지만 아직 각료급 회담에 대해서는 시기가 빠르다는 입장이었다. '전체적으로 비중이 높은 사람들'로서 구성하여 대화를 진행해 나가다가 어느 시기에 가면 정상화되어서 각료급으로 나가게 될 것이라는 판단

---

81) 『남북대화사료집』 제7권, 323~331쪽 ; 『남북대화백서』, 국토통일원, 1988, 66쪽 참조.

이었다. 결국 조절위원회 구성 문제는 남과 북의 방법론의 차이로 볼 수 있으며, 북측은 민족 내부관계인 만큼 정부 고위급(장관급)으로 바로 시작하자는 입장인 반면, 남측은 각계의 전문가로 구성하여 시작하다가 점차 고위급으로 가자는 단계론에 입각한 의견이었다.

위와 같이 공동위원장 제1차 회의는 공동성명 발표 이후 남과 북의 정세 및 제반문제들에 대해 의견을 교환하였으며, 향후 공동성명의 합의사항을 이행하기 위한 문제들을 논의하는 방식으로 진행되었다. 회의 후 쌍방은 1차 회의 결과를 발표하였으나, 결국 10월 하순경에 제2차 회의를 갖기로 했다는 사실 외에 다른 합의사항을 발표할 수 없었다.[82]

발표문에는 나와 있지 않지만 양측은 제2차, 제3차 회의를 각각 10월 하순과 11월 중순에 열기로 합의하였다. 그러나 장소 선정문제로 의견이 대립하였다. 북측은 2차 회의는 평양에서, 3차 회의는 서울에서 열 것을 희망했으나, 남측은 2, 3차까지는 판문점에서 하고 이후 서울과 평양에서 하자고 제안하였다. 북측은 이에 대해 판문점은 '미국놈들과 밤낮 싸움하는 곳'으로 알려져 있어 남과 북이 만나는 장소로 적당하지 않으며, 인민들 앞에서 평양과 서울을 오가며 하는 게 좋다는 입장이었다. 반면 남측은 아직 김영주 부장이 서울에 오지 않았으니 판문점에서 하다가 김영주가 서울에 와야 하니 서울, 평양에서 차례로 하자는 의견이었다. 결국 장소문제는 합의하지 못하고 실무접촉선으로 넘겨졌다.

장소 선정문제에 따른 논란에는 회담에 임하는 양측의 관점 차이가 내재해 있다. 북측은 남북 간의 내부적 대화인 만큼 판문점이라는 국제적 힘이 미치는 곳에서 하는 것은 적당하지 않으며 남과 북이 평양과 서울을 활발히 오가면서 통일 분위기를 고취하고픈 정치적 판단이 우선이었다. 그러나 남측은 김영주 방남이 이뤄지지 않은 것을 지적하며, 남측 내부의 비판여론을 다분히 의식하는 자세였다. 즉, 남북조절위원회 제1차 공동위원장 회의 내용 전반에서 드러나는 양측의 정서가 그대로 반영된 것이다. 북측은

---

82) 『남북대화사료집』 제7권, 353쪽 ; 『남북대화백서』, 국토통일원 남북대화사무국, 1982, 97~98쪽.

상대적으로 적극적, 공세적, 구체적인 대화자세를 추구한 반면, 남측은 시기조절, 단계적 접근, 안정적 방식을 지향하였다.[83] 이처럼 양측의 정서와 방법론의 차이가 장소문제 논란의 기저에 깔려 있었다.

결국 남북조절위원회 공동위원장 제2차 회의는 당초 합의했던 일자보다 늦은 1972년 11월 2일 평양에서 개최되었다. 제2차 회의를 준비하기 위한 네 차례[84]의 판문점 실무자접촉에서는 제1차 공동위원장 회의에서 합의하지 못한 장소문제를 남측의 양보로 전격 합의하였다. 즉, 제2차 회의를 평양에서, 제3차 회의를 서울에서 하기로 한 것이다. 정홍진-김덕현은 2박 3일간 남측 일행의 평양 체류일정, 통신문제 등을 협의하고 참가자 명단과 토론 주제를 상호 교환하였다. 특히 북측은 체류기간 중 김일성 수상 접견을 시사하였다.

11월 2일 남측의 이후락 공동위원장 일행은 판문점을 경유, 개성을 거쳐 오전 11시경 평양의 모란봉초대소에 도착하였다.[85] 2박 3일간 개최된 남북조절위원회 공동위원장 제2차 회의 참석자들의 특징은 무엇보다 양측에서 공동위원장(북측은 박성철 대리)과 함께 '보좌역'으로서 새로운 인물들이 참석한 점이다. 남측 보좌역은 장기영(IOC 위원 및 전 부총리), 최규하(대통령 외교담당 특별보좌관), 강인덕(중앙정보부 제9국장), 정홍진(중앙정보부

---

[83] 1973년 4월 17일 공개된 로저스 미 국무장관의 외교정책 보고서에서는 7·4공동성명에 대하여 설명하면서 "오랫동안 상호 의사소통이 없었다는 사실을 감안하여 볼 때 남북 간의 회담의 진전은 아마도 완만한 형태로 이뤄질 것"이라고 진단하였다. A YEAR OF EXTRAORDINARY PROGRESS, The Section on East Asia and the Pacific from a Forign Police Report by U.S. Secretary of State WILLIAM P. ROGERS, April 17, 1973(최병보 역, 「대발전의 해-로저스 미국무장관의 외교정책 보고서」, 『국토통일』 통권 35호, 국토통일원, 1973, 164쪽).

[84] 1972년 10월 16일(10:00~11:30, 판문각), 10월 18일(14:00~15:00, 자유의 집), 10월 27일(14:00~15:00, 판문각), 10월 31일(14:00~15:05, 자유의 집) 등 4차례 개최되었다.

[85] 북측에서는 박성철을 비롯하여 김중린(당 정치위원), 이경석(내각참사), 양형섭(당 비서), 윤기복(자문위원), 강회원(평양시 인민위원장), 손성필(북적 대표), 김석태(민주당 부위원장), 허정숙(조국전선 서기장), 조성일(직업동맹 부위원장), 장학명(농업근로자동맹 부위원장), 이정선(여맹 비서), 문병록(사로청 부위원장), 김태희(북적 대표단 단장) 등 각계각층의 대표자들이 마중나왔다. 『로동신문』, 1972년 11월 3일자.

협의조정국장) 등이며, 수행원으로 김정원(중앙정보부 안전과장), 정화섭(중앙정보부 비서관) 등이 동행했으며, 대변인은 이동복이었다.86) 이 가운데 강인덕은 박성철 서울 방문 때 회담석상에 배석하였기 때문에 당시 남북대화에 새로 모습을 드러낸 인물은 장기영과 최규하였다.

북측의 보좌역으로는 류장식(조선로동당 중앙위원회 조직지도부 부부장 겸 대외사업부장), 리경석(내각 참사), 한웅식(내각 참사), 김덕현(조선로동당 중앙위원회 정치위원회 직속 책임지도원) 등 4명이며, 대변인은 전금철이었다.87) 이들 가운데 새로운 인물은 리경석, 한웅식과 전금철 등이다. 이밖에 쌍방에서 각기 10명의 보도진과 수행원들이 회담행사에 참가하였다.

남북조절위원회 공동위원장 제2차 회의는 남측 이후락의 발언으로 시작되었는데, 그는 "체제를 초월하여 협력해 나가야 한다"면서 "남들은 이러한 우리의 남북관계를 가리켜 공존(共存)관계라 일컬을지 모르지만 이러한 과정을 거쳐 최종목표인 통일로 나아갈 수 있다"는 의견을 피력했다. 그러면서 그는 그 자리에서 전달에 단행한 유신체제에 대해서 언급하였는데, "남북대화를 더욱 굳건히 뒷받침하고 조국의 평화적 통일을 확실히 다짐하기 위하여 새 헌법을 마련하기로 하고 그 작업이 10월 유신 작업으로 진행 중"이라고 밝혔다. 또한 "이 작업은 7·4남북공동성명 정신의 실천을 합법적으로 보장하고 우리의 남북대화를 합법적으로 뒷받침하기 위한 과감한 개혁"이라고 강변했다.88)

---

86) 『합동연감』, 합동통신사, 1973, 49쪽.
87) 류장식의 이후 행적은 확인할 수 없다. 리경석 내각 참사는 제3차 공동위원장 회의 직전 사망하였으며 그 자리에 리완기 내각 참사가 임명되었다. 리완기는 현재 당 중앙위 대외연락부 부부장에 이름이 보인다. 한웅식 내각 참사는 이후 1984년 수재물자 관련 남북적십자 실무회담 단장을 역임했으며 현재 조국평화통일위원회(조평통) 상무위원, 조선적십자 중앙위 부위원장으로 있다. 김덕현은 인민군신문사 책임주필(소장) 자리에 이름이 보이나 동일인물인지 확인할 수 없다. 전금철(전금진) 대변인은 1988년 남북국회담 예비접촉 단장, 1998년 남북당국대표회담 단장을 역임, 현재 당 통일전선부 부부장, 조평통 부위원장으로 활동 중이다. 통일부 정세분석국, 『북한 기관·단체별 인명집』, 2001 참조.
88) 『남북대화사료집』 제7권, 376~377쪽.

첫날 회의는 이후락의 공식 의견 제시가 주내용이었으나, 유신체제와 관련한 북측 리경석 보좌역의 발언이 주목할 만하다. "저희들이 알기에 남에서는 개헌을 한 것이 평화통일문제를 중요하게 내세운 줄 알고 있다"면서 "아주 긍정적인 문제라고 보고 있다"고 밝혔다.[89] 유신선언 후 보름 남짓 지난 시점에서 나온 북측 내각 참사의 이 같은 발언은 당시까지만 하더라도 북측이 유신선언을 남북관계와 연계해 긍정적으로 이해하고 있었다는 사실을 드러내주는 하나의 단서라고 할 수 있다.[90] 반면, 이 회담 전에 열린 10월 24일 남북 적십자 제3차 본회담에서 북측은 유신선언과 관련해서 전혀 언급하지 않았다.

남북조절위원회 공동위원장 제2차 회의의 두 번째 회의는 다음날(3일) 오후 남측 대표단 숙소인 모란봉초대소 3호각 회의실에서 열렸다. 두 번째 회의는 오전 김일성 수상 예방 후 열렸으므로 이미 북의 입장이 대체로 드러난 상태에서 시작하였다. 박성철 연설의 핵심은 향후 남북관계가 '대결이 아닌 합작'이 되어야 한다는 것이었다. 이미 남측 일행이 김일성을 예방하였을 때, 김일성은 '합작'을 중요하게 강조하였다. 박성철은 합작이란 "조국의 자주적 평화통일이라는 하나의 공통된 목적을 지향하여 나가는 남북 쌍방이 응당 맺어야 할 가장 원칙적인 상호관계"[91]라고 정의하면서 정치, 경제, 문화, 군사 등 다방면에서 합작을 이뤄나가자고 촉구하였다. 그는 남북조절위원회도 남과 북 사이의 합작을 실현하는 조절위원회가 되어야 한다고 역설하였다.[92]

---

[89] 『남북대화사료집』 제7권, 383쪽.

[90] 유신체제를 긍정적으로 평가한 리경석은 공교롭게도 교통사고로 돌연사해 제3차 공동위원장 회의부터 참가하지 못하였다.

[91] 『남북대화사료집』 제7권, 388쪽.

[92] 북한은 여러 방면의 합작 가운데에서도 '정치적 합작'이 특히 중요한 의의를 가진다고 보았다. 정치적 합작을 실현하면 경제, 문화, 군사, 외교 등 모든 분야의 합작을 잘 할 수 있게 되며, 정치적 합작의 궁극적 방편이 바로 연방제라는 것이다. 신남천, 「북과 남이 합작을 실현하는 것은 조국통일을 앞당기기 위한 성숙된 요구」, 『근로자』 제3호 (371), 1973, 61쪽.

이날 회의의 가장 큰 쟁점은 '내정간섭' 문제였다.[93] 박성철의 반공정책 폐기 등 남측 태도변화 요구에 대해 이후락이 '각자 체제 내부에 대해서는 간섭하지 않는 것이 좋겠다'는 입장을 보이자, 이에 대해 북측이 완강하게 비판한 것이다. 박성철은 자신의 요구사항에 대해 남측이 내부문제라고 해서 외면한다면 신뢰가 없어지는 것이며 문제가 해결되지 않는다고 강력 반발하였다. 그는 이 문제가 내부문제가 아니라 '자신들과 관련되는 문제'라며 입장을 굽히지 않았다. 이에 대해 이후락은 "북측도 '남조선 인민해방정책'이라는 것이 있지 않느냐"면서 그 같은 문제들은 '서로 자율적으로 조절해 나갈 문제'이지 '공동성명이 나왔으니까 이것 고쳐라 저것 고쳐라 간섭할 필요가 없다'는 입장이었다. 북측은 내정간섭을 하자는 것은 아니지만 합작을 하고 단결을 하자면서 반공을 하는 것은 이해할 수 없다는 태도였다. 북측이 강경한 태도로 나오자 남측은 '통일혁명당'[94]문제까지 거론하면서 강하게 반발하였다.[95] 이후락은 통일혁명당이 남쪽 내부의 조직이라고 하지만 지침을 주는 것은 북측이 아니냐는 반론이었다.

양측은 내정간섭 문제로 논란을 겪었지만 '공동보도문'과 '합의서' 작성을 위한 양측 관계자들의 실무회의에 합의하였다. 이에 따라 양측 실무자들이 참석한 가운데 합의서 작성을 위한 제1차 실무회담(당일 오후 8시~10시 30분)을 열었다. 서울 측 실무자들은 정홍진·이동복, 평양 측 실무자들은 김

---

[93] 『남북대화백서』, 남북조절위원회, 1978, 106쪽.

[94] 통일혁명당은 1969년 8월 주체사상을 이념으로 하여 창당한 남쪽 내 지하정당으로 알려져 있다. 남측의 공안당국은 북측 대남당국의 지도를 받는 위장기관으로 판단하였다. 이주현, 『한국전위조직운동사』, 동해, 333쪽(부록: 통일혁명당 선언과 강령 전문), 1991참조.

[95] 대화과정에서 북측 보좌역으로 참석한 류장식은 "여기에 통일혁명당에 참가한 동지들이 둘이 와 있습니다. 우리도 그 사람들이 나갈 수 있는 조건이 조성되면 좋겠습니다"라는 언급을 하기도 했다(『남북대화사료집』 제7권, 394쪽). 이러한 발언은 사실상 통일혁명당에 북측 인사들이 참여하고 있다는 사실을 시인한 것으로 볼 수 있다. 당시 회담석상의 대표단이나 보좌역 또는 수행원 중에 포함된 인물들일 것으로 추정된다. 이날 회담에는 북측에서 '수행원' 명목으로 3명도 배석하고 있었다. 류장식이 말한 것으로 볼 때, 그보다 아래 직위에 있던 참석자가 '통혁당 관계자'였던 듯하다.

덕현·전금철이었다. 먼저 북측은 이날 '남북조절위원회 구성 및 운영에 관한 합의서'와 관련한 재수정안을 제출하였다. 이는 8월 10일 북측 초안에 대한 남측의 '8월 24일자 수정안'이 제시된 데 이어 북측이 9월 29일 제출한 재수정안을 또다시 보완한 안이었다. 남측의 수정안과 북측의 '11월 3일자 재수정안'의 주요 차이점은 다음의 〈표 4〉와 같다.

〈표 4〉 '남북조절위원회 구성과 운영에 관한 합의서' 남북 양측 안 비교

항목	남측 수정안(8.24)	북측 재수정안(11.3)
목적	·남북사이의 제반문제 개선 해결	·남북 사이의 정치 경제 문화 군사 등 다방면적인 합작 실현
기능	·사회적 제교류 실현 ·남북 긴장상태 완화 ·대외활동에 공동보조	·교류와 합작 실현 ·현 군사적 대치상태 해소 ·대외활동 일치성 보장
구성	·부위원장과 간사위원은 각각 공동위원장이 임명 ·위원은 조절위 목적과 기능 달성 가능한 자로 임명 ·필요시, 분과위원회 설치 가능	·부위원장과 간사위원은 상(장관) 또는 부상(차관)급으로 각각 공동위원장이 임명 - 정치 군사 외교 경제 문화 - 분과위원회 설치
운영	·1년에 3회 개최 ·필요시 합의에 따라 개최 가능 ·합의사항 합의 따라 동시발표	·2~3개월에 1회 개최 ·일방 요구 시, 임시회의 개최 가능 ·합의사항 동시발표

출전: 『남북대화사료집』 제7권, 397~398쪽 참조.

남과 북 양측이 각각 제시한 조절위원회 안의 차이점은 위와 같이 적지 않았다. 목적의 경우, 남측은 포괄적인 의미를 부여하였으나 북측은 구체적인 분야를 적시하였고, 기능 역시 남측은 포괄적인 데 비해 북측은 합작이라는 용어를 강조하고 군사문제의 직접 해결을 추구하자는 안이었다. 또한 남측은 각 분야의 전문가로 위원을 구성하자는 안이었으나, 북측은 부위원장은 현직 부총리(북의 경우는 부수상), 간사위원과 위원은 현직 장관(북의 경우는 상)을 주장함으로써[96] 정부차원의 대화라는 성격을 드러내었으

며, 운영의 경우 남측에 비해 북측이 좀 더 잦은 대화를 지향한 것으로 나타났다.

결국 이 같은 양측의 입장 차이는 당시 남과 북이 각각 남북대화에 임하는 자세와 방법론의 차이를 집약적으로 드러내는 것으로 볼 수 있다. 남측의 경우, 단계론과 속도조절론에 따라 점진적이고 포괄적인 협상 자세를 드러낸 반면, 북측의 경우, 상대적으로 조절위원회에 남북문제 해결 단위로서의 의미를 부여하는 듯 적극적, 공세적인 태도로 나왔다.

그럼에도 불구하고 우여곡절을 거친 끝에 남북은 최종 합의안을 타결지었다. 북측은 합의안을 세 차례(8.10일자, 9.29일자, 11.3일자)에 걸쳐 수정한 데 비해 남측은 단 한 차례(8. 24일자) 수정안을 작성한 것으로 알 수 있듯이 남측의 조절위 구성에 대한 입장은 확고한 것이었으며, 반면 그것은 북측의 자세가 상대적으로 유연하였다는 의미로 볼 수도 있다. 결국 양측은 남측의 입장이 대거 반영된 합의안을 만들었다.

또한 평양 방문 중에 조절위 구성 합의문 작성을 위한 실무회의를 통해 합의가 가능했던 이유는 기본적으로 이미 7월 말부터 양측 실무자 접촉(정홍진－김덕현) 선에서 충분한 의견교환이 이루어졌기 때문이다. 양측은 7월 26일 남북조절위원회 구성 및 운영을 위한 실무자접촉을 시작으로 10월 4일까지 9차례에 걸쳐 직접 만나 사전 의견조율을 해나갔으며, 앞에서 밝힌 것처럼 10월 12일 이후락－박성철 간의 남북조절위원회 공동위원장 제1차 회의에서 이 문제와 관련해 의사교환을 한 바 있다.

이와 같은 사전논의를 바탕으로 하여 양측은 '조절위원회 구성 합의문 작성을 위한 실무회의'를 열었으나, 첫 실무접촉에서 남측은 북측이 고집하는 '합작'이라는 용어를 다른 표현[97]으로 바꿀 것을 요구하였다. 남측은 합작이라는 용어를 북측의 통일전선전술에 기초한 특정한 대남 노선을 의미하는 것으로 규정하고 이의 교체를 요구한 것이었지만,[98] 다른 측면에서 보

---

[96] 이동복, 「남북조절위원회의 현황」, 『통일정책』 1권 1호, 평화통일연구소, 1975, 221쪽.
[97] 예를 들면, '합동노력', '협동', '협력', '단합', '힘을 합쳐' 등으로 제시하였다.
[98] 이동복, 『통일의 숲길을 걸어가며』 2, 삶과 꿈, 1999, 28쪽.

면 용어를 바꾼다고 해서 북측의 의미 부여가 달라지는 것은 아니라고 볼 때 이 용어가 11월 3일 김일성 수상 예방 시 그에 의해 집중적으로 사용되었고 그에 따를 경우 북의 주도권을 인정하는 것으로 보고 이를 극구 피한 것으로 파악된다.[99] 반면 북측의 경우도 이 용어에 집착한 이유가 내용의 변질 초래를 우려한 측면도 있지만, 역시 주도권문제와 무엇보다 김일성의 교시를 관철시키기 위해 비타협적으로 나왔던 것으로 볼 수 있다.

조절위원회 합의서 채택을 둘러싼 대립이 심각해지자, 결국 이후락은 합의서와 공동발표문 채택을 단념하고 일방적인 발표문을 작성, '엠바고'를 붙여 이날(4일) 오전 9시 20분경 서울로 송고하고 이 사실을 북측에 통보하였다. 그러자 오전 10시 20분 박성철과 류장식, 김덕현은 남측 숙소로 찾아와 절충안을 제시하였다. 이 같은 북측의 태도 변화는 '김일성 수상의 지시가 합의문을 채택하라는 것인데 채택하지 못하고 이 부장선생이 돌아가면 김 수상을 볼 낯이 없다'는 박성철의 말에서 그 이유가 확인되었다.[100]

결국 양측은 '합작'이라는 용어를 '서로 힘을 합쳐 같이 사업하는'으로 풀어서 표기하고 '정치, 경제, 문화, 군사'로 나열했던 합작의 분야는 '각 분야'로 일반화시켰으며, '현 군사적 대치상태'는 '현'자를 제거함으로써 합의를 보았다.[101] 또한 김일성 면담과 관련한 내용의 경우, 북측의 주관적 표현을 다듬었으며, 합의문서 서명자의 공식 직함을 '부장'으로만 표기하기로 하는 등 전격적으로 합의서를 채택하였다. 결국 남측의 요구사항이 대체로 관철

---

[99] 이미 3월 말 정홍진의 비밀 평양 방문 시에 북측 김영주로부터 경제적 '합작' 문제가 상당히 거론되었고 이후에도 지속적으로 강조된 것으로 볼 때 남측의 '합작'이라는 용어에 대한 문제제기는 새삼스러운 것이라고 볼 수 있다. 따라서 이 문제와 관련한 양측의 태도는 '주도권 싸움'의 성격이 다분하다.

[100] 『남북대화사료집』제7권, 400쪽.

[101] 당시 북측의 군사적 합작 제기에 대하여 남측은 상당히 민감한 반응을 보였다. 이후락은 11월 4일 판문점에서 행한 귀환 기자회견에서 북의 군사적 협력 제안에 관한 질문에 답변하면서 "지나가는 동안에 말한 한 토막에 불과"하다며 "지금 기억도 잘 할 수 없다"고 평가절하하였다. 북측은 군사문제를 남북 간에 해결할 자세를 보였지만 남측은 미국과의 관계를 의식해서 극력 회피하려고 한 것으로 보인다. 『남북대화사료집』제7권, 426쪽.

되었으며, 북측은 기존 요구사항을 대부분 양보함으로써 전격적인 합의가 가능했다. 이에 따라 양측은 11월 4일자로 모두 6항에 달하는 '합의사항 및 공동발표'를 공식 발표하였다. 공동발표문 가운데 양측이 합의한 두 가지 사항은 다음과 같다.

    가. 쌍방은 남북조절위원회 구성 및 운영문제에 대하여 의견의 일치를 보았으며, 이에 따라「남북조절위원회 구성 및 운영에 관한 합의서」를 서명, 교환했다.
    나. 쌍방은 서로 비방, 중상하지 않기로 한 남북공동성명의 조항에 따라 1972년 11월 11일 0시를 기하여 대남, 대북방송과 군사분계선상에서의 확성기에 의한 대남·대북방송, 상대방 지역에 대한 〈비라〉살포를 그만두기로 하였다.[102]

양측이 '남북조절위원회 구성 및 운영에 관한 합의서'를 채택하고 서명, 교환한 것은 7·4남북공동성명을 발표한 지 정확히 넉 달 만의 진전이었다. 합의서의 내용 가운데 남북조절위원회의 기능, 구성, 운영 중 주요사항을 살펴보면 다음과 같다.

    남북조절위원회의 기능
    가. 합의된 통일원칙에 기초, 통일문제 협의결정, 실행보장
    나. 남북 정당, 사회단체 및 개별인사 교류 실현을 협의결정, 실행보장
    다. 경제, 문화, 사회적 교류 협의결정, 실행보장
    라. 긴장상태 완화, 군사적 충돌방지, 군사적 대치상태 해소 협의결정, 실행보장
    마. 대외활동에서 공동보조 취하는 문제 협의결정, 실행보장

    남북조절위원회의 구성
    가. 쌍방에서 부위원장 1명, 간사위원 1명, 위원 2명 선임[103]

---

[102] 『동아일보』, 1972년 11월 4일자.

공동위원장은 이후락과 김영주

부위원장과 간사위원 및 위원은 장관(상) 또는 차관(부상)급
나. 간사회의 설치

쌍방 간사위원과 각각 간사 2명
다. 분과위원회 설치

정치, 군사, 외교, 경제, 문화 분과위원회를 사업 진척에 따라 설치
라. 공동사무국 설치

판문점에 두며, 쌍방 1명씩 공동사무국장 임명

남북조절위원회의 운영

가. 서울, 평양 번갈아 개최. 필요시 판문점도 가능
나. 조절위 회의 2~3개월에 1회, 간사회의 1개월에 1회, 임시회의 가능
다. 공개 또는 비공개로 한다
라. 조절위와 간사회의에는 합의 따라 전문위원, 공동사무국 요원 참가
마. 조절위 최종합의는 쌍방 위원장 서명으로 성립, 공동사무국 통해 동시 발표[104]

　제2차 공동위원장 회의 기간에 특기할 일은 남측 대표들의 김일성 수상 관저 방문 사실이다. 11월 3일 오전(10시 15분~12시 20분) 이후락 공동위원장과 그의 보좌역들(보좌역 4명, 대변인 1명)은 박성철 및 평양 측 보좌역들의 안내로 평양시내 내각청사 사무실로 김일성을 예방하였다. 이 자리에는 북측 김일 제1부수상과 김중린 노동당 정치위원회 위원 겸 비서국 대남사업담당 비서와 북측 보좌역 4명도 배석하였다.[105]

---

[103] 조절위원회 인원을 5명으로 제한한 것은 남측의 단계적 입장이 반영된 결과였다. 정치회담 이전의 단계에서 북측의 정당·사회단체 대표들로 구성된 다수의 구성원이 참여할 경우 조절위원회가 명백한 정치회담이 된다는 것이다. 당시 조절위원회에 관한 남측의 입장은 '정치적 실무회의'였다. 「정부의 3단계 통일접근 추진방안」, 국토통일원, 1972, 39쪽.

[104] 『조선중앙년감』, 조선중앙통신사, 1973, 340~341쪽 참조.

[105] 이영석, 「실록 남북회담」, 『월간조선』 7월호, 1983, 136~137쪽.

이후락 일행을 접견한 자리에서 김일성은 남북대화에 상당한 열의와 관심을 표명하였으며, '남북조절위원회 구성 및 운영에 관한 합의서'에 합의하도록 권유하는가 하면 남북 간의 정치적·경제적106)·문화적 '합작'을 주장하고, 남북 '상호군축'과 남북 '연방제'를 거론하기도 하였다. 또한 UN동시가입에 대해서는 강한 반대의사를 드러냈다.

김일성은 통일시기에 대해서 '당장 할 수 있다'는 언급을 했다. 남측 장기영이 '순차적으로 합작하면 언제 통일이 될 수 있다고 보느냐'는 질문에 "당장 할 수 있지요. 한 달이라도 할 수 있지요. 마음만 먹으면 당장 할 수 있지요. 계엄령에다 또 계엄령 내리고……. 우리는 무서운 것 하나도 없습니다"라고 답변했다. 쌍방이 마음만 먹으면 바로 통일이 될 수 있다는 얘기였다.107) 반면 이후락은 북의 연방제 주장에 대해서 서울 귀환 후 하비브 미 대사에게 "김일성의 연방제는 고려해 볼 만하고 더 연구검토해 볼 만한 것"이지만, "박 대통령의 제안은 통일로 가는 특정단계가 성사되기 전에 '민족회의(national conference)'가 열려야 한다는 것"이라고 전한 바 있다.108) 이 같은 언급으로 볼 때, 이후락이 연방제에 대해 여지를 두고 있었던 것으로 볼 수도 있다.

김일성은 김영주의 병이 나으면109) 박 대통령에게 인사차 보내겠다는 말을 건네기도 하였다. 김일성은 이후락 일행과 면담 후 오후 1시 50분까지

---

106) 김일성은 특히 경제적 합작에 많은 시간을 할애해 대화를 나누었다. 특히 북쪽에 많이 매장돼 있는 철광석과 새로 발견한 니켈에 대한 합작과 수산물의 경우, 명태잡이 합작 등 구체적인 제안이 있었다. 『남북대화사료집』 제7권, 403~404쪽 참조.

107) 통일 얘기를 하던 끝에 김일성은 통일 후 수상을 하지 않겠다는 언급을 하기도 하였다. "솔직히 말해서 합치면 나 수상 안하겠어. 나는 철학을 쓰지요. 책도 아직 다 못 썼는데……." 『남북대화사료집』 제7권, 408쪽.

108) "Telegram from the Embassy in Korea to the Department of State", Nov. 09, 1972, Pol 32-4 Kor N-Kor S, Subject-Numeric Files.

109) 7월 말 북측 실무자 김덕현에 따르면 '의사들이 가을이면 병이 나을 수 있다'고 했다는 말을 한 적이 있다. 그러나 그 후 '병세가 더 악화되었다'며 '치료받기 위해 외국에 갔으며 한 달 후 돌아올 것'이라고 하였다. 11월 3일 김일성도 이후락 등에게 '잘 낫지 않는다'라고 하였는데 두 발언을 종합해 보면, 김영주의 병세가 쉽게 호전되지 않은 게 확실한 것 같다.

오찬을 하였으며, 이후 1시 55분부터 2시 46분까지 이후락과 단독 회담을 한 점이 주목된다. 그러나 이때 두 사람의 발언 내용은 확인할 수 없다.

평양에서 열린 남북조절위원회 공동위원장 제2차 회의는 '남북조절위원회 구성과 운영에 관한 합의서'를 채택함으로써 큰 진전을 보았다. 그러나 합의서 발표까지의 논의과정이 순탄하지 않았으며, 여러 면에서 당시 남과 북의 관점과 견해 차이가 심각하다는 사실 역시 드러났다. 남측 조절위원회 일행의 서울 귀환 후인 11월 8일, 남북 실무자 간 직통전화 내용 역시 그러하다. 남측은 11월 5일 전방 북측지역으로부터 '박정희 역도'라는 식의 '지독한 욕'이 있었다는 사실을 항의하였고, 북측은 평양에 다녀간 『동아일보』의 특정 기자까지 거명하며 '사실과 맞지 않은 북의 낙후성'을 다루었다고 푸념했다. 일상적인 상호 비난과 대립은 여전했다.

남북 간의 접촉 속에서도 이처럼 상호관계의 진전은 쉽지 않았다. 당시 시점에서 이후락 역시 남북관계의 진전을 냉소적으로 보고 있었다. 서울 귀환 후 이후락은 하비브 미 대사를 만나 남북대화에 대해서 매우 광범위하고 깊은 대화를 나누었는데, 이후락의 발언 중 주목할 만한 언급은 남북대화를 '시간벌기(to buy time)'[110]라고 표현한 점이다. 남한이 시간을 필요로 하는 것은 '강력한 국가건설을 위한 것'이며, 북한 역시 시간이 필요한데 '남한 내 혁명 분위기 조성을 기대하는 것'이라는 게 이후락의 생각이었다. 남과 북이 단순히 조성된 정세에 호응하면서 무작정 현상을 유지하려는 것이 아니라 당시 정세를 활용해서 남쪽은 체제강화와 실력배양, 북쪽은 혁명고조라는 목적이 전제된 표현이 바로 '시간벌기'였다. 또한 이후락은 남북조절위원회에 대해서도 "한국 정부는 북한의 평화공세를 무디게 만드는 도구로 간주하고 있다"고 하면서 "남북조절위원회를 통해서 통일을 이룰 수 없다"고 단언했다.[111] 하비브가 작성한 이 전문은 서울에서의 제3차 공동위

---

[110] "Telegram from the Embassy in Korea to the Department of State", 22 Nov. 1972, Pol Kor N-Kor S, Subject-Numeric Files.

[111] "Telegram from the Embassy in Korea to the Department of State", 22 Nov. 1972, Pol Kor N-Kor S, Subject-Numeric Files.

원장 회의(11.30)를 1주일가량 앞둔 시점에서 작성되었는데 이후락이 2차 회의에서 한국 측이 논의속도를 가속화시키지 않으며, 3차 회의에서도 특별한 진전이 없을 것이라고 한 진단을 전문의 앞 부분 요약에 적었다. 미국은 '남북대화의 속도'에 관심이 많았던 것으로 보인다. 그러나 3차 회의에서는 조절위원회 구성을 마침으로써 진전을 이루었는데 이 점으로 볼 때, 이후락이 하비브에게 '남북대화의 속도'에 대해서 미국을 안심시키려 한 것으로 이해할 수도 있다. 여기에는 김종필이 하비브에게 지적한대로 "이후락 자신이 이 협상을 지휘하기 때문에 매 단계에서 진전이 있어야 자신의 위신이 서는 것으로 보았다"112)는 측면도 염두에 둘 필요가 있다.113)

제3차 남북조절위원회 공동위원장 회의는 1972년 11월 30일 서울시내 영빈관 회의실에서 개최되었다. 북측 참가단은 공동위원장 대리 박성철을 비롯하여 보좌역으로서 류장식, 리완기, 한웅식, 김덕현 등과 수행원으로서 대변인 전금철, 조절위원회 직원으로서 하동준, 고철남, 허필국,114) 전영빈, 라기철, 리윤겸, 김수남, 김재성(서기), 김철수(의사) 등 10명과 기자단 10명115) 등이다. 양측 보좌역들은 제2차 회의 때와 같았으나, 평양 측의 경우 리경석 내각 참사의 돌연사로116) 리완기 내각 참사가 그 자리를 메웠다. 제

---

112) "Telegram from the Embassy in Korea to the Department of State", 24 Nov. 1972, Pol Kor N-Kor S, Subject-Numeric Files.

113) 여기에는 김종필의 이후락에 대한 경쟁의식을 반영해 이해해야 한다는 게 하비브의 진단이다. 김종필이 '북조절위 위원장 지위를 격하시키고 이후락이 아닌 다른 사람으로 위원장을 교체하는 방안에 대해 박 대통령과 협의했다'고 하비브에게 말했다는 것이다. 위의 전문 참조.

114) 허필국은 현 민족화해협의회(민화협) 부회장이자 조평통 부국장 겸 사회과학원 통일문제연구소 부소장인 허혁필이다. 1989년 제11차 아시아경기 단일팀 남북체육회담 북측 단장을 맡기도 하였다. 통일부 정세분석국, 『북한 기관·단체별 인명집』, 2001 참조.

115) 기자단은 다음과 같다. 조철호(단장, 로동신문 논설원), 김성길(통일신보사 국장), 한영일(중앙통신사 부국장), 오성환(민주조선사 부장), 최학송(평양신문사 부장), 백린(로동신문사 기자), 한철(기록영화촬영소 촬영기자), 차영호(중앙통신사 사진기자), 전영국(중앙방송위 TV촬영기자), 리명수(중앙통신사 기술원). 『남북대화사료집』 제7권, 483쪽.

3차 공동위원장 회의에서 양측은 남북조절위원회의 구성 절차를 마치고 공동위원장 회의를 종결시켰다. 쌍방은 남북조절위원회를 다음과 같이 구성하기로 합의하였다.

〈서울 측〉
공동위원장: 이후락 중앙정보부장, 부위원장: 장기영 전부총리
위원: 최규하 대통령특별보좌관, 강인덕 중앙정보부 제9국장
간사위원: 정홍진 중앙정보부 협의조정국장

〈평양 측〉
공동위원장: 김영주 노동당 조직지도부장(대리 박성철 제2부수상)
부위원장: 류장식 노동당 조직지도부 부부장 겸 대외사업부장
위원: 리완기 내각참사, 한웅식 노동당 중앙위원회 정치위원회 직속 책임
　　　지도위원
간사위원: 김덕현 노동당 중앙위원회 정치위원회 직속 책임지도위원[117]

조절위 합의서에 따라 구성된 남북조절위원회는 사실상 '느슨한 조직'이 아니라 '탄탄한 조직'이라는 평가이며, 합의서대로 구성되어 운영된다면 그것은 남북의 '준연방정부적 성격'을 갖게 될 것이라고 본 견해까지 있을 정도이다.[118] 그럼에도 불구하고 남북조절위원회 본회담은 뚜렷한 진전을 이루지 못하였다. 그것은 오히려 남북 간의 대화 목적에서부터 근본적인 차이점들을 확인해나가는 과정이었으며, 그에 따라 논의주제들에 관한 의견 차이를 선명하게 드러내는 과정이었다. 그러나 그점은 어찌 보면 양측이 서로의 차이를 확인함으로써 상대방을 현실적으로 더욱 잘 이해하게 되었

---

[116] 『남북대화백서』, 국토통일원, 1988, 69쪽. 회의 이틀 전(28일) 오전 10시까지만 해도 북측의 김덕현은 남측과의 전화통화에서 '위원은 변동이 없다'고 한 점으로 보아 28일 오후나 29일(서울 방문 전날)에 사고를 당한 것으로 보인다.

[117] 『합동연감』, 합동통신사, 1973, 50쪽.

[118] 김학준, 『반외세의 통일논리』, 형성사, 1979, 140쪽.

다는 사실을 의미하기도 하였다.

2. 남북조절위원회 본회담의 전개와 쟁점

남북조절위원회 제1차 회의는 제3차 공동위원장 회의에서 최종적으로 조절위원회 구성을 확인한 후 1시간 25분 뒤에 다시 열리는 형식을 취하였다. 박성철은 이 회의에서 향후 남북조절위원회가 해결해야 할 세 가지 문제들을 제시하였다.[119] 첫째는 남북이 상호신임하고 그 증거를 민족 앞에 보여주는 문제라는 것이다. 이를 위해 군비경쟁, 무력증강을 중지하고 병력 축소를 제안하였다. 둘째는 남북 사이의 구체적인 합작문제였다. 특히 여러 문화사업과 경제사업의 합작을 제기하였으며 명태 공동어로의 경우, 올해부터도 가능하다는 적극적인 입장이었다. 셋째는 최고위급회담을 하루 속히 마련해야 한다는 것이다. 최고위급회담(김일성-박정희)을 열면 조절위 사업도 빨라지고 통일문제해결에 그보다 빠른 길은 없다는 판단이었다. 특히 군사문제 해결과 각 분야의 전면적인 교류를 주장했다.[120] 박성철은 "공동성명이 나온 이상 남북은 서로를 신임해야 한다"고 하며 남북 쌍방은 우선적으로 쌍방 군사대표자회담을 열어 남북 간 군사적 대치상태 해소 방안을 협의케 하고, 정치·군사·외교·경제·문화 등 5개 분과위원회를 동시에 일괄 발족시키자고 주장하였다.

이후락은 다음날(12월 1일) 속개된 회의(10:12~12:56)에서 조절위원회에 임하는 주요 기본 입장에 대해서 "한꺼번에 해결하려는 방식을 지양하고 하나씩 일의 실적을 쌓아가는 것이 긴요"하며, "생산적인 남북관계 되려면 상대 체제 존중하고 내부질서에 간섭하지 않아야 가능한데, 이것은 상당 기간에 걸친 실증이 필요하다"고 말했다.[121] 또 전날 박성철이 제기한 문제

---

[119] 『남북대화사료집』 제7권, 494~496쪽 참조.

[120] 회담 종료 후 평양으로 귀환한 박성철은 12월 4일 대동강회관에 기자회견을 통해 남북 간의 '다방면적인 합작'을 집중 강조하였다. 『로동신문』, 1972년 12월 5일자.

[121] 1차 남북조절위원회를 마친 후 기자회견 자리에서도 이후락은 "현 남북대화는 완만

에 대해, 첫째, 상호 신임문제에 대해서는 최근 한 달 반 동안 북측의 대남 비방사례가 251건이라고 밝히면서, 북측의 언론은 관영, 인민교육적 성격이고, 남측의 언론은 민영이기 때문에 각각 성격이 다르다며 그럼에도 언론비방이 있다는 것은 문제라고 지적하였고, 군비증강 중지와 군축문제[122]는 아직 시기가 이르며,[123] 7·4 발표 5개월 만에 다룰 문제가 아니다. 둘째, 각 분야의 합작에 대해서는 조절위에 간사회의나 실무회의의 진용을 갖추어서 쉬운 일부터 해나가자. 셋째, 최고위급회담(정상회담)은 국민들에게 큰 기대를 안겨줄 수 있는 여건이 이루어진 다음 추진하자는 입장이었다.

이후락은 그간 쌍방 간의 대화내용을 통해 볼 때 양측이 공동성명 통일3원칙에 관한 해석과 의견을 달리하고 있어 실무적 차원에서 대화진행이 계속 난항을 거듭할 가능성이 있다는 점을 지적하며, 이의 타개를 위해서는 위원회의 제반 실무기능을 우선적으로 정비해야 한다고 제의하였다. 이어서 쌍방이 대화 진행 기간 중에는 상호 체제 부정을 지양하고, 서로 상대방 체제를 이해하며, 상대방 체제 내부문제를 간섭·비난하지 않고, 자기 체제를 상대방에게 강요하지 않으며, 각기 자기 체제에 입각하여 국민 복지증진에 노력하고, 체제를 초월하여 민족적 동질성을 강화하는 방향으로 협력관계를 조성해 나가자는 입장이었다. 또한 남북대화는 '체제 대 체제'

하지도 급속하지도 않으며 착실하고 조심성 있게 진행되고 있음을 분명히 밝혀 두는 바"라고 강조하였다. 남북관계 속도조절론을 재삼 피력한 것이다. 『동아일보』, 1972년 12월 2일자.

[122] 북한의 군비축소 주장에 대해 확인되는 남측의 반대논리는 "국가간의 군축협상은 효과적인 관리 감시제도의 개발 없이는 아직 성공한 예가 없다"(한국홍보협회, 「남북대화-지금 어떻게 진행되고 있나-」, 『국토통일』 통권35호, 국토통일원, 1973, 202쪽)는 것이다.

[123] 이후락은 이 부분을 애기하던 중 1960년대 후반~1970년대 초반에 터진 북의 군사작전에 대해 언급하였다. 1968년 1월 청와대습격사건, 8월 제주도 무장침투사건, 10월 울진 무장침투사건, 1969년 6월 흑산도 무장공격사건, 1970년 6월 현충문폭파사건 등을 지적하고, 이에 대한 국군의 보복공격계획(실미도 특수부대에 의한 김일성관저 습격계획: 필자)도 있었음을 시사하였다(『남북대화사료집』 제7권, 502쪽). 이에 대한 북측의 답변은 청와대습격사건의 경우는 이미 사과했고, 나머지는 '우리가 알지 못하는 사건'이라고 답변하였다.

의 대화를 추구해 나간다는 현실을 감안하여 먼저 제도와 이념의 차이로 인한 마찰 및 저항요인이 비교적 적은 비정치·비군사 분야에서 시작하여 실적을 축적시키고 이를 통하여 이루어지는 이해와 신뢰의 증진을 바탕으로 정치·군사 분야의 문제로 옮겨 갈 것을 주장하였다.[124)]

이에 대해 박성철은 비방문제의 경우, 공동성명 이후 북쪽은 한 달 동안 침묵을 지켰는데 남쪽에서 지속했기 때문에 '답변'한 것이며, 언론문제의 경우, 민영과 관영의 차이가 아니고 상호성의 문제라는 입장을 보였다. 남쪽은 민영이니까 아무 말이나 해도 되고, 북쪽은 관영이니까 통제를 잘하라는 식은 말이 안된다는 것이다. 또한 군비경쟁 중지와 군축은 신뢰의 표시로서 하자는 것이며, 경제·문화 합작에 대해서는 이번 회의에서 합의를 볼 수 있을 것이라는 의견을 밝혔다.

특기할 만한 점은 조절위원회 제1차 회담에서 북측이 주한미군 철수에 대해 전혀 언급이 없었다는 점이다. 이 같은 '절제'의 이유가 김일성의 1972년 1월『요미우리신문』과의 인터뷰 내용인 '남북평화협정만 맺는다면 평화협정하에서 양군을 감축할 때까지 미군의 존재를 잠정적으로 묵인할 의도'[125)] 때문이었는지는 알 수 없다.

제1차 본회담이 종료된 후 쌍방은 공동발표(12월 2일자)를 통해, 쌍방 간에 각 분야에서 교류를 실시하고 힘을 합쳐 같이 사업하는 데 대한 의견교환을 했으며,[126)] 남북조절위원회의 실무기능을 조속히 완비하기 위해 단시일 내에 간사회의를 구성하고 공동사무국을 설치하며 필요한 운영세칙을 작성하기로 합의했다고 발표하였다.[127)]

북측 대표단은 떠나기 전날인 12월 1일 오후 박정희를 예방하였다. 이 자

---

124) 『남북대화백서』, 국토통일원, 1988, 71쪽.

125) 정대화, 앞의 글, 39쪽.

126) 12월 1일 오후 4시 30분경 북측의 한웅식, 전금철, 김덕현 등은 전화통화를 통해 평양으로부터 '(다방면적인 합작문제가) 똑똑히 결정 안될 바에야 의견교환했다는 방향으로 토론하라'는 지침을 들었다. 이에 따라 공동성명에서 이 사안의 경우, '의견교환'으로 합의된 것으로 보인다. 『남북대화사료집』 제7권, 536쪽(전화연락문 참조).

127) 『서울신문』, 1972년 12월 2일자.

리에서 박정희는 남북회담과 관련, "우선 쉬운 문제부터 해결하고 어려운 문제는 일단 뒤로 미루어 해결한다는 자세로 추진해야 할 것"이라며 속도 조절과 단계적 접근을 강조하였다.[128]

제2차 남북조절위원회를 준비하기 위한 실무자접촉과 간사회의[129] 등을 통해 양측은 '남북조절위원회 운영세칙', '남북조절위원회 간사회의 운영세칙', '남북조절위원회 공동사무국 운영세칙' 합의를 둘러싸고 갈등을 빚었다. 또한 회의의 공개문제를 놓고 대립을 거듭하다가 결국 3개의 운영세칙에 관한 합의를 보지 못한 채, 1973년 3월 14~15일 남북조절위원회 제2차 회의가 평양에서 개최되었다.[130]

제2차 남북조절위원회 1차 회의는 이후락의 연설과 함께 30분 만에 끝났다. 이 연설에서 그는 7·4남북공동성명 이후에도 대남 비방방송이 계속되고 있다는 사실을 환기시키면서 첫째, 남북조절위원회 운영세칙, 간사회의 운영세칙, 공동사무국 운영세칙의 채택문제, 둘째, 경제분과위원회 설치를 간사회의에 위임하는 문제, 셋째, 사회·문화분과위원회 설치를 간사회의에 위임하는 문제, 넷째, 남북조절위원회 회의 기능의 효율화를 위하여 남북조절위원회 공동사무국 건물의 공동 건축문제 등의 의제들을 제기하였다.[131]

같은 날 오후에 열린 2차 회의에서 남과 북은 두 시간에 걸쳐 격론을 벌였다. 오전 회의 때 이후락의 연설에 대한 박성철의 답변 발언은 "귀측에서

---

[128] 이상우, 「남북조절회담, 서울과 평양의 밀회」, 『신동아』 8월호, 1983, 223쪽.

[129] 서울 측 참석자는 간사위원 정홍진, 간사 이동복(남북조절위원회 대변인), 간사 백천일(남북조절위원회 직원), 수행원 신정용, 송종환, 김인영(속기), 황준집(녹음) 등이며, 평양 측은 간사위원 김덕현, 간사 전금철(남북조절위원회 대변인), 간사 허필국(남북조절위원회 직원), 수행원 박재관, 이성철, 정영빈, 정성국 등이 참석했다. 『남북대화사료집』, 제7권, 577쪽.

[130] 서울 측 참가자는 이후락 공동위원장, 장기영 부위원장, 최규하·강인덕 위원, 정홍진 간사위원, 이동복 대변인, 김정원(수행원), 박호림(녹음), 김인녕(서기) 등이었으며, 북측에서는 박성철 공동위원장 대리, 류장식 부위원장, 리완기·한웅식 위원, 김덕현 사무간사, 수행원(3명) 등이 참석하였다. 양측 모두 1차 회의 때와 변동이 없었다.

[131] 『남북대화사료집』 제7권, 604쪽.

는 한편으로는 남북관계를 개선하는 데서 나서는 문제들을 외면하고 쉬운 문제부터 풀자고 하면서 다른 한편으로는 우리를 반대하는 전쟁준비를 하고 민주주의를 억제하며 외국세력을 계속 업고 있는데 이것이 과연 진정으로 문제를 풀자는 입장인가?"132)라며 남측의 '단계적 접근론'을 일축하고 '근본문제'부터 해결하자는 입장을 분명히 하였다. 남북조절위원회 '실무 기능문제'보다는 '통일문제'를 전면적으로 제기한 것이다.

박성철은 "남북 간의 현 군사적 대치상태를 먼저 해소하지 않고서는 진정으로 대화를 할 수 없고 남북관계를 실질적으로 개선해 나갈 수도 없으며 나라의 통일과 관련된 어떠한 문제도 성과적으로 해결할 수 없다"고 주장하면서133) 5개 항목의 군사제안을 내놓고 모든 문제에 우선하여 이 문제를 토의할 것을 요구하였다. 그것은 첫째, 무력증강과 군비경쟁 중지, 둘째, 남북의 군대 각기 10만 또는 그 이하로 감군과 군비 대폭 축소, 셋째, 외국으로부터 일체 무기와 작전장비 및 군수물자의 반입 중지, 넷째, 미군을 포함한 일체 외군군대 철거, 다섯째, 평화협정 체결 등이다.134)

그는 이 문제들을 다루기 위해 남북조절위원회를 개편, 쌍방의 군 간부들을 여기에 참가시키든가 아니면 군사분과위원회를 구성하자고 제의하였다. 또한 남북조절위원회 5개 분과위원회(정치·군사·외교·경제·문화)의 동시 일괄설치를 주장, 서울 측의 경제와 사회·문화 등 2개 분과위원회 우선 설치 주장과 다른 견해를 드러냈다. 군사문제 우선 해결을 주장하는 북측에 비해 남측은 시기상조론을 펼치며 군사문제를 논의할 만큼 아직 남북 간의 신뢰가 두텁지 않기 때문에 경제와 사회·문화 등 2개 분과위원회만 먼저 시작하자는 입장이었다.135)

---

132) 『남북대화사료집』 제7권, 609쪽.

133) 북한은 7·4공동성명 이후 1973년 4월 20일까지 군사분계선상에서 남측이 감행한 군사적 도발행위가 1만 2,100여 건에 달하며, 군사대치상태 해소 조치 여부가 평화통일을 원하는지 원하지 않는지 식별하는 척도라는 인식이다. 신응복, 「군사적 대치상태를 해소하는 것은 나라의 통일문제해결의 선결조건」, 『근로자』 제8호(376), 1973, 52~53쪽.

134) 『조선중앙년감』, 조선중앙통신사, 1974, 313쪽.

제2차 남북조절위원회 회의에서 제기된 북측 주장 가운데 특히 주목할 점은 남북조절위원회와 별개로 '남북 정당·사회단체 연석회의'를 개최하자는 것이다.[136] 북측은 이미 전해인 1972년 9월 17일 김일성의 발언으로 이 문제를 제기한 바 있다. 김일성은 『마이니치신문』과의 회견에서 "나라의 통일문제는 북남적십자회담과 북남조절위원회와 같은 제한된 범위의 접촉과 협상만으로 완전히 해결할 수 없다"고 하면서 "그렇기 때문에 우리는 북남 조선 제정당·사회단체들의 련석회의나 북남 당국자들의 회의 또는 우리의 '최고인민회의' 대의원들과 남조선 '국회의원'들의 련합회의 같은 정치협상을 시급히 진행할 것을 주장한다"고 언급하였다.[137] 남북조절위원회보다 더욱 폭넓고 다방면적인 접촉과 협상을 위해 남북 정당·사회단체 연석회의나 정치협상을 이미 주장한 것이다.[138]

또한 김일성은 1972년 1월 『요미우리신문』과의 회견에서 남북정치협상을 주장한 바 있다.[139] 즉, 북한은 남북적십자회담과 남북조절위원회부터 정당·사회단체 연석회의, 남북 입법기관의 연합회의 그리고 개별적 접촉에 이르기까지 다양하고도 전면적인 접근방식을 취하였다.[140] 여기에는 남

---

[135] 당시 미국은 북측의 정치군사문제 토론 주장을 회피만 하기는 어렵다는 입장이었다. 즉, 2차 조절위가 끝난 3월 28일 하비브 미 대사는 이후락과 만나 정치군사문제를 '토론'하는 것과 '합의'하는 것은 다른 문제라고 조언하였다("Telegram from the Embassy in Korea to the Department of State", Mar. 28, 1973, Pol 32-4 Kor/UN, Subject-Numeric Files).
그러나 박 정권은 남북 간에 정치군사문제가 논의되는 것을 극도로 꺼려하였다. 동아시아에서 데탕트 분위기의 지속을 추구하던 미국과 반공 이데올로기 유지 강화로 집권연장을 도모하던 박 정권과의 이해관계는 부분적으로 상충하고 있었다.

[136] 남북조절위원회, 『남북대화백서』, 1978, 112쪽.

[137] 『로동신문』, 1972년 9월 19일자.

[138] 북한의 최고인민회의 대의원들과 남한의 국회의원들 및 남북 정당·사회단체들 간의 회담 주장은 이미 7·4공동성명 직후부터 제기되었던 사실이 최고인민회의 상임위원회 및 내각 기관지 『민주조선』에서 확인된다. 『민주조선』, 1972년 7월 6일자.

[139] 『로동신문』, 1972년 1월 15일자.

[140] 박봉식, 「대화이후에 나타난 북한의 대남협상전략」, 『국토통일』, 제4권 제5호, 국토통일원, 1974, 131쪽.

북정상회담을 의미하는 최고위급회담까지 포함돼 있다. 같은 해 8월 19일 북한은 '정당·사회단체 연합 성명'의 형식으로 남북 제정당·사회단체 연석회의 개최를 공식 제안하기도 하였다.[141]

그러나 남측은 이 같은 주장을 받아들이지 않았다. 결국 남북 양측의 대립으로 인해 제2차 남북조절위원회 회의는 회의 내용에 관한 공동발표조차 없이 끝나고 말았다.[142] 게다가 북측의 박성철은 회의 둘째날 저녁 평양시 옥류관 만찬석상에서 자신이 회의에서 제기하였던 주장들을 공개하였다. 남측은 북측이 '회의에서 논의된 사항 가운데 합의되지 않은 사항은 공개하지 않는다'는 관례를 깬 것으로 보고, 북측이 남북조절위원회를 '선전 목적에 활용하기 시작한 것'으로 받아들였다.[143] 이미 제2차 회의 준비단계에서부터 북측은 '공개 회의'를 강하게 주장하였기 때문에 이러한 결과는 예고된 것으로 볼 수 있다.

제2차 회의 전반에 걸친 북측의 태도를 부정적으로 보는 평가도 있다. 평양 측은 종전 서울 측 대표단 일행의 개성-평양 헬리콥터편 제공을 자동차편으로 바꾸었고, 서울 측 대표단이 평양에 체류하던 기간 중 으레 김일성 접견이 있었는데 그가 현지지도 방문차 지방여행 중이라는 이유로 중지했다는 것이다. 이런 현상을 '변화'로 보면서 제2차 회의 이전 또는 그 과정에서 북측이 이미 남북대화에 흥미를 상실한 것으로 평가하고 있다.[144]

---

[141] 국토통일원, 『남북관계자료-쌍방의 제의, 주장, 성명원문-』(1970~1973), 1979, 311쪽 참조.

[142] 남과 북의 조절위 대변인들인 이동복-전금철 간에 세 차례에 걸쳐 공동발표문과 공동보도문 합의를 위한 논의가 있었으나 끝내 결렬되었다. 이에 따라 남측은 '회의에서 쌍방은 남북관계에 관한 광범한 의견교환을 가졌으며 이를 통하여 상호이해를 증진시켰다. 이번 회의에 따른 공동발표 사항은 없다'는 내용의 회의 결과를 일방적으로 자체 발표하였다. 『남북대화사료집』 제7권, 639~642쪽 참조.

[143] 『남북대화백서』, 국토통일원 남북대화사무국, 1982, 105쪽.

[144] 『남북대화백서』, 국토통일원, 1988, 72쪽. 참고로 이때 이후락은 박성철과의 대화 중 '1월 15일 귀측의 상당한 고위층에서 내린 한 지령은 남북조절위원회든 남북회담은 언제인가 파탄을 시킨다'는 대목이 있다며 흥분하였다. 이 '지령'의 사실여부를 떠나서 당시 시점에서 이후락이 회담의 미래와 전망에 대해 북측을 의심하기 시작했다는 점이 주목된다. 『남북대화사료집』 제7권, 619쪽 참조 ; 이영석, 「남북조절회담, 서울

성과 없이 막을 내린 제2차 남북조절위원회 회의가 끝나고 4월 24일 제2차 간사회의가 판문점에서 개최되어 제3차 조절위 회의 준비와 3개 운영세칙을 둘러싸고 1시간 30여 분 가까이 논의를 진행하였으나 양측은 합의를 이루지 못하였다.[145] 5월 23일 열린 제3차 간사회의에서 양측은 제3차 남북조절위원회 회의를 6월 12일부터 14일까지 비공개[146] 개최키로 합의하였다. 그러나 3개 운영세칙은 여전히 합의점을 찾지 못함으로써 해결하지 못하였다.

1973년 6월 12~14일 서울에서 개최된 제3차 남북조절위원회 회의는 두 차례의 회의를 열고 2시간 20여 분 치열하게 토론하였으나 제2차 회의와 마찬가지로 어떠한 합의도 생산해내지 못하였다. 제3차 회의 참석자는 양측 모두 변함이 없었다.

남북조절위원회 제3차 회의의 제1차 회의에서 박성철은 의제 제안 연설을 통해, 남북 긴장상태 완화와 군사적 대치상태 해소 문제(평화협정 체결), 남북대화의 협상을 보다 폭넓게 추진시키기 위한 문제, 군사·정치·경제·문화·외교 등 다방면적인 합작 실현을 위한 분과위원회 구성문제에 관해 토론하자고 하였다.[147] 이 가운에 두 번째 사항은 빠른 시일 내에 '정치협상회의'를 소집하자는 새로운 안으로 볼 수 있다. 통일 위업은 전인민적, 전민족적 사업이므로 남북조절위원회 사업을 그대로 계속 추진해나가면서, 이와는 별도로 남과 북의 각 정당·사회단체 대표들과 각계각층 인사들이 참가하는 정치협상회의를 소집하자는 것이었다. 제2차 남북조절위원회 회의에서 그가 제시하였던 '남북 정당·사회단체 연석회의'의 연장으로 볼 수 있다.

과 평양의 밀회」, 『신동아』 8월호, 144쪽.
[145] 『남북대화사료집』 제7권, 659~676쪽 참조.
[146] 제3차 남북조절위원회 회의는 비공개 원칙으로 진행되었으나, 양측 기자들이 합석한 첫날 저녁 만찬 때 양측 공동위원장들이 연설을 통해 회의의 핵심 쟁점사항을 거론함으로써 비공개의 원칙은 사실상 유명무실해졌다.
[147] 『남북대화사료집』 제7권, 696~698쪽 참조.

박성철의 이 제안 역시 두 달 전인, 1973년 4월 16일 김일성의 언급에서 제시된 것이었다. 제2차 조절위 회의가 한 달이 지난 시점에서, 김일성은 캄보디아 국왕 시아누크의 평양방문 환영대회 연설에서 "우리는 현재의 남북조절위원회의 사업에 남북의 각 정당·사회단체 대표들과 각계각층 인사들을 참가시켜 그 폭을 넓히든지 또는 남북조절위원회 사업은 남북조절위원회 사업대로 진행하고 북과 남의 각 정당·사회단체 대표들과 각계각층 인사들이 참가하는 '정치협상회의'를 소집하자는 것을 주장한다"[148]고 밝힌 바 있다. 이 연설에서는 남북조절위원회에 각 정당·사회단체 대표들을 포함시키거나 아니면 별도로 회의체를 구성하자는 것이었으나, 박성철은 후자에 해당하는 주장을 한 셈이다.

김일성은 제3차 남북조절위원회 회의 직후인 6월 23일에 정치협상회의를 더욱 구체화시킨 '대민족회의' 소집안을 제기하였다.[149] 그는 이날 체코슬로바키아 공산당 중앙위원회 총비서 구스타프 후사크의 평양방문을 환영하는 군중대회에서 연설을 통해, 북남의 군사적 대치상태의 해소와 긴장상태의 완화, 북남 간의 다방면적 합작과 교류의 실현, 북남의 각계각층 인민들과 정당·사회단체 대표들로 구성되는 '대민족회의'의 소집, '고려연방공화국'을 국호로 하는 '연방제'의 실시, 북남 개별적 유엔가입 반대와 고려연방공화국이라는 국호하의 단일회원국으로의 유엔가입 주장 등을 내용으로 한 '평화통일 5대 강령'을 제시하였다.[150] 이때부터 북측은 이 5개 제안을 공식적인 '평화통일방안'으로 선전하기 시작하였다.[151] 특히 주목할 점은

---

[148] 김일성, 「아세아에 대한 미제의 침략과 간섭을 철저히 짓부시자」, 『근로자』 제5호(373), 1973, 7~8쪽.

[149] 대민족회의 소집안은 다음 달인 7월 24일 조국통일민주주의전선 59차 확대회의에서 구체적으로 민주공화당, 신민당, 통일당, 통일혁명당 등을 열거하였는데 남한 내 지하당인 통일혁명당을 거론한 점이 주목된다. 『조선중앙년감』, 조선중앙통신사, 1974, 160쪽.
또한 같은 날 조국전선 중앙위원회는 호소문을 통해 대민족회의 소집을 위한 '실무자회의' 개최를 촉구했다. 『로동신문』, 1973년 7월 25일자.

[150] 김일성, 「민족의 분열을 방지하고 조국을 통일하자」, 『근로자』 제7호(375), 1973, 5~7쪽.

[151] 남북조절위원회, 『남북대화백서』, 1978, 187쪽.

1960년 과도적 통일방안으로서 제기된 연방제가 남북대화의 과정 속에서 1973년에 이르러 '고려연방공화국'이라는 통일방안으로 정식 제기되었다는 점이다. 여기에는 남과 북의 각계각층 인민들과 각 정당·사회단체들로 구성되는 '대민족회의'가 경제, 문화뿐만 아니라 정치, 군사, 외교문제까지도 다룰 수 있는 구심으로 설정되었다. 이 점에서 북한의 통일방안은 1970년대 초 남북대화의 과정 속에서 완성되었다고 할 수 있다.

위와 같은 흐름을 통해 보면, 북측은 김일성의 제안에 따라 박성철이 남북조절위원회와는 별개로 남북 정당·사회단체 연석회의(제2차 조절위) → 남북 정치협상회의(제3차 조절위) → 대민족회의(6.23)라는 형식으로 제안을 거듭해나갔다는 사실을 확인할 수 있다. 북한이 남북조절위원회 가동과 동시에 여러 방식의 남북대화를 추구한 사실은 남북조절위원회의 논의가 지지부진했기 때문이기도 하지만,[152] 남한 정부 당국 외에 각계각층과의 전면적인 접촉을 시도하려 한 의도로 볼 수 있다.

박성철의 위와 같은 의제 제안 연설내용에 대한 남측의 답변은 다음날(6월 13일) 열린 회의에서 있었다. 이후락은 3개 운영세칙 합의, 판문점에 남북조절위원회 공동사무국용 건물 공동건립, 합의사항 성실히 준수, 경제분과위원회와 사회·문화분과위원회 우선 발족 등을 주장했다.[153] 이후락은 북한의 평화협정 체결 주장의 경우, 시기상조라는 입장이었다. 또한 정치협상회의 소집 제안은 두 개 분과위원회(경제, 사회·문화)가 구성돼 교류가 진행됨으로써 단체연합이 이루어지면 자연히 해소될 것이라는 입장을 밝혔다. 5개 분과위원회 동시 발족에 대해서도 우선 두 개 분과위원회를 먼저 구성한 후 진척에 따라서 다른 분과위원회도 발족하자는 종래의 주장을 반

---

[152] 남북조절위원회 구성원칙에 따라 이후락은 남측 위원회에 애초에는 내각 관료들을 포함시키려고 했으나 국무총리 김종필의 반대에 부딪혔고 박정희도 동의해 무산되었다. 지나치게 빨리 정부 간 대화로 비춰지는 것을 두려워했기 때문이었는데 ("Telegram from the Embassy in Korea to the Department of State", 22 Nov. 1972, Pol Kor N-Kor S, Subject-Numeric Files), 북한 또한 이 점을 남측의 소극적인 태도로 규정하고 정부 이외의 전면적인 접촉과 대화를 추구한 것으로 볼 수 있다.

[153] 『남북대화사료집』 제7권, 701~704쪽 참조.

복하였다.[154]

결국 남북조절위원회 제3차 회의도 제2차 회의에 이어 양측의 입장만을 다시 한번 확인하는 성과 없는 회의가 되고 말았다. 회의의 결과는 이미 첫날 회의가 끝난 후 열린 만찬 때 양측 위원장들의 연설을 통해 어느 정도 예상할 수 있었다. 또한 그 같은 정서는 첫날(12일) 회의가 끝난 후 밤 늦은 시각(밤 12시 04분) 북측 류장식 부위원장과 평양 측의 전화통화 내용을 통해서도 확인된다. 그는 '(사전에) 토의한대로 하겠다'면서 '(남측의 태도가) 뻔한 것'이라고 냉소하였다. '얘기 하나마나 연회에서 다 나오지 않았냐'는 것이었다. 즉, 다음날 회의에서 남측의 답변을 듣게 되어 있으나 이미 연회 연설에서 남측의 입장변화가 없다는 사실이 밝혀졌기 때문에 회의의 결론이 뻔하다는 반응을 보인 것이다.[155]

남북조절위원회 회의들을 통하여 남과 북이 드러낸 태도를 몇 가지로 살펴보면 다음과 같다.[156] 첫째, 양측 모두 조절위원회를 정치회담으로 인식하였으나, 북측은 정치·군사문제를 중시하며 통일협상으로 나아가려는 입장인 반면, 남측은 '선 교류, 후 정치군사문제'라는 태도를 보이며 단계를 높이자는 태도였다.[157] 둘째, 남북 모두 비타협적 협상자세로 일관하였으나 북측은 공세적이었고, 남측은 수세적이었다고 할 수 있다. 특히 이는 남북교류에 관한 입장에서 잘 드러난다.[158] 셋째, 북측의 회담 목적은 '남조선혁

---

154) 한국국제문화협회, 『남북대화』 제1호, 1973, 27~39쪽 참조.
155) 이 전화통화에서는 또 남한의 사회교육방송 등을 지칭하면서 '자꾸 건다(비방한다)'면서 '우리도 재개해야 한다'는 등의 내용도 확인된다(『남북대화사료집』 제7권, 730쪽). 북측 대표단과 평양 사이에 연결된 직통전화로써 이 같은 대화를 나눈 것은 남측 정보당국에서 감청한다는 사실을 염두에 둔 다분히 정치적인 발언이라는 측면도 배제할 수 없다.
156) 양무진, 「남북한 협상행태」, 『남북한 관계론』, 한울아카데미, 2005, 320~327쪽 참조.
157) 냉전시대 남북교류에 대한 북한의 입장은 '선 정치군사문제 해결, 후 경제교류'였던 반면 남한은 기능주의적 입장에서 경제를 비롯한 광범위 교류를 우선하는 입장이었다. 이종석, 「제3장 통일정책」, 『탈냉전기 한국 대외정책의 분석과 평가』, 세종연구소, 1998, 111쪽.
158) 북측은 아무런 제한 없는 완전하고도 전면적인 개방을 하자는 것이며, 남측의 주장

명을 위한 분위기 조성'과 '강력한 통일협상 추구'라는 선전공세인 데 비해, 남측은 '시간벌기를 위해 회담에 임했다'는 분석이 가능하다. 이처럼 회담에 대한 양측의 태도라는 측면에서 볼 때, 남북조절위원회 회의는 합의를 이루기 어려웠던 것으로 보인다.

결국 제2차, 제3차 남북조절위원회 회의는 성과 없이 연속 공회전으로 그치고 말았다. 남과 북의 현안과 통일문제에 대한 현격한 시각 및 방법론의 차이는 문제를 '조절'하려는 취지에서 구성된 남북조절위원회라는 이름을 무색케 하는 것이었다. 그럼에도 불구하고 남북조절위원회는 남북 당국 간의 최초의 직접 대화기구였다는 점, 이후 열린 1980년 남북총리회담(고위당국자회담) 예비접촉과 1990년 남북고위급회담과 남북국회회담 예비회담 등 일련의 남북 간 정치회담의 문호를 열어 계승케 했다는 점, 무엇보다 통일문제는 최종적으로 정치회담에서 타결될 것이라는 예측을 가능케 했다는 점에서 의의를 갖는다고 할 수 있을 것이다.[159]

제3장. 남북대화 중단과 이후 남북접촉

1. 북한의 1973년 8·28대화중단성명 발표

1973년 6월 남북조절위원회 제3차 회의 이후 소강상태를 보이던 남북회담은 다음 달 7월 제7차 남북적십자 본회담을 끝으로 '대화 중단'이라는 중대 국면을 맞이하게 되었다. 대화 중단의 표면적 계기는 북측의 1973년 8월 28일자 성명이었다. 이날 오후 6시 북한의 평양방송은 돌연 정규방송을 중단하고 '중대방송'이라는 예고하에 남북조절위원회 평양 측 공동위원장 김

은 제한된 부분적인 개방을 하자는 것이었다는 게 북한의 분석이다. 『조선중앙년감』, 조선중앙통신사, 1974, 314쪽.

[159] 이창헌, 「남북대화 20년의 회고와 전망」, 『통일문제연구』 12, 통일원 교육홍보국, 1991, 36쪽.

영주 명의로 된 장문의 성명을 전문 보도하였다.[160]

　북한은 이 성명을 통해 '김대중 납치사건'과 '두 개의 조선' 음모 등을 비판하였으며, 반공법과 국가보안법에 의한 학살과 투옥사건에 대해 강하게 성토하였다. 특히 박정희의 6·23선언을 비난하면서 "남조선의 이후락을 비롯한 중앙정보부의 깡패들을 더는 대화에 참가시킬 수 없다는 것을 엄숙히 성명한다"고 밝혔다. 그러나 북한은 "회담을 앞으로도 계속할 필요가 있다"면서 남북조절위원회에서 이후락 제거, '두 개의 조선' 노선 취소, 애국자들 석방,[161] 남북조절위원회에 각 정당·사회단체, 각계각층 대표들 참가 등을 요구하였다. 북측의 대화 상대역인 남측의 이후락 남북조절위원회 서울 측 공동위원장 교체 요구가 포함된 위와 같은 성명은 남북조절위원회는 물론 남북 적십자 본회담도 더 이상 지속될 수 없음을 의미하는 것이었다.

　북은 8·28성명에서 8월 8일 도쿄에서 발생한 '김대중 납치사건'과 이후락을 결부시켜 중앙정보부가 "평화통일을 주장하는 애국적 민주인사를 탄압하고 있기 때문에, 우리는 이후락을 비롯한 남조선 중앙정보부 깡패들과는 마주 앉아 국가대사를 논의할 수 없다"고 강도 높게 성토하였다. 그러나 북측은 같은 성명을 통해 남북 회담 단절의 실제 이유가 같은 해 6월 23일 발표된 박정희 대통령의 '평화통일 외교정책에 관한 특별선언' 때문임을 명백히 하였다. 북측은 '6·23선언'을 "두 개 조선 로선의 공개적 선포"로 규정했다. 또 남측이 "북남대화의 간판으로 인민을 기만하고 민족 분열을 고정화하여 두 개 조선을 조작하려 한다"고 하면서, 남측이 "북남공동성명을 완전히 뒤집었다"고 강력히 비난하였다.

　북측이 문제 삼은 6·23선언의 대목은 이 선언에서 제시된 7개 정책 가운데 두 가지 항목, 즉 4항의 "우리는 긴장완화와 국제협조에 도움이 된다면, 북한이 우리와 같이 국제기구에 참여하는 것을 반대하지 않는다"와 5항의

---

[160] 『로동신문』, 1973년 8월 29일자.

[161] 애국자 석방 요구는 의례적인 것일 수도 있지만, 8·28성명 직전인 1973년 6월부터 공안사건관련자들인 장기수들에 대해 폭압적인 사상전향 공작이 시도된 점으로 볼 때, 이러한 남측 공안당국의 움직임을 염두에 둔 것으로 볼 수도 있다.

"국제연합의 다수회원국의 뜻이라면 통일에 장애가 되지 않는다는 전제하에 우리는 북한과 함께 국제연합에 가입하는 것을 반대하지 않는다. 우리는 국제연합 가입 전이라도 대한민국 대표가 참석하는 국제연합총회에서의 '한국문제' 토의에 북한 측이 같이 초청되는 것을 반대하지 않는다"162)로 볼 수 있다.

박정희는 6·23선언을 통해 위와 같이 '북한의 국제기구 가입 불반대'와 '유엔동시가입'을 공식화하였다.163) 박 정권은 1년 전만 하더라도 '두 개의 코리아' 정책을 선호하지 않았던 것으로 보인다. 박정희의 특별보좌관이었던 함병춘은 1972년 4월 워싱턴에서 마이클 그린 미 국무부 차관보와 만난 자리에서 "두 개의 코리아를 공식 인정하는 것은 한국 정부에 치명타"라고 말했다. 이때 그는 유엔 처리방식은 하나의 통일된 국가라는 관점에서는 이득이 있으나 한국문제를 독일문제나 유엔의 보편주의에 연관시키는 것은 공정하지 못하다는 주장을 폈다.164) 그로부터 1년 뒤에 박 정권이 유엔 동시가입을 공식 표명한 이유는 무엇이었을까.

1970년대 초는 북한이 국제무대에서의 주도권 확립을 위해 남한과 치열한 외교전을 벌이던 시기였다. 북한이 평화공세와 대서방권 적극 외교를 보이면서 한국과 단독으로 수교하고 있던 나라들이 점차 북한을 인정하는 방향으로 선회하였다. 1972년 7월부터 이듬해 3월 사이에만 한국을 승인하고 있던 11개 나라들이 북한을 승인하였고, 북한은 1973년 5월 세계보건기구(WHO)의 정식회원국이 되었다.165) 상황이 이렇게 전개되자 박정희 정부

---

162) 『박정희대통령연설문집』, 제8집(1973.1~12), 대통령비서실, 1974, 165쪽.

163) 6·23선언은 외무부의 독자적인 남북 간 평화정착방안이라는 게 당시 김용식 외무부 장관의 주장이다. 김용식, 『희망과 도전: 김용식 외교회고록』, 동아일보사, 1987, 283쪽. 이 말은 중앙정보부가 주도한 7·4공동성명과는 달리 6·23선언의 경우, 외무부가 기획 입안하여 주도했다는 의미로 볼 수 있다.

164) 미 국무부의 1972년 4월 13일자 대화 비망록(Memorandom of Conversation). 이흥환 편저, 『KINSON REPORT 2, 미국 비밀문서로 본 한국현대사 35장면』, 삼인, 2002, 160쪽.

165) 1971년 10월 중국의 유엔 가입 이후 1973년 4월 28일 북한의 UNCTAD(UN 무역 및 개발위원회), IPU 가입과 WHO 초청, 아르헨티나, 이란, 토고, 다호메이, 감비아, 마우리티우스, 덴마크, 스웨덴, 노르웨이, 필란드 그리고 한국전에 군대를 파견했던 오스트

는 실질적으로 두 개의 한국을 인정하는 6·23선언의 발표로 맞서게 된 것으로 볼 수 있다.[166]

박 정권이 이 같이 대북 입장을 정리하게 된 계기는 그 전달인 1973년 5월 19일에 있은 북한의 WHO(세계보건기구) 가입 문제에 대한 표결 때문이었다. 당시 중앙정보부 국제국 권영백 국장의 지휘로 정재열, 권병택, 지주선 과장 등 3명은 이 표결을 앞둔 시점인 4월 하순부터 5월 초까지 약 1주일간 연구한 끝에 'WHO 대책'이라는 제목의 보고서를 작성하였다. 2개 장으로 구성된 보고서의 제1장은 '국제조류의 대세로 볼 때 북한의 국제기구 가입은 우리가 막을 수 없는 것이므로 사전에 우리가 스스로 북한의 국제기구 가입을 반대하지 않는다는 입장을 발표하는 것이 좋고, 이 발표는 대통령의 담화를 통해서 하는 것이 적절하다'는 건의 내용이었다. 제2장은 대통령의 담화문 초고로서 'UN 동시가입, 공산권 국가와의 교류, 우방국과의 유대강화' 등의 내용이었다.[167] 또 '평화적 통일과 남북대화를 위한 노력을 계속한다'는 내용도 삽입하였는데, 그 이유는 UN 동시가입이 포함된 대통령의 담화가 발표되면 북한 측에서 '분단 고정화 책동'이라고 비난할 것이 예상되었기 때문이었다. 이 보고서는 이후락에 의해서 '국제정세가 긴장완화 추세로 변모하고 있는 때에 즈음한 대통령 특별담화'라는 긴 제목으로 바뀌었으며 일부 내용이 첨삭되었다. 보고서팀은 북한의 WHO 가입을 기정

리아, 아이스랜드의 북한 승인이 이어졌다. 정대화, 앞의 글, 40쪽 ;『동아일보』, 1973년 4월 30일자 등 참조.

[166] 이 선언이 '두 개의 한국' 정책의 직접적인 표현이지만, 박정희는 이것이 북한의 위협에 대한 근본적인 대책이라고 생각하지 않았으며 경제건설에 바탕을 둔 강력한 국방태세만이 북한과의 경쟁에서 승리할 수 있다는 경쟁심리가 있었다는 지적도 있다. 정해구, 「남북대화의 가능조건과 제약조건 분석: 7·4남북공동성명과 남북기본합의서 사례를 중심으로」,『통일문제연구』 30, 평화문제연구소, 1998, 96쪽. 한편 김종필 총리는 6·23선언 직후 배경설명 기자회견에서 "북한을 하나의 국가로 인정하는 것은 아니다"라고 밝혀 모순을 드러냈다.『동아일보』, 1973년 6월 23일자.

[167] 이 내용은 1971년 5월 중앙정보부 내에서 작성된 '70년대 한국의 새로운 전략'이라는 보고서에서 이미 제시된 것이었다. 국토통일원 남북대화사무국,『70년대 남북대화 성립 비사(Ⅰ)』, 1989, 34쪽.

사실로 보고 표결 예상일인 5월 19일 이전으로 발표 시점을 제시하였다. 그러나 당시 해외공관의 보고에 따라 북한의 가입봉쇄가 가능하다고 생각한 이후락에 의해 대통령 담화 시점을 5월 19일 이후로 늦추었으나, 결국 5월 19일 북한의 WHO 표결 결과는 가입으로 낙착되고 말았다. 그에 따라 다음 달인 6월 23일 '평화통일 외교정책에 관한 특별선언'이라는 이름으로 발표된 것이었다.[168] 이러한 흐름에서 보면, 박 정권 내부에서는 6·23선언이 북한에 의해 수락되리라고 생각했을 수도 있었을 것이다.[169]

6·23선언은 박정희 정부의 치밀한 준비와 미국과의 비밀스럽고 긴밀한 사전협조를 통하여 탄생하였으며, 하비브 대사 역시 한국 정부의 김종필 총리 등 고위관료들과의 대화를 통해 "바람직하고 현실적인 정책방향"으로 선회하고 있다고 평하였다.[170] 당시 미국으로서는 1973년에 접어들면서 유엔에서의 한반도문제 논의를 더 이상 외면하기 어려웠다. 1971~1972년 두 해 동안 미국 정부는 남북대화를 지켜보자는 명분으로 유엔에서의 한국문제 토론을 연기하여 시간을 벌었지만 더 이상 연기할 상황이 아니었다.[171] 이 시점에서 미국 측은 한국 정부에게 '남북대화와 일반적인 외교정책을 조절하는 문제'를 제기하였고, 그것은 곧 미국의 입장에서는 유엔동시가입과

---

[168] 위의 자료, 33~35쪽 참조.
[169] 박동희, 「6·23평화통일외교정책선언의 중간평가」, 『통일정책』 1권 3호, 평화통일연구소, 1975, 17쪽.
[170] 우승지, 「남북화해와 한미동맹관계의 이해, 1969~1973」, 『한국정치외교사논총』 제26집 1호, 한국정치외교사학회, 2004, 117~118쪽 참조.
  이와 관련, 북한은 남한의 '방향전환'과 관련하여 다음과 같이 일본과의 교감설을 제기한 점이 주목된다. "김종필 역도는 미국에 불리워가던 길에 일본에 들려 일본 총리와 외교부장에게서 '방향전환'에 대한 '감촉'을 받았고 돌아오던 길에 '방향전환'의 구체적 지시를 받았으며 이에 기초하여 박정희역도는 '두개 조선'의 '구상'을 결정하였다고 한다." 『매국노 박정희 역적을 단죄한다』, 조국통일사(평양), 1978, 229쪽.
[171] 김종필 국무총리는 6월 26일 국회에서 답변을 통해 "현실 인정이라는 정책의 현실화를 하지 않을 수 없다"면서 국제적 흐름의 적응과정이라고 하였다. 이 같은 상황 인식하에서 "이제까지는 북한을 링 밖에서 링에 못올라오게 계속 치고 누르고 했는데, 이제는 링 위에 올라오라는 얘기로서 이제까지와는 달리 통일문제를 적극화하겠다는 그러한 뜻"이라고 설명했다. 『국회사: 087회(임시회)』(1973.06.25~1973.06.27), 국회사무처, 1973, 22쪽.

유엔한국위원단, 유엔사령부 해체 등을 유엔 무대에서 논의해야 한다는 사실을 의미하는 것이었다.172) 이런 상황에서 박 정권은 미국과의 긴밀한 공조를 유지하면서 6·23선언을 준비, 발표하였다.173) 북한은 6·23선언이라는 '두 개의 코리아 정책'을 한미 간 합의에 의해 추진된 것으로 받아들였을 것이다.174) 북한으로서 유엔동시가입은 조국통일의 대의명분과 도저히 합치할 수 없는 것이었다.175) 결국 남북대화 도중에 천명된 6·23선언은 한반도에 평화를 정착시킨다는 목적과는 달리 남북 간에 또 하나의 쟁점을 마련했고, 이는 회담의 실질적인 진전에 도움이 되기는커녕 북측에 의해 회담중단의 구실이 되고 말았다.

북의 대화중단 움직임은 공교롭게도 6·23선언이 발표된 같은 날 있은 김일성의 연설내용에서 이미 어느 정도 감지된다. 이날 김일성은 '평화통일 5대 방침'을 제시하면서 미국의 '조선 영구분열정책'과 '두 개 조선 책동'을 비판하였으며, 남측 당국에 대해서도 강도 높게 비난하였다.176) 남조선 당국자들이 양면전술을 쓰고 있으며, 한편으로 평화통일의 간판을 내세우고 다른 한편으로 '대화 있는 대결', '대화 있는 경쟁', '대화 있는 공존'을 공공

---

172) "Telegram from the Embassy in Korea to the Department of State", May 30, 1973, Pol 1 Kor S, Subject-Numeric Files.
173) 당시 유엔무대의 긴박한 정세를 고려해 박 정권은 6월 말이나 7월 초 발표할 예정이었으나 미국은 북한이 선수를 쳐서 평화공세를 할지 모르니 빨리 발표하는 것이 좋겠다고 권고하였다. 홍석률, 「1970년대 전반 한미관계와 남북대화」, 『역사학논총』 제5호, 동선사학회, 2004, 34쪽 참조.
이틀 전인 6월 21일, UN 안보리 회원가입 심사위원회에서는 동, 서독의 UN 동시가입 건의를 만장일치로 의결하였다. 박정희가 6월 23일에 선언한 이유는 이 같은 분위기가 직접적인 원인의 하나였던 것으로 보인다.
174) 박 정권으로서는 6·23선언을 통해 통일의 목표를 국제정치 과정에서 전개되는 평화공존 질서와의 조화 속에서 추구하려는 측면이 강조되는 과정이었다. 「6·23선언에 따른 통일정책 추진방안」, 국토통일원, 1973, 15쪽.
175) 북한의 대남협상이 냉전시기에는 매우 공세적, 비타협적, 원칙과 명분을 중시하는 전형적인 통일전선전략을 추구하는 경향으로 보았을 때, 북한의 대화중단 태도는 이와 같은 요건이 상실된 것으로 파악할 수도 있다. 김용호, 「북한의 대외협상행태 분석」, 『국제정치논총』 제40집 4호, 한국국제정치학회, 2000, 305쪽 참조.
176) 『로동신문』, 1973년 6월 24일자.

연히 부르짖으면서 분열을 영구화하고 군사력 증강을 꾀하고 있다는 것이다. 김일성의 5가지 제안은 남측이 당장 받아들이기 어려운 것이었음에도 불구하고 이같이 압박을 가한 점은 정치적 선전효과로만 이해하기 어렵다.

게다가 김일성의 이날 '조국통일 5대 방침' 발표는 박정희의 6·23선언 발표를 확인한 후 발표되었을 가능성이 매우 크다. 박정희의 발표는 이날 오전 10시에 TV로 전국에 중계되는 형식으로 진행되었는데, 같은 날 평양체육관에서 열린 군중대회에서 김일성이 연설을 하기 위해 등장한 시각은 오후 8시였다.[177] 10시간의 시차가 확인되는데, 김일성의 5대 방침 중 다섯 번째 사항인 '단일 국호에 의한 유엔가입 천명'은 박정희의 유엔동시가입 주장과 상치된다는 점에서 우연한 현상이라고만 보기는 어렵다. 이틀 후인 6월 25일 김일성은 노동당 중앙위원회 정치위원회 확대회의에서 연설을 통해 이 문제를 언급하면서, "남조선 당국자들은 드디어 지난 6월 23일 오전에 특별성명이라는 것을 발표하여"라고 하였으며, "그래서 우리는 지난 6월 23일 오후에 새로운 구국대책으로서 조국통일 5대방침을 내놓았다"고 말했다.[178] 이런 점 등을 고려할 때 김일성의 5대 방침은 박정희의 6·23선언에 대한 '답변'의 성격으로 볼 필요가 있다.

북한으로서는 김일성의 5대 방침에 대해 남한이 호응하지 못하자 이를 내적인 근거로 하고, 남측의 6·23선언 등을 외적인 근거로 하여 그로부터 두 달 뒤인 8월 28일 조절위원회 중단 성명을 발표한 것으로 볼 수 있다.[179] 그런데 북한이 박정희의 6·23선언 발표 두 달 뒤, 김대중 납치사건 20일 뒤에서야 이를 문제 삼아 대화 중단성명을 발표한 이유는 무엇일까.

시기적으로 가장 주목되는 사안은 8·28성명 이틀 전인 26일 슐레진저

---

[177] 『로동신문』, 1973년 6월 24일자.

[178] 『김일성저작집』 28, 조선로동당출판사, 1984, 397~398쪽 참조.

[179] 김일성이 1972년 11월 시점까지만 해도 남북대화가 3~5년 정도 더 지속될 것을 기대했다(소련 부수상과의 회담석상에서)는 기록(평양 주재 구동독 대사관 문서)이 있다 (Bernd Schaefer, 「North Korea Unification Police in the Early 1970s」, 『역사문화연구』 제23집, 한국외국어대 역사문화연구소, 2005, 48쪽). 이 같은 점으로 볼 때, 북한이 1973년에 대화를 중지하려는 의사가 애초부터 있었다고 보기는 어렵다.

(James Schlesinger) 미 국방장관의 발언이다. 한국에는 27일 그의 발언이 크게 보도되었는데, 미 NBC TV와의 회견에서 "남북한이 향후 1년 또는 1년 6개월 안에 동서독과 같은 안정된 관계를 합의할 것으로 전망되는데 그때까지 한국에 주둔하는 4만여 미군 병력을 계속 주둔시킬 계획"이라고 하였다. 그러나 그는 "미중 간에 마찰이 되고 있는 대만 주둔 9천여 미군 병력은 올 가을부터 철수를 시작할 것"이라고 밝혔다. 특히 그는 "남북대화가 오히려 주한미군의 존재 때문에 가능한지 모른다"는 말도 하였다.[180]

미 국방장관의 위와 같은 발언이 북한을 결정적으로 자극한 것으로 볼 수 있다. 머지않은 장래에 남북관계가 동서독과 같은 '안정된 관계'로 변할 것이라는 슐레진저의 전망은 남과 북의 유엔동시가입을 의미하는 것으로 해석된다. 박정희의 6·23선언이 유엔동시가입을 노골화한 것[181]으로 판단하고 있던 북한으로서는 슐레진저의 발언을 그냥 넘기기 어려웠을 것이다. 따라서 북한은 한미 간에 유엔 남북 동시가입을 위한 모종의 계획이 수립돼 있다는 판단하에 28일 대화중단 성명을 발표함으로써 남북관계의 실상을 미국과 국제사회에 드러내려 했던 것으로 볼 수 있다.

게다가 9월 18일 열릴 제28차 유엔 총회를 앞두고 한미 간 대책협의를 위해 데이비드 H. 포터 미 국무성 국제기구담당 차관보와 베네트 유엔주재 미 차석대표 등이 방한 중이었다. 이들과 김용식 외무장관 등 한미관계자들은 28일 오전 10시 15분부터 2시간 동안 유엔총회 대책을 협의하였는데, 만약 총회에서 주한미군철수 결의안이 채택될 경우, 미국은 거부권을 행사할 수도 있다는 논의 등이 오갔다.[182]

이런 흐름 속에서 북한이 8월 28일 오후 6시에 김영주 명의의 성명을 발표한 것인데, 북한 지도부는 당일 오후 그 같은 정황들을 고려하면서 최종

---

[180] 『동아일보』, 1973년 8월 27일자.

[181] 6·23선언 두 달 뒤인 8월 15일 박정희는 광복절 28주년 경축사에 또 한번 "북한 당국에게 우리와 함께 국제연합에 가입하자는 우리의 주장을 허심탄회하게 받아들이라고 촉구하는 바"라며 유엔동시가입 의지를 분명히 했다. 『동아일보』, 1973년 8월 15일자.

[182] 『동아일보』, 1973년 8월 28일자.

적인 내부 논의를 거쳐 슐레진저 발언의 여파를 놓치지 않고 반격 차원에서 대화중단 성명을 발표한 것으로 이해된다.

북한은 이미 1973년 4월 5~10일간 열린 제5기 제2차 최고인민회의에서 대남 5개항을 제안하였다. 남북한 군사력 증강 중지, 모든 외국군대 한반도에서 철수, 상호 군대의 감축, 외국으로부터의 무기반입 중지, 쌍방 평화조약 체결 등의 내용이다.[183] 또한 최고인민회의는 4월 6일 '미국 국회에 보내는 편지'에서 한반도 평화통일의 장애를 제거하는 방법으로서 미군철수를 주장하였다. 동시에 같은 날 김일의 보고 형식으로 '세계 각국 국회와 정부들에 보내는 편지'를 통해 "남조선에서 미군이 나가기만 한다면 우리의 군대를 자진해서 20만 이하로 줄일 용의"가 있다는 새로운 제안을 하였다.[184] 이 같은 움직임은 1973년에 들어서서 북한이 미국과의 직접 교섭을 통해 남북관계와 한반도문제를 이끌어가겠다는 시도를 드러내기 시작한 것으로 해석된다.

북한은 1973년 봄 이래 남북대화의 계속은 북한에 더이상 이득이 되지 못하므로 완전 결렬은 아니더라도 제한하는 입장을 취해왔다는 주장이 있다.[185] 그 증거로서 1973년 3월 휴전선과 남해에 침투시켰던 간첩사건과 6월 10일에 공동위원장 합의를 위반하여 대남비방방송을 재개한 사실 등을 들고 있다. 그러한 위반은 다음날 북한이 상호비방을 중지하자고 제의하여 서울 측이 이를 접수한 바 있다. 이와 관련, 김일성은 1973년 12월 31일 노동당 중앙위원회 정치위원회에서 "우리 당은 7·4남북공동성명이 발표된 다음 적들과 심각한 정치투쟁을 하여 왔으며 특히 올해에 매우 긴장한 투쟁을 벌렸다"고 평가하였다. 또한 이 정치위원회 내부 연설에서는 "우리는 남북대화를 시작할 때에 벌써 남조선 당국자들이 가면을 쓰고 우리와의 대

---

[183] 『최고인민회의 제5기 제1, 2차 회의록』, 국토통일원, 1973, 298쪽.

[184] 위의 책, 309쪽 ; 스칼라피노, 「중국의 한반도정책과 남북한관계」, 『정경연구』 9월호, 1973, 154쪽.

[185] 당시 박 대통령의 국제정치담당 보좌관이었던 김경원의 주장. 정대화, 앞의 글, 39~40쪽.

화에 림하고 있다는 것을 간파"하였으며, "그래서 우리는 남조선 당국자들의 가면을 벗기고 그들의 진면모를 발가놓기 위하여 적극 투쟁하였다"고 하였는데, 이를 통해 김일성이 남북대화를 '투쟁'으로 인식했음을 확인할 수 있다.186)

북한이 대화중단의 이유로써 공식 제시한 근거 외에 애초 북한의 남북대화 개시의 중요 원인이었던 '주한미군 철수독려'가 현실화되지 않았기 때문에 대화중단으로 이어지고 말았다는 평가도 가능하다. 7·4공동성명 이후 남북조절위원회 공동위원장 회의부터 북한의 태도가 강경전략으로 선회하면서 결국 대화중단 성명으로 이어졌다는 전제하에, 7·4공동성명 다음 날인 7월 5일 주한미군을 철수시키지 않겠다는 미 국무부의 발언과 1973년 3월 28일 주한미군의 주둔은 '계속 불가피할 것'이라고 한 미 국방장관의 발언 등이 작용했다는 것이다.187)

무엇보다 8·28성명 직전인 4월에 열린 북한 최고인민회의 제5기 제2차 회의에서 김일은 '조국의 자주적 평화통일을 촉진시키기 위하여 외국의 내정간섭을 종식시킬데 대하여'라는 보고를 통해 "남과 북 사이에 대화가 시작된 이래 오늘에 이르기까지 전과정에서 누가 진짜로 통일을 원하고 민족을 위하며 누가 진짜로 나라를 팔고 동족상쟁을 꾀하는가 누가 진짜로 평화를 주장하고 누가 진짜로 전쟁을 고취하는가 하는 것을 남김없이 들어내 놓는"188) 여러 가지 사례를 들며, 궁극적으로 미국의 '두 개 조선' 시도에 대한 강한 비판을 제기하였는데, 이후 그러한 기조가 지속된 흐름에 주목할 필요가 있다. 이러한 미국의 대 한반도전략에 대한 의구심이 북한 지도부의 대화중단 선언을 야기한 또 하나의 요소였다.

북한의 내부적 측면도 고려할 필요가 있다. 이 시기 북한 권력구조의 변

---

186) 『김일성저작집』 28, 조선로동당출판사, 1984, 626쪽.
187) 최완규·장경룡, 「북한 대남협상전략의 역사적 고찰: 1972~1991」, 『북한의 협상전략과 남북한관계』, 경남대 극동문제연구소, 1997, 51쪽.
188) 『최고인민회의 제5기 제1, 2차 회의록』, 국토통일원, 1973, 293~294쪽 ; 『로동신문』, 1973년 4월 6일자.

화와 관계가 있다면, 그것은 8·28성명 이틀 뒤인 8월 30일 노동당 정치위원회 확대회의에서 김정일이 당비서로 확정된 사실과 모종의 관련성을 지닐 수 있다.[189] 김정일이 김영주로부터 당의 조직사업을 인계 받는 상황에서 대남사업의 검토, 정비를 위한 남북대화 중단으로 나타났을 가능성을 배제하기 어렵기 때문이다.

2. 박정희 정권의 대응과 태도

북측의 남북조절위원회 중단 성명이 발표되자 이튿날 이후락 서울 측 공동위원장은 성명과 기자회견을 통해 "8·28성명의 철회"를 요구하고 "적반하장"이라면서 북측을 비난하였다. 그는 "이러한 북한의 돌변한 태도는 단적으로 말하여, 박 대통령 각하의 6·23평화통일외교선언이 국내외로 큰 지지를 받게 되고, 다가오는 유엔 총회에서도 그들의 입장이 비세(非勢)로 몰리게 됨을 자인하고 당혹한 나머지 이를 모면하려는 임시변통이며, 평화를 지향하는 대화의 진행을 기피하겠다는 것으로 해석할 수밖에 없다"[190]라고 반박하였다.

남북관계와 관련된 남측의 일방적인 성명이라고 볼 수 있는 6·23선언을 옹호하는 이후락의 반박논리는 그 자신이 북측에게 요구한 '일방적 제안 반대' 주장과 모순되는 측면이 있다. 이후락은 김덕현의 서울 방문 이래 여러 차례에 걸쳐 그 같은 요구를 북한 측에 하였다. 그런데 결국 남측이 6·23선언이라는 일방적 제안을 한 것과 이후락이 이를 옹호하는 것으로 볼 때, 그가 북측에게 그 같은 주장을 했던 이유는 북한의 대외 선전공세를 잠재우기 위한 정치적 포석이었다고 볼 수밖에 없는 것이다.

북측은 8·28성명을 통해 표면적으로는 '대화의 지속'을 추구하였다. 성명에서 "북과 남 사이에는 아직 의견의 차이가 많고 해결해야 할 문제도 많

---

[189] 북한 전직 고위관리의 증언. 중앙일보 특별취재반, 『김정일』, 중앙일보사, 1994, 95쪽 참조.

[190] 『동아일보』, 1973년 8월 29일자.

은 조건하에서 우리는 앞으로도 회담을 계속할 필요가 있다고 인정하며, 이를 위 정당·사회단체들과 각계각층 인사들에게 호소한다"고 밝혔기 때문이다.

이러한 북측의 주장에 대한 남측의 판단은 정반대였다. "북한 측의 대화 계속 용의 표명은 대화는 그들이 중단시키면서 그 책임은 상대방인 대한민국 측에 전가시켜 보려는 말장난에 불과"한 것으로 규정하였으며, 그 이유로 "북한은 동 성명에서 대화계속의 조건으로 대한민국이 도저히 수락할 수 없는 요구를 내놓았기 때문"이라고 보았다.[191] 특히 '남북조절위원회에 정당·사회단체 및 각계각층 인민들의 대표들이 참가해야 된다'는 북측의 주장에 대해서는 "남북조절위원회를 그들이 말하는 '대민족회의'로 변질시키자는 것"[192]이며 통일전선을 형성하여 남한 정부를 고립시키고 남조선혁명 여건을 조성하려는 전략의 일환으로 보았다.[193]

남북적십자 본회담도 중단되었다. 1973년 7월 평양에서 제7차 본회담이 개최된 데 이어 합의된 순번에 따라 서울에서 제8차 본회담을 앞두고 있었다. 8·28성명 이후 양측은 제8차 본회담 개최를 위한 실무협의가 불가능하게 되었으며, 남측은 이를 사실상 북한의 대화중단 강요로 받아들였다.[194]

1973년 북의 8·28성명으로 중단된 남북대화는 사실상 1973년 초부터 위태로웠다. 1971년 8월 남북적십자회담 합의 이래 1972년 말까지는 상대적으로 남북관계가 적극성을 띠었으나 이후부터 분위기가 달라지기 시작했는데, 이때부터 대화가 중단될 때까지 두 차례의 남북조절위원회, 세 차례의

---

[191] 『남북대화백서』, 국토통일원, 1988, 104쪽.

[192] 북의 8·28성명 발표 열흘 뒤인 9월 9일(북 정권수립 기념일)에 대남기구인 조평통(조국평화통일위원회) 위원장 김일은 '9.9절 기념보고대회'에서 통일문제는 "당국자의 범위를 벗어나 전민족의 범위에서 해결해야 한다"고 주장하며 이를 위해 '대민족회의'를 소집할 것을 역설하였다. 남측은 북측의 이러한 흐름에 대해 '8·28성명을 북의 대남혁명노선에 따른 결과'로 이해하였다. 『남북대화』 제4호, 한국국제문화협회, 1974, 13쪽.

[193] 김달술, 「남북대화의 평가와 남북관계의 재정립」, 『통일연구논총』 84, 국토통일원, 1988, 78쪽.

[194] 『남북대화백서』, 국토통일원, 1988, 103쪽.

남북적십자 본회담이 개최되었으나, 쌍방 간에 '합의'는 물론 회의내용에 관한 공동발표도 하지 못하였다. 특히 북측의 태도는 현저하게 냉담해져서 회의 개최의 빈도가 줄어들고 김일성 접견도 이루어지지 않았으며 남북조절위원회의 성격 변화를 추구하는 등의 모습을 보였다. 또 북측은 이 기간 중에 서울에서 열리는 회의에 참가하는 북측 인원들의 행동에 엄격한 통제를 가하여 회담 참가 이외의 관광, 시찰 등 일체 다른 행사 참가를 거부하였다.[195]

북한의 남북대화 중단성명을 '통일정책의 포기'로 볼 것인가에 대한 문제는 쉽지 않다. 두 달 전 김일성의 '평화통일 5대 강령' 발표 이후의 상황을 종합적으로 살펴볼 필요가 있다. 5대 강령 선언을 계기로 오히려 대남 통일 선전공세는 강화된 측면이 있다. '평화통일 5대 강령' 가운데 제1항으로 거론된 군사문제 우선 해결 주장은 이미 남북조절위원회 회의석상에서 북측에 의해 지속적으로 제기된 사항이었다. 그리고 이후 9월 8일 북한 정권 수립 25주년 중앙경축보고대회에서 김일 정무원 총리가 이 같은 '평화통일 5대 강령'의 수락을 촉구하였으며,[196] 10월 28일 김일성의 불가리아 공산당 및 정부 대표단 환영 평양시 군중대회에서 유엔동시가입 반대 입장을 다시 한번 명확히 함으로써 '두 개의 조선 음모'에 대한 거부감을 지속적으로 표출하였다.[197]

남북적십자회담과 남북조절위원회라는 두 개의 틀에 의해 돌아가던 1970년대 초반의 남북관계가 1973년 북한의 8·28성명으로 끊긴 것은 명백한 사실이다. 그러나 북한은 이후 1973년 11월 17일 판문점에서 열린 남북적십자 단체 연락대표들의 회담에서 제8차 남북적십자 본회담이 열리지 못한 이유가 전적으로 '남조선의 책임'이라고 주장했다. 또한 북측 대표가 회의석상

---

[195] 『남북대화백서』, 남북조절위원회, 1978, 205~206쪽.
[196] 『로동신문』, 1973년 9월 9일자.
9월 9일 경축연회에서 김일성은 다시 한번 5대 강령 원칙들을 제시하였다. 『조선중앙년감』, 조선중앙통신사, 1974, 307쪽.
[197] 『로동신문』, 1973년 10월 29일자.

에서 "남조선 측이 회담을 일방적으로 중단시킨 책임을 모면하려 여론을 오도하기 위하여 흑백을 전도한 허위보도를 날리면서 계속 회담사업에 인위적인 난관을 조성하고 있는 데 대해서 상대 측에 주의를 환기시켰으며, 다시는 숭고한 적십자 인도주의 사업을 불순한 정치적 목적에 이용하지 말도록 상대 측에 엄중히 경고했다"198)고 밝혔다. 북측은 "남측이 회담 지연의 책임을 마치도 우리 측에 있는 듯이 황망한 소리를 하고 있다"면서 "이것은 전혀 사실과 맞지 않는 비열한 선전모략"이라고 연일 강변하였다.199)

북측이 주장하는 회담의 중단 이유는 대체로 다음과 같다. 남북적십자회담의 경우, '제8차 본회담이 서울에서 열리기로 돼 있는 조건에서 남측이 회의에 관심이 있었다면 초청 측으로서 응당, 회담 날짜를 비롯한 회담과 관련된 일련의 문제들을 자신들에게 알려왔어야 하는데, 외면하고 가만히 있다가 제7차 본회담이 있은 때로부터 4개월 이상 지난 시점에 와서야 갑자기 남북적십자단체 연락대표들 사이에 접촉을 가질 것을 그것도 하루의 시간적 여유도 없이 촉박하게 제기하였다'는 것이다. 또한 북측에서 여러 차례에 걸쳐 전화를 하였으나 받지 않았다는 것이며, 상호합의에 기초하여야 할 문제를 일방적으로 공개하고는 제기된 문제에 대한 자신들의 의견을 들어보기도 전에 대답이 없다느니 무성의하다느니 하면서 남측이 멋대로 떠들었다는 주장이다.200) 이에 대한 남측의 대응 논리는 확인되지 않는다.

분명한 사실은 북측의 8·28성명이 남북대화의 '완전 중단'으로 이어지지 않았다는 점이다. 남북조절위원회의 경우, 부위원장 회의 형식으로 1975년 5월까지 지속되었으며, 남북적십자 회담은 실무회담의 형태로 1977년까지 계속되었기 때문이다. 이런 점에서 볼 때, 8·28성명을 '이전과 같은 형식으로' 남북대화를 할 수 없다는 북측의 의식적인 선언으로 볼 필요가 있다. 남북조절위원회와 적십자 본회담 등의 개최가 소모적이며 대결적인 상황이 지속됨으로써 대화 규모를 소폭으로 바꾸면서 지속해 나가는 일종의 협상

---

198) 『남북대화사료집』 제6권, 744쪽(1973.11.21 평양방송 녹취문).
199) 『로동신문』 1973년 11월 23일자.
200) 『로동신문』 1973년 11월 23일자 ; 『로동신문』, 1973년 12월 25일자 등 참조.

전술 변화의 하나로 이해할 필요가 있다. 반면 남측으로서는 평화공존을 추구하였기 때문에 근본적으로 대화의 중단을 의도할 필요는 없었으며[201] 그 같은 입장은 8·28성명 이후에도 대화의 지속을 촉구하는 자세로 나타났다.

3. 대화중단 이후 남북 간 접촉

북한의 8·28성명 이후 남북대화가 중단된 상황에서, 먼저 서울 측은 남북 간의 직통전화를 통해 남북조절위원회 제4차 회의의 조속한 개최를 촉구하였다. 1973년 11월 15일 서울 측은 "만약 남북조절위원회 개편이 반드시 필요하다면 양측 간사위원 간의 접촉을 통해 이를 토의할 것"을 내용으로 하는 전화통지문을 평양 측에 보냈다.[202] 북측의 남북조절위원회 개편 주장에 대해서 논의할 수 있다는 신호를 보낸 것이다. 북한의 조절위원회 개편과 관련된 제의는 1973년 4월 16일 캄보디아 시하누크 환영 평양시 군중대회에서 한 김일성의 연설에서 시작되었다. 그는 남북 간의 대화가 잘 되지 않는다면 남북조절위원회에 각 정당·사회단체 대표들과 각계각층 인사들을 참가시켜 폭을 넓히든지 아니면 조절위원회는 그대로 하면서 각 정당·사회단체 대표들과 각계각층 인사들의 정치협상회의를 소집하자고 주장한 바 있다.[203]

이에 따라 양측은 남북조절위원회의 개편문제를 포함하여 회담 재개에 필요한 문제들을 토론하기 위해 '남북조절위원회 부위원장 회의'를 판문점에서 열기로 합의하였다.[204] 먼저 접촉 재개를 시도한 서울 측으로서는 북

---

[201] 당시 남북조절위원회 남측 대변인 이동복의 글 참조. 「남북조절위원회의 현황」, 『통일정책』 1권 1호, 평화통일연구소, 1975, 228~230쪽.

[202] 『동아일보』, 1973년 11월 16일자. 이날은 키신저의 방한 전날이었는데 UN 총회 정치위원회 개막을 앞둔 시점에서 다분히 대유엔 전략의 일환으로서 남북관계의 주도권과 적극성을 의식한 조치로 볼 수 있다.

[203] 김일성, 「아세아에 대한 미제의 침략과 간섭을 철저히 짓부시자」, 『근로자』 제5호(373), 1973, 7~8쪽 ; 『로동신문』, 1973년 4월 17일자.

측이 서울 측 이후락 공동위원장의 교체를 요구하였기 때문에 부득불 부위원장 회의라는 대안을 제시했다. 남북조절위원회 부위원장 회의는 이후 10여 차례 열렸다. 그 경과는 다음의 〈표 5〉와 같다.

〈표 5〉 남북조절위원회 부위원장 회의 경과

구분	장소	개최 일시
1차	판문각	1973. 12. 5
2차	자유의 집	1973. 12. 19
3차	판문각	1974. 1. 30
4차	자유의 집	1974. 2. 27
5차	판문각	1974. 3. 27
6차	자유의 집	1974. 4. 24
7차	판문각	1974. 6. 28
8차	자유의 집	1974. 9. 21
9차	판문각	1974. 1. 8
10차	자유의 집	1974. 3. 14

출전: 『남북대화백서』, 국토통일원, 1988, 105쪽.

1973년 12월 4일 열린 제1차 남북조절위원회 부위원장 회의 하루 전인 3일 이후락 남측 공동위원장은 중앙정보부장직을 사임함과 동시에 남북조절위원회 공동위원장직을 사퇴하였다. 이에 따라 장기영 부위원장이 공동위원장을 대리하도록 임명되었다.[205] 이 같은 조치는 북한의 8·28성명 후인 9월 9일 열린 정권 수립 25주년 기념 중앙경축보고대회에서 김일(당 중앙위 정치위원, 정무원 총리)의 남북조절위원회 개편요구안에 대한 최소한

---
[204] 『합동연감』, 합동통신사, 1973, 43쪽.
[205] 『동아일보』, 1973년 12월 3일자. 이날 박정희 대통령은 중앙정보부장뿐 아니라 10개 장관을 경질하는 대대적인 인사를 단행하였다. 이후락은 중앙정보부장직 사직과 동시에 '건강상의 이유로' 남북조절위원회 공동위원장직 또한 사임하였다.

의 대응조치로 볼 수 있다.206) 김일은 남북조절위원회에서 이후락과 중앙정보부 요원들을 제거하고 각 정당·사회단체 인사들을 널리 참가시켜야 회담이 순조롭게 진행될 것이라고 주장하였다.207)

평양 측은 부위원장 회의가 시작되기 전인 1973년 11월 16일 조선로동당, 조선민주당, 천도교청우당의 이름으로 남측의 민주공화당, 신민당, 민주통일당 및 통일혁명당 앞으로 서한을 보냈다. 북측은 이 서한에서 "남북의 정당·사회단체 및 각계각층 인민들의 대표들"로 구성되는 '대민족회의' 소집을 제안하였다.208) 대민족회의 소집 제안은 1973년 6월 23일 김일성의 '조국통일 5대 강령' 중 세 번째 항으로 제시되었는데, "남북공동성명 이후 우리나라에 조성된 정세와 이때까지 진행하여온 남북대화의 전 과정을 구체적으로 총화분석한 데 기초한 것"209)이라는 북한의 새로운 남북대화의 대안이었다.

제1차, 제2차 부위원장 회의에서 평양 측은 남측의 반공정책을 거론하면서 주로 6·23선언에 대해 비난하였으며, 남북조절위원회 재개문제에 대해서는 직접 거론하지 않았다. 반면 남측은 제2차 회의에서 북측의 조절위원회 개편 주장에 대하여 남북 쌍방의 인원수를 5명에서 10명 내외로 늘리고 여기에 당국 대표 외에도 정당·사회단체 인사를 참여시키는 데 동의할 용의가 있음을 표명하였으며 이를 중심으로 토의를 진행시키자는 입장을 밝혔다. 제3차 부위원장 회의에서 북측은 남북조절위원회 '개편안'을 제시하였다. 즉, 위원회를 개편하되 개편하는 새 위원회는 쌍방에서 각기 5명 이상의 당국 대표, 각기 60~70개의 정당·사회단체에서 각기 5~20명의 대표,

---

206) 이후락 중앙정보부장의 또 다른 사퇴 이유로는, 1973년 10월 중앙정보부에 의한 최종길 교수 고문치사사건으로 당시 그레그 주한 미대사가 '이후락과 함께 일할 수 없다'고 하여 그가 교체됐다는 지적도 참고할 만하다. 돈 오버도퍼, 『두 개의 코리아』, 중앙일보사, 1998, 54쪽.
207) 『로동신문』, 1973년 9월 9일자.
208) 『로동신문』, 1973년 11월 17일자.
209) 강수일, 「대민족회의 소집은 조국통일위업을 촉진하는 현실적인 길」, 『근로자』 제8호(376), 1973, 57쪽.

그 밖에 '각계각층 인민의 대표들'[210]로 구성하자는 것이었다. 이 개편안에 따르면 새로운 남북조절위원회는 한 쪽에서 최소 305명, 최대 1,405명의 위원 규모가 되기 때문에 쌍방 위원들을 합칠 경우, 610~2,810명에 이르는 거대한 기구가 되는 셈이다. 다만 여기에는 전제조건이 있었다. 남측의 경우, 새로운 조절위원회에 '통일에 반대하는 정당·사회단체·개인'은 참여가 배제되어야 한다는 것이다. 그러나 평양 측은 제4차 부위원장 회의에서 위와 같은 조절위 개편안을 스스로 철회하였다. 이와 관련, 북측은 개편안 철회 대신 새로운 수정 제안을 내놓았다. 즉, 남북조절위원회는 그대로 놓아두고 이와는 별도로 남북의 정당·사회단체 및 각계각층 인민들의 대표들로 '남북정치협상회의'를 구성해 통일과 관련된 일체의 문제는 여기서 논의하자는 것이었다. 게다가 이러한 새로운 제안의 실현에는 '선행조건'이 있었다. 그것은 6·23선언의 철회, 반공정책 포기, 반공법과 국가보안법 폐지, 공산주의 활동 합법화, 주한미군의 철수, 북측의 통일방안 수락 등이다.[211]

이와 같은 북측의 새로운 제안은 기존 남북조절위원회가 당국 간 대화였다는 점에서 남측의 민간 대표들을 포함시키려는 의도가 반영된 것으로 해석할 수 있다. 특히 북측의 경우는 당국과 민간의 구분이 어려운 반면, 남측의 경우는 명확히 구분되기 때문에 새 제안의 필요성을 느꼈던 것으로 볼 수 있다. 그러나 이러한 새 제안마저 '선행조건'을 제시함으로써 1차적으로 선행조건을 강조하기 위한 제안이었던 것으로 해석된다.

남측으로서는 북측의 새로운 제안과 그 선행조건에 대해서 현실적으로 실현 불가능한 것으로 판단하였다. 나아가 북측이 남북조절위원회의 존재를 진실로 원하는지 의심스럽다는 평가였다.[212] 또한 부위원장회의에서 드러난 남북조절위원회 개편문제에 대한 북측의 안은 하나가 아니라 여러 가

---

[210] 북측은 북측의 경우, 노동자·농민·병사·근로인텔리·청년학생을, 남측의 경우는 노동자·농민·군인·지식인·청년학생·민족자본가·소자산계급 등을 지칭한다고 밝혔다. 「남북대화」제4호, 한국국제문화협회, 1974, 33쪽.

[211] 『남북대화백서』, 남북조절위원회, 1978, 143쪽.

[212] 『남북대화백서』, 국토통일원, 1988, 107쪽.

지라는 점도 특징이다. 북한은 1973년 8·28성명에서 남북조절위원회에 각계각층 대표들을 참가시키는 방안을 주장했으며, 이에 따라 제3차 부위원장회의에서 '조절위 확대개편'안을 제기했으나 1974년 2월 27일 제4차 부위원장회의에서 이를 자진 철회하였다. 1973년 6월 23일 김일성의 제안으로 시작해 부위원장회의 개최 직전인 11월 16일 서한 형식으로 또다시 제기한 '대민족회의' 구상도 있다. 또한 1973년 4월 12일 제2차 조절위원회에서 박성철에 의해 공식 제기된 '남북정치협상회의'도 1974년 2월 17일 제4차 부위원장회의에서 또다시 제기되었다. 그러나 이 같은 북한의 복잡한 대화형식 제의에는 공통점이 있다. 명칭은 다양하지만, 당국 간의 대화만이 아닌 남한 각계각층으로 대화 상대를 확대하려는 취지에서는 같다. 즉, 북한은 남한의 박 정권을 대화상대로 인정하면서도 당국 간 대화에만 한정하지 않으려는 일관된 모습을 보였다.

남북대화가 중단된 1974년은 남북관계 관련 여러 사건에 의해 상황이 더욱 악화되었으며 더 이상 대화의 지속을 어렵게 만들었다. 1974년 1월 18일 박정희 대통령이 '토착인구비례에 의한 남북총선거안'과 '불가침협정안' 체결을 북한에 요구했으나, 북한은 3월 25일 최고인민회의 제5기 제3차 회의를 통해 대미 평화협정 체결을 요구함으로써 박 정권을 외면하였다.[213] 북한의 직접 대미협상전략이 본격화한 것이다. 북미평화협정 제안은 평화협정 체결 후 미군철수를 주장함으로써 데탕트 국면에서 북한이 나름대로 보여준 보다 타협적이고, 유화적인 기조 위에 놓여 있었다. 그러나 이러한 제안을 받는 미국의 입장이나 남한의 입장에서 볼 때, 이는 북한이 남한을 외면하고 미국과 상대함으로써 한반도문제를 해결하려는 것으로 파악할 수밖에 없었다.[214]

---

[213] 그 후 김일성은 1975년 7월 일본 자민당 우쓰노미야 의원과의 면담에서 평등호혜의 조건하에서 미국과 현실적인 회담을 추진할 용의가 있음을 밝힘으로써 북미 간 직접교섭 의사를 표명하기도 하였는데 이 같은 북한의 변화는 미국과 베트남의 협상모델을 원용한 것이라는 지적이 있다. 박재규, 「북한의 대미평화협정 제의 분석」, 『통일정책』 제2권 제2호, 국토통일원, 1976, 117쪽.

[214] 홍석률, 「1970년대 전반 북미관계」, 『국제정치논총』 제44집 2호, 한국국제정치학회,

또한 1974년 8월 15일 서울에서 열린 광복절 기념식장에서 대통령 암살 기도사건이 벌어졌다. 수사당국에 따르면 범인은 북한 공작원의 사주를 받은 재일동포였다. 또한 같은 해 11월 경기도 임진강변 고랑포 북방 비무장지대에서 '남침용' 땅굴이 처음으로 발견되어 이목이 집중되었다. 그러나 위 사건들에 대하여 북측은 '자신들과 전혀 무관하다'는 반응이었다. '저격사건'의 경우, '추악하고 비열하기 짝이 없는 모략책동'이며 '일신의 부귀영화와 정치적 탐욕을 위해 자기의 여편네까지 하루아침에 쏘아 죽이는 형편'이라고 역공하였으며, 땅굴문제는 '날조 사건'이며 '우리를 터무니없이 헐뜯는 도발행위'라고 강하게 반발하였다.[215] 이 같은 북측의 반발은 부위원장회의의 중단을 초래하였다.

1975년 1월에 들어서 북측은 조절위 북측 부위원장을 전격 교체하였다. 류장식을 해임하고 후임에 북적의 상무위원 신분으로서 적십자회담 북적측 제3석 대표로 있던 조명일을 임명하였다. 이러한 조치 후 속개된 부위원장회의도 오래가지 못했다. 1975년 봄 베트남전쟁의 종결 직후 김일성이 중국, 동구권 및 아프리카 순방[216]에 나선 것과 때를 같이하여 쌍방 간의 합의로 5월 30일에 열릴 예정이었던 제11차 부위원장회의의 '무기 연기'를 평양 측이 서울 측에 통고함으로써 남북조절위원회 차원의 대화는 완전히 중단되었다.[217]

남북조절위원회 운영이 중단된 상태에서 남북적십자회담도 파행을 면치 못했다. 순번에 따라 서울에서 열릴 예정이었던 제8차 남북적십자 본회담

2004, 46쪽.

215) 『로동신문』, 1974년 8월 30일자 ; 『남북대화사료집』 제6권, 839쪽(1974.11.30 평양방송 녹취 참조).

216) 김일성은 베이징을 방문한 1975년 4월 18일 연설에서 '남조선에서 혁명이 일어나면 방관하지 않겠다. 전쟁으로 잃는 것은 군사분계선이며 얻는 것은 조국통일이다'라고 하였다. 이에 대해 남측은 총력안보 국민운동을 전개, 전쟁에 대비하였으며 남북은 일촉즉발의 위기를 맞게 되었다. 小牧輝夫 編, 『朝鮮半島』, 亞細亞經濟研究所(번역본: 『한반도-개방화하는 동아시아와 남북대화』, 국토통일원 조사연구, 1987), 1986, 41쪽.

217) 『남북대화백서』, 남북조절위원회, 1978, 143쪽.

개최를 위한 실무협의가 열리지 못했으나, 남북적십자 본회담 중단 후 4개월 반 만에 비로소 판문점에서 접촉의 형태로나마 '대표회의'가 성립되었다.[218] 한적에서는 김달술 대표, 북적에서는 조명일 대표가 각각 참석한 가운데 1973년 11월 28일부터 1974년 5월 29일까지 모두 일곱 차례 대표회의가 개최되었다.

총 7차례 열린 대표회의는 조직 구성과 남북 간 현안 등을 놓고 언쟁을 반복하다가 겨우 '적십자 본회담 재개문제'를 협의하기 위한 '실무자회의' 개최에 합의하였다. 이로써 남북적십자 실무회의는 1974년 7월 10일부터 첫 회의를 열었으며, 이후 1977년 12월 9일까지 3년여에 걸쳐 모두 25차례의 회의를 진행하였다.[219] 총 25차례에 걸친 실무회의의 진행경과는 다음의 〈표 6〉과 같다.

〈표 6〉 남북 적십자 실무회의 진행 경과

연도	구분(괄호 안은 개최 일자)
1974	1차(7.10), 2차(7.24), 3차(8.28), 4차(9.25), 5차(11.5), 6차(11.29)
1975	7차(1.24), 8차(2.28), 9차(3.26), 10차(5.8), 11차(7.21), 12차(8.22), 13차(10.23), 14차(11.28)
1976	15차(2.12), 16차(4.10), 17차(6.9), 18차(8.20), 19차(10.19), 20차(12.10)
1977	21차(2.11), 22차(4.28), 23차(7.15), 24차(10.14), 25차(12.9)

출전: 『남북대화백서』, 국토통일원, 1988, 111쪽.

1974년 7월 10일 열린 제1차 실무회의에서 한적 측은 회담의 부진 및 중단책임이 전적으로 북적 측의 정치문제 제기와 내정간섭에 있다고 주장하

---

[218] 『경향신문』, 1973년 11월 30일자 ; 『로동신문』, 1973년 11월 29일자.
[219] 이 기간 동안 열린 실무회의에 참석한 양측 대표단을 살펴보면, 한적에서는 교체수석대표 김연주, 대표 김달술, 대표 정주년 등이었으며, 북적에서는 부단장 주창준, 대표 조명일(7차부터 서성철로 교체, 17차부터 정재일로 교체), 대표 김련주(20차부터 교체 없이 불참) 등이었다.

면서, 제8차 본회담을 1974년 8월 30일에 서울에서 개최할 것과 본회담 의제 제1항(남북으로 흩어진 가족들과 친척들의 주소와 생사를 알아내며 알리는 문제)을 해결하기 위한 시범적 사업으로 '노부모의 주소와 생사를 알아내며 알리는 사업'을 우선 실시하자고 제안하였다. 또한 국제적십자사가 회담의 교착을 풀기 위해 양측 수석대표를 제네바에 초청하겠다는 제의와 납북되어 억류되고 있는 426명의 실태를 조사하기 위해서 국제적십자 대표를 북한에 파견하겠다는 제의를 수락하라고 촉구하였다.[220]

북적 측은 서울의 분위기가 회담 개최를 보장할 수 없다며, '노부모 사업'에 대해서는 남측의 법률적 조건과 사회적 환경이 먼저 개선되어야 한다는 입장이었다. 또 이러한 '조건 환경론'에 따라 제7차 본회담 때 이미 제의한 바 있는 '공동성명' 채택안을 다시 제기하였다. 북측이 조건환경 개선을 위해 제기한 공동성명의 내용은 반공법, 국가보안법 및 긴급조치 등을 철폐할 것, 반공단체 및 반공기구를 해체할 것, 반공정책 및 군사도발을 중지할 것, 정당·사회단체들의 적십자사업 참가 및 활동을 보장할 것, 이상 항목의 법률적·행정적 조치를 관계당국에 요구할 것[221] 등이다. 북측은 국제적십자의 관여에 대해서 이를 '제3자 개입'이라고 규정하고 '실무회의에서 토론할 문제를 일방적으로 나라 밖에 끌고가 우리를 터무니없이 헐뜯는가 하면 심지어는 쌍방 회담에 제3자를 개입시키려 책동하고 있다'고 강하게 비난하였다.[222] 이후 거듭되는 실무회의에도 불구하고 양측의 견해는 팽팽히 맞서 합의점을 찾지 못하였다. 같은 해 11월에 열린 제6차 실무회의에서 한적 측이 '노부모 사업' 실현을 위한 구체적 제안[223]을 하였으나 북적 측은

---

[220] 『서울신문』, 1974년 7월 11일자.

[221] 『남북대화백서』, 국토통일원, 1988, 113쪽.

[222] 『로동신문』, 1974년 7월 13일자.

[223] 그 내용은 다음과 같다. 남북의 60세 이상 노인들을 대상으로 하여, 한적 측이 제3차 적십자 본회담(1972.10.24)에서 제안한 심인의뢰서 교환방식에 따라 판문점에 면회소를 설치하고 수시로 상봉할 수 있게 한다. 신정 및 추석 명절을 전후하여 15일간 이내로 하되 수시방문도 할 수 있게 한다. 서신교환을 위해 판문점에 남북우편물 교환소를 설치, 운영한다. 『남북대화백서』, 국토통일원, 1988, 113~115쪽.

여전히 '조건 환경론'을 제기함으로써 회담은 더 이상 진전을 이루지 못하였다.

제7차 실무회의(1975.1.24)에서 양측은 전년도 남측이 발표한 '6·23선언'에 대해 공방을 벌이면서 논쟁을 벌였다. 한적 측이 6·23선언 이후 소련, 중국 등의 이산가족들과 서신을 교환할 수 있게 된 사실을 밝히자, 북적 측은 6·23선언은 분열주의 정책이며 이 같은 정책을 추진하는 한 인도주의 사업의 실현은 물론 본회담도 재개될 수 없다고 강하게 반발하였다.[224] 한적 측은 제8차 실무회의 이후에도 북측의 '선 조건환경 개선론'과는 무관하게 계속 구체적인 상봉 관련사업을 제기하였다. 제8차 실무회의에서 노부모와 그들의 이산 자녀들 간의 사업교환을 제안한 데 이어 제13차(1975.10.23) 실무회의에서는 신정과 추석을 이용한 이산가족 성묘방문단의 상호운영을 제안하였다. "금년 추석을 기하여 제1차 남북이산가족 성묘방문단의 상호교류를 실시"하자는 것이었다.[225] 그러나 조건환경을 우선 개선해야 한다는 주장을 펴던 북적 측은 남적 측의 구체적인 이산가족 방문사업 제안을 받아들이지 않았다. 마침내 북적은 1978년 3월 20일로 예정된 제26차 실무회의를 하루 앞둔 3월 19일 평양방송을 통해(방송통지문을 보내옴) 한·미합동 군사기동훈련 '팀스피리트78'이 "적십자회담에 인위적인 난관을 조성시킨다"며 제26차 실무회의를 "무기연기"한다고 밝혀 실무회의는 중단되고 말았다.[226] 그 후 8월 12일 한적 이호 총재가 남북적십자회담의 중단 상태를 타개하기 위해 그동안 반복해왔던 '판문점이나 서울·평양 또는 쌍방이 합의하는 제3의 장소에서 남북적십자 총재회담 개최할 것'을 제의했으나 북적 측은 이에 응하지 않았다.[227]

1970년대 중반부터 후반까지 남북관계의 주요 쟁점은 이 적십자회담 실

---

[224] 『로동신문』, 1975년 1월 26일자.
[225] 500명 정도의 규모로 체류기간은 1주일로 하자는 안이었다. 『경향신문』, 1975년 10월 24일자.
[226] 『서울신문』, 1978년 3월 21일자.
[227] 『남북대화백서』, 남북조절위원회, 1978, 225쪽.

무회의에서 다루어졌다. 실무회담에서는 적십자사업과 관련된 인도주의사업뿐만 아니라 당시 정치적, 군사적으로 남북관계의 뜨거운 쟁점이 되었던 사안, 사건들이 예외 없이 다루어지거나 언급된 사실을 확인할 수 있다. 총 25차례에 걸친 남북적십자회담 실무회의에서 드러난 양측의 주장을 대별해 보면 다음의 〈표 7〉과 같다.

〈표 7〉 남북적십자회담 실무회의 남과 북의 주장 비교

차수 \ 내용	남측 주장	북측 주장
제1차 (1974.7.10)	·노부모 생사확인, 상봉, 자유방문 등 시범사업 알선 ·국제적십자 간여 제의 수락 촉구	·제3자(국제적십자) 개입 반대 ·중앙정보부 특무 제거 ·서울의 비인도적 살벌한 분위기 해소 ·당분간 평양에서 본회담 개최
제2차 (7.24)	·1차 회의 주장 반복	·공동성명 채택 제의(반공법 등 철폐, 반공기관 단체 폐지, 반공소동과 군사도발 금지, 정당·사회단체 참가 보장, 이상 실현 위한 법적 행정적 조치)
제3차 (8.28)	·8·15저격사건 지령한 북한 내 책임자 처단	·적십자회담과 관련 없는 저격사건 제기는 부당 ·저격사건은 우리와 상관없는 날조된 기만극
제4차 (9.25)	·8·15저격사건 거론	·회담 분위기 조성(성명 발표 등) 요구
제5차 (11.5)	·노부모 생사, 주소 확인사업 신속 추진 후 1975년 신정 기해 판문점 상봉 주선	·노부모문제는 본회담 의제와 상관없으며 정치적 목적에 이용 말아야
제6차 (11.29)	·60세 이상 남녀노인들과 자녀 및 친척들의 판문점 자유상봉, 자유방문 및 서신교환 동시 실시	·회담 위한 분위기 마련
제7차 (1975.1.24)	·노부모 상봉사업	·회담 분위기 마련 ·의제 1항 토의 충실해야

제8차 (2.28)	·이산가족들 간에 가족사진 교환사업	·북측 어선, 순찰선 충격사건 규탄 ·인민혁명당, 민청학련 관련자 석방
제9차 (3.26)	·판문점에 우편물교환소, 면회소 설치 ·땅굴 규탄(3.19 제2 땅굴 발견)	·선박 해적행위 사죄 요구 ·땅굴은 황당한 날조극
제10차 (5.8)	·노부모 상봉사업 촉구	·선박 해적행위 추궁
제11차 (7.21)	·상호 비방 중상의 중지와 신뢰회복 ·본회담의 무조건 개최	·제8차 남북적십자 본회담 9월 30일 평양서 개최
제12차 (8.22)	·제8차 적십자 본회담, 9월 30일 서울서 개최, 9차 본회담 10월 30일 평양 개최	·남측은 진정한 인도주의 입장으로 돌아서야
제13차 (10.23)	·본회담 무조건 개최 ·내년 신정 기해 이산가족 성묘방문단 상호교류	·미 대북 핵공격, 9일작전계획 폭로
제14차 (11.28)	·신정 성묘방문단 교환	·성묘방문단 사업은 기본문제 토의를 고의적으로 방해
제15차 (1976.2.12)	·성묘단 교환, 노부모 사업	·남측은 인도주의와 동포 입장으로 돌아오라
제16차 (4.10)	·노부모 사업, 성묘단, 우편물 교환	·남측의 회담자세 근본 수정
제17차 (6.9)	·금년 추석 성묘단 500명 교류	·남측의 반민족주의적, 분열주의적 태도비난
제18차 (8.20)	·8.18 판문점사건 비난	·8.18 판문점사건 비난
제19차 (10.19)	·직통전화, 판문점 연락사무소 기능 회복	·서울의 공포분위기 없애고 본회담 열자
제20차 (12.10)	·직통전화, 판문점 연락사무소 기능회복, 군사문제 거론 중지	·재일교포 간첩사건 등 거론 남측 반공 분위기 비난
제21차 (1977.2.11)	·본회담 서울 거북하면 판문점 또는 제3의 장소 개최	·주한미군 핵무기 철수, 남조선 인권유린 중지, 두개 조선정책 저지
제22차 (4.28)	·본회담 판문점에서 조속 개최	·제21차 때 주장과 비슷

제23차 (7.15)	・성묘단, 노부모 사업 남측 먼저 시범실시 제의	・의제에도 없는 성묘단 문제 다시 꺼낸 것은 회담 자체를 희롱, 지연 파탄
제24차 (10.14)	・본회담 판문점 조속 개최, 직통전화 복구 및 판문점 연락사무소 기능 정상화, 성묘단 노부모사업 가족사진 교환 실시	・외세의존 포기, 인권유린 인민탄압 중지, 반공정책 전쟁정책 철회, 두 개 조선 정책 중지
제25차 (12.9)	・제24차 때 주장과 비슷	・제24차 때 주장과 비슷

참조: 『남북대화사료집』 제7권, 국토통일원, 1987, 799~1017쪽; 『이산가족찾기60년』, 대한적십자사, 2005, 30~31쪽.

남북조절위원회와 남북적십자회담 등의 중단은 남북대화의 상징이던 남북 직통전화의 단절마저 야기했다. 1971년 9월 20일 남북적십자 제1차 예비회담에서 쌍방은 판문점 '자유의 집'과 '판문각'에 각각 상설 연락사무소를 설치하고 이들 연락사무소 간 직통전화 2회선을 가설키로 합의함에 따라 이틀 후 설치된 바 있다. 그 후 정홍진-김덕현 비밀접촉에서 서울-평양 간 직통전화 가설 합의가 이루어짐으로써 1972년 4월 29일 비공개리에 개통되었으며 같은 해 7·4남북공동성명 발표와 동시에 설치 사실을 공개하였다.

이렇게 남북 직통전화는 남북 대화와 소통의 발전에 따라 등장하였으며, 1970년대 초 남북대화 시대의 한 상징이었다. 그 회선도 남북 적십자 중앙기관 간 2회선, 남북 적십자회담용 통신망 18회선, 판문점의 연락사무소 간 2회선, 남북조절위원회 1회선을 포함하여 모두 23회선 규모였다.[228]

남북 직통전화는 남북 대화과정에서 매우 긍정적 역할을 한 것으로 평가할 수 있다. 남북 사이의 회담 준비를 위한 절차협의나 이후락-박성철의 상호방문 실현과 7·4남북공동성명 발표에 크게 공헌하였다. 게다가 비무장지대에서의 총격사건, 동서해안에서의 어부 및 어선 납북사건 등 예기치

---

[228] 『남북대화백서』, 국토통일원, 1988, 117쪽.

않은 돌발사태 발생 때마다 상황악화를 예방키 위한 협의통로로써 일정한 역할을 해왔다. 그러나 1976년 8월 30일 동해상에서 남측 어선 제3신진호 납북사건이 발생해 이를 협의하기 위하여 한적 측이 전화통지문을 발송하고자 했지만 북적 측이 접수를 거부함으로써 남북 직통전화는 모두 단절되고 말았다. 남북 직통전화가 설치된 후 단절될 때까지 통화 횟수는 다음의 〈표 8〉과 같다.

〈표 8〉 남북 직통전화 통화 횟수(1971.9~1976.8)

통화 성격	통화 기관	통화 횟수
시험통화	남북조절위	1,108회
	적십자	1,850회
	판문점연락사무소	2,679회
본통화	남북조절위	238회
	적십자	45회
	판문점연락사무소	768회
총 통화 횟수		6,688회

* 남북조절위, 적십자회담시 보도용 통화 횟수는 제외.
  참조: 『남북대화백서』, 국토통일원, 1988, 118쪽.

1970년대 남북대화는 1971년 8월부터 시작되어 1978년 3월까지 만 7년 7개월가량 지속되다가 중단되었지만, 그 뒤에도 간헐적인 접촉이 이루어졌다. 1979년 1월 19일 박정희는 연두 기자회견을 통해 다음과 같이 '남북 당국 간 무조건 직접대화'를 제의하였다.[229] 북측은 1월 23일 조국통일민주주의전선 중앙위원회 명의로 각 정당·사회단체가 참여하는 전민족회의 소집을 제안했다.[230] 곧이어 남측은 당국 간 예비회담을 주장했고, 북측은 전민족회의 소집을 위한 실무급 예비회담을 주장했다. 이를 계기로 남과 북은

---

[229] 『서울신문』, 1979년 1월 19일자.
[230] 『로동신문』, 1979년 1월 24일자.

각각 남북조절위원회 재개와 민족통일준비위원회(전 민족적 협의 위한 예비기구 성격)를 제안하는 등 다른 입장을 보였지만, 2월 17일 판문점 중립국감독위원회 회의실에서 변칙적인 남북접촉을 열었다.[231] 이후 3월 7일과 14일 등 모두 세 차례의 '변칙 대좌'를 통해 양측은 각각의 주장을 반복하였다.[232] 남측은 제4차 본회담 개최, 남북직통전화 재개, 남북조절위원회 확대개편 용의 등을 제시하였다. 이에 대해 북측은 조절위원회는 5년 전에 이미 그 기능을 상실하고 지금은 존재하지 않는다는 입장이었다.

이처럼 상이한 주장의 대립 속에서 남측은 '변칙 대좌'를 지양하고, 당국 간 실무접촉을 3월 28일 갖자고 제의한 후 판문점에 대표들을 파견하였으나, 북측은 이에 응하지 않았다. 북측은 '변칙 대좌'를 '정당·사회단체 및 당국 연락대표'로 바꾸고 4월 5일 종전과 같이 4번째 접촉을 갖자고 제안하였으나, 남측 역시 이에 응하지 않음으로써 남북 간 접촉은 더 이상 진행되지 못하였다. 한편 이즈음, 또 하나의 남북 간 접촉이 시도되었는데, 1979년 2월 20일 북측이 제안해 이루어진 남북체육회담이었다. 4월 25일부터 5월 6일까지 평양에서 개최되는 제35회 세계탁구선수권대회에 남북 단일팀을 구성하여 참가하자고 제안한 것이다. 2월 말부터 3월 중순까지 모두 네 차례 남북탁구협회회담이 열렸으나, 남측의 '한국선수단의 대회참가 기득권 우선 보장 요구'와 북측의 '남북 단일팀 구성 원칙 우선 합의' 주장이 충돌함으로써 결국, 단일팀 구성은 실패하고 말았다.[233] 1979년 초에 시도된 남북 간의 '변칙 대좌'와 '탁구 회담'을 끝으로 1970년대의 남북대화와 접촉은 더 이상 지속되지 못하였다. 그러나 이듬해인 1980년 초 '남북 총리회담을

---

[231] 『남북대화백서』, 국토통일원 남북대화사무국, 1982, 154~163쪽 참조.

[232] 쌍방 대표 명단은 다음과 같다. 조절위 서울 측: 민관식(조절위 서울 측 부위원장), 함병춘(조절위 서울 측 위원), 정홍진(조절위 서울 측 간사위원), 이동복(조절위 서울 측 대변인), 북측 연락대표: 권민준(노동당 중앙위 부위원장, 당 대표), 이창선(정무원 부장, 정부대표), 김석준(조선민주당 중앙위 부위원장, 조선민주당 대표), 백준혁(조국전선 중앙위 서기국 부국장, 조국전선 대표). 『남북대화백서』, 국토통일원, 1988, 125~126쪽.

[233] 『남북대화백서』, 국토통일원 남북대화사무국, 1982, 164~169쪽 참조.

위한 실무대표 접촉'을 통하여 남북 간 대화는 계속 이어져나갔다.

제4장. 7·4남북공동성명의 영향과 의의

1. 유신체제의 형성과 국가주석제의 확립

7·4남북공동성명이 발표된 직후 남북대화는 남북조절위원회의 구성, 적십자 본회담에 진입 등 대화체제를 더욱 가속화시켜 나갔으며, 동아시아데탕트 국면을 고양시키는 데 큰 영향을 끼쳤다. 또한 남북공동성명은 남북 두 정권의 통치체계에도 적지 않은 영향을 미쳤다.

남북공동성명 발표 106일이 되는 1972년 10월 17일 박정희는 '유신으로의 일대 개혁'을 선언하고, 국회 해산과 계엄 선포를 전격 단행하였다. 박정희의 유신체제 선포는 당시 남북대화와 뗄 수 없는 관계가 있다. 유신체제 형성의 원인을 둘러싼 쟁점들[234] 가운데 박정희의 권력 강화 의지가 주요인이었는지, 안보위기 해결 차원의 체제결속이 주요인이었는지 하는 점이 대립되고 있는데, 박 정권이 직면했던 1970년대 초의 외부적 안보위협은 유신을 정당화하기 위한 충분한 구실을 제공하였다. 박 정권의 높은 외부적 국

---

[234] 유신체제 기원에 관한 논점으로는 첫째, 박 정권의 사회경제적 위기를 막기 위한 특단의 조치였다는 관점, 둘째, 박정희의 권력의지를 중심으로 한 정치적 변수를 유신체제 형성의 기원으로 보는 관점, 셋째, 국제정치 차원의 안보위기를 강조하는 설명방식 등이 있다. 또한 이 같은 원인들을 종합적으로 설명하려는 시도들도 있다. 마상윤은 자신의 연구(「안보와 민주주의, 그리고 박정희의 길: 유신체제 수립원인 재고」, 『국제정치논총』 제43집 4호, 2003)에서 유신체제를 수립한 박정희의 동기에는 그의 장기집권 의지, 안보상의 이유는 부분적으로만 인정된다는 점, 북한의 군사적 위협이 크지 않았다는 점, 그러나 당시 국제적 데탕트와 남북대화가 장기적으로 한국의 안보태세에 불확실성을 가중시킬 수 있다는 위협인식이 작용했을 것이라는 '복합적 요인'들의 작용으로 설명하고 있다. 이 같은 복합적 요인에 의한 설명방식은 허용요인, 유인요인, 기속요인의 동시적 상호작용에 의해 가능했다는 최완규의 글(「권위주의체제 성립의 정치경제학적 분석: 유신체제의 경우」, 『한국과 국제정치』 4권 1호, 경남대 극동문제연구소, 1988)에서 먼저 시도되었다.

가안보 위기의식은 내부적 정권안보를 위협하는 국내 야권의 정치적 도전보다도 유신 선포에 있어 더욱 직접적인 요인이었다고 볼 수 있다. 왜냐하면 박 정권은 이미 집권 여당과 정부, 그리고 군부 내에서 확고한 권력기반을 구축해 놓고 있었고, 그가 장악하고 있었던 막강한 국가기구는 어떠한 사회적 소요나 내부적 도전도 쉽게 잠재울 수 있는 충분한 힘을 가지고 있었다. 바로 이 점이 박정희의 친위쿠데타를 가능케 한 것이다. 따라서 이와 달리 한국이 거의 혹은 전혀 영향력을 미칠 수 없는 당시의 급변하던 국제정세와 외부적 안보환경의 변화는 박 체제에게 국내 야권의 정치적 도전보다 더 큰 위협이 되고 있었던 것이다.[235]

박정희 정권은 바로 이 두 사안을 결합시킨 논리로써 유신체제를 구상하고 있었다. 이와 관련, 7·4남북공동성명의 발표를 위한 이후락의 기자회견에서 나온 질문 가운데 국내 정치체제 개편문제가 있었다. '대화체제로 전환하기 위해 정계개편 구상이 있는지'에 대한 질문에 이후락은 "이제 대화를 통한 대결을 하는 시대에 들어간 이상, 과거와 같은 그러한 체제와 법적 뒷받침, 또한 과거와 같은 그러한 보수끼리의 반목, 이러한 것이 과연 우리의 대화에 강한 뒷받침을 해줄 것이냐 하는 것은 여러모로 생각해 보아야 할 문제"라고 하면서, "어떠한 정계개편을 해야 하지 않느냐고 생각할 사람도 있을 것이고 또 나름대로 생각은 있습니다만 이것은 중앙정보부장이 답변할 한계를 넘은 질문이기 때문에 그에 대한 답변은 피하겠다"라고 하였다. 이 같은 발언은 10월 17일 '대통령 특별선언'[236] 형식의 유신 선포와 관

---

235) 배긍찬, 「닉슨독트린과 동아시아 권위주의 체제의 등장－한국, 필리핀 그리고 인도네시아의 비교 분석」, 『한국정치학회보』 제22권 제2호, 한국정치학회, 1988, 329~330쪽. 이 논문은 박 정권의 유신체제를 비롯해 1970년대 초반 동아시아에서 나타난 권위주의화 현상을 집권 엘리트그룹의 '변화하는 외부적 안보환경에 대한 내부적 대응양식'으로 설명하고 있다.

236) 전날(16일) 남측의 정홍진은 북측 김덕현에게 '중대 발표' 사실을 귀띔하였다. 발표 다음날(18일)에는 대통령 특별선언문(유신선언)을 건네주었으나 김덕현은 이미 우리가 알고 있으니 받은 것으로 하겠다며 선언문을 돌려주었다. 『남북대화사료집』 제7권, 356~357쪽.
미 국무부가 유신선언에 대해 남측이 북측에 사전에 통보하였으며 박정희 장기집권

련, 모종의 상관성을 띠고 있다. 박정희는 평화통일을 지향하는 헌법 개정을 추진하고자 하였는데, 그의 연설 중 "민족적 사명을 저버린 무책임한 정당과 그 정략적 희생물이 되어온 대의기구에 대해 과연 그 누가 민족의 염원인 평화통일의 성취를 기대할 수 있겠으며 남북대화를 진정으로 뒷받침할 것이라고 믿겠습니까"237)라고 한 부분은 위 이후락의 발언과 상당히 유사한 논리를 띠고 있는 것으로써 유신체제 성립과 당시 남북대화의 관계를 파악하는 하나의 단서가 된다. 박 정권의 유신체제 구상은 중앙정보부장 이후락이 가장 주도적 인물 가운데 한 명이었고, 그가 남북대화의 주역이었다는 점에서, 박 정권으로서는 이 둘의 관계를 잘 조율해야만 했다. 즉, 남북대화 분위기를 어떻게 국내 체제강화에 활용하느냐 하는 문제가 박 정권으로서는 긴요한 정치적 사안이었던 것이다.

박정희는 10월 17일 비상계엄을 선포하면서 선언문에서 '통일'이라는 단어를 18차례나 사용하면서 "만일 국민 여러분이 헌법개정안을 찬성하지 않는다면 나는 이것을 남북대화를 원치 않는다는 국민의 의사표시로 받아들이고 조국통일에 대한 새로운 방안을 모색할 것임을 아울러 밝혀두는 바"238)라고 하였다. 이 같은 언급은 유신 없이는 남북대화도 없으며, 통일을 원한다면 이를 받아들이라는 협박에 가까운 논조라고 할 수 있다.239) 무엇보다도 유신체제 형성의 정당성을 남북대화의 지속으로 연결시킨 점이 주목된다. 박정희는 남북대화로 여러 문제점이 드러났다고 하면서, 예를 들면 남북접촉에 대한 위헌성 논란, 국론의 분열, 남북교류에 취약한 체제라는 것을 발견하고 '일대 유신으로의 개혁'을 통해 내부체제를 정비한 것이라는 주장을 폈다.240) 그러나 이후락을 포함한 박정희 측근들에 의해 유신

과 권력강화 전반의 계획에 대해서 사전에 알렸을 것이라고 보고 있었다는 점도 흥미롭다. "(INR:) ROK/DPRK: South-North Talks, A Pause Follow Rapid Progress", Dec. 18, 1972, Pol Kor N-Kor S, Subject-Numeric Files.

237) 『서울신문』, 1972년 10월 18일자.

238) 『동아일보』, 1972년 10월 19일자.

239) 이기훈, 「유신체제 성립의 정치적 배경과 7·4성명」, 『역사비평』 봄호, 역사비평사, 1998, 225쪽.

개헌 작업이 구체적으로 추진된 때는 이후락의 평양 방문시점 전후인 5월 초였다는 점을 유의할 필요가 있다.241) 이후락의 평양 방문 10여 일 후 유신 추진작업이 본격화되었다는 지적도 있다.242) 이는 남북대화가 박정희 정권의 유신 구상에 활용되었음을 말해준다.

정작 이후락은 유신과 남북관계에 대하여 훗날 다음과 같은 증언을 남겼다. "남북대화를 하다 보니까 저쪽은 영구집권을 하고 있고, 우리는 3선의 마지막 기를 하고 계신 대통령으로 곧 물러나야 할 처지이니까 항상 그쪽이 주동이 되고 우리가 수동이 되더라구요. 그래서 나는 우리도 체제를 고쳐서 통일문제에 대해서는 한 가지 의견으로 나와야겠다, 통일주체국민회의를 만들어서 거기서 나오는 하나의 의견으로 밀고 나아갈 필요가 있다고 생각했지요. 그래서 대통령께 통일주체국민회의 없이는 대화가 안된다고 건의했습니다. 이것이 유신의 시초였지요."243)

이 같은 이후락의 인식은 1972년 11월 하비브 주한 미 대사에게 '한국 정부가 남북대화를 하면서 강력한 국가건설을 위한 시간을 벌고 있고, 김일성 이후를 바라보고 있다'고 한 점에서 일맥상통하게 드러난다.244)

일반적으로 유신체제의 성립은 "통일을 사칭해서 박정희 자신의 독재적 영구집권을 꾀하는 것"245)이었다는 시각이지만,246) 위와 같은 박 정권 내부의 논리와 인식에 따른 대북정책의 일환이라는 측면에서도 접근할 필요가

---

240) 1973.1.12. 연두기자회견. 『박정희대통령연설문집』 제10집(1973.1~12), 대통령비서실, 1974, 29~30쪽.

241) 이상우, 『제3공화국』, 중원문화, 1993, 307쪽.

242) 이경재, 『유신쿠데타』, 일월서각, 1986, 212~213쪽.

243) 김세중, 「유신헌법과 4공 통치기반의 동력」, 『월간중앙』 6월호, 1991, 446쪽.

244) 우승지, 「남북화해와 한미동맹관계의 이해, 1969~73」, 『한국정치외교사논총』 제26집 1호, 한국정치외교사학회, 2004, 108쪽.

245) 방일 중이던 신민당 김대중 의원의 비상계엄령에 대한 반응. 『동아일보』, 1972년 10월 19일자.

246) 이러한 인식은 7·4공동성명에 대해서도 "안보를 빙자한 정권안보를 위한 하나의 해프닝"이라는 평가를 내리게 된다. 이종석, 「7.4공동성명과 통일에의 환상」, 『월간중앙』 4월호, 1991, 473쪽.

있다. 유신선언 직전인 9월 2일 박정희는 1973년도 시정연설 발표(김종필 총리 대독)에서 첫 번째로 '남북 간의 경쟁에 대비한 내부 체제의 정비'를 지적하였다.247) 체제정비와 남북관계의 상관성에 대한 집요한 인식은 남북 접촉과 대화의 초기부터 나타나는 현상이었다. 이것은 10월 17일 박정희의 특별선언에서 "부득이 정상적 방법이 아닌 비상조치로써 남북대화의 적극적인 전개와 주변정세의 급변하는 사태에 대처하기 위한 우리 실정에 가장 알맞은 체제개혁을 단행하여야 하겠다"248)는 부분으로 드러난다. "남북대화 체제가 굳어졌다"249)는 인식에 따라 이를 감당할 내부체제의 재정비라는 논리라고 할 수 있다.

이와 관련, 남북조절위 서울 측 대변인으로 참여했던 이동복은 "유신체제 추진의 명분 구축을 위하여 7·4남북공동성명 타결을 무리하게 서둘렀고, 그 결과 자주, 평화, 민족대단결이라는 북측의 소위 '조국통일 3대 원칙'을 여과 없이 남북공동성명에 수용했다"고 지적했다.250) 7·4공동성명이 유신체제의 명분이 되었다는 주장이다.251) 심지어 7·4남북공동성명은 박정희가 유신독재를 위해서 꾸민 사기극이었다는 평가까지 있다.252) 그러나 그 같은 평가는 남북관계를 유신체제 형성을 위한 종속적 부산물로 보려는 경향이 짙다. 물론 유신체제 수립이 북한 요인이나 국제환경 변화로 인한 안보위기에 의해 결정적으로 영향을 받았다고 보기는 어렵다. 그러나 그것은

---

247) 『서울신문』, 1972년 9월 3일자.

248) 『박정희대통령연설문집』 제8집(1972.1~12), 대통령비서실, 1973, 324쪽.

249) 小牧輝夫 編, 앞의 책, 36쪽.

250) 강인덕·송종환 외, 『남북회담: 7.4에서 6.15까지』, 극동문제연구소, 2004, 486쪽(이동복의 증언, 2004.10.5).

251) 이와 비슷한 관점으로서 남북대화가 유신 개헌의 동기가 되었다기보다는 오히려 개헌이라는 정치적 동기가 남북대화를 급진전시키는 계기가 되었을 가능성이 크다는 주장도 있다. 홍석률, 「유신체제의 형성」, 『유신과 반유신』, 민주화운동기념사업회, 2005, 89쪽.

252) 임혁백, 「유신의 역사적 기원: 박정희의 마키아벨리적인 순간」(한국정치학회·고려대 평화연구소 주최 "박정희 시대의 한국: 국가·시민사회·동맹체제" 학술토론회 발표문), 2000, 30쪽.

단순히 장기집권을 노리고 있던 권력자에 의해 활용된 외적 명분만은 아니었다. 그것이 상당한 무게와 실체를 가지고 체제전환에 대한 압력을 가한 것도 사실이다. 그런 점에서 유신체제 수립은 박정희의 단독작품만은 아닌 것이다.[253]

그럼에도 불구하고 유신체제로의 변화를 당시 안보상황의 위기로 정당화하려고 한 박정희의 결정을 인정하기는 어렵다. 유신 선포의 근거가 된 북한의 남침위협론의 경우, 실제보다 과장된 측면이 있었기 때문이다. 1960년대 후반 모험주의적 대남침투 공세를 주도했던 북한 군부 강경파들은 이미 1968년 말에 숙청되었고,[254] 앞에서 살펴 본대로 1969년부터 확실히 북한의 무력 침투는 줄어들기 시작했다.[255] 특히 미 국무장관의 보고에 의하면, 남북대화가 한창이었던 1972년에 북의 대남침투사건은 단 1건도 보도된 바 없다는 것이다.[256] 이와 관련, 1971년 국가비상사태 선포 나흘 전인 12월 2일 이후락 중앙정보부장이 하비브 대사에게 비상사태 선포계획을 알려주면서 '북한의 침략조짐은 없다'고 말한 점도 주목된다.[257] 이후락은 하비브에게 유신 선포가 국가안보에 대해서 국민들을 '일깨우기' 위한 훈계적인 선언이라고 하였다. 따라서 박정희는 안보위기를 과장하면서, 이를 정권의 위기와 연결시켜 국내체제 강화에 적극 이용했다고 볼 수 있다. 이와 관

---

[253] 신종대, 「한국정치의 북한요인 연구-1961~72년을 중심으로-」, 서강대 정치학박사 논문, 2002, 319~320쪽. 이 글에서는 유신체제 등장에 대한 반대가 없었다는 현상을 지적하고 있는데, 이 점은 유신에 대한 찬성 분위기를 의미하거나 국민투표에 의한 유신헌법의 통과를 가치적으로 인정해야 한다는 논리로 연결될 오해의 여지가 있다.

[254] 유영구, 『남북을 오고간 사람들』, 도서출판 글, 1993, 314~315쪽 참조.

[255] 휴전선 부근에서 발생한 북한의 대남 도발 횟수는 1967년 829건, 1968년에는 761건이었지만, 1969년에 134건으로 감소했고, 1970년에는 196건, 1971년에는 58건으로 줄어들었다. 오창헌, 『유신체제와 한국현대정치』, 오름, 2001, 218쪽.

[256] 윌리엄 로저스(최병보 역), 「대발전의 해-로저스 미국무장관의 외교정책 보고서-」, 『국토통일』 통권35호, 국토통일원, 1973, 170쪽(A YEAR OF EXTRAORDINARY PROGRESS, The Section on East Asia and the Pacific from a Forign Police Report by U.S. Secretary of State WILLIAM P. ROGERS, April 17, 1973).

[257] 이흥환 편저, 앞의 책, 175쪽.

련, 박정희의 집권욕을 '영속(永續)'으로 놓고 유신과 박정희의 장기통치전략으로서의 1960년대 말 수출정책의 위기상황을 연관시켜 이해하는 관점도 있다.258) 이는 경제위기로 인한 권력체제 강화가 유신체제 형성의 배경이라는 관점과 관련된다.259) 이런 점에서 박 정권의 내·외부적 상황과 남북관계라는 측면을 동시에 살펴볼 때 유신의 원인을 입체적으로 이해할 수 있을 것이다.260)

무엇보다 당시 국제 데탕트와 주한미군의 일부 철수 등이 안보와 위기의식을 부추겼으며, 당시 박 정권뿐만 아니라 일반 국민들 사이에서 실재했다고 하더라도, 이러한 사실이 유신체제의 현실적 필요성과 정당성을 곧바로 입증해주는 논리로 연결되는 것은 아니다.261) 다만 박 정권의 체제 강화를 위한 내적인 논리와 근거가 과연 무엇이었는지, 그것이 허구적인 것인지, 실체가 있는 것인지 하는 점에 좀 더 주목할 필요가 있다.

유신체제 선포 열흘 뒤인 1972년 10월 27일, 북한은 최고인민회의 제5기 1차 회의를 열어 권력구조의 재편을 포함한 새로운 헌법을 제정하였다. 북한의 신헌법에서는 권력구조 면에서 볼 때, 국가주석제를 신설하여 주석에게 국가 운영의 절대적 권한과 임무를 부여한 점이 특징이다. 주석은 최고인민회의에서 선거되지만 어떤 경우에도 소환되지 않으며, 무소불위의 최고국가기관으로서의 성격을 띠고 있다.

1972년 10월, 비슷한 시기에 나타난 남한의 유신체제의 형성과 북한의 국가주석제 확립이라는 두 현상은 7·4공동성명 직후에 등장했다는 점에서 시기적 흐름과 무관할 수 없다. 그러나 박정희 정권이 남북대화와 그에 맞

---

258) 조인원, 『국가와 선택』, 경희대 출판국, 1996, 208~209쪽.
259) 박정희가 1968년 위기 이전인 1960년대 중반부터 안보위기를 조장하였으며, 이것이 유신체제의 맹아일 수도 있다는 관점에 대해서는 다음의 논문을 참조. 박태균, 「1960년대 중반 안보위기와 제2경제론」, 『역사비평』, 가을호, 역사비평사, 2005.
260) 유세희, 「유일사상체제와 유신체제의 대립」, 『평화통일을 위한 남북대결』, 소화, 1996. 이 글에서는 유신체제의 성립 요인을 국내요인(정치적, 사회경제적 요인), 국제정치적 요인, 남북한 관계 요인 등으로 나눠서 접근하고 있다.
261) 홍석률, 앞의 글, 68쪽.

는 체제의 창출이라는 논리를 전면에 내걸고 유신체제로의 변화를 꾀한 반면, 북한의 경우는 이를 철저히 내적인 체제 변화의 과정으로 설명하고 있다는 점이 큰 차이라고 할 수 있다.

북한은 1948년 제정한 인민민주주의적 성격을 갖는 헌법을 그대로 사용하고 있었기 때문에, 본격적으로 사회주의적 내용을 담은 새로운 헌법의 제정이 필요했다고 할 수 있다. 당시 대부분의 사회주의 국가들이 사회주의로의 이행이 진행되면서 헌법을 개정 또는 제정하는 추세였기 때문에 북한에서의 '조선민주주의인민공화국사회주의헌법'의 제정도 크게 보아 이틀에서 벗어난 것은 아니었다.[262]

북한은 1972년 10월에 헌법기초위원회를 구성하였고, 노동당 중앙위원회 제5기 제5차 전원회의에서 처음으로 헌법 초안을 토의하였다. 따라서 10월 이전에 신헌법에 대한 논의나 준비는 이미 진행되었던 것으로 볼 수 있다. 이와 관련, 1960년대 후반 '수령의 유일적 영도'가 강조되면서부터 신헌법의 필요성이 북한에서 대두하기 시작하여 1970년대 초 그 필요성이 보다 증대되어 1972년에 들어서 본격적으로 준비되고 논의된 것으로 보는 북한사회 내적인 흐름에 대한 분석도 참조할 필요가 있다.[263] 따라서 이러한 국가주석제의 신설은 새로운 권력기구의 창출이라기보다는 이미 북한사회의 수령으로서 유일지도체제의 정점을 구성하고 있던 김일성의 지위와 역할을 헌법으로 명문화한 것에 불과하다. 즉, 주석제는 기본적으로 북한 정치체제의 내재적 전개과정의 귀결로 볼 수 있는 것이다.[264]

김일성 자신도 조선로동당 중앙위원회 제5기 제5차 전원회의에서 유신헌법과 북한의 신헌법의 등장 배경이 다르다는 점을 강조했다. 그는 남조선에서도 헌법을 고치려 하고 있는데, 자신들이 헌법을 고치면 마치 남북

---

[262] 이종석, 「남북대화와 유신체제: 체제형성에 대한 분단구조의 영향」(『유신: 기원, 성격, 붕괴』, 한국정치학회·고려대 평화연구소 주최 학술토론회 발표집), 2000, 18쪽.
[263] 이 같은 북한 내적인 흐름에 주목한 연구로는 다음의 논문이 참고된다. 이태섭, 「국가주석제와 북한 정치체제의 변화」, 서울대 정치학석사논문, 1992, 132쪽.
[264] 이종석, 앞의 책, 18쪽.

이 경쟁적으로 헌법을 고친다는 감을 줄 수 있으나 남조선에서 헌법을 고치기 때문에 헌법을 고치는 것이 아니라는 점을 강조하였다. 북한은 "이미 오래전부터 준비해왔다"는 것이며, "지금 우리가 새 헌법을 채택한다고 하여 문제로 될 것은 없다"는 주장이었다.[265]

1972년 10월 남과 북에서 동시에 등장한 유신체제와 국가주석제라는 현상은 각각 내적 동기가 다른 것이었음에도 불구하고, 왜 비슷한 시기에 체제 전환이 모색되었는지에 대한 의문은 여전히 남는다.[266] 남북공동성명 발표 직후 남북의 체제 전환을 우연적인 현상으로만 보기는 어렵다. 그것은 분명히 남북공동성명의 영향 속에서 본격화된 것이며, 남북공동성명이 창출해 낸 대내외적인 조건에 의해서 가속화된 것으로 볼 필요가 있다.

남북공동성명은 UN에서의 한반도문제 논의에도 적지 않은 영향을 끼쳤다. 공동성명 발표 직후인 7월 12일 알제리에서 남북한 UN 동시가입 결의안을 마련했다. 김대중은 UN 동시가입을 적극 주장하였으나, 윤석헌 외무차관은 "남북한이 통일될 때까지는 UN에 가입하는 것을 바라지 않는다"고 언명하였다. 7월 28일 김일성은 일본 사회당 참의원 아시카 가쿠에와 회견하면서 UN에 북한 대표를 파견할 용의가 있음을 시사하였다. 북한은 제27차 총회에서 코리아에 관한 앞서의 결의문들을 파기하고 통일에 장애가 되는 요소들을 제거해야 하며 코리아문제 토의 시 북한 대표 참가를 주장하였다. 남한의 대 UN전략은 유엔총회에서 한국문제를 상정하지 않겠다는 것이었지만,[267] 북한은 유엔총회에서의 한반도문제 심의 연기를 반대했으며 언커크 해체 등 주한미군 철수를 강하게 주장하였다.[268] 그러나 9월 22일 제27차 유엔 총회에서는 한국문제 토의 1년 연기안을 가결하였다. 이듬해인 1973년 제28차 유엔총회 직전 남북 쌍방은 각각의 한국문제 결의안을

---

265) 『김일성저작집』 27, 조선로동당출판사, 1984, 468쪽.
266) 그것이 남북 간의 적대적 의존관계와 거울영상 효과의 한 반영이라는 해석도 있다. 이종석, 『분단시대의 통일학』, 한울아카데미, 1998, 22쪽.
267) 『동아일보』, 1972년 7월 15일자. 김용식 외무장관의 기자회견 참조.
268) 『로동신문』, 1972년 9월 19일자. 김일성의 『마이니치신문』 회견 참조.

유엔에 제출하였다. 알제리 등 북한 지지 21개국은 언커크의 해체, 주한 외국군에 의한 UN군기의 사용 금지, 주한 유엔군 사령부 해체의 필요성, 모든 주한 외국군대의 철수 등을 포함한 반면, 미국과 일본 등 남한 지지 11개국은 남북대화의 환영, 언커크의 해체 인정, 남북 쌍방의 유엔가입 희망 등을 주장했다. 1973년에 열린 제28차 유엔총회는 동서독이 동시 가입하고 남북한의 옵저버가 동시에 참석한 회의였다. 결국 미중 간의 막후 협상을 통해 각각의 안이 철회되고 11월 21일 유엔총회 정치위원회에서 합의 성명이 채택되었다. 7·4공동성명의 3개 조국통일 원칙에 대한 만족 표명, 남북 간의 대화 계속과 다방면적인 교류 및 협력의 실시 촉구, 유엔 한국통일부흥위원단(UNCURK)의 즉각적인 해단 승인 등이 포함되었다.[269] 11월 28일 유엔총회는 합의 성명을 만장일치로 채택하였다.

1972년 남북공동성명의 채택은 남북 간 긴장완화의 상징으로서 유엔에서 이해되었으며 그에 따라 북한이 국제사회에서 지속적으로 주장해오던 사안 중의 하나인 언커크 해체로 이어졌다는 점이 큰 특징이다. 또한 유엔에서 7·4공동성명의 통일 3원칙을 인정함으로써 국제사회의 호응을 불러일으킨 점도 주목된다.

결국 7·4남북공동성명은 남과 북의 체제전환과 유엔에서의 한반도문제 접근에 새로운 양상을 제공하였다는 점에서 국내외적으로 적지 않은 영향을 끼친 것으로 이해된다.

2. 7·4남북공동성명의 의의

1970년대 초 남북대화의 상징이자 결정체가 7·4공동성명이었다고 할 때, 이 성명에 대한 의미 부여는 곧 1970년대 초 남북대화의 의의라고 할 수 있을 것이다. 7·4공동성명은 분단 이후 남북 당국 간의 대화가 낳은 최초의 합의라는 점에서 그 의의가 규정된다. 대결과 반목관계가 빚은 냉전적 구

---

[269] 이미 9월 7일 언커크 자체 해산을 결의하는 보고서를 서울과 뉴욕에서 동시에 발표하였다. 『한국일보』, 1973년 9월 8일자.

도가 국제적인 데탕트에 힘입어 일시적으로 붕괴된 기회를 맞이하여 남북 간 대화와 합의를 시도함으로써 7·4공동성명이 가능했다. 이 성명은 동서 데탕트가 동아시아 데탕트로 이어지는 과정에서 나온 것이기도 하지만, 동아시아 데탕트의 분위기를 끌어올리는 역할도 했다. 국제정세에 호응하면서도 영향을 주었다는 점에서 한반도문제가 국제정세와 뗄 수 없는 밀접한 관계라는 점이 경험으로써 확인되었다.

7·4남북공동성명은 1970년대 초 남북대화의 결과이면서 동시에 남북대화를 강화한 기폭제 역할을 한 점도 확인된다. 동 성명에 따라 남북은 정치적 문제를 다루기 위한 남북조절위원회를 구성하여 남과 북의 정치적 대표성을 띤 당국자들 간의 대화와 협의를 이어나갔으며, 교착상태에 있던 남북적십자 예비회담을 본회담으로 끌어올리는 데 기여하였다. 무엇보다 동 성명을 통해 남과 북이 합의한 자주, 평화, 민족대단결이라는 통일의 3원칙은 현재에 이르기까지 남북에 의해 인정받고 있다.

그러나 동 성명의 한계 또한 간과하기 어렵다. 남과 북의 최고 지도자들에 의해서 추진되고 합의된 7·4공동성명이었지만, 이것의 효과는 그 후 1년밖에 되지 못하였다. 1973년 8월 남북 간의 대화가 중단되었기 때문이다. 통일의 3개 원칙을 합의하였음에도 불구하고 정작 그 같은 원칙에 따라 통일을 위한 구체적인 논의조차 하지 못한 상태에서 남북의 대화는 중단되고 말았던 것이다. 남북조절위원회는 서울과 평양을 오가며 진행되었지만 서로의 입장만 확인한 채 새로운 단계로 나아가지 못했으며, 이산가족들의 원한을 해소하기 위한 남북적십자회담 역시 실제로 남북 이산가족들의 상봉으로 이어지지 못한 한계를 드러내었다.

1970년대 초 남북대화는 명백히 남과 북의 당국 간 대화였다는 점에서 그 의의와 한계를 동시에 내포하고 있었다. 남북의 상호 비방과 대결을 일시적으로나마 위축시켰다는 점에서 당국 간의 대화는 중요한 역할을 하였지만, 민간차원의 통일논의를 배제하면서 진행된 점은 명백한 한계였다. 반공을 고창하던 박정희 정권은 남북대화를 추진하던 와중에도 야당과 재야, 학생 및 사회운동세력의 통일논의를 일체 허용하지 않았는데, 그 이유는 박 정권이 남북대화의 분위기를 안보이데올로기와 연결시켜 결국 권위주의체제를 강화하는 방편으로 활용하고자 했기 때문이다.

남북대화를 추진하던 박 정권의 내적 목표는 데탕트에 호응하여 남북 간 긴장상태를 완화하여 실력을 배양할 시간을 벌고 그 과정에서 집권체제를 확고하게 하는 것이었다. 따라서 남북 간의 대화는 단계적이고 서두르지 않으려는 자세로 나타났으며 남북 간의 평화공존 추구로 이어졌다.[270] 이 같은 인식이 '대화 있는 대결'로 이어졌고,[271] 결국 남북공동성명 이듬해에 6·23선언으로 나타났다. 북한의 남북대화 목표는 남조선혁명이라는 궁극적 목표를 바탕으로 하면서도 데탕트를 미국의 패주로 규정, 적극적인 대남 통일공세를 통해 주한미군의 철수를 이끌어내고 국제사회의 지지를 유도하여 남북통일의 국면으로 전환시키려는 대내외적인 통일전선 구축의 일환이라고 볼 수 있다. 그 같은 목표에 따라 남북대화를 추진하였으나 오히려 남한의 유엔동시가입 입장과 반공 분위기의 확대는 북한의 목표 도달에 난관으로 작용했기 때문에 대화의 중단을 선언한 것으로 이해된다. 따라서 1970년대 남북대화의 주체가 남북 양 권력체였다는 점의 한계가 드러난 것으로 볼 수 있다.[272]

이 같은 점에서 당시 남한의 경우는 스스로 제시한 내적 목표가 어느 정도 달성되었으며, 단계적이고 서두르지 않으려는 입장에서 남북대화의 지속을 마다하지 않은 측면이 있다. 그것은 1973년 8월 북한의 대화중단 선언 이후에도 북한과의 접촉을 계속 추구한 사실로 확인된다. 반면 북한은 적극적인 통일공세를 통해 통일의 3원칙을 관철시키고 통일문제를 논의할 남북조절위원회를 구성하였으며 다양한 교류와 각계각층의 접촉으로 확대하

---

[270] 남북 간 긴장을 풀고 평화공존을 모색하고자 했던 박 정권의 경우에, 대화는 대결의 양상을 바꿀 뿐 결코 대립 그 자체의 해소는 아니었던 것이다. 신상초, 「새로운 대결 남북한의 대화」, 『월간중앙』 10월호, 1972, 128쪽 참조.

[271] 정홍진, 「7·4공동성명의 성립과정과 역사적 의미」('남북한 관계의 회고와 전망' 학술대회 발표문, 한국정치학회 주최, 2002.7.25~27), 2002, 16쪽.

[272] 김기순, 「한반도의 통일과 7·4남북공동성명의 의의」, 『씨올의 소리』 5월호, 1989, 105쪽.

기 위한 시도를 했음에도 불구하고, 남측의 단계론 및 평화공존론과 충돌하면서 결국 대화의 문을 닫았다는 점에서 내적 목표의 일부는 이루었으나 궁극적인 목표점에 도달하지 못했다고 할 수 있다. 북한의 현상타파 의지와 남한의 현상유지 정책이 '남북대화'라는 틀 안에서 경쟁했던 것이다.[273]

결국 7·4남북공동성명의 의의는 남과 북이 스스로 설정한 대화의 내적 목표의 차이에 따라 성과와 한계가 동시에 내포된 것이었다. 그럼에도 불구하고 7·4공동성명은 분단의 두 당사자 간에 긴장의 완화, 화해의 조성, 불신의 제거, 신뢰의 구축, 전쟁의 예방, 평화의 정착, 상호 간 교류, 평화통일의 기본정신을 문서화한 최초의 남북 성명이었다는 점에 그 의의가 있다.

---

[273] 이명례, 「1960년대 남북한 관계의 변화와 성격」, 숙명여대 박사논문, 2001, 205쪽.

결론

남북관계 생성-진화-단절의 전형

이 책은 1970년대 초 동아시아 데탕트라는 국제적 배경 속에서 이루어진 남북대화의 형성, 전개, 결과와 영향을 탐구해 본 것이다. 1970년대 초 국제적 데탕트시기를 맞이하여 남과 북은 사반세기의 대립과 반목을 뒤로 하고 접촉과 대화를 시작하여 1972년 7·4공동성명을 채택, 발표하였다. 본고는 이때를 전후하여 남북 간 접촉, 상호방문, 회담 등의 형식으로 진행되었던 남북대화의 실제와 이 과정에서 드러난 상호 간의 인식과 대응 양상 등을 총체적으로 드러내고자 하였다. 나아가 이 시기 남북대화가 남과 북에, 그리고 국제적으로 어떤 영향을 미쳤는지 하는 점도 검토해보았다. 이 같은 연구의 목표를 수행해 나가면서 정리된 몇 가지 문제의식을 제시함으로써 맺음말로 갈음할까 한다.

우선 데탕트라는 국제정세와 남북대화의 생성이라는 관계를 어떻게 이해할 것인가 하는 점이다. 본서에서는 1970년대 초 국제적인 데탕트 양상을 남북대화 형성의 배경으로 놓고 접근하였다. 이 같은 방식은 다분히 역사해석의 관점문제와 관련된 어려운 문제가 아닐 수 없다. 본문에서 검토한 결과에 따르면, 이 시기 남북대화의 시작은 데탕트라는 외부적 요인과 절대로 무관할 수 없으며 나아가 그에 의해서 추동되고 결정적으로 영향받았다는 사실이다.

미국은 박정희 정권에게 남북대화를 매우 구체적이고 반복적으로 강조하고 권유하였으며, 박정희 정권은 주한미군 철수라는 안보이데올로기의 충격을 남북 간 긴장 완화로 해소하려는 경향을 보여주었다. 북한 또한 소원했던 중국과의 관계를 복원해나가면서 동아시아 데탕트라는 새로운 조류에 어떻게 대응할지 긴밀히 협의하였으며 탄탄한 북중공조를 바탕으로 '닉슨주의(닉슨독트린)'를 정면에서 공략할 요량으로 남북대화에 적극적이었다.

이와 같은 측면에서 이 시기 남북대화의 진정한 요인이 외부로부터 형성된 데탕트라는 점을 부인하기 어렵다. 따라서 세계사적 차원에서 보면, 1970년대 초 한반도의 남북대화는 데탕트가 가져온 국제적 하위 질서의 자연스러운 현상에 지나지 않을지 모른다. 그러나 이런 관점에서 한국현대사를 이해하고 설명해서는 곤란하다는 게 필자의 생각이다.

한국현대사의 서막이랄 수 있는 해방과 분단에서 우리 민족의 대응이라는 내적 요소보다는 미국과 소련이라는 외부 규정력이 오히려 일차성을 띠었다는 점은 불문가지이다. 남북 간의 대화가 민족분단이 가져온 상황 타파를 위한 내적 요소라고 할 때, 데탕트라는 상황은 응당 외부 규정력이 될 것이다. 분단 원인의 일차성이 외적 요소였다면 분단 해소를 위한 움직임의 일차적 요소 또한 외적 요인이어야 자연스럽다. 이 같은 인식은 우리 민족사를 중심으로 이해할 때 설정 가능한 것이다. 민족사의 관점을 방기한다면 세계사적 관점만 남는 것이기에, 이 시기 남북대화에 있어 데탕트라는 국제적 상황은 '일차적 요소'나 '외적 요인'이 아닌 '유일 요소'가 되는 것이라고 할 수 있다.

그러나 분단으로 인한 민족사의 문제를 해소하기 위한 남북대화라는 관점에서 본다면 비록 현상적인 작용관계가 외적 요소인 데탕트에 의해 추동되었다고 하더라도, 본질적인 측면에서 남북관계를 중심으로 이해할 때 데탕트라는 상황은 주변 상황이자 조건이며 결국 배경이라는 범주를 넘어서지 못할 것이다. 이 책에서 데탕트라는 국제정세가 남북대화를 가능케 한 결정적인 원인이라는 점을 분명히 함에도 불구하고 남북대화 형성의 배경으로 접근할 수밖에 없는 원인이 여기에 있다.

1970년대 초 남북대화를 통해 남과 북의 두 정치권력이 실제로 무엇을 추구하였는가, 다시 말하면 각각 양측의 남북대화의 목표가 과연 무엇이었는가 하는 문제가 필자의 또 다른 초점이었다. 이 같은 질문에 대한 해답은 이미 이 책의 본문에서 자세하게 다루었다. 남북적십자회담과 남북조절위원회를 축으로 전개된 데탕트 시기 남북대화 과정에서 양측은 접촉과 대화를 반복해나가면서 서로의 진심을 잘 이해하게 되었다.

남북대화의 전 과정이 결국 쌍방 실세들의 대화 이유와 목표, 즉 '진정한 의도'에 의해 좌우된다고 할 때, 그 진의 파악이 이 시기 남북대화의 원인을 이해하는 데서 결정적이라고 볼 수 있다. 1971년 남북적십자회담을 매개로 시작된 남북대화는 누가 먼저랄 것도 없이 동시에 접촉과 대화를 원했다. 양측 모두 대화가 필요했지만 여기에는 또한 '주도권' 장악이라는 대결적, 승리적 관점이 동시에 내재해 있음을 확인케 한다. 어쨌든 남북 모두 제스처가 아닌 실제로 대화를 원했다는 점만은 사실이었다. 다만 어떤 대화를 원했는가, 대화의 궁극적 목표는 무엇이었는가 하는 점이 달랐다.

박정희는 미국의 요구도 요구였지만 냉전이 주춤해진 상황에서 주한미군의 철수라는, 그로서는 매우 달갑지 않은 상황에 직면해 있었다. 그는 상황을 '안보 위기'라고 보았고 이를 해소하기 위해 미국이 권유하는 남북대화를 시도함으로써 북의 공격성을 잠재울 수 있다고 보았다. 이미 1960년대 말 청와대습격사건을 비롯한 북의 강력한 군사적 도발을 경험한 바 있는 그로서는, 북한 지도부가 닉슨독트린으로 말미암아 국지적 분쟁에서 발을 빼려는 미국을 외면한 채 도발해오지 않을까 하는 걱정과 근심에 휩싸였다. 따라서 일단 남북대화를 시도하게 되면 남북 간의 극단적인 군사적 충돌은 초래되지 않을 것이라고 판단하였다.

박정희의 이런 인식은 남북대화 전개과정에서 어느 때는 '단계론'이라는 이름으로, 또 어느 때에는 '선평화 후통일론'과 '실력배양론'으로 나타났다. 실제로 그는 당대에 통일을 전혀 꿈꾸지 않았다. 남한의 압도적인 우세가 보장되는 먼 장래에나 통일이 가능하다는 인식이었기 때문이다. 따라서 1970년대 초 남북대화가 그에게는 '통일을 위한 협상'이라기보다는 북한의 호전적인 분위기를 누그러뜨리기 위한 대북 탐색전에 불과했을지 모른다. 키신저를 벤치마킹하려는 이후락을 평양에 떠나보내며 준 그가 쓴 친필 훈령에 '실정 파악에 중점을 두라'는 주문을 명확히 한 이유는 바로 그 때문이다.

남측 최고 지도자의 이 같은 자세는 적십자회담과 조절위 회담과정에서 남측의 상대적인 소극성으로 나타났다. 반면 북측은 매우 공세적이고 전면적으로 나왔다. 인도주의적인 사안 해결을 위해서만 적십자회담을 받아들이지 않았다. 대대적인 해설요원을 파견해서 남측을 완전히 '뒤집어' 놓고 싶은 욕구에 시달렸다. 그만큼 의욕적이었다. 뿐만 아니라 사회문화적인 교류는 물론이고 정치군사적인 민감한 문제들을 가장 우선하려는 의지가 강했다. 군 감축이라는 도전적인 주장을 포함해 남쪽의 반공 관련법까지 제거해 보려는 의욕을 감추지 않았다.

김일성은 이후락을 만난 자리에서 최고위급회담(남북정상회담)을 강조하였으며 '당장 통일할 수 있다'는 의지를 드러냈을 뿐만 아니라, 이를 위한 조절위원회 구성도 제안했다. 데탕트 시기 북한의 대남 의지와 자세는 거침이 없었다. 박정희와 달리 김일성은 당시 국면을 통일의 결정적 국면까지는 아니더라도 전면 교류와 전면적인 통일논의라는 파상적 공세를 통해 남북관계의 우이(牛耳)를 쥐고 흔들려는 사고가 강했기 때문이다. 이런 인식이 남북대화 과정에서 대부분의 논제와 분위기를 북측이 장악하고 주도하도록 한 요인이라 여겨진다.

비록 남과 북 최고 지도자들의 대화에 임하는 목표와 속마음은 달랐지만 사반세기 만에 이뤄진 남북대화의 내적 에너지는 위력적인 것이었다. 이산가족문제를 해결하기 위한 남북적십자회담 시도는 남북 간의 비밀 정치접촉으로 이어졌고, 양측 최고 지도자의 보장하에 이후락－김영주(박성철) 라인이 구축되어 비공개 상호방문으로 이어졌으며, 남북공동성명의 발표와 남북조절위원회 구성으로까지 나아갔다. 특히 양측이 통일의 3원칙에 합의한 점은 참으로 놀라운 일이 아닐 수 없다. 양측 최고 지도자들의 대화 목표와 이유가 사뭇 달랐음에도 불구하고 분단 이후 처음으로 공식 시도된 대화에서 단번에 '통일 원칙'에 합의한 사실은 이 시기 남북대화가 민족문제를 해결하기 위한 과정에서 시도되었으며 그 방향으로 나아갔다는 사실을 단적으로 증명한다. 북측은 그 원인을 그들 최고 지도자의 탁월한 리더쉽으로 설명하는 다분히 현상적이며 효과적인 논리에 입각해 있지만, 사실은 모든 남북대화가 지닌 본원적인 통일지향성으로 설명하는 것이 마땅하리라고 믿는다.

이 연구는 남북대화의 원형이 되는 1970년대 초 남북 간의 첫 대화를 생성, 진화, 단절이라는 사이클에 기초해서 유형화해 보려는 시도로 구성되었다. 따라서 필자에게 남은 문제의식의 하나는 결국 이 시기 남북대화가 소멸돼 버린 이유는 무엇일까 하는 것이다.

무엇보다 양측이 추구하던 애초의 목표가 각각 해소 또는 상실되었기 때문이라는 점만은 분명하다. 박 정권으로서는 평양과 서울을 오가며 양측의 대표단이 대화하는 광경 자체가 북의 군사적 도발을 억지하는 요인으로 받아들여졌다. 또한 7·4공동성명이 한반도에 훈풍으로 작용하면서 미국의 동아시아 데탕트 추구에 호응한 점도 목표 달성의 하나로 볼 수 있다. 반면 북측은 1973년에 들어 분위기가 현상 타파가 아닌 현상 유지로 돌아서고 그것이 박정희의 6·23선언으로 나타나자 한미공조에 의해 '두 개의 한국정책'이 노골화한 것으로 받아들였다. 박 정권 내부에서 나타난 공동성명에 대한 시비와 통일 3원칙의 왜곡, 남북대화 분위기에 역행하는 반공정책의 강화라는 현상에 따라 대화 의지가 상실된 측면도 있다. 북측의 대화 목표가 표류함으로써 8·28대화중단성명이 초래하였다.

요컨대, 1970년대 초의 남북대화는 국제적 긴장완화와 화해의 분위기 속에서 시작되었지만, 하나의 우연한 사건이라든가, 데탕트로 인한 충격을 완화하기 위한 임시적 방편에 불과했던 것이 아니었다. 비록 남과 북이 국제적 상황이나 통일문제에 대한 인식은 달랐지만, 과거의 대립과 반목에서 벗어나 상대방을 대화의 상대로 인정하고 진지한 대화를 모색한 것은 사실이었다. 뿐만 아니라 남북대화를 통해 양측은 각각 최고지도자의 뜻에 따라 자주, 평화, 민족대단결이라는 통일의 3대 원칙에 합의한 7·4공동성명을 합의해 발표함으로써 남북관계 진전의 뚜렷한 이정표를 세운 역사적 경험으로 볼 필요가 있다.

참 고 문 헌

1. 자료

「1972.7.4자 남북공동성명(V.1 기본문서 및 미주지역 반응)」, 외교통상부 보존문서, 분류번호: 726.21 1972 V.1(외교안보연구원 소장).
「6·23선언에 따른 통일정책 추진방안」, 국토통일원, 1972.
「7·4남북공동성명에 대한 반응분석과 체제개혁에의 시사」, 국토통일원, 1972.
「70년대 미국의 대한 외교정책의 검토 및 대비책」, 국토통일원, 1970.
「8·15선언이 북괴에 의하여 수락되는 경우의 국가보안법 및 반공법의 문제점」, 국토통일원, 1971.
「8·15평화통일 구상의 구체적 발전책」, 국토통일원, 1971.
「국토통일에 관한 국민여론 조사」, 국토통일원, 1971.
「국토통일에 관한 국민여론 조사」, 국토통일원, 1972.
「국회사: 082회(임시회) 1972.07.03~1972.08.01」, 국회사무처, 1972.
「국회사: 083회(임시회) 1972.08.10~1972.08.31」, 국회사무처, 1972.
「국회사: 084회(정기회) 1972.09.01~1972.10.17」, 국회사무처, 1972.
「국회사: 085회(임시회) 1973.03.12~1973.03.17」, 국회사무처, 1973.
「국회사: 086회(임시회) 1973.05.17~1973.06.06」, 국회사무처, 1973.
「국회사: 087회(임시회) 1973.06.25~1973.06.27」, 국회사무처, 1973.
「국회사: 088회(정기회) 1973.09.20~1973.12.18」, 국회사무처, 1973.
「남북적십자회담 예비회담, 제1~10차」, 외교통상부 보존문서, 분류번호: 726.331971 V.1(외교안보연구원 소장).
「남북한 협상전략」, 국토통일원, 1972.
「남북한공동성명에 임한 북한의 저의」, 국토통일원, 1972.
「정부의 3단계 통일접근 추진방안」, 국토통일원, 1972.
「통일에 대비한 남북조절위원회 활용방안」, 국토통일원, 1972.
「평화통일접근방안」, 국토통일원, 1971.
『10월 유신에 대한 북한 대응』, 국토통일원, 1973.

『70년대 남북적십자본회담에서의 문제별 내용발췌』, 국토통일원 남북대화사무국, 1985.
『70년대의 극동안보』, 동아일보사 안보통일문제조사연구회, 1970.
『70년대의 남북한관계』, 동아일보사 안보통일문제조사연구회, 1973.
『김일성저작집』 25, 조선로동당출판사, 1983.
『김일성저작집』 26, 조선로동당출판사, 1984.
『김일성저작집』 27, 조선로동당출판사, 1984.
『김일성저작집』 28, 조선로동당출판사, 1984.
『김정일선집』 2(1970~1972), 조선로동당출판사, 1993.
『남북관계자료－쌍방의 제의, 주장, 성명 원문(1970~1973)』, 국토통일원, 1979.
『남북대화』 제1~10호, 한국국제문화협회, 1973~1976.
『남북대화백서』, 국토통일원 남북대화사무국, 1982.
『남북대화백서』, 국토통일원 남북대화사무국, 1988.
『남북대화백서』, 남북조절위원회(서울 측), 1978.
『남북대화사료집』 제6권, 국토통일원, 1987.
『남북대화사료집』 제7권, 국토통일원, 1987.
『남북대화에 관한 국회질의 답변』(1972~1978), 남북조절위원회, 1979.
『남북적십자 본회담·예비회담 회의록』, 국토통일원, 1987.
『남북적십자 예비회담 회의록』, 국토통일원, 1987.
『남북적십자회담』, 대한적십자사 회담사무국, 1972.
『남북적십자회담자료집－예비회담－』 제2집 1호, 국토통일원, 1972.
『남북적십자회담자료집－예비회담－』 제2집 2호, 국토통일원, 1972.
『남북적십자회담자료집－예비회담－』 제2집 3호, 국토통일원, 1972.
『남북적십자회담자료집－예비회담－』 제2집 4호, 국토통일원, 1972.
『남북적십자회담자료집－파견원접촉－』, 국토통일원, 1971.
『남북접촉관계자료집』, 국토통일원, 1972.
『남북접촉에 따른 제반문제 세미나 결과 보고서』, 국토통일원, 1972.
『남북한통일제의자료총람』 제1권(1945.8.1~1974.12.31), 국토통일원, 1985.
『박정희대통령연설문집』 제6집(1969.1~12), 대통령비서실, 1970.
『박정희대통령연설문집』 제7집(1970.1~12), 대통령비서실, 1971.
『박정희대통령연설문집』 제8집(1971.1~12), 대통령비서실, 1972.

『박정희대통령연설문집』 제9집(1972.1~12), 대통령비서실, 1973.
『박정희대통령연설문집』 제10집(1973.1~12), 대통령비서실, 1974.
『안보통일문제기본자료집』, 동아일보사 안보통일문제조사연구회, 1971.
『원자료로 본 북한(1945~1988)』, 동아일보사, 1989.
『이산가족백서』, 대한적십자사, 1976.
『전쟁희생자 보호에 관한 1949년 8월 12일자 제네바 4개 협약집』, 대한적십자사, 1985.
『전후 미국의 대한정책－사이밍턴위원회 청문록－』(입법참고자료 제140호), 국회도서관 입법조사국, 1971.
『조선노동당대회자료집』 제Ⅲ집, 국토통일원, 1988.
『최고인민회의 제5기 제1~2차 회의록』, 국토통일원, 1973.
『한국현대사 비자료 125건』, 조선일보사, 1996.
국토통일원 남북대화사무국, 『70년대 남북대화 성립 비사(Ⅰ)』, 1989.
이한 엮음, 『북한의 통일정책 변천사』 상~하, 온누리, 1989.
조선로동당 중앙위원회 당력사연구소, 『조선로동당략사』, 1979(『조선로동당략사』 1~2, 서울: 돌베개, 1989).
편집부 엮음, 『통일전선사업에 대하여』, 기획출판 한, 1990.

ed. by Se-Jin Kim, *Document on Korean-American Relations 1943~1976*, Research Center for Peace and Unification, 1976.
Foreign Relations of the United State, 1964~1968, vol.29, Part 1(United States Government Printing Office).
Record of the U.S Department of State relating to the Korea, Subject-Numeric Files 1970~1973, RG59, National Archive, College Park, Maryland.
Richard M. Nixon, 「President's State of The Union Message」, 『정세와 평론』 제1호, 외무부 외교연구원, 1970.
Richard Nixon, *BEYOND PEACE*, Rand House New York, 1994.
U.S Foreign Police for the 1970's－SHAPING A DURABLE PEACE, The White House, 1973.

2. 신문 · 잡지 · 연감 · 연표

『경향신문』, 『대한일보』, 『동아일보』, 『서울신문』, 『조선일보』, 『중앙일보』,
　『신아일보』, 『한국일보』.
『시사』, 『세대』, 『통일로』, 『정경연구』, 『정경문화』, 『자유공론』, 『신동아』,
　『월간중앙』, 『북한』, 『국제문제』, 『씨올의 소리』, 『월간조선』, 『월간다리』.
『합동연감』, 합동통신사(1970~1974 각 호).

『근로자』.
『로동신문』, 『민주조선』.
『조선중앙년감』, 조선중앙통신사(1970~1974 각 호).

구영록 · 배영수, 『한미관계: 1882~1982』, 서울대 미국학연구소, 1982.
국토통일원 남북대화사무국, 『남북대화연표(1970~1980)』, 1981.
국토통일원, 『남북대화편람』, 1974.
국토통일원, 『남북한 통일 · 대화 제의비교(1945~1986)』, 1986.
국토통일원, 『북한연표(1962~1979)』, 1980.
노중선 엮음, 『연표−남북한 통일정책과 통일운동 50년』, 1996.
노중선 편, 『민족과 통일Ⅰ−자료편−』, 사계절, 1985.
임종일 엮음, 『연표로 보는 제3공화국』, 영언문화사, 1993.
편집부 편, 『칠십년대 한국일지』, 청사, 1984.

김학준, 『한국정치론사전』, 한길사, 1990.
『북한인명사전』, 서울신문사, 1990.
『북한인명사전』, 중앙일보사 동서문제연구소, 1990.

3. 단행본 · 회고록 · 증언

강인덕 · 송종환 외, 『남북회담: 7.4에서 6.15까지』, 극동문제연구소, 2004.
경남대학교 북한대학원 엮음, 『남북한 관계론』, 한울아카데미, 2005.

국군보안사령부, 『대공 30년사』, 1978.
김경재, 『혁명과 우상: 김형욱 회고록』 1~3, 전예원, 1991.
김남식, 『21세기 우리민족이야기』, 통일뉴스, 2004.
김대중, 『공화국연합제』, 학민사, 1991.
김성진, 『한국정치 100년을 말한다』, 두산동아, 1999.
김용식, 『외교회고록 – 희망과 도전』, 동아일보사, 1987.
김정렴, 『한국경제정책 30년사 – 김정렴 회고록』, 중앙일보사, 1995.
김정원, 『분단한국사』, 동녘, 1985.
김종면 편저, 『새 역사의 창조 – 5.16혁명 이후의 실록 한국사 –』, 서울신문사, 1975.
김충식, 『정치공작사령부 KCIA 남산의 부장들』 ①, 동아일보사, 1992.
김학준, 『반외세의 통일논리』, 형성사, 1979.
남정옥, 『한미 군사 관계사 1971~2002』, 국방부 군사편찬연구소, 2002.
노중선, 『남북대화 백서 – 남북교류의 갈등과 성과』, 한울아카데미, 2000.
대한적십자사, 『이산가족찾기 60년』, 2005.
도진순, 『분단의 내일 통일의 역사』, 당대, 2001.
돈 오버도퍼, 『두 개의 코리아』, 중앙일보사, 1998.
리차드 W. 스티븐슨 지음, 이우형·김준형 옮김, 『미·소 데땅트론』, 창문각, 1998.
박정희, 『민족의 저력』, 광명출판사, 1971.
빅터 D. 차 지음, 김일영·문순보 옮김, 『한국 미국 일본의 삼각 안보체제, 적대적 제휴』, 문학과지성사, 2004.
서울신문사 편, 『주한미군 30년 1945~1978』, 행림출판사, 1979.
서재진 외, 『남북한 국력추세 비교연구』, 민족통일연구원, 1993.
小牧輝夫 편, 『한반도 – 개방화하는 동아시아와 남북대화』, 국토통일원 조사연구실, 1987.
송대성, 『한반도 평화확보 – 경험, 방안 그리고 선택』, 한울아카데미, 2005.
신정화, 『일본의 대북정책』, 오름, 2004.
신평길, 『김정일과 대남공작』, 북한연구소, 1996.
심지연, 『남북한 통일방안의 전개와 수렴』, 돌베개, 2001.
아모스 A. 조오단·윌리엄 J. 테일러, 『미국의 안보정책 결정과정』, 서울: 국방대학원 안보문제연구소, 1984.

양영식, 『북한의 협상전략: 남북대화 20년사를 중심으로』, 국토통일원 통일연수원, 1990.
양호민 외, 『민족통일론의 전개』, 형성사, 1986.
역사문제연구소 편, 『분단 50년과 통일시대의 과제』, 역사비평사, 1995.
오창헌, 『유신체제와 현대 한국정치』, 오름, 2001.
외무부, 『한국외교 30년: 1948~1978』, 1978.
유영구, 『남북을 오고간 사람들』, 글, 1993.
이도형 외, 『북한의 대남전략 해부』, 남북문제연구소, 1996.
이동복, 『통일의 숲길을 열어가며』 1~2, 삶과 꿈, 1999.
이삼성 외, 『평화통일을 위한 남북대결―1965년에서 1980년까지의 내외적 상황』, 소화, 1996.
이상우, 『박정권 18년, 그 권력의 내막』, 동아일보사, 1986.
이상우, 『제3공화국』, 1~2, 중원문화, 1993.
이영일, 『분단시대의 통일논리』, 태양문화사, 1981.
이영희·강만길 편, 『한국의 민족주의운동과 민중』, 두레, 1987.
이종석, 『북한―중국관계 1945~2000』, 중심, 2000.
이종석, 『새로 쓴 현대북한의 이해』, 역사비평사, 2000.
이종석, 『조선로동당연구』, 역사비평사, 1995.
이현희(대담), 「이후락(증언편)」, 『독립·통일운동사료집(II)―6.25전쟁 이후 7.4남북공동성명까지―』, 국토통일원 조사연구실, 1989.
이흥환 편저, 『KINSON REPORT 2, 미국 비밀문서로 본 한국현대사 35장면』, 삼인, 2002.
장준하, 『민족주의자의 길』, 사상계, 1985.
정봉화, 『북한의 대남정책 지속성과 변화, 1948~2004』, 한울아카데미, 2000.
제임스 E. 도거티·로버트 L. 팔츠그라프, 『미국외교정책사―루스벨트에서 레이건까지―』, 한울아카데미, 1997.
조규하 외, 『남북의 대화』, 고려원, 1987.
조인원, 『국가와 선택』, 경희대 출관국, 1996.
중앙일보 특별취재팀, 『실록 박정희』, 중앙M&B, 1998.
중앙정보부, 『북한대남공작사』 제2권, 1973.

최영진, 『동아시아국제관계사-제2차 세계대전이후 미·중관계를 중심으로』, 지식산업사, 1996.
통일부, 『통일부 30년사』, 1999.
편집부, 『매국노 박정희 역적을 단죄한다』, 평양: 조국통일사, 1978.
편집부, 『북한의 통일정책 변천사』 상~하, 온누리, 1989.
편집부, 『현대 한국을 뒤흔든 60대사건』, 동아일보사, 1988.
편집부, 『현대민족사의 재인식』, 도서출판 그날, 1989.
하경근 외, 『제3세계의 이해』, 형성사, 1979.
한국정신문화연구원 편, 『1960년대의 대외관계와 남북문제』, 백산서당, 1999.
한국정신문화연구원 편, 『1970년대 전반기의 정치사회 변동』, 백산서당, 1999.
헨리 A. 키신저, 『백악관시절: 키신저 회상록』, 문화방송·경향신문, 1979.
헨리 A. 키신저 저, 여영무 역, 『데탕트의 허실-미국의 외교전략-』, 금란출판사, 1976.
황의근, 『남북한통일정책론』, 나이테, 1999.
荒川弘 저, 윤영자 역, 『국제관계와 세계경제질서』, 인간사랑, 1989.

Henry Kissinger, *White House Years*, Boston: Little, Brown & Co., 1979.
Richard M. Nixon, *The Memoirs of Richad Nixon*, grosset & dunlap, 1978.
Terry L. Deibel, *Presidents, Public Opinion and Power: The Nixon, Carter and Reagan Years*, Foreign Police Association, 1986.
ed. by Eleanora W. Schoenebaum, Political Profiles: The Nixon/Ford Years, Facts on File, INC, 1979.
今川瑛一, 『アメリカ 大統領の アジア政策』, アジア經濟研究所, 1990.

강상욱, 강인덕, 김갑철(남북대화 준비위원), 김달술(남북적십자회담 본회담 대표), 백우기(남북조절위원회 간사회의 서울 측 간사), 서영훈(남북적십자사 본회담 대표), 시마모토 겐료(요미우리신문 서울지국장), 윤우(남북적십자회담 수석 수행원), 이동복(남북조절위원회 서울 측 대변인), 이병웅(남북적십자사 본회담 대표), 정홍진(남북조절위원회 서울 측 간사위원), 지주선(남북대화 준비위원), 최문현(남북대화 준비위원) 등의 증언(이상, 강인덕·송종환 외 공저, 『남북회담: 7·4에서 6·15까지』, 극동문제연구소, 2004. '부록'편에 수록).

강상욱(청와대 공보수석비서관 및 대변인), 강인덕(중앙정보부, 북한정보국장, 남북조절위원회 서울 측 위원 등), 송종환(정홍진 회담보좌관), 이후락(중앙정보부장, 남북조절위원회 서울 측 위원장), 정홍진(중앙정보부 협의조정국장, 대한적십자사 회담사무국 회담운영 실장, 남북적십자회담 예비회담 대표, 남북조절위원회 서울 측 간사위원) 등의 증언(이상, 『MBC스페셜 이제는말할수있다-1972년 7월 4일 박정희와 김일성』(MBC 방송자료집에 수록), 2004.

4. 연구논문 및 관련 글

Bernd Schaefer, 「North Korea unification Police in the Early 1970s」, 『역사문화연구』, 제23집, 한국외국어대 역사문화연구소, 2005.

D. 바트, 「중공외교정책의 현실적 전환」, 『사상계』 2월호, 1970.

Z. 브레즈진스키, 「새 평화구조의 虛」, 『정경연구』 7월호, 1974.

가미야후지, 「국제정세와 한국 통일문제」, 『통일논총-70년대 한국통일문제-』 제2권 4호, 국토통일원, 1971.

가미야후지, 「변모하는 한국문제와 일본-남북공동성명·적십자회담·유엔총회-」, 『신동아』 2월호, 1973.

강광식, 「1960년대 남북관계와 통일정책」, 『1960년대의 대외관계와 남북문제』, 백산서당, 1999.

강두순, 「미, 일방적 철수냐」, 『정경연구』 7월호, 1969.

강상욱, 「박정희 대통령의 8.15 평화통일구상 선언」(MBC 방송자료집 수록), 2004.

강상욱·강인덕·정홍진·송종환, 「(좌담) 남북한 체제경쟁선언-8·15 평화통일구상 선언 비화」, 『월간조선』 8월호, 조선일보사, 2003.

강석률, 「닉슨독트린과 데탕트 그리고 한미동맹: 억제의 추구와 동맹국간의 갈등」, 서울대 외교학석사논문, 2005.

강수일, 「대민족회의의 소집은 조국통일위업을 촉진하는 현실적인 길」, 『근로자』 제8호(376), 평양: 근로자사, 1973.

강영수, 「박·닉슨회담-샌프란시스코 결의는 무엇인가-」, 『정경연구』 9월호, 1969.

강인덕, 「70년대에 예상되는 북괴의 사상, 문화공세 전망」, 『북괴의 사상, 문화공세와 우리의 대비책-통일문제 쎄미나 주제 및 토론-』, 국토통일원, 1970.
강인덕, 「다시 돌아보는 7·4남북공동성명」, 『새물결』 7월호, 자유평론사, 1996.
강인덕, 「박정희는 왜 김일성의 정상회담 제의를 거절했나」, 『신동아』 1월호, 1993.
강인덕·송종환, 「7.4남북공동성명과 남북조절위원회 회의」, 『남북회담: 7.4에서 6.15까지』, 극동문제연구소, 2004.
강인선, 「증언 김정렴의 청와대 정사」, 『월간조선』 5월호, 1991.
강장일, 「다방면적인 접촉과 협상의 실현은 나라의 자주적 평화통일의 필수적 요구」, 『근로자』 제10호(366), 평양: 근로자사, 1972.
강정구, 「박정희 정권의 대북정책과 통일정책」, 『역사비평』 가을호, 역사문제연구소, 1997.
고병철, 「남북한 관계의 역사적 맥락-한국전쟁 이후 현재까지」, 『남북한 관계론』, 한울 아카데미, 2005.
고병철, 「통일정책과 남북관계」, 『북한의 오늘과 내일』, 법문사, 1987.
고송일, 「미제의 아세아침략을 좌절시키기 위한 혁명적인 투쟁전략」, 『근로자』 제2호(347), 평양: 근로자사, 1971.
고청, 「미·중공 접근의 한계와 전망」, 『국토통일』 5월호, 국토통일원, 1971.
곽태환, 「북한의 협상전략-쟁점과 분석방향」, 『북한의 협상전략과 남북한관계』, 경남대 극동문제연구소, 1997.
구영록, 「안보외교의 반성-미국의 외교정치를 중심으로-」, 『신동아』 9월호, 1970.
구영록·김경원·김형일·박준규, 「닉슨의 중공 방문 이후(좌담)」, 『신동아』 4월호, 1972.
권근술, 「남북적예비회담일지」, 『신동아』 10월호, 1972.
권은덕, 「닉슨 행정부의 대소련 데땅트에 관한 국제정치경제적 분석」건국대 정치학석사논문, 1992.
권장희, 「박정희 대통령의 정치성향과 안보환경 인지가 통일정책에 미친 영향에 관한 연구」, 서울대 교육학박사논문, 1999.
길성철, 「대민족회의 소집 주장의 전략배경」, 『통일정책』 2권 2호, 국토통일원, 1976.
길영환, 「닉슨독트린과 남북한관계」, 『정경연구』 9월호, 한국정경연구소, 1973.
김경, 「미제와 일본군국주의의 침략적 결탁과 남조선에 대한 일본군국주의의 재침책

동의 로골화」, 『근로자』 제10호(343), 평양: 근로자사, 1970.

김경원 외, 「한국안보와 통일논의의 전망(좌담)」, 『신동아』 10월호, 1971.

김경원, 「남북대화의 우울한 배경」, 『월간중앙』 10월호, 1971.

김광원, 「일·중국 수교 이후의 동북아」, 『신동아』 11월호, 1972.

김규택, 「70년대 미국의 대한군사정책의 검토」, 『국토통일』 2권 9호, 1971.

김기순, 「한반도의 통일과 7·4남북공동성명의 의의」, 『씨올의 소리』 3월호, 1989.

김낙년, 「동북아 정세의 변화와 남북대화」, 『해방40년의 재인식』 II, 돌베개, 1986.

김남식, 「북한의 대남 심리전 현황 평가와 그 대책」, 『국토통일』 7월호, 1973.

김달술, 「남북대화: 과거 현재 그리고 미래-서울의 시각-」, 『한국과 국제정치』 5, 경남대 극동문제연구소, 1987.

김달술, 「남북대화의 평가와 남북관계의 재정립」, 『통일연구논총』 84, 국토통일원, 1988.

김달술, 「통일의지의 접근과정-8·15선언에서 7·4성명까지-」, 『세대』 통권 109호, 1972.

김달중, 「한국의 통일정책 변천과 남북대화」, 『통일논총』 9, 국토통일원, 1981.

김덕, 「중국의 대한반도정책과 전망」, 『신동아』 2월호, 1973.

김덕, 「통일논의와 통일의지」, 『신동아』 9월호, 1972.

김도태·차재훈, 「북한의 협상전술 특성 연구」, 민족통일연구원, 1995.

김도현, 「7·4남북공동성명과 민족재통합의 제문제」, 『씨올의 소리』 8월호, 1972.

김동성, 「박정희와 통일정책」, 『현대사를 어떻게 볼 것인가』 4, 동아일보사, 1990.

김동조·구영록, 「한국안보와 대미외교(대담)」, 『신동아』 5월호, 1971.

김명기, 「남북공동성명의 법적 제문제」, 『남북공동성명과 국제법』, 법문사, 1977.

김병린, 「소련의 데탕트 개념」, 『통일정책』 제2권 제2호, 국토통일원, 1976.

김보영, 「1960~70년대 남북한의 통일정책과 7.4남북공동성명」, 『한국현대사』 3, 풀빛, 1991.

김상준, 「동북아 정치체제의 재편성」, 『신동아』 9월호, 1971.

김상협, 「공존시대와 한반도의 장래」, 『월간중앙』 11월호, 1972.

김성배, 「남북적십자 본회담 의제 타결에 따른 제문제」, 『국토통일』 통권 25호, 1972.

김성식·안병무·함석헌, 「정담: 민족통일의 구상③」, 『씨올의 소리』 10월호, 1972.

김세중, 「유신헌법과 4공 통치기반의 동력」, 『월간중앙』 6월호, 1991.

김순규, 「미·소간의 전략무기제한교섭에 관한 분석적 연구」, 경희대 정치학박사논문, 1980.

김연철, 「냉전과 탈냉전기 남북 대화전략의 비교: 7·4, 기본합의서, 6·15를 중심으로」, 『남북관계의 현황과 전망: 역사적 시각으로부터의 조망』(심포지엄자료집), 연세대 국제학대학원 현대한국학연구소, 2003.

김영국, 「남북대화의 전위적 제의」, 『월간중앙』 12월호, 1971.

김영국, 「비정치적 분야의 남북교류 가능성과 국제적 중계 및 보장방안」, 국토통일원, 1971.

김영태, 「미·중국, 미·소 접근과 긴장완화 정책」, 『국토통일』 3권 6호, 1972.

김영희, 「미국의 제2인자 키신저」, 『월간중앙』 9월호, 1971.

김용구, 「70년대 미국의 대한 외교정책의 검토 및 대비책」, 『국토통일』 제12권 제6호, 1971.

김용구, 「아시아로부터의 미국의 철수추세와 한국에 대한 영향」, 『국토통일』 제1권 제5호, 1972.

김용현, 「북한 내부정치와 남북관계: 7·4, 남북기본합의서, 6·15 비교」, 『통일문제연구』 통권 제42호, 평화문제연구소, 2004.

김용호, 「북한의 대외협상행태 분석」, 『국제정치논총』 제40집 4호, 한국국제정치학회, 2000.

김의곤, 「교착을 위한 협상: 남북한 협상의 특징과 21세기 남북한 협상 연구방향」, 『한국동북아논총』 제12집, 한국동북아학회, 1999.

김일평, 「한국, 중공 그리고 아시아」, 『월간중앙』 1월호, 1972.

김종진, 「7·4남북공동성명과 90년대 통일전망」, 『의정평론』 7월호, 1990.

김진룡, 「김일성-이후락 평양밀담 전문」, 『월간중앙』 3월호, 1989.

김진복, 「닉슨 독트린과 한국의 안보체제-새로운 아시아 안보를 위한 제언-」, 『시사』 9월호, 내외문제연구소, 1970.

김진복, 「닉슨의 아시아 독트린과 동남아의 집단안보」, 『시사』 1월호, 1970.

김창순, 「7·4공동성명과 남북한의 통일정책」, 『시사』 7월호, 1978.

김창순, 「북괴의 위장평화 공세-그 진상과 의미」, 『시사』 7월호, 1979.

김태서, 「남북간 접촉에 따른 제반문제」, 『국토통일』 11월호, 1972.

김태서, 「북괴의 기본전략과 적십자회담」, 『국토통일』 제3권 4호, 1972.

김학준, 「1970년대의 통일논의」, 『민족통일론의 전개』, 형성사, 1986.
김학준, 「극동구조의 변형과 한반도 평화정착의 효과」, 『정경연구』 12월호, 1973.
김학준, 「남북한에 있어서 통일논의의 전개」, 『한국민족주의론 I 』, 창작과비평사, 1982.
김현철, 「1970년대 초 박정희의 한반도 평화구상과 자주·통일외교의 모색」, 『통일정책연구』 제13권 제1호, 통일연구원, 2004.
김호진, 「인도차이나 사태와 닉슨 독트린」, 『시사』 5월호, 1970.
남기환, 「북괴의 기본자세와 남북대화」, 『시사』 7월호, 1979.
남태, 「남북공동성명의 의의」, 『국제문제』 제3권 제8호, 극동문제연구소, 1972.
노승우, 「3·4공화국 하의 통일논의」, 『한국외대 논문집』 21, 1988.
노재봉, 「동아시아의 신질서」, 『월간중앙』 11월호, 1972.
노재봉·배성동·임희섭·진철수, 「남북적 본회담을 점검한다—제2차 서울회담을 마치고—(좌담)」, 『신동아』 11월호, 1972.
노중선, 「분단시대에 있어서의 통일논의의 전개」, 『변혁과 통일의 논리』, 사계절, 1987.
도날드 S. 자골리아, 「대소·대중국관계」, 『북한의 오늘과 내일』, 법문사, 1987.
라이샤워, 「삼극체제의 운명과 아시아」, 『월간중앙』 2월호, 1972.
라이샤워·정용석, 「4강과 아시아의 새 질서—일·중국·소의 연계변화와 한국·미국(대담)」, 『신동아』 11월호, 1972.
로버트 A. 스칼라피노, 「중국의 한반도정책과 남북한관계」, 『정경연구』 9월호, 1973.
류상혁, 「남북공동성명의 내용과 문제점」, 『국제문제』 제3권 제8호, 1972.
류상혁, 「남북적십자회담에서의 남북간 쟁점」, 『국제문제』 제3권 제9호, 1972.
류석렬, 「7·4남북공동성명은 무엇을 남겼는가—7·4공동성명 일주년을 보내고—」, 『통일로』 9월호, 통일로사, 1973.
류석렬, 「민족화합민주통일방안에 비추어 본 7·4공동성명」, 『통일』 7월호(통권 제11호), 민족통일중앙협의회, 1982.
리상준, 「위대한 수령 김일성동지께서 밝혀주신 조국통일방도는 나라의 자주적 통일과 전국혁명승리의 확고한 담보」, 『근로자』 제9호(354), 평양: 근로자사, 1971.
리차드 M. 닉슨, 「평화에의 진정한 길」, 『신동아』 8월호, 1972.
리처드 M. 닉슨, 「월남전은 재평가돼야 한다」, 『신동아』 11월호, 1985.

마상윤, 「미완의 계획: 1960년대 전반기 미 행정부의 주한미군철수 논의」, 『한국과 국제정치』 제19권 2호, 경남대 극동문제연구소, 2003.
마상윤, 「안보와 민주주의, 그리고 박정희의 길: 유신체제 수립원인 재고」, 『국제정치논총』 제43집 4호, 한국국제정치학회, 2003.
마샬 D. 서만, 「소련의 극동정책」, 『정경연구』 12월호, 1969.
모톤 스미스, 「동부아시아에서의 미국의 정책」, 『신동아』 2월호, 1973.
문도빈, 「7·4남북공동성명에 대한 해석문제」, 『북한』 7월호, 1988.
민병기, 「타협과 거부의 다원화 세계」, 『월간중앙』 12월호, 1969.
민병천, 「남북대화의 전개과정에 관한 고찰」, 『행정논총』 14, 동국대 행정대학원, 1984.
민병천, 「미국의 대중국·소회담의 배경과 그영향」, 『국토통일』 제3권 6호, 1972.
민병천, 「통일 3원칙 합의의 본래성」, 『정경연구』 12월호, 1973.
민준기, 「국민역량의 결집과 그 구심력－국민총화와 정치역량의 결집－」, 『세대』 통권 109호, 1972.
박건영·박선원·우승지, 「제3공화국 시기 국제정치와 남북관계: 7·4공동성명과 미국의 역할을 중심으로」, 『국가전략』 9권 4호, 세종연구소, 2003.
박관숙, 「한반도의 평화와 안전에 관한 UN의 권능」, 『대한국제법학회논총』 제21권 1호, 2호 합병호, 대한국제법학회, 1976.
박광주, 「남북대화의 새로운 모색: 상대방 인식과 대화」, 『전환기의 통일문제』, 대왕사, 1990.
박권상, 「주한미국대사 윌리엄 J. 포터씨」, 『신동아』 5월호, 1969.
박동운, 「남북공동성명이 의미하는 것」, 『정경연구』 8월호, 1972.
박동희, 「6·23평화통일외교정책선언의 중간평가」, 『통일정책』 1권 3호, 평화통일연구소, 1975.
박문신, 「중·소·북괴의 3각관계 발전과 그 전망－한국의 안보와 관련하여－」, 『시사』 6월호, 1970.
박봉식, 「8·15대통령 선언과 국토통일의 제과제」, 『국토통일』 제1권 2호, 1970.
박봉식, 「강대국정치와 통일외교」, 『신동아』 9월호, 1972.
박봉식, 「국제정치 속의 남북한관계」, 『신동아』 2월호, 1973.
박봉식, 「남북적십자회담의 경과와 현황」, 『통일정책』 1권 1호, 평화통일연구소,

1975.

박봉식, 「닉슨 소련방문의 의의와 전망」, 『신동아』 6월호, 1972.

박봉식, 「닉슨의 아세아정책」, 『연구자료』, 국토통일원, 1970.

박봉식, 「닉슨정부의 새 사명」, 『사상계』 8월호, 1969.

박봉식, 「대화 이후에 나타난 북한의 대남 협상전략」, 『국토통일』 통권47호, 1974.

박봉식, 「북한의 남북대화 인식론」, 『북한』 7월호, 1983.

박봉식, 「중·소 대립관계의 전개와 그것이 한국통일에 미치는 영향」, 『국제정치논총』 제11집, 한국국제정치학회, 1971.

박상윤, 「대미 국방의존의 필요성과 그 한계」, 『사상계』 8월호, 1969.

박성준, 「남북적십자 예비회담의 총결산」, 『국토통일』 통권 25호 제3권, 1972.

박승기, 「7·4공동성명 추진에 수반되는 문제점」, 『국토통일』 통권 25호 제3권, 1972.

박영자, 「남북 1인 지배체제: 유신체제와 유일체제」, 『유신과 반유신』, 민주화운동기념사업회, 2005.

박일경, 「한국헌법상에 나타난 평화통일의 장치」, 『통일정책』 제2권 제1호, 1976.

박재규, 「북한의 대미평화협정 제의 분석」, 『통일정책』 제2권 제2호, 1976.

박준규, 「아주방위조약의 총점검」, 『월간중앙』 7월호, 1969.

박준영, 「남북정치군사교류협력 가능성과 과제(상)」, 『통일로』 11월호, 안보문제연구원, 1999.

박찬근, 「미제의『평화전략』은 뒤집어 놓은 전쟁전략」, 『근로자』 제1호(358), 평양: 근로자사, 1972.

박태균, 「1950·60년대 미국의 한국군 감축론과 한국정부의 대응」, 『국제·지역연구』 9권 3호, 서울대 국제지역원, 2000.

박태균, 「1960년대 중반 안보위기와 제2경제론」, 『역시비평』 가을호, 역사문제연구소, 2005.

배긍찬, 「1970년대 전반기의 국제환경 변화와 남북관계」, 『1970년대 전반기의 정치사회 변동』, 백산서당, 1999.

배긍찬, 「닉슨 독트린과 동아시아 권위주의 체제의 등장」, 『한국정치학회보』 제22권 제2호, 한국정치학회, 1988.

배긍찬, 「전환기의 국제질서와 세계체제 논리의 연속성」, 『한국과 국제정치』 8(가을), 경남대 극동문제연구소, 1988.

배재식, 「남북한의 법적관계」, 『대한국제법학회논총』 제21권 1호·2호 합병호, 대한국제법학회, 1976.

서남원, 「남북한 교역의 가능성」, 『창조』 9월호, 1972.

서동만, 「7·4성명의 '자주'와 6·15선언의 '자주' 의미」, 『자유공론』 제35권 8호, 한국자유총연맹 자유공론사, 2000.

서중석, 「3선개헌반대, 민청학련투쟁, 반유신투쟁」, 『역사비평』 1, 역사문제연구소, 1988.

서중석, 「한국전쟁 후 통일사상의 전개와 민족공동체의 모색」, 『분단50년과 통일시대의 과제』, 역사비평사, 1995.

서진영, 「부강한 중국의 등장과 중국위협론, 그리고 한반도」, 『한국과 국제정치』 제18권 제2호, 경남대 극동문제연구소, 2002.

세자트모코, 「70년대 아시아에서 강대국들의 역할」, 『통일논총-70년대 아시아의 전망』 제2권 3호, 국토통일원, 1971.

小谷秀二郎, 「아시아 안보와 소련의 전략」, 『정경연구』 9월호, 1973.

小此木政夫, 「남북한관계의 추이와 일본의 대응-동경·서울·평양관계의 기본구조-」, 『국회보』 275, 국회사무처, 1989.

손진팔, 「미제의 아세아침략정책은 전면적으로 파산되고 있다」, 『근로자』 제7호(375), 평양: 근로자사, 1973.

송건호, 「60·70년대의 통일논의」, 『한국민족주의론Ⅱ』, 창작과 비평사, 1983.

송건호, 「새 남북관계의 전망」, 『신동아』 8월호, 동아일보사, 1972.

송건호, 「통일논의의 한계와 반공법」, 『신동아』 10월호, 1971.

송승재, 「7·4남북공동성명과 남북대화」, 『새물결』 제133호, 자유평론사, 1987.

송종환, 「7·4남북공동성명의 의의와 한계」, 『북한』 7월호, 2004.

송종환, 「북한의 협상행태에 관한 연구-남북한 당국간 대화를 중심으로」, 한양대 박사논문, 2002.

스칼라피노, 「월남전 후의 미 對亞정책」, 『세대』 12월호, 1968.

스탠리 호프만, 「세력균형론」, 『신동아』 9월호, 1972.

스탠리 호프만, 「오강국의 세계에서」, 『정경연구』 3월호, 1972.

신남천, 「북과 남이 합작을 실현하는 것은 조국통일을 앞당기기 위한 성숙된 요구」, 『근로자』 제3호(371), 평양: 근로자사, 1973.

신도성, 「-8·15에 즈음하여-통일에의 새로운 접근」, 『국토통일』 제2권 제8호,

1971.

신상초, 「7·4성명 이후의 남북대결」, 『자유공론』 8월호, 한국반공연맹, 1972.

신상초, 「7·4성명 후의 남북대결」, 『기러기』 8월호(통권 96호), 흥사단, 1972.

신상초, 「닉슨과 브레즈네프의 대좌」, 『월간중앙』 7월호, 1972.

신상초, 「미일 안보조약 자동연장과 동아시아의 안보」, 『시사』 8월호, 1970.

신상초, 「새로운 대결 남북한의 대화」, 『월간중앙』 10월호, 1972.

신상초, 「통일에의 접근과 한국의 국내개형」, 『통일논총－70년대 한국통일문제－』 제2권 4호, 국토통일원, 1971.

신상초, 「한국·남북대화의 진의」, 『월간중앙』 2월호, 1973.

신상초·함석헌, 「대담: 민족통일의 구상 ②」, 『씨올의 소리』 9월호, 1972.

신영석, 「7·4남북공동성명은 한민족의 역사적 문서－평양측은 왜 남북대화를 단절했는가－」, 『통일한국』 7월호, 평화문제연구소, 1984.

신욱희, 「데탕트 시기의 한미관계: －정향적 요인으로서의 위협인식－」, 『박정희 시대 연구의 쟁점과 과제』, 선인, 2005.

신욱희·김영호, 「전환기의 동맹: 데탕트 시기의 한미안보관계」, 『박정희 정권과 동맹체제』, 한국정치학회·고려대 평화연구소 주최 학술토론회 발표집, 2000.

신응복, 「군사적 대치상태를 해소하는 것은 나라의 통일문제해결의 선결조건」, 『근로자』 제8호(376), 평양: 근로자사, 1973

신일철, 「남북교류의 명분과 실질－평화의 명분아래 긴장완화의 공식화－」, 『국제문제』 제3권 제11호, 극동문제연구소, 1972.

신정현, 「미국과 남북한관계」, 『한국과 국제정치』 5, 경남대 극동문제연구소, 1987.

신정현, 「민족대화의 제안과 반응－8.15구상 이후 현재에 이르는 갈등의 맥락 속에서－」, 『정경연구』 12월호, 1973.

신종대, 「한국정치의 북한요인 연구－1961~72년을 중심으로－」 서강대 정치학박사논문, 2002.

심봉섭, 「7·4성명과 민족통일에의 길」, 『동아정경』 8, 동아정경사, 1972.

심연수, 「남북한 관계개선의 원인에 관한 체계론적 분석－7.4남북공동성명과 남북기본합의서를 중심으로」, 국민대 박사논문, 1999.

안병욱, 「유신체제와 반유신 민주화운동」, 『유신과 반유신』, 민주화운동기념사업회, 2005.

안해균, 「남북한 경제교류의 파급효과에 관한 분석-경제교류의 가능성과 파급효과-」, 국토통일원, 1971.
양무진, 「남북한 협상 행태」, 『남북한 관계론』, 한울아카데미, 2005.
양무진, 「북한의 대남협상전략 유형」, 경남대 정치학박사논문, 2001.
양영식, 「남북대화의 과정을 본다-7·4공동성명부터 직통전화 단절까지」, 『통일한국』 8월호, 평화문제연구소, 1984.
양호민, 「국제환경과 전환기의 외교」, 『북한』 8월호, 1973.
양호민, 「남북공동성명의 정치적 의미」, 『민족통일론의 전개』, 형성사, 1986.
양호민, 「남북대화의 원점과 원형-7.4남북공동성명 전후 20년의 상황을 중심으로-」, 『평화통일을 위한 남북대결』, 소화, 1996.
양호민, 「남북한 관계에서의 남북공동성명의 위치」, 『남북공동성명 발표 6주년 학술세미나 주제논문 및 토의록』, 남북조절위원회, 1978.
양호민, 「남북한관계와 공동성명」, 『북한』 7월호, 1978.
양흥모, 「7·4남북공동성명 31년, 기본합의서 11년, 그리고…」, 『북한』 7월호, 2003.
양흥모, 「남북대화의 전망」, 『국토통일』 12월호(통권 42호), 1973.
에리오트 리차드슨, 「미국 대외정책의 신목표」, 『사상계』 1월호, 1970.
오기완, 「유엔 제28차 총회와 관련한 북한 비망록에 대한 소고」, 『국토통일』 10월호(통권 40호), 1973.
오원철, 「율곡사업 출발, 박정희·김일성 오기싸움」, 『신동아』 6월호, 1995.
오종식, 「남북공동성명의 분석과 평가」, 『세대』 통권 109호, 1972.
우승지, 「남북화해와 한미동맹관계의 이해, 1969~1973」, 『한국정치외교사논총』 제26집 1호, 한국정치외교사학회, 2004.
유세희, 「유일사상체계와 유신체제의 대립」, 『평화통일을 위한 남북대결』, 소화, 1996.
유완식, 「7·4공동성명의 기본정신」, 『통일』 1·2월 합병호, 민족통일중앙협의회, 1982.
유완식, 「7·4남북공동성명-7·7선언」, 『북한』 7월호, 1991.
유완식, 「7·4남북공동성명 그후 5주년」, 『자유공론』 8월호, 한국반공연맹, 1977.
유완식, 「7·4남북공동성명과 적십자회담의 전망」, 『국토통일』 7·8합병호, 1972.
유완식, 「7·4성명을 휴지화하려는 북괴의 저의」, 『시사』 8월호, 내외문제연구소, 1974.

유완식, 「국제 긴장완화에서 본 남북적십자회담」, 『국토통일』 제3권 4호, 1972.
유완식, 「남북대화의 중간결산-남북조절위원회의 경위와 평가」, 『국토통일』 통권 42호, 1972.
유완식, 「남북회담의 경위와 전망-7·4공동성명후 1년간의 발자취」, 『시사』 7월호, 1973.
유완식, 「북괴 반응의 전망」, 『정경연구』 3월호, 1972.
유완식, 「성명의 기본정신과 우리의 자세」, 『시사』 7월호, 1979.
유진오, 「무엇이 통일을 더디게 하는가-7·4남북공동성명의 문제점과 전망-」, 『신동아』 9월호, 1972.
유진오·정구영, 「남북공동성명을 어떻게 볼 것인가(좌담)」, 『월간중앙』 8월호, 1972.
윤종현, 「7·4공동성명의 배경과 의의」, 『통일』 7월호, 1982.
윤홍석, 「8.15평화통일구상 선언」, 『남북회담: 7.4에서 6.15까지』, 극동연, 2004.
이경재, 「비상사태 선언과 종신집권체제 완성」, 『신동아』 12월호, 1985.
이기원, 「미국의 극동정책과 한국의 안보」, 『신동아』 5월호, 1969.
이도형, 「서울~평양길이 뚫리기까지-남북적 예비회담의 결산」, 『신동아』 10월호, 1972.
이동복, 「남부조절위원회의 현황」, 『통일정책』 1권 1호, 평화통일연구소, 1975.
이동복, 「남북대화의 어제와 오늘」, 『북한』 7월호, 1983.
이명례, 「1960년대 남북한 관계의 변화와 성격」, 숙명여대 박사논문, 2001.
이명식, 「미·중공 융화와 일·소관계」, 『정경연구』 3월호, 1972.
이문영, 「국제순응주의와 민족주의」, 『다리』 9월호, 1972.
이범준 외, 「미국의 변천하는 여론과 대아시아정책」, 『국토통일』 제1권 제3호, 1970.
이삼성·김태일, 「1965년~80년 기간 국제환경 변화와 남북한 통일정책」, 『평화통일을 위한 남북대결』, 소화, 1996.
이상우, 「남북관계, 내정과의 표리」, 『신동아』 11월호, 1984.
이상우, 「남북조절회담, 서울과 평양의 밀회」, 『신동아』 8월호, 1983.
이성근, 「닉슨 독트린의 성격과 전망」, 『정경연구』 7월호, 1972.
이성근, 「북한의 소위 8·28성명의 저의」, 『국토통일』 9월호(통권 39호), 1973.
이승헌, 「국제기류의 변화와 남북접근-전환기적 국제상황과 7·4성명-」, 『세대』 통권 109호, 1972.

이승헌, 「미·중공 정상회담의 소산과 그 후의 아시아·태평양 정세」, 『국토통일』 제3권 4호(통권 제22호), 1972.
이승헌, 「미국의 새 아시아정책-닉슨 행정부하의 새로운 정책 전개-」, 『국토통일』 5월호, 1971.
이승헌, 「서울-평양 정치회담이 투사하는 국제관계」, 『정경연구』 8월호, 1972.
이승헌, 「정부의 안보외교전개의 시각」, 『정경연구』 8월호, 1970.
이영석, 「비록 남북회담」, 『월간조선』 7월호, 1983.
이영호, 「남북대화의 전개방식」, 『세대』 10월호, 1972.
이영희, 「남북문제와 한국의 定向」, 『정경연구』 12월호, 1971.
이영희, 「닉슨=周의 아·태 질서구상」, 『정경연구』 3월호, 1972.
이영희, 「미군 감축과 한일 안보관계의 전망」, 『정경연구』 8월호, 1970.
이영희, 「중공 평화 5원칙 외교의 양면」, 『정경연구』 7월호, 1972.
이영희, 「한국 유엔외교의 새 국면」, 『신동아』 11월호, 1971.
이용희·홍승면, 「한국안보의 좌표」, 『신동아』 9월호, 1970.
이우태, 「남북한 평화이행체제 형성에 관한 연구」, 고려대 박사논문, 2000.
이익성, 「미국의 대중공 정책의 변천과정」, 『국토통일』 제2권 제11호, 1971.
이정식, 「남북한 대화시대의 정지와 문제의식」, 『정경연구』 12월호, 1973.
이정태, 「남북대화에서 본 북한의 협상전략」, 『국토통일』 12월호, 1973.
이종석, 「7.4공동성명과 통일에의 환상」, 『월간중앙』 4월호, 1991.
이종석, 「남북대화와 유신체제: 체제형성에 대한 분단구조의 영향」, 『유신: 기원, 성격, 붕괴』, 한국정치학회·고려대 평화연구소 주최 학술토론회 발표집, 2000.
이종석, 「남북한 독재체제의 성립과 분단구조-남한 유신체제와 북한 유일체제의 비교」, 『분단 50년과 통일시대의 과제』, 역사비평사, 1995.
이종석, 「유신체제의 형성과 분단구조-적대적 의존관계와 거울영상효과-」, 『개발독재와 박정희시대: 우리시대의 정치경제적 기원』, 창작과 비평, 2003.
이종석, 「조국통일 3대 원칙의 해석과 실천에 관한 제언」, 『한국정치연구』 5, 서울대 한국정치연구소, 1996.
이종석, 「통일정책」, 『탈냉전기 한국 대외정책의 분석과 평가』, 세종연구소, 1998.
이주철, 「7·4남북공동성명」, 『내일을 여는 역사』 제11호, 서해문집, 2002.
이지현, 「한반도에 대한 균형안보 개념」, 『정경연구』 12월호, 1973.

이창헌, 「남북대화 20년의 회고와 전망」, 『통일문제연구』 12, 통일원, 1991.
이태섭, 「국가주석제와 북한 정치체제의 변화(1966년~1972년)」, 서울대 정치학 석사 논문, 1992.
이한기, 「한국통일문제와 UN의 권능」, 『대한국제법학회논총』 제21권 1·2호 합병호, 대한국제법학회, 1976.
이해영, 「남북한 통일정책사」, 『월간중앙』 8월호, 1988.
이현복, 「대통령의 밀사들」, 『정경문화』 1월호, 1985.
이형래, 「남북적회담 3백65일」, 『세대』 통권 109호, 1972.
이호재, 「미국 극동전략과 주한미군 감축의 의미」, 『정경연구』 8월호, 1970.
임을출, 「유신정권 수호용으로 반공·안보 활용… 7·4남북공동성명의 봄날 뒤 불어온 간첩조작의 북풍」, 『한겨레21』 제546호, 2005.
임태순, 「남북대화 북한측 대표들의 현주소」, 『북한』 7월호, 1983.
임혁백, 「유신의 역사적 기원: 박정희의 마키아벨리적인 순간」, 『유신: 기원, 성격, 붕괴』 한국정치사 기획학술회의 자료집, 한국정치학회·고려대 평화연구소, 2000.
장기붕, 「화해정책과 남북한의 법적관계」, 『국제법학회논총』 50, 대한국제법학회, 1982.
장준하, 「민족주의자의 길」, 『씨올의 소리』 9월호, 1972.
장현, 「평양밀사 박성철 서울 잠행기」, 『정경문화』 2월호, 1985.
전영미, 「북한의 대미접근정책에 관한 연구-70년대 이후 국내외적 요인분석을 중심으로-」, 한국정신문화연구원 석사논문, 1990.
전재호, 「박정희 체제의 민족주의 연구-담론과 정책을 중심으로」, 서강대 정치외교학과 박사논문, 1997.
전정환, 「남북대화중단과 북한의 대남전략」, 『북한』 8월호, 1982.
전정환, 「제28차 유엔 총회와 남북대화」, 『국토통일』 12월호 국토통일원, 1973.
정경희, 「새로운 태평양의 정책조류-닉슨독트린의 출발점과 그 영향-」, 『사상계』 9월호, 1969.
정규섭, 「1960년대 중소관계와 북한」, 『1960년대의 대외관계와 남북문제』, 백산서당, 1999.
정기웅, 「남북적십자회담」, 『남북회담: 7.4에서 6.15까지』, 극동문제연구소, 2004.
정대화, 「7.4공동성명의 태동과 유산-10년 후에 본 7.4성명의 역사적 재조명-」, 『사회과학논총』, 부산대 사회과학대학, 1982.

정수용, 「한국의 베트남전 파병과 한·미동맹체제의 변화」, 고려대 정치외교학과 박사 논문, 2001.
정시성, 「남북적십자회담의 의의와 진행경과」, 『국토통일』 제3권 4호, 1972.
정용석, 「7·4공동성명의 의의와 문제점」, 『자유공론』 7월호, 자유공론사, 1989.
정용석, 「7·4성명을 전후한 남북대화」, 『분단국의 대화―공산주의와의 협상전략―』, 동아일보사 안보·통일문제조사연구소, 1979.
정운, 「중공 수상 주은래의 북괴 방문의 의미」, 『시사』 5월호, 1970.
정운학, 「평화회담 대두를 예상한 남북적십자회담의 진행 전망」, 『남북적십자회담의 전망과 대비책―세미나 결과보고―』, 국토통일원, 1972.
정종식, 「공동성명과 북한의 대화전술」, 『북한』 8월호, 1982.
정해구, 「남북대화의 가능조건과 제약조건 분석: 7.4남북공동성명과 남북기본합의서의 사례를 중심으로」, 『통일문제연구』 30, 평화문제연구소, 1988.
정해구, 「대화와 갈등의 남북관계」, 『분단 50년과 통일시대의 과제』, 역사비평사, 1995.
정해구, 「분단 40년, 남북한 통일정책의 겉과 속」, 『신동아』 6월호, 1988.
정홍진, 「7.4공동성명의 성립과정과 역사적 의미」, 『남북한 관계의 회고와 전망』(2002년 한국정치학회 하계학술대회 자료집), 한국정치학회, 2002.
정홍진, 「남북대화 체험기」, 『정경연구』 7월호, 1981.
정홍진, 「남북적십자회담의 양측 기본입장 및 전략전술 중간평가」, 『남북적십자회담의 전망과 대비책―세미나 결과보고―』, 국토통일원, 1972.
정홍진, 「문화교류와 정치적 이용 배제방안」, 국토통일원, 1971.
정홍진, 「아시아 제국의 시련」, 『정경연구』 9월호, 1969.
정홍진·조덕송, 「대담―한밤에 만난 김일성」, 『월간조선』 7월호, 1984.
정희경, 「남북 이산가족의 응어리 푸는 첫걸음」, 『북한』 8월호, 1985.
제롬. A. 코헨, 「평양으로부터의 보고」, 『북한』 10월호, 1972.
제임스 레스턴, 「중공 수상 주은래 회견기」, 『신동아』 10월호, 1971.
조기수, 「국토통일을 재촉하는 객관적 요인」, 『국토통일』 제3권 3호, 1972.
조기수, 「미국의 중공접근과 일본의 향배」, 『국토통일』 제3권 6호, 1972.
조세형, 「닉슨 미국 대통령의 외교교서―아세아·태평양 부문―」, 『국토통일』 5월호, 1973.

조세형, 「모종 중대발표가 있다-7·4남북공동성명을 보는 미국의 시각-」, 『정경문화』 4월호, 경향신문사, 1984.
조세형, 「박대통령의 단독결정이었는가-1972년 남북대화를 보는 미국의 시각」, 『월간조선』 1월호, 1989.
조순승, 「북한의 통일정책론」, 『민족통일론의 전개』, 형성사, 1986.
조재근, 「미국의 아시아 정책과 전망」, 『신동아』 2월호, 1973.
조재근, 「미국의 아시아정책과 남북한관계의 전망」, 『70년대의 남북한관계-국제세미나 결과 보고』, 국토통일원, 1972.
조재근, 「중공대외정책의 기조」, 『국제정치논총』 제12집, 한국국제정치학회, 1972.
조진구, 「존슨 정권 후반기의 한미관계: 북한의 대남도발에 대한 한미간의 인식 차이를 중심으로」, 『한국과 국제정치』 제19권 3호, 경남대 극동문제연구소, 2003.
조철호, 「1970년대 초반 박정희의 독자적 핵무기 개발과 한미관계」, 『평화연구』 제9호, 고려대 평화연구소, 2000.
조철호, 「박정희 핵외교와 한미관계 변화」, 고려대 박사논문, 2000.
존 홀웨이, 「닉슨독트린 2년, 그 후의 한국은 어느 좌표에」, 『동서문화』 4월호, 동서문화사, 1972.
지연태, 「이산가족론」, 『통일정책』 제4권 제1호, 국토통일원 평화통일연구소, 1978.
진철수, 「감축은 철수와는 다르다」, 『신동아』 9월호, 1970.
진철수, 「북한은 어떻게 달라졌나」, 『신동아』 10월호, 1972.
천관우 외, 「토론회: 민족통일의 구상 ①」, 『씨올의 소리』 8월호, 1972.
천관우, 「민족통일을 위한 나의 제언」, 『창조』 9월호, 1972.
천관우, 「민족통일의식의 구조」, 『다리』 9월호, 1972.
최경락, 「제28차 유엔 총회의 한국문제 타결과 그 배경」, 『국토통일』 통권 42호, 1973.
최문현, 「7·4남북공동성명, 오늘에서의 의미」, 『북한』 8월호, 1982.
최문현, 「우리의 통일접근 노력과 인도적 회담」, 『국토통일』 통권 제22호, 1972.
최상완, 「7·4남북공동성명이 작성 발표되기까지」, 『북한』 8월호, 1985.
최석, 「닉슨 독트린과 주한미군 감축문제」, 『시사』 8월호, 1970.
최석, 「북괴의 70년대 도발양식」, 『정경연구』 12월호, 1969.
최완규, 「권위주의체제 성립의 정치경제학적 분석: 유신체제의 경우」, 『한국과 국제정치』 4권 1호, 경남대 극동문제연구소, 1988.

최완규·장경룡, 「북한 대남 협상전략의 역사적 고찰: 1972~1991」, 『북한의 협상전략과 남북한관계』, 경남대 극동문제연구소, 1997.

최정호, 「7·4 '평화의 기습' 이후의 남북한관계」, 『정경연구』 8월호, 1972.

캐롤 퀴그리, 「미국의 대외정책의 제문제」, 『정경연구』 12월호, 1969.

킨더만, 「동·서독 해빙과 남북한 관계에의 영향」, 『정경연구』 9월호, 한국정경연구소, 1973.

편집부 편, 「7·4남북공동성명 발표 10주년」, 『남북대화』 29, 한국국제문화협회, 1982.

편집부, 「미 의회보고서, 박대통령의 아킬레스건」, 『정경문화』 2월호, 1986.

편집부, 「위대한 수령 김일성동지께서 내놓으신 조국의 자주적 평화통일방침의 빛나는 승리」, 『근로자』 제7호(364), 평양: 근로자사, 1972.

편집실, 「특별정훈 교재—남북공동성명은 무엇을 뜻하나」, 『육군』 제172호, 육군본부, 1972.

한겨레사회연구소 국제분과, 「7·4남북공동성명의 현재적 의미와 '한민족공동체통일방안'」, 『언론과 비평』 7월호(통권 제12호), 언론과비평사, 1990.

한기식, 「전환하는 소련의 아시아전략」, 『월간중앙』 3월호, 1973.

함병춘, 「통일에의 접근과 주도권」, 『통일논총—70년대 한국통일문제—』 제2권 4호, 국토통일원, 1971.

함석헌, 「민족통일의 길」, 『씨올의 소리』 9월호, 1971.

함석헌, 「민족통합의 길」, 『씨올의 소리』 6·7월호, 1972.

허만 칸, 「미국은 왜 아시아에 머물러야 하나」, 『신동아』 3월호, 1971.

허문영, 「남북을 밀행한 사람들」, 『월간중앙』 5월호, 1989.

허준, 「7·4성명의 충격과 반응」, 『세대』 9월호, 1972.

헨리 키신저, 「힘의 딜레마·70년대 미국의 임무」, 『월간중앙』 1월호, 1969.

홍규덕, 「베트남전 참전 결정과정과 그 영향」, 『1960년대의 대외관계와 남북문제』, 백산서당, 1999.

홍보조사연구소, 「우리의 통일 기본방향과 비현실적인 북한측 주장」, 『국토통일』 9월호, 1973.

홍석률, 「1968년 푸에블로사건과 남한·북한·미국의 삼각관계」, 『한국사연구』 113,

한국사연구회, 2001.
홍석률, 「1970년대 전반 동북아 데탕트와 한국통일문제-미·중간의 한국문제에 대한 비밀협상을 중심으로-」, 『역사와 현실』 제42호, 한국역사연구회, 2001.
홍석률, 「1970년대 전반 북미관계: 남북대화, 미중관계 개선과의 관련 하에서」, 『국제정치논총』 제44집 2호, 2004.
홍석률, 「1970년대 전반 한미관계와 남북대화」, 『역사학논총』, 동선사학회, 2004.
홍석률, 「위기 속의 정전협정-푸에블로사건과 '판문점 도끼살해'사건-」, 『역사비평』 통권 63호, 2003.
홍석률, 「유신체제의 형성」, 『유신과 반유신』, 민주화운동기념사업회, 2005.
홍승면, 「남북적십자회담이 의의와 전망-민족대평화시대를 위한 서곡-」, 『신동아』 10월호, 1972.
홍승면, 「상해공동성명과 새 세계질서」, 『신동아』 5월호, 1972.
황경찬, 「닉슨 독트린과 주한미군 감축론」, 『육군』 제49호, 육군본부, 1970.
황성모, 「7·4성명이 던지는 '총화'체제의 과제」, 『정경연구』 8월호, 1972.
황일호, 「25년 만에 밝혀진 1.21 청와대 기습사건 전모」, 『월간중앙』 2월호, 1993.
황일호, 「68년부터 추진했던 '제2의 6.25'작전」, 『월간중앙』 4월호, 1993.
황일호, 「울진·삼척 공비침투사건의 진상」, 『월간중앙』 7월호, 1993.

찾아보기

【ㄱ】

가족찾기운동 119
간사회의 242
강상욱 60
강인덕 118, 188, 227, 239
강장수 136
경제·문화교류 협의위원회 189
고려연방공화국 248
고병철 93
고위급회담 182
고철남 238
공동사무국 242
공동위원장 회의 226
공비침투사건 126
공화당 83
괌 독트린 31, 44
괌 발언 30, 50
교류협력론 61
구범모 136
구스타프 후사크 248
국가보안법 147, 153, 252
국가비상사태 80, 84, 205, 284
국가주석제 285, 286
국민교육헌장 80
국토통일연구특별위원회 59
국토통일원 59, 81
국회의원 총선거 110
군사교육 81
군사원조 48
군사정전위원회 48
궁상호 136
권병택 254
권영백 254
기능주의론 53
긴급 관계각료회의 47
긴장완화 20, 27, 28, 31
길연석 173
김규남 216
김길현 136
김달술 118, 136, 271
김대중 52, 81, 82, 210, 287
김대중 납치사건 252
김덕현 54, 157, 169, 170, 184, 187, 188, 228, 230, 238, 239
김동근 188
김동조 46
김병식 137, 140
김성률 136
김수남 238
김수철 136
김연주 136
김영삼 81, 211
김영주 160, 169, 184, 185, 222, 239
김용식 61, 77, 126, 258
김용중 57
김일 101, 235, 259, 260, 263, 266

김일성 57, 70, 95, 98, 102, 103, 110, 184,
　　　203, 233, 235, 242, 248, 256, 259, 265,
　　　270, 286, 287
김재성 187, 238
김정렴 190, 192
김정원 172, 200, 228
김정일 261
김정태 89
김종필 119, 127, 209, 215
김준엽 136
김중린 169, 184, 235
김질락 216
김창봉 89
김철수 187, 238
김치열 188, 195
김태희 136, 140, 144

【ㄴ】

남북 교차승인 37
남북 정당·사회단체 연석회의 245, 249
남북 정치협상회의 249
남북 직통전화 276
남북가족면회소 59
남북고위급회담 251
남북공동성명 203
남북관계 51, 53, 66, 90, 112, 205, 262,
　　　283
남북교류 52, 65, 81
남북국회회담 251
남북대결 205
남북대화 13, 15, 17, 50, 55, 84, 86, 95,
　　　98, 205, 241, 255, 258, 259, 262, 277,
　　　281, 289, 295
남북적십자 본회담 262
남북적십자 실무회의 271
남북적십자 예비회담 54, 128
남북적십자공동위원회 146
남북적십자판문점공동사업소 146
남북적십자회담 13, 86
남북접촉 59
남북정상회담 21
남북조선정치협상회의 110
남북조절위원회 13, 146, 239, 251, 262,
　　　268
남북조절위원회 부위원장 회의 265
남북체육회담 278
남북총리회담 251
남북총선거 57, 93
남북협상노선 93
남조선해방 183
남조선해방전략 87
남조선혁명 71, 87, 92, 109
남조선혁명론 94
남침위협론 284
내적 요인 17
내정간섭 230
냉전 27
농업근로자동맹 139
닉슨 29, 43, 44, 97
닉슨독트린(Nixon Doctrine) 14, 31, 40,
　　　49, 50, 77, 98, 113
닉슨주의 95, 105, 108

찾아보기

【ㄷ】

다나카 가쿠에이(田中角榮) 39, 106
단계적 접근론 21, 53, 61, 82, 244
당국 간 예비회담 277
대륙간탄도탄 27
대민족회의 248, 249, 262, 267, 269
대북정책 70
대통령 암살기도사건 270
대통령선거 52, 70, 80, 83, 110
대한적십자사 117
대화중단 19, 260
데이비드 H. 포터 258
데탕트 13, 28, 31, 54, 77, 84, 97, 269, 290, 295
동방정책 62
동아시아 데탕트 16
두 개의 한국정책(Two Korea) 36, 42, 174
땅굴 270

【ㄹ】

라기철 238
라이샤워 58
라이샤워(Reischauer) 보고서 34
레어드(Laird) 44
로저스(Felix M. Rogers) 49, 53
로저스(William P. Rogers) 45, 76, 77, 218
류장식 179, 184, 187, 188, 195, 228, 238, 239
리경석 228, 229, 238
리완기 238, 239
리윤검 238

리종학 133
리차드슨 173, 175

【ㅁ】

마샬 그린 218
마오쩌둥(毛澤東) 36
마이클 그린 253
마이클리스(Michaelis) 46
맨스필드 58
모란봉초대소 180, 229
모택동 100
무력통일 171
문서교환 방식 151
미군철수 43, 182
미노베 료키치(美濃部亮吉) 107
미소 공동코뮤니케 37
미일 공동선언 100
미일 안보조약 41
미중관계 14, 32, 109
민족주의 27
민족통일공동위원회 189
민족통일준비위원회 278
민족해방혁명 92
민족회의(national conference) 236
민주공화당 110, 111, 267
민주녀성동맹 139
민주수호국민협의회 211
민주통일당 267
민주혁명기지 88

【ㅂ】

박기림 173

박노수 216
박선규 136
박성철 19, 102, 184, 185, 187, 188, 229, 238, 242, 247
박영식 122
박정희 44, 46, 64, 71, 76, 81, 83, 85, 86, 118, 127, 176, 190, 201, 207, 242, 277, 279, 283
박준규 136
반공 55, 80, 140, 189, 206
반공교육 216
반공법 64, 147, 153, 252
반공여론 142
반둥회의 27
반미국제연합전선 109
반전운동 92
백남준 137
밴스(Vance) 73
법률적·사회적 환경개선론 156
법률적·사회적 환경조성론 150
베네트 258
베트남전쟁 28, 43
베트남전쟁의 베트남화 30
베트남파병 43
변칙 대좌 278
본회담 136, 138
북미평화협정 269
북소관계 91
북중관계 98, 100, 109
분과위원회 244
분단 고착화 19
분단관리 42

불간섭 원칙 225
불개입(disengagement) 정책 30
브라운(Winthrop G. Brown) 50, 52, 113
브란트 62
브레즈네프(Leon'd Brezhnev) 37, 42
비동맹운동 27
비밀접촉 54, 157
비상계엄 281
비상사태 선포 181

【ㅅ】

4대 군사노선 88, 93
사이밍턴 청문회 50, 121
사이밍턴위원회 75
사회단체 대표자회의 214
사회안전성 137
사회주의로동청년동맹 139
3단계 통일정책 56
3대 혁명역량 94
3대 혁명역량론 88
3선개헌 79, 81
상설연락사무소 129
상하이 공동코뮤니케 32
상하이공동성명 36, 40, 42, 102
상호 불간섭 36
상호군축 236
상호불가침협정 63
샌프란시스코 한미정상회담 50
서민호 56
서성철 124
서영훈 136
선건설 후통일 56, 59, 69

세계보건기구(WHO) 총회　107
세력균형　42, 50
셀리그 해리슨　182
속도조절론　225
손성필　121
송건호　136
쇼비니즘　92
수뇌(首腦)회담　181, 191
수정주의　33
수행원　135
슐레진저(James Schlesinger)　257
승공통일　56, 70, 183
시기상조론　182
시하누크(Norodom Sihanouk)　97
식물신경불화증(자율신경실조증)　167
신금단　59
신민당　58, 83, 142, 267
신변안전보장각서　179
신식민주의　27
실력배양　56, 60, 70
실무회담　230
실무회의　136
실미도　83
심인(尋人)사업　131, 143
10·2항명파동　84

【ㅇ】
안보 이데올로기　14
안보 인식　15
안보관계장관회의　117
안보논리　72, 86, 128
안보불안　49

안보위기　20, 80
안보위기론　78
안보이데올로기　205, 295
알바니아안　35
애그뉴(Spiro T. Agnew)　45, 47
야스에 료스케(安江良介)　107
얄타체제　38
양면전술　142, 212, 256
양흥모　136
언커크　287
연방제　93, 110, 236, 248
염종련　124
영빈관　188
예비회담　54, 125
오광택　137
5·16군사쿠데타　55
옥류관　246
외세　206, 214
외적 요인　17
요해(了解)해설인원　144, 150, 154
용매도회담　182
우익기회주의　99
우편교환　51
울진·삼척지구 침투사건　89
위수령　80, 84
유상철　173
유신선언　145, 229
유신체제　18, 279, 281, 282, 285
유엔군 사령부　256, 288
유엔동시가입　63, 211, 236, 253, 255
유엔총회　37, 287
유엔한국위원단　256

유엔한국통일부흥위원단(UNCURK) 36, 102, 108
유일지도체제 286
6·23선언 21, 63, 252, 254, 255, 257, 261
윤기복 107, 136, 140
윤여훈 124
이동복 228, 230, 283
이만섭 59
이범석 136, 139, 143
이산가족 성묘방문단 273
이산가족문제 53
이선념 102
이창렬 124
이철희 118, 188
이청일 136
이호 273
이후락 19, 72, 117, 160, 184, 228, 239, 261, 282, 284
이후락-김덕현 171
이후락-김영주 161, 167, 169
이후락-김영주 회담 181
이후락-박성철 188
인권재판소 118
인도주의 141, 143
인민민주주의혁명 92
인민외교(People's Diplomacy) 103
인민혁명주의 225
일면건설 일면국방 60, 79
일본 사회당 39, 104
1·21청와대습격사건 89, 181
일조우호촉진의원연맹 107

【ㅈ】

자문위원 134, 154
자유왕래 132, 151
자유의 집 129
자주국방 14, 72, 74, 79
자주노선 87
작전지휘권 48
장기영 161, 162, 171, 227, 239
재래식 무기 29
재일동포 147
재일본조선인총련합회(총련) 139, 152
적대적 의존관계 18
전금철 228, 231, 238
전략무기제한협정(ABM) 33
전략핵무기제한협정(SALT) 37
전민족회의 277
전영빈 238
전영택 172, 200
전쟁가피론 33
전쟁방지 171
정부 훈령 157
정상회담 191
정일권 46
정재열 254
정주년 133, 136
정준기 107
정치군사적인 문제 21
정치선전 141
정치협상 67
정치협상회의 247, 248
정태묵 216
정태연 161

정홍진 54, 133, 157, 169, 172, 184, 188, 200, 227, 230, 239
정홍진-김덕현 159, 165
정홍진-김영주 170
정화섭 200, 228
정희경 136
제5기 제2차 최고인민회의 259
제네바 119
제임스 월시(James Walsh) 35
조건 환경론 272
조국근대화 60
조국통일 5대 강령 21, 267
조국통일민주주의전선 277
조국평화통일위원회(조평통) 93, 216
조덕송 136
조명일 133, 136, 270, 271
조선로동당 23, 139, 267
조선민주과학자협회 216
조선민주당 139, 267
조선민주주의인민공화국 36, 101
조선민주주의인민공화국 적십자회 중앙위원회 121
조선민주주의인민공화국사회주의헌법 286
조절위원회 189, 190
존슨 28, 29
좌익교조주의 99
주민등록증 개정안 80
주암초대소 180
주은래(周恩來) 39, 100, 101
주창준 136
주한 유엔군사령부 113

주한미군 14, 43, 48, 258, 260
주한미군 감축 43, 44, 48
주한미군 철수 18, 44, 46, 78, 99, 111, 208, 242, 295
주한미군철수 결의안 258
주한유엔군사령부(UNC) 91
중국 봉쇄 32
중립화통일안 58
중소분쟁 32, 87
중앙정보부 54, 68, 117, 252, 254
중일 공동성명 39
중일관계 38
중화인민공화국 35, 98
지연전술 135
지주선 254
지학순 83
직업총동맹 139
직통전화 118, 173, 190
집단안보체제 42

【ㅊ】

차우세스쿠(Nicolae Ceausescu) 97
찰스 브레이 217
천도교청우당 139, 267
청와대습격사건 59, 73, 80, 89
체제경쟁 66, 69, 86
최고위급 164
최고위급회담 182, 240
최고인민회의 23
최고인민회의 제4기 제5차 회의 121
최규하 45, 110, 227, 239
최동일 173

최두선 119
최봉춘 173
최용건 99
추석성묘방문단 148, 155
친우(親友) 123, 132
7·4남북공동성명 19, 105, 147, 195, 276, 283, 289

【ㅋ】

쿠바사태 27, 34
쿠에모이해협 위기 33
키신저 35, 77, 101, 111

【ㅌ】

탈냉전 15
통신실무자협회 137
통일 3원칙 13, 21, 184, 207
통일논의 56, 57
통일백서 59
통일전선 112
통일주체국민회의 282
통일혁명당 88, 216, 230, 267
트루먼독트린 30
특수출장인허원(特殊出張認許願) 177
팀스피리트78 273

【ㅍ】

파견원 접촉 124
판문각 129
판문점 48, 53, 92, 113, 226
8·6제의 111, 113, 122, 212
8·12제의 122

8·15선언 67, 68, 70, 72, 93
8·15평화통일구상선언 64, 68
8·28성명 252, 260, 261, 263, 265
평화공존 27, 31, 36, 38, 62, 66, 82, 211
평화공존론 61
평화전략 219
평화통일 3대 기본원칙 63
평화통일 5대 강령 248, 256, 263
평화통일 8개항 선언 109
평화협정 체결 93
포터(William J. Porter) 44, 46, 50, 52, 67, 75, 120
푸에블로(Pueblo)호 나포사건 59, 73, 80, 91
핑퐁외교 35

【ㅎ】

하동준 238
하비브(Philip C. Habib) 183, 201, 219, 237, 282, 284
한국군 현대화 46, 49, 72, 78
한국문제의 한국화(Koreanization)정책 48
한미 정상회담 46
한미공동성명 48, 103
한미관계 13, 15, 49, 55
한미군사동맹 48
한미상호방위조약 44, 48, 54, 79, 110
한미연례안보협의회 79
한미정상회담 44, 74, 76, 78
한반도문제 36, 38, 269
한시혁 136
한웅식 228, 238, 239

함병춘 207, 253
합작 232, 236
핵확산금지조약(NPT) 37
향토예비군 59, 80
허담 96, 102, 109, 112
허봉학 89
허필국 238
현상안정화 42
현상유지 19, 69
현상타파 42
협상전략 18
황용주 57
황인영 173
회담 무용론(無用論) 142
회보서 143
후쿠다 174
훈령 178
휴전선 48
흐루시초프(Nikita Khrushchov) 91
흥부초대소 169

【A~Z】

CIA 173
EC-121 정찰기 격추사건 91
UN 감시하의 토착인구 비례 총선거 225

데탕트와 남북관계

저자 ▎ 김지형(金志炯)

- 경기도 가평에서 출생하였으며, 경기대 사학과를 졸업하고 한양대 사학과에서 박사학위를 받았다. 월간『민족21』의 편집장을 지냈으며, 현재 경기대·한양대 등에서 한국근현대사를 강의하고 있다.

- 『남북을 잇는 현대사산책』 등의 저서와 「4.19직후 민족자주통일협의회의 조직화 과정」, 「4월 민중항쟁 직후 민족자주통일협의회의 노선과 활동」, 「통일운동세력의 분단 인식과 대응」, 「7.4공동성명 전후의 남북대화」 등의 논문이 있다.